JN441390

미학과
미술

미학과 미술
고대부터 현대까지 미술 작품에 담긴 미학의 역사

2014년 12월 31일 1판 1쇄 발행
2019년 10월 21일 개정 1판 1쇄 발행
2021년 6월 30일 개정 1판 2쇄 발행

지은이 박일호

펴낸이 김현표
본부장 최진선
편집 김지혜
디자인 신정민

펴낸곳 **미진사**
주소 서울특별시 마포구 동교로 134 미진빌딩 7층
전화 02-336-6084
팩스 02-338-5391
홈페이지 www.mijinsa.com
이메일 mijinsa@mijinsa.com
등록번호 제2020-000032호

ISBN 978-89-408-0589-3 (93600)
값 22,000원

일러두기

1. 외국 인명과 지명 등은 현행 외래어표기법을 존중하되 관례를 참고하여 썼습니다.
2. 작품은 〈 〉, 논문은 「 」, 단행본은 『 』로 표기했습니다.

[AESTHETICS]
and Art

미학과 미술

박일호 지음

미진사

차례

책을 시작하며

예술과 미

밀로섬에서 발견된 〈밀로의 비너스〉, 레오나르도 다빈치의 〈모나리자〉, 테오도르 제리코의 〈메두사호의 뗏목〉. 이 그림들은 모두 루브르박물관에 있고, 많은 사람들이 유럽여행을 가면 한번쯤 보고 오는 작품들이다. 누구도 이 작품들이 예술이라는 것을 부정하지 않는다. 피에트 몬드리안이나 바실리 칸딘스키의 그림도 구체적인 대상을 실감 있게 나타내진 않았지만, 사람들이 추상화로서 예술적 가치를 인정하고 있다. 뿐만 아니라, 아무 내용도 없는 듯 보이는 도널드 저드의 조각 〈무제〉, 화장실에서나 볼 법한 소변기를 작품으로 제시한 마르셀 뒤샹의 〈샘〉, 폐타이어와 박제 염소와 길가에 버려진 나무판자들을 모으고 그 위에 물감을 칠하여 만든 로버트 라우션버그의 〈모노그램〉은 어떤가. 성의가 없어 보일 뿐 아니라 쓰레기 같은 이것들 모두가 예술로 여겨지고, 미술 작품으로서 미술사의 한 페이지를 장식하고 있다.

이런 것들을 모두 예술이라고 한다면 공통점은 무엇일까, 있긴 있을까? 내용도 없고 아름답지도 않은데, 왜 예술이라고 여길까? 미학은 이런 물음들을 대상으로 하는 학문이다. '예술이란 무엇인가? 미란 무엇인가? 예술은 아름다워야만 할까, 다른 가치는 없는 것일까?' 등의 물음들을 다룬다. 이 책에서 나는 역사적으로 미학에서 이런 물음에 대해 어떤 대답들이 있었는지를 살피려고 한다. 고대부터 현대까지 어떤 주장들이 펼쳐졌는지 짚어보고, 미술 작품을 예로 들면서 설명하려고 한다. 길고도 복잡한 이 작업을 위해서는 근본적인 데서부터 시작할 필요가 있다. 그래서 나는 예술과 미(아름다움)라는 말의 어원과 의미, 예술과 미의 개념이 어떻게 서로 연관되었으며 분리됐는지를 먼저 살펴보려고 한다.

예술과 미라는 말과 개념이 정리된 것은 고대 그리스 시대로, 지금 우리가 생각하는 것보다 훨씬 넓은 영역에서 사용됐다. 예술art이란 말은 라틴어 아르스ars를 어원으로 하며, 아르스는 그리스어 테크네techne를 번역한 것이다. 그리스 시대에 테크네는 지금 우리가 예술로 생각하는 회화, 조각, 시, 음악뿐 아니라 천 짜는 기술과 목공 같은 수공예나 토지 측량술과 학문까지 아우르는 넓은 개념이었고, 기술skill을 발휘하는 인간의 모든 활동이란 뜻으로 사용됐다. 미beauty와 관련해서는 그리스어 칼론kalon을 어원으로 하는 라틴어 펄크럼pulchrum이 르네상스 시기에 벨럼bellum이란 말로 사용되었는데, 이 말에서 오늘날 영어의 'beautiful', 불어의 'beau', 이탈리아어의 'bello'가 나왔다. 이 역시 그리스 시대에는 테크네처럼 보다 넓은 영역에 적용됐다. 예술과 자연의 아름다움뿐만 아니라 인간의 행위, 윤리학과 수학 같은 학문 등에도 포괄적으로 사용됐으며, 대부분의 경우에 비례, 조화, 균형을 뜻했다.

이렇게 넓은 맥락에서 사용되던 예술과 미가 결합해서 예술이 추구하는 가치란 곧 '미'라는 이론이 만들어진 것은 18세기의 일이다. 이보다 앞선 16세기 르네상스 시기에는 순수 예술과 수공예가 구분됐고, 지금의 예술 활동들이 수공예에서 갈라져 나오기 시작했다. 화가, 조각가, 건축가들은 원근법이나 해부학 등의 지식을 바탕으로 작품을 창작한다는 점에서 자신들의 일을 수공예와 구분하려 했다. 이들은 지식인으로 자부했고, 자신들이 공예가보다 우월하다는 점을 보이기 위해 스스로 아름다움을 창조하는 사람이라고 주장했다. 근대에 이르러 프랑스 고전주의자인 샤를 바퇴Charles Batteux, 1713-1780는 이 주장을 보다 체계적으로 정리했다. 그는 수공예란 실용성을 목적으로 한 기술이며, 순수 예술은 즐거움을 목적으로 하는 기술이라고 구분했다. 바퇴는 순수 예술에는 회화, 조각, 음악, 시, 무용이 있으며, 이것들의 공통점은 '아름다운 자연의 모방'을 원리로 한다는 점이라고 설파했다. 이에 더해, 그는 이것들을 하나로 묶어 설명할 수 있는 개념으로서 미와 기술을 결합한 '보자르beaux arts'라는 말을 만들어냈다. 이를 영어로 번역한 것이 '파인아트fine arts'로, '아트art'와 함께 예술을 뜻하는 말로 사용되지만 때로는 구별해서 순수 예술이란 뜻으로 쓰기도 한다. 순수 예술만이 미를 추구하는 인간의 활동이라는 이론은 이렇게 탄생했다.

바퇴가 만들어낸 예술과 미의 등식은 오래가지 못했다. 예술을 규범으로 묶어두려 한 고전주의에 대한 반발로 낭만주의가 등장했고, 낭만주의 이후에는 다채로운 경향의 예술들이 펼쳐졌다. 예술이 추구하는 가치도 다양해졌으며, 아름다움 외에 숭고, 추, 해학미 등의 가치들이 예술과 관련되면서 예술과 미의 등식은 설득력을 잃었다. 미학에서도 미보다는 예술을 중심 문제로 다루었다. 미를 포함한 다양한 가치들이 예술의 문제를 다루면서 자연스럽게 거론되는 수반적인 요소들이라는 점에서였다. 예술의 영역이 그만큼 넓어지면서 때로는 미, 때로는 숭고, 때로는 가치와 전혀 관련 없는 듯한 작품들도 계속해서 나타났다.

그래서 미학자들은 예술과 관련된 문제들을 해결하기 위해서는 "예술이란 무엇인가?"라는 물음에서 시작해야 한다고 생각했다. 미학자들은 예술의 본질을 찾아 정의 내리고, 그런 예술로부터 어떤 가치와 역할을 기대할 수 있는지의 탐구로 향했으며, 그 결과를 근대 이후에만 국한하지 않고 고대부터 현대에 이르는 미학의 전 영역에 적용하려 했다.

모방론, 표현론, 형식론

똑같은 나무를 대상으로, 똑같은 시간에, 똑같은 장소에서 서로 다른 두 사람이 그림을 그린다고 하자. 두 사람이 그린 나무 그림은 똑같을까? 똑같지 않다. 아니, 똑같을 수가 없다. 왜 그럴까? 똑같은 대상을 두고서도 두 사람이 서로 다른 느낌을 갖고 있고, 중요하게 생각하는 부분이 서로 다르며, 선택하는 선과 색과 형태 등으로 이루어낸 형식이 서로 다르기 때문이다. 그렇다고 나무가 집이나 동물같이 전혀 다른 것으로 그려지지는 않는다. 이 말은 한 장의 그림에는 대상에 의해서 결정되는 측면이 있고, 그리는 사람에 의해서 달라지는 측면도 있으며, 결과물인 그림 자체의 형식적 측면도 있다는 뜻이다. 한 장의 그림에는 모방적 속성과 표현적 속성과 형식적 속성이 포함된다는 것이다.

이 세 가지는 예술 창작의 서로 다른 관점이 되기도 하고, 감상과 평가의 기준이 되기도 한다. 이 세 가지 중에서 어느 것을 더 중요하게 보고 창작하느냐에 따라 그림의 성격이 달라진다. 재현 미술이 모방적 속성에 중심을 두고 때로는 표현적 속성에도 관심을 기울인다면, 비非재현 미술로 불리는 추상 미술은 형식적 속성을 보다 더 강조한다고 할 수 있다. 감상에서도 어느 것에 초점을 두고 보느냐에 따라 작품의 이해가 달라진다. 무엇을 그렸는지, 어떤 감정을 불러일으키는지, 어떤 형식적 관계를 보여주는지 중에서 어디에 중점을 두느냐에 따라 그림의 의미가 달리 전달되기 때문이다. 역사적으로도 마찬가지다. 어떤 시대에는 대상의 모방을, 어떤 시대에는 예술가의 느낌의 표현을, 또 다른 시대에는 작품 자체의 형식을 더 중요시하는 차이에 의해서 모방론, 표현론, 형식론의 세 가지 예술론이 이루어졌다. 예술을 보는 관점의 차이에 따라 예술의 정의가 달라졌고, 미술 작품들의 이해에도 변화가 생겼다.

모방론에 따르면, 예술의 본질은 대상을 모방하는 것이고, 대상을 얼마나 정확하고 설득력 있게 재현했느냐가 훌륭하고 좋은 예술 작품의 평가 기준이 된다. 모방론은 기원전 5세기 그리스 시대에 플라톤과 아리스토텔레스에 의해서 주장됐고, 르네상스 시기를 거쳐 18세기 신고전주의 시기에 이르기까지 거의 2천 3백 년 동안 영향력을 행사해왔다. 기원전 5세기 그리스는 페르시아와의 전쟁에서 승리한 후 페리클레스 시대라는 정치적 안정기를 맞았다. 이때 생활에 여유가 생기고 사람들의 사고 능력도 진화를 보이면서 자연 과학과 철학의 발달을 이뤘다. 인간과 사물의 본성을 묻고, 인간의 정신 능력을 강조하는 플라톤과 아리스토텔레스의 철학과 예술론은 이런 배경에서 등장했다.

모방에는 두 가지 의미가 있었다. 하나는 대상의 겉모습을 복제하는 것으로 보는 단순모방이고, 다른 하나는 대상의 핵심인 보편적인 것을 나타내는 것으로 보는 본질모방이다. 플라톤은 전자의 관점에서 예술론을 주장하면서 예술의 기능을 부정적으로 평가했고, 플라톤과 달리 아리스토텔레스는 후자의 관점에 의한 예술론을 견지하며 예술의 긍정적인 기능을 제시했다. 이 두 가지 모방 개념은 이후 미학 이론에서 변화와 수정을 보였고, 표현론이 등장하기 전까지 영향력을 행사했다.

플라톤과 아리스토텔레스가 예술의 기능에 대해 서로 다른 견해를 나타냈지만, 이들이 살았던 시기는 그리스 미술이 조각상을 중심으로 꽃피운 전성기였다. 자연 과학의 영향으로 사람들의 현실에 대한 관심이 커졌으며, 미술의 서술적 기능과 관찰을 통한 사실적인 묘사가 중시됐다. 철학의 영향으로 예술가들은 이상적인 정신적 아름다움을 나타내려 했으며, 그 예를 수학의 비례에서 찾았다. 7등신이나 8등신과 같은 인체 비례나 황금분할의 비례는 그리스 시대에 이런 맥락에서 출현했다.

모방론이 미술의 전성기를 이룬 르네상스로 이어지면서, 예술가들은 정확한 재현을 목표로 하는 원근법이나 비례론을 연구했으며 해부학이나 생리학 같은 과학의 법칙을 미술 작품의 창작에 적용하기도 했다. 근대에 이르러 모방론은 데카르트의 이성 중심 철학을 바탕으로 보다 철학적이고 체계화된 이론으로 다듬어졌고, 고전주의 미학으로 이어졌다. 고전주의자들은 예술이 이성적 규범에 따라 자연을 충실히 모방할 때 완전성에 이를 수 있으며 자연 속의 보편적인 것을 나타낼 수 있다고 주장했다. 이들은 예술도 과학과 마찬가지로 인간의 이성을 통한 합리적인 활동이라고 여겼고, 모든 사람이 동의할 수 있는 예술의 보편적인 규범을 만들어내려 했다. 그 한 예가 루이 14세 시대에 설립된 왕립 회화 조각

01

02

[01] 〈밀로의 비너스〉 기원전 250~기원전 150년경, 대리석, 높이 204cm, 파리 루브르박물관

[02] 레오나르도 다빈치 〈모나리자〉 1503~1505년경, 나무판에 유채, 76×53.3cm, 파리 루브르박물관

아카데미에서 만든 미술 작품의 창작과 감상을 위한 규범들이다.

그리스 시대의 〈밀로의 비너스〉**[01]**나 르네상스 시기의 〈모나리자〉**[02]**는 이런 모방론 아래서 만들어진 작품들이다. 〈밀로의 비너스〉의 높이는 2미터를 넘어서는데, 이는 신체의 각 부분에서 이상적인 비례를 갖춘 여러 사람들의 모습을 모방하고 결합해서 제작했기 때문이다. 머리를 기준으로 인체 길이가 8배에 달하는 8등신 인체 비례에, 배꼽을 중심으로 몸의 상하체가 황금분할 비례(0.382 : 0.618)를 이루고 있다. 레오나르도 다빈치는 〈모나리자〉에서 정확한 형태 묘사뿐만 아니라, 날카로운 윤곽선 대신 경계선을 모호하게 처리하는 기법을 사용했다. 그래서 이 작품을 두고서 부드럽고 우아한 자태와 신비스런 미소까지 나타낸 형태 묘사의 완숙한 재현이라고 평가한다.

고전주의의 주장대로 예술이 과학처럼 이성적 규범에 의한 활동이 될 수 있을까. 현실은 그렇지 않았다. 실제 작품의 창작과 감상에서 고전주의가 한계를 드러냈기 때문이다. 창작에서 규범을 철저하게 지킨 작품이 외면받는 경우도

03

04

있었고, 규범에서 벗어난 작품들이 감동을 불러일으키기도 했다. 고전주의에 반발한 19세기 초 낭만주의는 이런 배경에서 등장했다. 예술이 과학처럼 이성적 규범에 의한 활동일 수는 없다는 것이었다. 낭만주의자들은 예술가의 감정이나 성향에 따라 주제나 방법이 선택될 수 있고, 그에 따라 다양한 예술미가 나타날 수 있다고 보았다. 이들은 예술가가 어떻게 느끼고 나타내느냐에 의해서 다양한 예술적 가치들이 발견될 수 있으며, 예술이 미뿐만 아니라 숭고, 추, 해학미 등의 가치들과도 관련될 수 있다고 주장했다.

최초의 낭만주의 작품은 테오도르 제리코의 〈메두사호의 뗏목〉**[03]**로 알려져 있다. 제리코는 아프리카 세네갈로 가던 메두사호가 난파되어 수많은 사람들이 죽고, 살아남은 사람들이 애타게 구조를 기다리는 뗏목 위의 광경을 그렸다. 죽은 사람과 죽어가는 사람들이 뒤엉킨 고통과 절망의 현장을 상상력을 발휘해서 나타낸 작품이다. 진한 갈색으로 화면 전체의 비극적인 분위기를 조성하고, 사선 구도에 불균형의 형태와 명암의 강렬한 대비로 당시 상황을 극적으로 표현했다. 제리코는 뗏목 위의 사람들이 느꼈을 고통과 두려움의 감정, 그리고 무책임한 정부를 향한 사람들의 분노를 표현하려 했다.

낭만주의의 등장에는 18세기에서 19세기로 이어진 독일 관념론 철학도 영향을 미쳤다. 특히 인간 정신의 역할을 강조한 칸트와 헤겔의 인식론이 크게 작용했다. 칸트는 우리의 지식이란 감각적 경험으로부터 얻는 현상과 모든 사람이 본래 갖고 있는 정신적 형식의 합으로 구성된다고 보았다. 인식이 경험 자료들의 축적에 그치는 수동적인 것이 아니라, 우리 정신이 선천적 형식을 능동적으로 작용해서 구성한다는 주장이다. 헤겔은 더 나아가 지식의 형식뿐만 아니라

[03] 테오도르 제리코
〈메두사호의 뗏목〉 1819년,
캔버스에 유채, 491×716cm,
파리 루브르박물관

[04] 빈센트 반 고흐
〈구두 한 켤레〉 1886년,
캔버스에 유채, 45×37.5cm,
암스테르담 반고흐미술관

내용도 인간 정신의 산물로 보았다. 그는 칸트가 인식의 질료로 본 현상도 정신의 산물이고 관념일 뿐이며, 모든 관념들이 총체적으로 합쳐져 대상과 대상의 지식이 이루어진다는 절대적 관념론에 이르렀다. 이처럼 칸트에서 헤겔에 이르기까지 인간 정신의 역할에 주목한 철학 사상들은 낭만주의 미학의 이론적 배경이 됐다.

낭만주의에서 비롯한 작품 경향의 변모와 독일 관념론 철학의 영향으로 예술론에서도 변화가 나타났다. 예술이란 예술가 내면의 심리 상태나 감정을 표현하는 것이며, 감상자는 그런 것들을 느끼게 되는 것이라는 표현론이 등장한 것이다. 인간 정신을 세계의 척도로 본 관념론적 사고 탓에, 예술에서 중요한 것은 대상과의 관계보다 작품을 구성하는 예술가와의 관계라는 주장이 힘을 얻었다. 그 결과, 이성적 규범을 강조한 고전주의에서 정점에 도달한 모방론은 무시되거나 부차적인 위치로 내려와야만 했다. 그리고 예술의 본질은 감정의 표현이라는 표현론이 그 자리를 대체하면서 새로운 예술의 설명과 이해에서 주목을 받았다.

05

06

표현론은 모방론 아래 가치 없는 것으로 여겨졌던 예술적 성과들에 주목하게 했고, 낭만주의 작품뿐만 아니라 그 이후 나타난 주관적 경향의 미술 작품들을 이해하는 데에도 영향력을 행사했다. 특히 반 고흐에서 시작된 주관적·표현주의적 경향의 20세기 현대 미술을 이해하는 과정에서 설득력을 발휘했다. 〈구두 한 켤레〉**[04]**는 반 고흐가 고된 밭일에 시달리는 농촌 아낙네의 낡은 구두를 그린 그림이다. 매끈하고 정형화된 형태보다는 두텁고 거친 물감 자국에 구불구불한 선들이 두드러지게 해서 밭일에 지친 농촌 아낙네의 고단한 삶을 나타냈다. 낡고 해진 구두 가죽을 거칠게 묘사해서 그녀가 일하면서 느꼈을 불편함과 고통을 생각하게 하고, 하루 일을 마치는 해질녘에 농촌 아낙네로서 느꼈을 고독과 번뇌도 연상케 한다.

모방론에 이어 표현론이 새로운 예술론으로 주목받았지만 그것만이 절대적이라고 볼 수는 없다. 예를 들어, 몬드리안과 칸딘스키의 그림**[05, 06]**은

[05] 피에트 몬드리안 〈컴포지션 A〉 1923년, 캔버스에 유채, 90×91cm, 로마 국립현대미술관

[06] 바실리 칸딘스키 〈즉흥〉 1914년, 캔버스에 유채, 124.2×73cm, 뮌헨 스테드티쉐갤러리

어떻게 이해해야 할까? 무엇을 그렸는지 알 수 없고, 작가의 감정이나 심리 상태를 가늠하기도 쉽지 않다. 모방론으로도 표현론으로도 설명하기에 한계가 있어 보인다. 파울 클레의 〈아름다운 정원사〉**[07]**는 어떤가? 제목을 보고 그 내용을 어렴풋이 짐작할 수는 있지만, 앞서 본 그림들처럼 쉽게 수긍이 가지는 않는다. 그림의 목적이 달라졌고, 그 방법도 달라졌기 때문이다. 그래서 등장한 예술론이 형식론인데, 예술의 본질은 형식이라는 주장이다. 그림의 구성 요소인 선, 색, 형태, 명암, 질감 등이 자아내는 형식적 관계가 예술의 본질이라는 것이다. 그림은 그림일 뿐, 그림 밖 삶의 내용과는 독립된 세계이자 자율적인 세계라는 생각이 바탕이 됐다. 무엇을 나타냈는지, 어떤 감정을 불러일으키는지와 같은 삶의 내용보다 작품 자체의 순수한 형식이 더 중요하며, 지금까지 예술이 관련 맺어온 삶의 경험이나 내용을 떠나 예술만의 자율성과 순수성을 이루자는 입장이다. 형식론의 등장에는 형식을 추구하는 새로운 경향의 작품들이 배경이 됐지만, 그 이면에는 이론의 영향도 있었다. 19세기 초에서 중엽에 걸쳐 헤겔의 관념론적 미학에 반발하고 감각적인 형식을 강조하는 이론들이 나타났기 때문이다. 절대적 관념론자인 헤겔이 미학에서도 정신적·이념적인 것을 지나치게 강조한 탓이었다. 당시 헤겔 비판론자들은 헤겔이 예술에서 정신적인 것만을 강조하면서 감각적인 것의 가치를 하락시켰으며, 감각적인 것을 떠나서는 존재할 수 없는 예술의 독특한 특성과 자율성을 희생시켰다는 점을 겨냥했다.

[07] 파울 클레
〈아름다운 정원사〉 1939년,
캔버스에 유채와 템페라,
95×71cm, 베른 시립미술관

형식론에 의하면, 몬드리안의 그림에서는 기하학적 형태와 선들이 이룬 비례, 질서, 균형 등의 형식을 볼 수 있고, 칸딘스키의 그림에서는 선과 색의 뒤엉킴이 일으키는 역동적인 리듬과 활력을 느낄 수 있으며, 클레의 그림에서는 선의 움직임과 색의 번짐이 자아내는 자연의 리듬을 연상할 수 있다. 그러면 지금까지 나타났던 재현 미술 작품들은 어떻게 이해해야 할까. 형식론자들은 〈모나리자〉, 〈메두사호의 뗏목〉, 〈구두 한 켤레〉 모두 형식으로 보아야 한다고 주장한다. 그림의 내용이 아니라, 내용을 나타내려고 사용한 선·색·형태·명암 등의 관계라는 형식의 관점에서 보아야 한다는 것이다. 이들은 미술 작품의 진정한 이해란 내용의 확인이 아니라 작품의 형식적 가치를 알아보는 것이라고 주장했다.

형식론은 20세기 현대 미술이 대상의 재현에서 점점 멀어지고 추상 미술로 향해감에 따라 예술을 설명하는 설득력 있는 이론으로 자리 잡았다. 하지만 이 이론이 설득력을 갖는다고 해서 모든 예술 현상을 설명한다고 볼 수는 없다. 뒤샹의 〈샘〉[08]이나 라우션버그의 〈모노그램〉[09]같이 형식론으로 설명할 수 없는 다양한 작품들이 등장하면서 한계를 드러냈기 때문이다. 또 미술 작품이 점점 더 삶의 내용에서 멀어지고 형식 세계로 향하면서 형식론이 공허한 형식을 낳게 한 이론이라는 비판도 제기됐다. 한 예로, 단순한 기하학적 육면체를 규칙적인 간격에 맞추어 반복 나열한 작품인 저드의 〈무제〉[10]를 들 수 있다. 작품의 내용뿐 아니라 형식 구성까지도 최소화한 미술이란 뜻에서 미니멀 아트로 불리는 조각인데, 똑같은 육면체의 반복이라는 극단적인 추상이 공허함만 안겨준다는 비판을 불러일으켰다. 더불어 형식론의 문제점도 지적됐다. 예술에서 형식이 중요하다고 본 관점은 옳지만, 예술을 삶과 구분된 독립적인 세계로 규정하여 문제점을 드러냈다는 주장이 그러하다. 예술이란 정도 차이는 있을지라도 인간의 삶이나 세계와 관계를 맺으면서 이루어지는 것이며, 예술 작품의 형식이 삶의 경험이나 내용으로부터 독립된 순수 형식일 수만은 없다는 주장이다.

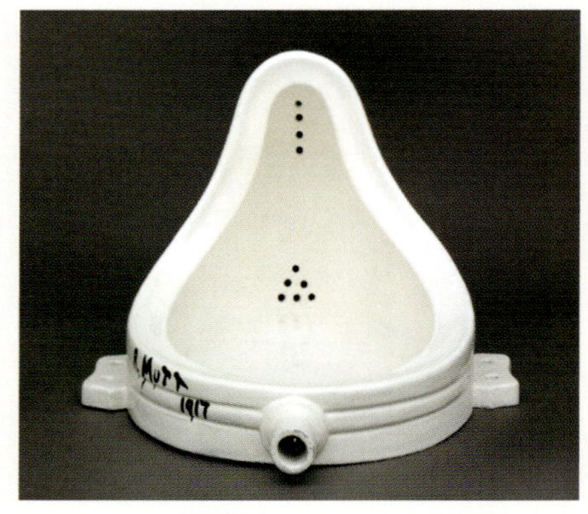

08

09

10

그렇다면 다시, 형식론을 대신해서 예술을 삶과 세계와 관련지어 이해할 새로운 방법을 찾아야 한다. 어디서 찾을 수 있을까? 인간의 삶과 세계를 전통 철학과는 다른 관점에서 설명하는 현대 철학의 세 경향, 곧 분석철학과 현상학 그리고 실존주의를 주목해볼 수 있다. 플라톤에서 데카르트를 거쳐 칸트와 헤겔에 이르기까지 전통 철학은 인간과 세계의 본질을 찾고, 그것을 파악해서 거대한 사상 체계를 이루는 것을 목표로 했다. 위 세 경향의 현대 철학은 이런 전통 철학에 대한 문제의식에서 시작됐고, 서로 다른 방향으로 해결 방안을 제시하려 했다. 분석철학은 전통 철학이 관념적이고 개념적인 혼란에 부딪친 이유가 언어의 사용에서 비롯한다고 보고, 언어 분석과 명료화라는 철학의 과제로 향했다. 이 관점을 택한 이들은 철학이 세계를 직접 대상으로 하기보다 세계의 기술에 사용된 언어의 구조나 기능을 분석하고 검토함으로써 세계의 구조와 특성에 다가갈 수 있다고 주장했다. 현상학과 실존주의는, 헤겔로 이어진 인간 정신을 강조하는 철학이 정신을 통해 일반화하고 추상화한 인간의 모습을 제시함으로써 인간의 구체적이며 개별적인 특성을 희생시켰다고 주장했다. 또 인간 본래의 모습이 정신만이 아니라 신체를 통한 체험에 의해서도 이루어진다는 점에서 볼 때, 전통 철학이 인간을 잘못 이해하고 삶과 동떨어진 철학으로 향했다고 비판했다.

[08] 마르셀 뒤샹 〈샘〉 기성품 변기에 서명, 높이 63cm, 1917년, 밀라노 갤러리 슈바르츠

[09] 로버트 라우션버그 〈모노그램〉 1955~1959년, 혼합 매체, 160.5×163×95cm, 스톡홀름 근대미술관

[10] 도널드 저드 〈무제〉 1968년, 스테인리스 철, 플렉시글라스, 각 판의 101.6×22.8cm, 총 높이 469.9cm, 아칸소 넬슨앳킨스미술관

현대 철학과 예술의 이해

분석철학은 철학적 탐구의 핵심을 언어에 두고 있어 언어철학으로도 불리며, 루트비히 비트겐슈타인의 언어 사상이 중심을 이룬다. '언어가 어떻게 의미를 갖는가?'를 설명하는 비트겐슈타인의 사상은 전기와 후기로 구분되는데, 분석철학을 바탕으로 한 분석미학은 비트겐슈타인의 후기 언어 사상인 사용의미론을 근거로 삼고 있다. 비트겐슈타인은 현실 속의 언어 사용이 여러 가지 맥락과 목적에 따라 기능을 발휘하기 때문에 언어의 탐구는 일상 언어를 대상으로 해야 한다고 보았다. 그리고 언어가 일상적으로 어떻게 사용되는가에 따라 의미가 정해진다는 일명 사용의미론을 주장했다. 모든 언어 사용은 각 경우의 삶을 지배하는 규칙이나 관습인 삶의 양식에 의해서 영향을 받는다는 이론이다. 비트겐슈타인은 삶의 양식의 일치가 의사소통을 이루기 위한 전제 조건이며, 언어는 우리 삶의 활동과 분리된 독립적이고 추상적인 것이 될 수 없다고 주장했다.

분석미학의 예술론에는 모리스 웨이츠의 예술정의불가론과 조지 디키의 예술제도론이 대표적이다. 두 이론 모두 '예술'이란 말이 예술과 관련된 우리의 삶 속에서 어떻게 사용되면서 의미를 갖는가에 초점을 맞춘다. 예술정의불가론에 따르면, 예술이란 말은 열린 개념open concept이다. 시대에 따라 새로운 예술 작품들이 나타났고 앞으로도 계속 그럴 것이므로, 새로운 예술 작품이 나타날 때마다 예술이기 위한 성질이 부가되기도 수정되기도 하며 폐기되기도 한다는 것이다. 예술이란 개념은 새로운 성질에 열려 있고 또 열어두어야 하므로, 결국 정의할 수 없다는 주장이다. 예를 들어 뒤샹의 〈샘〉**[08]**을 볼 때, 사람들은 그

작품에서 모방적 속성도 표현적 속성도 찾을 수 없고, 그렇다고 형식적 속성으로 설명하기에도 한계를 느낀다. 그래서 웨이츠는 이런 새로운 작품들이 나타날 때마다 예술의 조건이나 성질을 덧붙이거나 수정해야 한다고 보았다. 그러면서 예술이란 개념을 몇 개의 조건으로 정의하는 것이 오히려 이런 예술의 독창적인 시도를 방해할 뿐이라고 주장했다.

예술정의불가론에 의해서 예술가들은 새로운 독창성의 길을 얻었고, 예술은 보다 넓은 영역에 이를 수 있게 됐다. 하지만 이에 따르면, 모든 시대나 사회나 사람에 의해서 새로운 예술 작품이 나타날 수 있고, 그때마다 예술의 조건이 변할 수 있게 된다. 예술과 비예술의 경계선이 없어지고, 모든 것을 다 예술로 받아들이자는 극단적인 상대주의에 이를 수도 있다. 그래서 예술정의불가론의 이런 문제점을 비판하고 나타난 새로운 예술론이 디키의 예술제도론이다. 디키는 예술정의불가론이 모방론, 표현론, 형식론처럼 예술을 정의하기 위해 눈으로 볼 수 있는 물리적인 성질을 찾으려 한다는 점에서 서로 공통적이라고 보았다. 모방론이 모방적 성질을, 표현론이 표현적 성질을, 형식론이 형식적 성질을 찾아서 정의하려 했다면, 예술정의불가론에는 그런 성질이 없다고 주장하는 차이점만 있다는 것이다. 디키는 관점을 바꾸어 예술 작품에서 눈으로 볼 수는 없지만 인정할 수 있는 비물리적 성질이라는 공통점을 찾아낸다면, 예술을 정의 내릴 수도 있다고 생각했다. 그래서 주목한 성질이 제도적 성질이다. 어떤 작품이 예술로 인정되는 것은 눈으로 볼 수는 없지만 암묵적으로 인정되는 예술계라는 제도의 산물이라는 제도적 성질에 근거한다고 디키는 주장했다.

예를 들어 뒤샹의 〈샘〉이 예술 작품으로 인정된 후, 뒤샹이 소변기를 샀던 가게 주인이 똑같은 소변기를 골라서 〈분수〉라는 이름의 작품으로 제시했다고 하자. 사람들은 뒤샹의 〈샘〉은 예술이라고 하지만, 가게 주인이 제시한 〈분수〉는 겉모습이 똑같은데도 예술이라고 하지 않는다. 한 초등학생이 라우션버그의 〈모노그램〉**[09]**을 보고는 똑같은 모양의 박제 염소를 구하고 쓰레기들을 모아 색칠해서 〈박제 염소〉라는 작품을 선보였다고 하자. 박제 염소나 쓰레기 판자를 구해서 색을 칠하는 것이 크게 어렵지도 않은 탓이다. 이때도 역시 라우션버그의 것은 예술이라고 하지만, 초등학생의 〈박제 염소〉는 예술이라고 하지 않는다. 겉모습은 똑같은데 하나는 예술이고, 다른 하나는 예술이 아니라고 하는 근거는 무얼까? 눈에 보이지는 않지만 뒤샹과 라우션버그의 작품을 예술로 묶어주는 내적인 관련성, 곧 이 두 가지가 예술계라는 제도의 산물이라는 점이 그 근거라는 것이다. 달리 말해, 이 작품들이 창작되던 당시 예술계의 관점이나 이론과 믿음 체계 아래서 수용되었기 때문에 예술 작품이라는 주장이다.

〈샘〉이나 〈모노그램〉에서 새로운 예술적 성질이란 도대체 무엇일까? 이전 시대의 작품들이나 이 두 점과 작품들과 같은 시기에 나온 다른 성향의 작품들과 비교할 때 무엇이 비슷하고 무엇이 다른가? 그중 어떤 점이 뒤샹과 라우션버그의 작품을 예술로 받아들이게 하는가? 미학은 이런 물음들에 대한 답도 제시해야 한다. 그러나 예술정의불가론이나 예술제도론은 그렇지 못하다. 분석미학자들은 이 물음들에 대한 답은 미술 비평의 몫이며, 자신들의 일은 미술 비평에 사용된 '예술'을 포함한 여러 가지 개념들을 분석하고 명료하게 하는 것이라고 말한다. 분석미학의 출발점이 철학의 과제를 다양한 영역에서 사용되는 언어의 분석과 명료화라고 규정한 분석철학이기 때문이다. 따라서 이 물음들의 답을 찾기 위해서는 다시 예술의 본질이나 작품의 성질에 관심이 있는 새로운 예술론으로 향해야 한다. 공허한 형식 이론으로 비판받는 형식론에서 보지 못했던 예술과 삶의 관계, 예술의 특성에 관한 탐구는 현대 철학의 다른 두 경향인 현상학과 실존주의에서 찾을 수 있다.

에드먼드 후설이 주창한 현상학은 현상들을 객관화하고 일반화하는 자연 과학주의에 반대하고, 현상 자체의 직접 경험으로 돌아가서 그 성격을 밝히는 것을 목표로 삼는다. 또 실존주의는 인간 본래의 모습을 그 어떤 일반화에도 앞선 한 사람 한 사람의 개별성과 구체성에서 찾으며, 인간 존재의 성격을 현실 존재인 실존이라고 주장한다. 실존주의자들은 이런 점들이 인간의 삶을 일반화하고 객관화했던 전통 철학에 의해서 뒷전으로 밀려났다고 보았다. 일반화 체계에 물들지 않은 인간 본래의 모습을 찾고 삶과 세계를 바라보려 한다는 점에서 실존주의도 후설 현상학의 영향에 의한 사상이라고 할 수 있다.

후설은 19세기 말 20세기 초 서구 문화가 위기에 처한 것은 자연 과학주의에 그 원인이 있다고 보았다. 과학의 발달이 문제가 아니라, 수학적 자연 과학이 성공을 거두고 과학의 방법이 정신의 영역에도 획일적으로 적용되면서 인간적인 것과 정신적인 것이 희생됐다는 것이다. 그래서 후설은 과학 이전의 세계를 다시 보자고 주장했다. 이렇게 출발한 후설의 현상학은 여러 방향으로 전개됐지만, 특히 예술과 관련해서는 마르틴 하이데거와 모리스 메를로퐁티의 이론이 주목을 받았다.

하이데거는 자신의 철학을 존재의 철학이라고 했다. '존재'란 무엇일까? 그에 따르면 옷이나 구두처럼 '있는 것'은 존재자이고, 그런 것들이 '있음', '있다'라는 사실 자체가 존재이다. 존재란 존재자를 존재자이게 하는 것이다. 그런데 우리는 옷을 입고 있을 때나 구두를 신고 걸어갈 때, 그것들이 '있다'라는 사실을 까맣게 잊어버리고 주목하지 않는다. 하이데거는 이것을 '존재'가 '존재자'에 의해서 가려지기 때문이라고 보았고, 이렇게 가려진 존재를 밝히는 것이 자신의 철학 과제라고 했다.

하이데거에게 '존재'는 이성적 설명이나 감각적 경험 이전의 원초적 세계 같은 것이다. 우리의 구체적인 삶 속에 있고, 항상 가까이서 만나지만 잘 주목하지 않는 것, 존재자들을 있게 하는 근원적인 것이 '존재'이다. 좀 더 설명해볼까. 대부분의 전통 철학은 물질적인 존재자를 지향하는 감각에서 출발했고, 그 존재자의 무상함이나 불완전성에 접하고 만족하지 못할 때 존재자 너머의 근원적인 것을 생각해냈으며, 이데아나 신, 절대자 등을 전제로 존재자를 설명하는 형이상학에 의존해왔다. 그런데 하이데거는 존재자를 존재자이게 하는 것이 전통 철학의 형이상학이 전제하는 이데아, 신, 절대자 등이 아니라 자신이 말하는 원초적인 '존재'라고 보았다. 그래서 전통적 형이상학을 해체하고 철학의 새로운 시작을 이루어야 한다고 주장했고, 존재자 지향의 감각이나 사유와 결별하고 존재에 머물러 자신의 철학을 펼치고자 했다.

존재가 만지거나 볼 수 있는 감각적 경험 대상도 아니고 이성적 설명이 가능한 것도 아니라면, 그 존재를 어떻게 밝힐 수 있을까. 하이데거는 존재를 밝히는 두 가지 방법을 제시했다. 하나는 인간의 존재 방식인 실존의 이해를 통해 존재에 이르는 것이다. 이는 인간만이 존재의 의미를 묻는 유일한 존재자라는 점에 근거하는데, 이것이 그의 초기 사상을 이루었다. 다른 하나는 인간을 매개로 하지 않고, 존재가 스스로 드러나도록 하는 것이다. 존재 자체로부터 들려오는 말소리에 귀 기울인다는 것인데, 이는 하이데거의 후기 사상에 등장하는 예술론을 통해서 주장됐다.

하이데거는 예술 작품에서 '존재'가 스스로 드러난다고 말했다. 예술 작품을 통해 드러나는 존재란 무엇일까. 반 고흐의 그림 〈구두 한 켤레〉**[04]**와 농촌 아낙네가 신고 있는 구두를 비교해보자. 그녀가 구두를 신고 불편함 없이 농사일에 전념할 때 구두는 참다운 도구가 되고, 그녀는 "구두가 있다"라는 사실을 까마득히 잊어버린다. 구두의 용도에 의해서 구두의 존재가 잊히는 것이다. 하지만 우리가 두터운 물감과 울퉁불퉁한 선으로 그린 반 고흐의 구두 그림 앞에 서면 다르다. 그림이 주는 일상적이지 않은 경이로운 느낌을 갖게 되고, 새삼 "구두가 있다"라는 사실을 주목하게 된다. 반 고흐의 구두 그림에 의해서 구두의 존재가 드러나기 때문이다.

여기서 그치지 않는다. 우리는 반 고흐의 〈구두 한 켤레〉를 통해서 구두의 여러 가지 참된 존재가 드러남도 보게 된다. 반 고흐의 구두 그림에서 당시 사람들이 주목하지 않았거나 놓쳐버렸던 농촌 아낙네 구두의 여러 참된 모습들이 비쳐난다는 것이다. 하이데거는 그런 존재들이 곧 진리라고 보았고, 반 고흐가 구두 그림에 설립한 구두의 존재진리들이라고 주장했다. 이 점은 하이데거의 독특한 진리관으로 설명된다. 그는 존재자를 드러내주고 규정하는 존재가 곧 진리라고 주장했고, 그것을 존재진리라고 불렀다. 진리라는 말의 근원적인 의미를 숨어 있지 않고 '드러남'에서 찾은 것이다. 이런 면에서 예술 작품은 예술가가 작품 안에 설립한 존재진리를 담아내고, 작품 속 존재자들의 갖가지 참된 모습인 존재진리를 드러낸다고 볼 수 있다.

반 고흐의 〈구두 한 켤레〉로 다시 돌아가 하이데거가 말하는 존재진리를 확인해보자. 우선, 우리는 반 고흐의 그림을 대하면서 새삼 "구두가 있다"라는 사실에 주목하고, 두텁게 칠해진 물감의 질료적 측면이 스스로 드러나는 것을 본다. 뿐만 아니라 농촌 아낙네가 실존을 통해서 관계 맺은 여러 가지 존재의 드러남도 보게 된다. 가죽이 다 늘어진 데서는 농촌 아낙네의 고단한 발걸음을 볼 수 있고, 빵을 얻기 위해 불평 없이 살아갔던 상황을 짐작할 수 있으며, 고난을 이겨낸 후에 겪었던 기쁨도 상상할 수 있다. 이처럼 예술 작품이 여러 가지 존재를 드러나게 한다고 하이데거는 주장했다. 평소 우리가 잘 주목하지 않고 외면했거나 파악하지 못했던 존재자의 참된 모습인 존재진리가 예술 작품을 대면하는 과정에서 드러나고 또 보인다는 주장이다.

메를로퐁티도 하이데거처럼 개념이나 이론에 물들지 않은 원초적 세계에 관심을 기울였고, 그 세계를 향한 지각을 강조했다. 그는 의식의 판단이나 의미 형성 작용에 앞서 지각이 우선권을 갖는다고 보았고, 과학의 객관적 세계의 바탕에 지각의 세계가 존재하며, 지각된 세계가 모든 사유의 근원이 된다고 주장했다. 메를로퐁티에 따르면, 원초적 세계는 내가 할 수 있는 그 어떤 지각이나 분석에 앞서 이미 거기 존재하고, 이미 만들어진 질서나 통일성을 갖고 있다. 그래서 우리가 그 세계를 신체의 지각을 통해 체험한다는 건 거기 있는 세계로부터 우리 지각에 주어지는 것이다. 그렇다고 지각의 체험 주체인 신체가 전적으로 수동적이라는 뜻은 아니다. 메를로퐁티는 신체가 세계로 귀속되고 세계의 지각이 신체에 주어지지만, 신체는 세계를 향해 자발적으로 움직이는 주체이기도 하다고 주장했다.

신체의 지각은 어떻게 이루어질까? 자전거 타는 법을 배운다고 가정해보자. 이 과정은 우리가 신체의 새로운 사용법을 익히는 것이고, 새로운 운동에 맞추어 신체 도식을 재편성하는 것이며, 신체가 만나는 세계의 새로운 구조를 획득하는 것이라고 할 수 있다. 마찬가지로 보거나 듣거나 느끼는 지각도 새롭게 만나는 세계의 대상에 신체 도식을 재편성하는 것이고, 이를 통해 신체가 세계의 새로운 구조를 획득하게 된다고 할 수 있다. 이렇게 인간이 신체의 지각에 의해서 거기 있는 세계와 관계를 맺고 공존하는 것을 가리켜 메를로퐁티는 실존이라고 칭했다. 신체가 세계로 귀속되지만, 세계를 향해 자발적으로 움직이며 자신을 중심으로 사방의 사물들을 붙잡아두는 주체이기도 하다는 점에서 신체와 세계는 상호 얽힘의 관계를 이루며, 지각의 세계는 신체와 세계가 서로 얽혀 있는 공존의 영역이라고 메를로퐁티는 주장했다.

신체의 지각을 통해 원초적 세계로 향하려는 메를로퐁티의 철학적 시도는 예술론을 통해서 구체화된다. 그는 예술이 과학으로 망각된 우리 삶의 원천인 원초적인 세계와 접촉하게 해준다고 주장했다. 과학은 지수를 조작하고 제한된 모델을 만들어 구체적인 현실세계에 적용하고, 추상적 사고로 만든 구성물로 세계를 이해하려 하면서 구체적 현실과 거리감을 갖게 하기 때문이다. 그는 이런 문제에서 벗어나기 위해서는 신체의 터전인 생활 속의 구체적이며 원초적인 지각의 세계로 돌아가야 한다면서, 예술이 그 세계로 접근하는 방법이 될 수 있다고 보았다. 그러면서 특히 회화가 문학이나 음악보다 원초적 세계에 더 가까이 접근하게 한다고 주장했다. 그에 따르면, 문학은 세계를 있는 그대로 보여주기보다 작가의 특정한 관점이나 태도를 통해 자신의 말을 하고, 음악은 세계 속 존재들의 동요나 성장을 있는 그대로 담아내기보다 그것들의 윤곽만을 음들 사이의 관계나 형식으로 변환해서 암시한다. 이에 비해, 회화는 화가 자신이 보는 것에 대한 일체의 의무를 떠나서 있는 그대로 바라보고 또 그려낼 수 있게 한다는 것이다.

이런 관점에서 메를로퐁티는 한 장의 그림은 “화가가 자신의 신체를 세계에 빌려줌으로써 세계를 그림으로 옮겨놓는 것”이라고 주장했다. 화가의 주관을 통해 자의적으로 구성하는 것도 아니고, 그렇다고 해서 세계를 수동적으로 받아들여 재현하는 것도 아니다. 화가의 실존인 신체의 지각에 의한 신체와 세계와의 상호 얽힘이 그림 안에 담기게 된다는 말이다. 그래서 메를로퐁티는 화가의 '봄vision'에 의해서 지각되는 사물들의 외면적 가시성manifest visibility이 화가의 신체 속에서 내밀한 가시성secret visibility으로 반복되고, 세계의 원초적 구조나 질서가 화가의 신체 안에 반영되고 새겨진다고 주장했다. 화가의 '봄'을 통해 화가 앞에 있는 사물들의 성질이나 빛, 색, 깊이 등이 신체에 반향을 일으키고, 신체가 그것을 받아들인다는 것이다.

그에 따라 우리는 "세계가 신체 안으로 들어온다", "자연은 내 자신 안에 있다"는 화가의 말의 의미를 이해할 수 있고, 그림을 그리는 것이 화가가 자신의 신체를 세계에 빌려줌으로써 세계를 그림으로 옮겨놓는 것이라는 문장의 의미도 가늠할 수 있다. 사물들의 구조가 '봄'을 통해 화가의 신체 안에 반영되고, 그것이 그림의 가시적인 형태로 나타나기 때문이다. 따라서 화가가 그린 그림의 윤곽선은 사물들의 윤곽선인 동시에 자신의 내부에서 발견된 것이기도 하다.

메를로퐁티의 이런 생각을 클레의 그림에 적용해보자. 클레는 그림의 창작이란 자연의 원초적 창조성을 닮아야 하고, 화가는 그림 안에 자연의 생성 원리를 나타내야 한다고 주장했다. 그러면서 "숲속에서 숲을 바라보고 있는 것은 내가 아니라는 사실을 여러 번 느꼈다. 나무들이 나를 바라보며, 나에게 말을 걸어오는 것을 느꼈다. 나는 거기 서 있었고, 듣고 있었다"라고 말했다. 여기서 우리는 '그림이 신체의 체험에 의한 지각을 담기게 하는 것', '화가가 신체를 세계에 빌려줌으로서 세계를 그림으로 옮겨놓는 것'이라는 메를로퐁티의 예술론을 확인할 수 있다. 마찬가지로 그의 그림 〈아름다운 정원사〉**[07]**에서 클레는 선으로 눈에 보이는 형태들을 모방한 것이 아니라, 사물들이 생성되는 청사진을 나타냈다고 볼 수 있다. 눈에 보이는 사물들을 있게 하는 원리가 선의 움직임으로 빚어진다는 점을 나타내려 했다는 것이다. 선이 스스로 움직이며 공간과 부분들을 침식해 들어가고, 형태들을 자아내게 하면서 자연에서 사물들이 생성되는 과정을 그림으로 옮겨놓았다는 말이다. 색채도 마찬가지다. 고정된 형태감을 갖지 않고 퍼져 나가게 함으로써 색채 스스로가 동일성과 차이를 만들어내고, 텍스추어나 물질성 등을 연상시키면서 사물의 지각적 속성 자체를 창조하도록 했다는 것이다. 그런 지각적 속성이 눈으로 들어오는 과정을 나타내어 사물의 생성 원리를 그림 안에 담기게 한 것이라고 메를로퐁티는 주장했다.

현대 철학의 또 하나의 경향인 실존주의는 제2차 세계대전 후 장 폴 사르트르에 의해서 유행했다. 사르트르는 인간 존재의 성격을 현실존재 즉 실존이란 말로 규정하고, 그것을 자기 철학의 중심에 놓았다. 인간 한 사람 한 사람이 누구와도 바꿀 수 없는 개별성과 주체성을 지니고 있으며, 스스로의 존재 방식을 선택해 나간다는 점을 강조했다. 사르트르는 전통 철학이 인간의 이런 개별성을 제거하고 본질을 앞세워 일반화시켰다고 비판하면서, 본질보다는 인간의 실존이 앞선다고 주장했다. 인간의 본질이 없다는 것이 아니라, 인간이 구체적 현실 속에서 스스로 생각하고 행위하는 실존을 통해 자기 자신을 만들어가면서 본질이 정해진다는 의미이다.

무신론적 실존주의자인 사르트르는 인간 앞에 있는 세계와 사물이 신의 섭리에 의한 어떤 목적에 의해서 있다든가 어떤 원인의 결과로 있는 것이 아니라고 말했다. 세계와 사물은 우연적이며 불합리한 것이고, 존재 이유도 없이 그 자체로 있다는 점에서 무의미하며, '그저 있다'라고밖에 볼 수 없다는 설명이다. 이에 비해, 인간은 사물과는 다르며, 세계를 향해 무언가를 끊임없이 묻고 긍정도 하고 부정도 하면서 세계와 관계를 맺는다. 사르트르는 신의 부름을 받지 않는 인간은 무한히 자유로우며, 자신의 신체를 밖으로 내던져 세계와 관계를 맺고, 현재를 뛰어넘어 미래로 향하는 기획을 펼치면서 스스로 만들어 나간다고 주장했다. 이것이 사르트르가 말하는 실존이다.

사르트르의 무신론적 실존주의 관점에서 미술을 설명한 사람으로 카르스텐 해리스가 있다. 해리스는 미술 작품의 창조란 예술가의 선택에 의한 기획이고, 오랜 생각 끝에 나오는 의도적인 활동이라고 주장했다. 미술 작품 중에 의도되지 않은 효과와 우연성을 추구하는 것이나 어린이의 순수한 표현을 나타내려는 것들은 어떻게 설명해야 할까. 그는 그 작품들도 우연성이나 어린이의 표현 자체라기보다는 그렇게 되고자 하는 기획이며 선택의 결과라고 주장했다. 해리스는 이런 주장을 특히 현대 미술에 초점을 두고 펼쳐 나갔다. 현대 미술은 과거의 전통 미술과 달리, 예술의 의미가 불확실해진 상황에서 '예술이란 무엇인가?'에 대한 다양한 답들을 제시해왔기 때문이다. 그에 따르면, 예술이란 세계를 향해 의미를 추구하는 기획이고, 현대 미술은 무의미하고 불합리한 세계를 향해 의미를 추구했던 재현 미술이 벽에 부딪친 상황에서 나타난 결과이다. 재현 미술의 여러 시도들이 있었지만 세계의 의미는 드러나지 않았고, 예술가들의 세계를 향한 의미추구 기획이 성공하지 못한 데서 이런 상황이

도출되었다는 말이다. 그렇다고 예술가들이 세계를 향한 의미추구 작업을 멈출 수는 없는 일이다.

[11] 앤디 워홀 〈브릴로 상자〉 1964년, 나무에 합성 수지 안료와 실크스크린 잉크, 각 43.3×43.2×36.5cm

해리스는 현대 미술이 이런 상황에서 벗어나기 위해서 두 가지 방향으로 향했다고 보았다. 하나는 의미를 드러내지 않은 채 침묵하는 세계를 부정하고 인간을 긍정하는 방법으로써 인간 정신의 자유를 강조하는 것이다. 세계의 모든 흔적을 지워버리고, 정신을 통한 자유로운 화면 구성으로 향하는 추상 형식주의가 이에 해당한다. 기하학적 화면 구성으로 이루어진 몬드리안의 그림과 그와 유사한 경향의 추상화가 그러하다. 다른 하나의 방향은 세계를 가만히 내버려두면서 존재 자체가 스스로 드러나도록 하는 것이다. 인간 정신이 입혀놓은 세계의 겉치레를 벗기고, 존재의 근원으로 직접 향하려는 것이다. 이에 해당하는 것이 근원적인 것은 개념화될 수 있는 것이 아니라 느껴야만 한다는 점에서 감정의 본능적인 움직임에 따르려는 추상 표현주의이다. 칸딘스키의 그림과 같은 표현주의적 추상을 만나게 되는 것은 이런 이유에서라고 해리스는 주장했다.

하지만 두 가지 추상의 방법으로 세계의 의미가 드러났는가는 여전히 의문이다. 그래서 이번에는 이 두 가지 방법을 결합하는 기획이 나타났다. 세계를 부정하기 위해서 세계와 거리를 두는 방법을 취하고, 사물 자체의 드러남을 기대해보는 것이다. 익숙한 사물들을 예술 작품으로 제시하는 팝 아트처럼 일상적인 생각이나 관습을 부정함으로써 세계와 거리를 두고 그것들이 사물 자체로 남게 하려는 방법이 그것이다. 앤디 워홀의 〈브릴로 상자〉[11]나 스프 깡통, 콜라병 같은 것들이 그 예이다. 하지만 처음에는 사람들을 흥미롭게 하고 일상 맥락의 파괴 효과를 발하던 이 작품들도, 시간이 지날수록 흥미가 떨어지면서 다시금 일상적으로 익숙한 사물로 되돌아간다. 그러면서 사물 자체의 드러남이라는 기대 효과도 같이 사라지게 된다.

그래서 이번에는 거리 두기라는 상황을 좀 더 오래 지속하기 위해 교묘한 방법을 만들어내기에 이르렀다. 일상 사물들을 배열하고, 그 위에 색을 칠하고 구성의 흔적을 만들어낸 라우션버그의 〈모노그램〉[09]같은 콤바인 페인팅은 이런 맥락에서 이해할 수 있다. 일상 사물의 의미와 예술적 요소라는 두 가지 의미를 병치시켜 그 사이에서 동요가 일어나게 하고, 그 어떤 하나로도 되지 못하게 교착 상태를 일으키는 것이다. 하나의 관점에서 미술 작품으로 보이던 사물이 다른 관점에서는 작품이 아닌 사물로 보이고, 이 두 가지 의미의 싸움에서 교착 상태에 빠지게 되면 의미의 두 차원이 무효화되면서 제3의 의미가 나타난다고 기대하는 것이다.

그러나 이 시도도 그리 만족스럽지는 않다. 팝 아트보다 거리 두기 효과가 좀 더 오래 지속될 수는 있겠지만, 시간이 지나면 미술 작품으로서 흥미가 사라지고 박제 염소나 폐타이어나 쓰레기 판자로 보이면서 일상의 맥락으로 되돌아올 것이기 때문이다. 결국 '예술이란 무엇인가?'라는 물음으로 또 다시 빠져들게 되고, 세계를 향한 끝없는 의미추구 작업으로서 예술의 기획은 성공을 거둘 수 없게 된다. 이제 예술이란 행위를 그만두어야 할까? 해리스는 그렇지는 않다고 단언한다. 세계를 향한 의미추구가 성공하지 못할지라도, 세계는 여전히 우리를 향해 말을 걸어오고 있기 때문이다. 그는 예술가들이 세계를 향한 의미추구를 가치 있는 것으로 여기고 진정한 자기 자신을 실현하는 일이라고 생각하는 한, 계속해서 세계를 향해 나아가고 새로운 기획을 만들어낼 것이라고 주장했다.

이 책에서는 이런 예술론들을 역사적으로 살펴본다. 고대부터 현대에 이르기까지 철학, 미학, 그리고 미술 작품이 어떤 관련성을 갖고 펼쳐졌는가를 밝히는 데 중점을 둔다. 그렇다고 철학사 전반의 내용을 다루지는 않는다. 이것은 내 능력 밖의 일이기도 하거니와 미학 이론과 미술 작품을 설명하는 데 필요한 것도 아니기 때문이다. 시대에 따라 중심을 이룬 철학적 관점과 변화를 살펴보고, 그 관점이 미학에는 어떻게 반영됐고 미술 작품의 이해에는 어떻게 적용됐는가를 살펴보려고 한다. 내가 오랫동안 미학 관련 강의를 하면서 고민해온 것들로 대부분의 내용을 구성했고, 초판 이후 여러 차례 수정해온 내용들을 덧붙였다. 책을 마무리하면서 보니, 거의 새롭게 쓴 셈이 됐다. 아직도 풀리지 않는 것들이 여전히 남아 있지만, 되도록이면 미학사 전반을 살펴보면서 쉽게 읽힐 수 있게 쓰려고 노력했다. 그래도 잘 전해지지 않고 남는 난해함이 있다면, 그것은 나의 이해가 덜된 탓일 거라고 생각한다.

2019. 10

박일호 씀

1. 표현 충동에서 시작된 예술

Key Words

- 제의와 예술
- 원시 미술과 이집트 미술
- 코레이아와 테크네

제의에서 갈라져 나온 예술

색선들이 뒤엉킨 잭슨 폴록Jackson Pollock, 1912-1956의 그림[01]을 마주하고 많은 사람들이 고개를 갸웃한다. 제목을 보아도 이해할 수가 없고, 도대체 무엇을 그린 것인지 알아보기 어렵다. 모처럼 찾은 미술관에서 추상화나 현대 미술 작품을 볼 때도 그림과 제목을 번갈아 쳐다본다. 제목에 맞는 내용을 찾기 위해서다. 이런 사람들에게 '무제'라는 제목은 무척 곤혹스럽다.[02] 이뿐만이 아니다. 현대 미술에는 아무 내용이 없는 듯한 작품부터 화장실의 소변기나 버려진 물건을 길거리에서 주워온 듯한 것들도 얼마든지 있다. 이런 작품 앞에서 사람들은 어째서 의아해하는 걸까? 미술 작품이란 '무엇'을 실감 있게 나타내는 것이라는 고정관념을 지녔기 때문이다. 다시 말해, 예술은 모방이라는 것이다.

'예술은 모방'이라는 생각은 언제 나타났을까. 기원전 5세기경 고대 그리스 시대에 등장했고, 플라톤Platon, 428-348 BC에 의해서 미학 이론으로 수립됐다. 그 이론이 고대의 다른 사상가들에 의해서 다듬어지고, 중세와 르네상스 시기를 거치면서 변화를 보였으며, 근대인 18세기 신고전주의 시기까지 이어졌다. 대략 2천 3백 년 동안 예술은 모방이라는 생각이 유행했다. 미술사의 작품들 대부분이 이런 생각 아래 이루어졌고, 미술 작품은 대상을 실감 있게 나타내는 것이어야 한다는 고정관념이 자리를 잡았다. 그러니 미술 작품을 대할 때 제목을 보고 '무엇'을

[01] 잭슨 폴록, 〈No. 5〉, 1948년, 캔버스에 유채, 570×275cm, 개인 소장

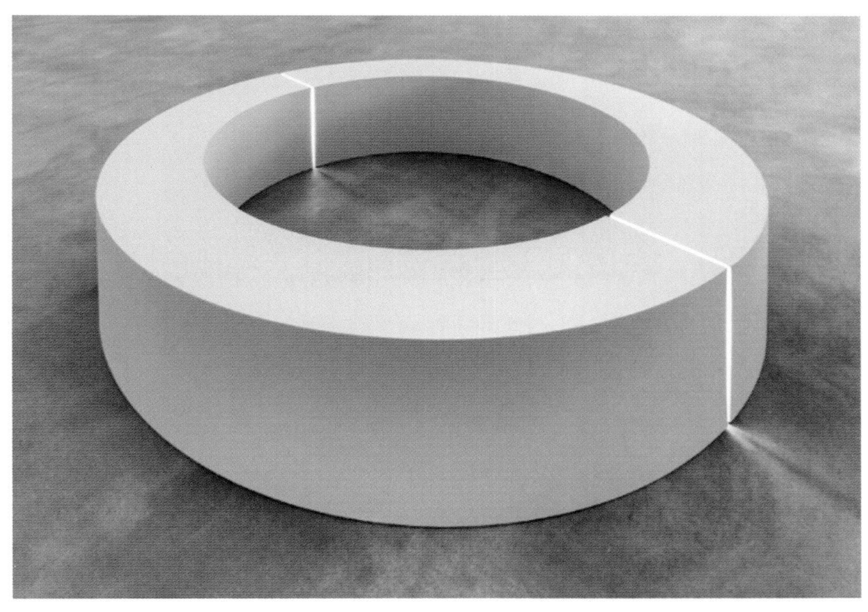

[02] 로버트 모리스 〈무제〉 1966년, 합판, 아크릴, 플렉시글라스, 형광등, 61×244×244cm, 콜로라도 키미코&존 파우어스 컬렉션

나타내는지 찾는 것은 어쩌면 너무나 자연스러운 일이다.

'예술은 모방'이라는 생각이 등장하기 전의 작품들은 어떠한가. 고대 그리스 시대 이전에 만들어진 원시 시대 동굴 벽화와 이집트 분묘 안의 벽화나 조각품들, 그리고 지금의 춤과 연극과 음악을 결합한 듯한 축제 때의 행위들은 어떻게 설명할 수 있을까. 미학자들은 이런 작품들이 모방과 아름다움에 대한 추구가 아니라, 현실의 필요에 의해서 만들어졌다고 설명한다. 그 시대 사람들은 이런 행위를 예술이라고 생각하지 않았고, 아름다움이라는 가치를 염두에 두지도 않았다는 것이다. 다시 말해, 시간을 거슬러 올라 예술이라는 행위가 왜 생겼을까를 묻는 예술의 기원에 관한 문제로 이 물음을 다룬다.

미학자 제인 해리슨Jane E. Harrison, 1850-1928은 저서 『고대 예술과 제의*Ancient Art and Ritual*』에서 예술이 주술의 목적을 위한 제의에서 비롯됐다고 주장했다. 그는 불행한 일이나 자연 재해로부터 보호받고 안녕과 평온함이 이루어지길 바라는 제식이나 축제 때의 행위에서 예술의 기원을 찾았다. 제식이나 축제에서 연극과 유사한 예술의 측면들이 발견되기 때문이다. 해리슨은 예술과 제의가 하나의 뿌리를 가지고 있고, 인간의 공통적인 충동에서 시작됐으며, 그 충동은 흔히 생각하는 모방 충동이 아니라 표현 충동이라고 덧붙였다. 안녕과 평온함을 바라는 마음속 욕망이나 감정을 표현하기 위해서 제의가 행해졌고, 그런 제의에서 예술이 갈라져 나왔다는 설명이다.

해리슨은 이집트의 오시리스 축제를 예로 들었다. 그리스 시대의 축제에는 이미 예술의 성격이 강하게 나타나기 때문에, 아직 예술과 제의가 분리되지 않았던 사례로 이집트의 축제에 주목했다. 해리슨에 따르면, 원시 시대 이집트인들은 대지와 농업의 신인 오시리스Osiris가 죽음과 부활을 통해서 지상에 풍요로움을 가져다준다고 생각했다. 오시리스 축제는 이런 오시리스의 죽음과 부활의 모습을 재현하는 제의였다. 제의는 식물이 자라는 흙으로 오시리스의 형상을 만들고, 재생을 뜻하는 녹색과 신의 영원성을 상징하는 황금색을 칠해서 무덤에 놓는 데서 시작된다. 주변에서는 사람들이 밭을 갈고 보리나 밀 등의 씨를 뿌리는 행위를 하고, 나일강에서 떠온 물을 그 위에 부어 곡식들이 자라나게 한다. 바로 그때, 무덤 속의 오시리스가 힘겹게 움직이면서 죽음에서 깨어나는 과정을 재현하는 의식이 벌어진다. 죽은 오시리스의 부활로써 죽음에서 탄생으로 이어지는 자연계의 순환을 나타내고, 지상세계의 일들이 풍요롭고 안정적으로 이루어지기를 기원하는 것이다.

축제는 신나고 현실감 있어야 하는 법이다. 사람들은 축제를 실감나게 하려고 실제 행위처럼 정서적 긴장감을 갖고 표현했다. 기쁨에 겨워 춤을 추고, 공포에 떨고 두려워하는 동작을 그럴듯하게 모방했으며, 극적인 분위기를 자아내기 위해 집단적으로 리듬에 맞춰 규칙적인 행동을 반복하기도 했다. 이렇게 축제에는 오시리스의 부활 과정을 재현하는 모방의 요소가 있었다. 하지만 해리슨은 이 모방의 요소가 형상이나 행위를 복제한다든지 보기 좋게 만들기 위한 것은 아니었으며, 사람들이 실제의 삶에서 강렬하게 느꼈던 욕망이나 감정을 표현하기 위한 수단이었다고 보았다. 제의가 모방 충동보다 표현 충동에서 시작됐다는 것이다. 그 후 시간이 지남에 따라 욕망이나 감정이 서서히 잊히고, 제의가 실제의 목적에서 점차적으로 멀어져갔으며, 표현 충동보다 형상과 행위의 모방 충동이 더 강조되면서 제의로부터 예술이 갈라져 나왔다고 해리슨은 설명한다.

원시 미술과 이집트 미술

제의에서 예술이 시작됐다는 해리슨의 주장은 미술 작품의 기원에 대한 설명에서도 나타난다. 미술사학자 에른스트 곰브리치E. H. Gombrich, 1909-2001는 구석기 시대 원시 미술이 주술 목적에서 제작됐다고 주장했다. 동굴 벽화나

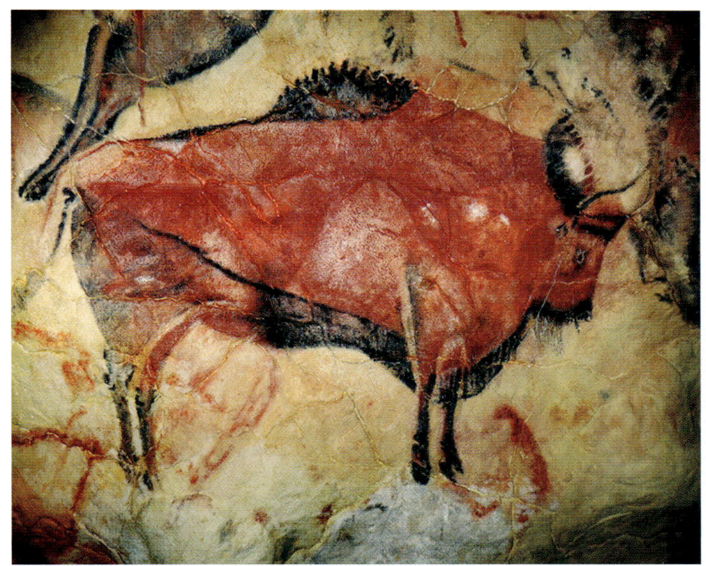

03

04

원시 시대 조각품이 감상이나 아름다움보다 제의·주술의 기능을 위해서 만들어졌으며, 원시 시대 사람들은 자연의 위협이나 야수의 위험으로부터 보호받고 원하는 동물이 잘 잡히길 바라는 감정을 표현했다는 것이다. 이런 주장은 대부분의 동굴 벽화가 원시 시대 사람들이 모여 살던 곳이 아니라, 산속 깊은 데서 발견된다는 점에 의해 뒷받침된다. 사람들이 산속 깊은 데까지 올라가서 그림을 감상하지는 않았을 것이기 때문이다. 그들은 그려진 동물을 향해 돌과 창을 던지면서 두려움을 없애려 했고, 그 동물이 잘 잡히기를 기원했으며, 그런 일이 실제로 일어난다고 믿었을 것이다. 이처럼 미술 작품의 기원에도 장식이나 감상을 위한 아름다움보다는 살아가기 위한 현실적인 필요성이 더 강하게 작용했다.

원시 미술 중에는 사실적인 묘사가 뛰어난 것도 있고, 단순하고 생략된 형태로 만들어진 경우도 있다. 대상과 얼마나 닮았는지 보다는 자신들이 생각한 대상으로 여길 수 있을 정도라면 충분하다고 생각했기 때문이다. 그림이나 조각의 이미지는 주술 기능을 발휘하는 대용품으로 생각되었고, 현실의 것과 똑같은 힘을 가지고 있다고 믿어졌다. 〈알타미라 동굴 벽화〉**[03]**는 오랜 세월이 흘렀음에도 사실적으로 보인다. 2.5미터의 거대한 들소 형상은 색 조절로 인해 입체감이 살아 있다. 콧구멍과 눈, 앞다리와 뒷다리, 그리고 볼기 부분이 부조 형태로 제작되어 사실감을 더한다. 사람들이 들소를 향해 돌과 창을 던진

[03] 〈들소〉 기원전 15000~기원전 10000년경, 폭 250cm, 알타미라 동굴 벽화

[04] 〈빌렌도르프의 비너스〉 기원전 20000년경, 높이 9.7cm, 빈 국립역사박물관

[05] 〈체옵스왕의 피라미드〉 기원전 2580년경, 높이 146.5m, 밑면 230×230m, 기자

흔적으로 추측되는 파인 자국들도 여기저기서 발견된다. 사실적인 작품이지만, 형태의 사실적 모방이 목적은 아니었다. 이 동굴 벽화는 사냥에 나갈 때 두려움을 없애주고 그 동물이 쉽게 잡히길 바라는 주술적인 기대가 더 강했음을 보여주는 증거이다.

인류 최초의 여인상으로 불리는 〈빌렌도르프의 비너스〉[04]는 〈알타미라 동굴 벽화〉만큼 사실적이지 않다. 뚱뚱하고 익살스럽게 생긴 이 여인상에는 눈도 코도 입도 없다. 얼굴 형태에도 구분이 없고, 손발의 흔적도 없다. 9.7센티미터의 아주 작은 작품에서 가슴과 배 부분만이 계란형의 형태로 부풀려 강조됐다. 이것을 보고 아름다움이나 감상을 위해서 제작했다고 말할 수는 없을 것이다. 풍만한 형태의 여인상으로, 다산을 통한 자손들의 번창과 삶의 풍요로움이 이루어지길 바라는 마음을 표현했을 것이다. 여인의 모습과 얼마나 닮았는지 보다는 자신들의 생각과 마음을 더 중요하게 여기면서 그 정도의 형태만으로 주술의 의미와 역할이 충분하다고 판단했을 터이다.

원시 미술의 주술 기능은 이집트 미술에서도 유사하게 나타난다. 이집트인들은 피라미드나 신전 안의 벽화를 통해 신과 같은 존재였던 왕Pharaoh이 죽어서도 자신들을 보살펴주길 바라는 마음을 표현했다. 왕이 죽어서 신의 세계로 승천하는 것을 돕기 위해 피라미드를 하늘 높이 치솟는 형태로 만들고는, 그 안에 머물 왕의 영혼이 저승에서 살아갈 수 있도록 미라와 초상 조각을 만들어 안치했다. 왕이 전쟁에서 적을 무찌른 장면을 벽화로 그려 넣어 그가 죽은 후에도 외적들이 침범하지 않길 바라는 마음을 표현했고, 생전에 왕이 좋아했던 일들도 함께 그려두었다.

〈체옵스왕의 피라미드〉[05]는 이집트 기자Giza 지역의 피라미드들 중 하나이다. 자신을 태양신 라Ra의 아들이라고 공표한 체옵스Cheops왕(쿠푸Kufu왕의 그리스식 이름)이 살아 있을 때 백성들을 동원해서 자신의 무덤으로 만든 것이다. 본래는 다른 왕족들을 위한 피라미드까지 합쳐 여섯 개였는데 현재는 세 개만 남아서 전해지며, 체옵스왕의 피라미드가 가장 크게 지어졌다. 밑면은 한 변이 230미터인 정사각형이고, 높이는 146미터나 된다. 하늘을 향해 뻗어 올라간 경사면은 52도인데, 가파른 상승감과 안정감을 동시에 전하도록 고도의 기하학적 측량술로 제작해낸 각도이다. 원래는 주변에 많은 기념물들이 있었지만 지금은 피라미드의 수호신인 사자 몸에 사람 얼굴을 한 스핑크스만이 남아 있다.

왕이 죽은 후 사람들은 피라미드 안에 왕의 시신을 미라 형태로 만들어 안치하고, 그 머리맡에는 초상 조각을 제작해놓았다. 몸은 사라지더라도 왕의 영혼이 저승에서 계속 살아갈 수 있도록 하기 위해서였다. 왕의 업적이나 좋아하던 일들을 벽화로 그려 그의 공적을 기리고, 부장품과 함께 시중들던 사람들의 모습도 그려 넣었다. 자신들의 왕이 영원히 곁에 있어주길 바라는 마음에서였다. 이는 원시 미술의 주술 기능과 유사한 이집트 미술의 초시간적·영속적 기능이다.

이집트 미술에서 중요한 것은 아름다운 형태보다 묘사한 인물과 사건이 영원히 지속되도록 하는 것이었다. 말하자면 이미지에 영원성을 담은 셈인데, 이를 위해 이집트 사람들은 이미지를 이루는 형태를 되도록이면 명확하고 완전하게 나타내려 했다. 완전한 이미지일 때에만 영원성이 이루어진다고 생각했기 때문이다. 누가 언제 어디서 보든지 눈은 눈, 어깨는 어깨, 발은 발로 보이도록 인물이나 사건의 특징적인 형태가 가장 잘 나타나는 각도에서 표현했다.

[06] 〈라모스왕의 무덤 벽화〉 기원전 1360년경, 테베

머리는 옆에서 본 모습, 눈이나 어깨 그리고 가슴은 앞에서 본 모습, 팔과 다리는 옆에서 본 모습을 혼합해서 그렸다. 또 각 인물이나 동물들이 지면을 나타내는 동일한 선 위에 똑같이 놓이도록 했다.

이집트 역사에서 가장 풍요로운 시기는 이집트 후기 신왕국의 아메노피스Amenophis III세와 그 아들 아메노피스 IV세(일명 라모스Ramose왕) 시대였다. 라모스왕은 일신론을 만들어 정신의 개혁을 단행했을 뿐만 아니라 예술에서 형식주의적인 방법을 옹호하기도 했다. 〈라모스왕의 무덤 벽화〉**[06]**는 사람들이 이 왕의 죽음을 슬퍼하며 무덤 벽에 그린 벽화이다. 위에는 그가 살았을 때 싸워서 승리한 전투 장면을 그렸고, 아래에는 그의 장례 행렬을 그렸으며, 중간에 왕에 대한 여러 가지 기록들을 상형문자로 새겨 넣었다. 승리의 전투 장면으로 왕이 죽은 후에도 적들이 침범하지 않길 바라는 마음을 표현했고, 장례 행렬에 왕이 사용하던 부채, 침대, 의자 등을 그려 넣어 죽은 왕이 영원히 자신들 곁에 머문다는 믿음을 나타냈다. 이 그림은 갈색을 주조색으로 하고 검정색 머리와 흰색 옷으로 다채롭게 구성하여 자연스럽고 생기 있어 보인다. 하지만 인물 묘사는 이집트 시대에 지속적으로 지켜지던 원칙에 따르므로 다소 경직된 느낌을 주기도 한다. 머리, 손과 발, 눈과 가슴의 형태부터 인물들이 지면을 나타내는 선 위에 놓여 있다는 점까지, 규범과 원칙에 바탕하여 완성한 그림이다.

[07] 〈덴데라 하토르 신전 부조 벽화〉 기원전 246년경, 룩소스 북쪽 나일강변

이 원칙은 이집트 마지막 왕조인 프톨레마이오스Ptolemaios 왕조 시기에도 이어졌다. 앞의 작품**[07]**은 태양신 라Ra의 딸인 사랑과 기쁨의 여신 하토르Hathor에게 바쳐진 덴데라Dendera 신전의 부조 벽화이다. 왕관을 쓴 파라오가 여신 하토르에게 공물을 바치고 있다. 하토르 여신의 한 아들은 젖을 빨고 있고, 뒤에 있는 다른 아들은 무언가를 불고 있다. 작품 여기저기에는 그 사연을 담은 내용이 상형문자로 쓰여 있다. 두 아들을 서로 마주보게 배치한 점이나 파라오와 여신의 두 팔을 겹쳐서 표현한 방식은 〈라모스왕의 무덤 벽화〉**[06]**보다 자연스럽다. 하지만 인물의 형태 묘사는 여전히 초기의 원칙에서 벗어나지 않았다. 인물들이 지면을 나타내는 동일한 선 위에 나란히 서 있고, 어깨와 가슴은 앞모습으로, 팔과 다리와 얼굴은 옆모습으로 새겨 넣은 점 등에 변함이 없다.

이처럼 이집트 미술에서는 거의 2천 년 동안 형태 묘사의 원칙이 큰 흔들림 없이 지속됐다. 이집트 사람들이 이미지에 영원성을 담는다는 뚜렷한 목적의식을 갖고 있었고, 불명확한 형태는 주술이나 제의에서 제대로 역할을 할 수 없다고 여겼기 때문이다. 어떤 사람은 이런 이집트 미술을 보면서 너무 단순하고 유치하다고 말하기도 한다. 하지만 이집트 미술의 이미지를 한번 따라 그려본다면 그리 쉽지 않다는 걸 알게 될 것이다. 이집트 미술이 피라미드 제작에서 선보인 기하학적 규칙성을 바탕으로 인체의 비례 관계와 균형을 철저히 지켰기 때문이다. 이런 기하학적 규칙성과 비례와 균형이 지중해를 건너가 그리스 미술의 건축과 조각에 영향을 주게 된다.

그리스 예술의 원시적인 형태

– 코레이아와 테크네

그리스 반도에 문화와 예술이 꽃핀 시기는 대략 기원전 5세기에서 기원전 4세기경으로, 이때는 고전기Classic period 그리스 시대로 불린다. 고졸기Archaic period 그리스 시대는 그 이전인 기원전 7세기에서 기원전 6세기경으로, 그리스의 학문과 예술이 시작된 시기이다. 이 무렵에 이집트 미술의 양식적 특징을 바탕으로 새로운 미술 형식을 만들어내려는 노력과 실험이 전개되었다. 사람들은 원시 단계의 형태 묘사에서 벗어나려 했고, 관찰을 통해 파악한 형태들을 점차

[08] 〈페우케티이 여인들의 춤(무희의 무덤 벽화)〉 기원전 5세기 말~기원전 4세기 중반, 프레스코, 루보 디 풀리아 코르소 코투뇨

정교하게 나타내려 했다. 크게 분류하면, 코레이아choreia와 테크네techne라는 그리스의 두 가지 원시적 예술 형태가 있었는데, 이는 오늘날의 용어로 표현적 예술과 구성적 예술 정도로 이해할 수 있다. 두 가지 모두 순수 예술이 아니라 제의가 목적이었다.

코레이아는 지금의 무용과 음악과 시가 결합된 형태였다. 집단적인 춤을 뜻하는 코러스chorus**[08]**를 어원으로 하며, 제의와 축제에서 사제들이 집단으로 추던 춤을 가리킨다. 춤이 중심을 이루고 음악과 말이 덧붙여졌다. 신에게서 영감을 받은 사제들이 공포와 격정을 표현하고, 음악에 맞춰 넋을 잃을 정도로 열정적으로 춤을 추면서 간간히 제의적 메시지를 내뱉는 식이었다. 이들은 감정을 표현하면서 고통을 달래고 마음의 위안을 얻으며 영혼을 정화시켰는데, 그리스인들은 이것을 카타르시스katharsis라고 불렀다. 예술이 주는 정서적 충격과 강렬한 체험이 감정을 해방시켜 영혼을 정화한다는 뜻이다.

코레이아의 창작 원리는 영감inspiration과 열정이었다. 영감이란 '숨을 들이마시다'라는 뜻의 단어 'inspire'를 어원으로 하는데, 사제들의 몸 안으로 신이 들어옴을 의미한다. 사제들이 코레이아를 행하려면 '신들린 자'가 되어야 하며, 맨 정신이 아닌 상태에서 열정을 드러내야 한다는 것이다. 따라서 코레이아는 비합리적인 예술, 표현적인 예술로 이해할 수 있다. 이런 코레이아에서 예술 창작을 비합리적인 근거에 따라 설명하는 영감설과 시인광기론이 나왔고, 지금의 무용과 음악과 시가 갈라져 나왔다.

코레이아에서 사제들은 공포와 격정만 표현했을까. 그렇지는 않았고,

메시지를 실감 나게 전달하려고 목소리나 몸동작도 그럴듯하게 흉내 냈다. 신화의 내용에 구체적 형태를 부여하기 위해서였는데, 그리스 사람들은 이 흉내 내기를 미메시스mimesis 즉 모방이라고 불렀다. 미메시스라는 말이 대상의 외적 형태의 모방에만 사용되기 전까지는, 이렇게 감정을 표현하는 제의에 적용됐다. 다시 말해 미메시스는 감정 표현을 위한 것이며, 제의의 기능이나 표현 충동을 위한 것으로 여겨졌다. 이는 앞서 미학자 해리슨이 제의가 모방 충동보다는 표현 충동에 의한 것이었다고 주장한 내용과 유사한 부분이다.

고졸기 그리스 예술의 또 다른 형태는 테크네로, 역시 제의적인 목적을 위한 것이었다. 여기에는 건축과 회화와 조각이 포함되며, 건축이 기초를 이루고 회화와 조각이 덧붙여졌다. 하지만 이 세 가지 예술 형태는 코레이아의 무용과 음악과 시처럼 결합된 것이 아니라, 각각 독립적인 성격을 지녔다. 또 코레이아가 신으로부터 영감을 받아 감정을 표현하는 것이라면, 테크네는 눈으로 보는 대상을 만들어낸다는 점에서 영감보다는 기술skill에 바탕했다. 기술을 발휘하기 위한 규칙이 요구됐고, 이런 규칙은 규범이란 뜻인 카논kanon으로 불렸다. 테크네는 규범에 의한 의식적인 제작 활동이라는 점에서 지적이고 합리적인 활동으로 여겨졌다. 따라서 목수의 테크네나 직조의 테크네를 포함한 모든 테크네는 구성적 예술로 이해할 수 있으며, 이는 예술 창작을 합리적 근거로 설명하는 이론들에 영향을 주었다.

고졸기 그리스 시대의 원시적 예술 형태인 코레이아와 테크네가 제의를 위한 것이었다는 설명은 제의에서 예술의 기원을 찾은 해리슨의 주장과 상통한다. 하지만 그 창작 원리가 하나는 영감이나 열정을 바탕으로 한 비합리적인 것이고, 다른 하나는 규칙을 강조하는 합리적인 것으로서 서로 구분된다는 점에 차이가 있다. 이렇게 서로 다른 두 개의 예술이 제의·주술의 기능에서 벗어나 그 자체로 감상의 대상이 되면서 고전기 그리스 시대에 플라톤을 비롯한 철학자들의 예술에 관한 생각에 영향을 주었고, 예술과 작품 창작에 대한 이론도 등장했다.

2. 모방으로서 예술

Key Words

- 단순모방 – 플라톤
- 본질모방 – 아리스토텔레스
- 고전기 그리스 미술

신화에서 철학으로

고전기 그리스 시대의 대표적 건축물인 파르테논 신전[01]은 전쟁과 지혜의 여신 아테나Athena를 모신 신전이다. 그리스 시대 정치적 전성기를 연 페리클레스Perikles, 495-429 BC에 의해서 축조가 시작됐고, 15년의 시간과 막대한 비용을 들여 완성됐다. 건축가인 익티누스Iktinos, BC 5세기경가 설계하고, 당시 최고의 조각가였던 페이디아스Pheidias, BC 5세기경가 조각품의 장식과 제작을 맡았다. 지금은 없어졌지만 건립 당시에는 신전 중앙에 상아와 금으로 만든 아테나 여신상이 있었다.

건물은 강건하면서 단순해 보이지만, 익티누스는 신전 전체에 수학적이며 기하학적인 계산을 적용하는 등 공을 들였다. 건물 전면 기둥들 사이에는 황금분할 사각형 구조를 적용했고, 기둥 위의 수평적 구조물이 정확한 수평 상태에서 형태가 아래로 쳐져 보인다는 점을 감안해 위로 약간 솟아 올라간 모양으로 만들었다. 또 지면과 정확히 수직을 이루는 구조물은 앞으로 쏠려 보이므로 건물 전면도 약간 뒤로 기울어지게 설계했다. 하지만 익티누스는 이 모든 벗어남이 보는 사람의 시각에 혼란을 주지 않을 정도인 6센티미터를 넘지 않도록 치밀하게 계산했다. 눈에 보이는 세계에 충실하면서도 수학적이고 기하학적인 규범을 담아내려 한 것이다.

신전 기둥 윗부분의 프리즈frieze에는 부조 작품들이 자리하는데, 대부분의

[01] 익티누스 〈파르테논 신전〉 기원전 447~기원전 432년경, 아테네 아크로폴리스

내용은 아테나 여신과 관련된다. 북쪽 프리즈의 작품**[02]**은 아테나 여신을 위한 제사인 파나테나이아Panathenaia 때 기마행렬의 모습을 주제로 한다. 페이디아스가 대리석을 깎아 사실적으로 잘 표현한 덕분에 그 광경이 실감나게 전달된다. 말의 머리, 몸체, 다리의 움직임으로 활기찬 분위기를 나타냈고, 겹치고 얽힌 말의 다리들로 말들 사이의 거리감도 자아냈다. 또 뛰어 오르는 말의 형태를 여기저기 유사하게 규범처럼 반복해서 기하학적인 원칙도 실현하려 했다.

[02] 〈파르테논 신전 북쪽 프리즈 부조〉 기원전 440년경, 런던 영국박물관

크니도스Knidos 지역에서 제작된 〈크니도스의 아프로디테〉**[03]**는 미의 여신 아프로디테Aphrodite, 로마 신화의 비너스가 목욕을 하려고 옷을 벗은 모습을 담고 있다. 조각가 프락시텔레스Praxiteles, BC 4세기경는 여성미의 이상적인 인체 비례로 7등신을 적용했고, 여체 누드의 우아한 곡선미를 완벽하게 실현하려 했다. 흘러내리는 옷 주름과 아프로디테의 자세가 자연스런 조화를 이루며 전체적으로 우아한 분위기를 만들고, 한쪽 다리에 중심을 두고 다른 쪽 다리를 굽혀서 뒤로 빼는 콘트라포스토contraposto 방식에 의해서 다리 동작도 자연스러워졌다.

〈크니도스의 아프로디테〉가 7등신의 인체 비례를 보여준다면, 그리스 시대의

03

04

[03] 프락시텔레스 〈크니도스의 아프로디테〉 로마 시대 복제품, 기원전 350년경, 대리석, 높이 205cm, 로마 바티칸박물관

[04] 〈밀로의 비너스〉 기원전 250~기원전 150년경, 대리석, 높이 204cm, 파리 루브르박물관

가장 유명한 작품인 〈밀로의 비너스〉**[04]**는 8등신의 인체 비례에 따른다. 그 차이는 인체의 전체 길이가 얼굴의 7배인가 8배인가 인데, 8등신에서는 얼굴이 좀 더 작아지고 몸도 가늘고 길어져서 우아한 자세가 좀 더 돋보인다. 비너스상의 몸 전체 길이가 204센티미터나 되는 것은 한 사람을 모델로 한 것이 아니라 어떤 사람의 머리, 다른 어떤 사람의 상체, 또 다른 어떤 사람의 다리 등 여러 사람에게서 이상적인 형태를 선택하고 결합하여 제작했기 때문이다. 두 팔이 잘려나갔지만, 왼손에 비너스가 여신들의 미의 경연에서 상품으로 받았다는 황금사과를 들고 있었던 것으로 추정한다. 황금사과는 이 세상의 최고 미인임을 상징하는 지물이다. 몸을 약간 비튼 자세가 우아한 곡선미를 자아내고, 옷이 걸린 엉덩이 부분에서는 관능적인 아름다움이 엿보인다.

이러한 그리스의 미술 작품들이 이집트 작품보다 월등한 묘사 수준을 보이는 이유는 무엇일까. 그리스 시대에 이르러 자연 과학과 철학이 발달하면서 예술의 기능과 방법이 달라졌기 때문이다. 자연 과학이 발달하면서 현실에 대한 관심이 커졌으며, 그 영향으로 형태를 설득력 있게 나타내는 미술의 서술적 기능과 사실적인 묘사가 유행했다. 사람들이 미술 작품을 감상 대상으로 생각하면서 작품 제작 방법과 예술에 관한 이론이 등장해 영향을 주었기 때문이기도 하다. 최초의 예술론으로서 '예술은 모방'이라는 주장은 이런 배경에서 등장했다.

모방이란 말은 그리스어로 미메시스mimesis이다. 같은 의미의 라틴어는 이미타치오imitatio인데, 이 말에서 르네상스 시대에 이탈리아어 이미타치오네imitazione가 나왔고, 그 말을 영어로 번역하여 이미테이션imitation이 되었다. 그리스 시대에 미메시스로 불린 모방에는 네 가지 의미가 있었다. 첫째 의미는 표현적 모방으로, 이는 사제가 디오니소스 제의 같은 축제에서 행한 행위에 적용됐다. 즉 음악에 맞추어 춤을 추고 노래하면서 흉내 내는 것을 뜻하는데, 겉모습의 모방보다 내면의 감정 표현을 중요시했고 고졸기 그리스의 코레이아에 적용됐다. 둘째 의미는 자연 과정의 모방이다. 사람들이 베를 짜는 행위는 거미가 거미줄을 만드는 과정을, 집을 짓는 것은 제비가 집 짓는 과정을, 그리고 노래 부르는 것은 나이팅게일 등 새가 지저귀는 과정의 모방이라는 뜻이다.

그런데 이 두 가지 의미는 고졸기 그리스 시대 이후로 인정을 받지 못했다. 고전기 그리스 시대에 이르러 이제 이야기할 다음의 두 가지 모방 개념이 널리 퍼졌고, 그 후 미학 이론에서도 지속되고 유지됐다. 하나는 모방이 대상의 겉모습을 복제하는 흉내 내기라고 보는 단순모방 개념이고, 다른 하나는 대상의 핵심인 보편적인 것을 나타내는 것이라고 보는 본질모방 개념이다. 전자의 개념에서 예술 이론을 주장한 대표 철학자가 플라톤Platon, 428-348 BC인데, 그는 이 관점을 바탕으로 예술을 부정적으로 평가했다. 아리스토텔레스Aristoteles, 384-322 BC는 후자의 개념에 의한 예술론을 주장했고, 플라톤과 달리 예술의 긍정적인 기능을 제시했다. 이들이 예술에 대해서 이렇게 다른 주장을 펼친 이유는 두 사람의 철학이 서로 달랐기 때문이다. '예술의 모방 대상인 자연과 세계는 어떻게 이루어졌을까?'라는 존재론과, '그것을 대상으로 진리를 발견하려면 어떻게 해야 할까?'라는 인식론에서 이들은 서로 다른 견해를 갖고 있었고, 예술에 대한 생각에서도 차이점을 나타냈다. 이것이 두 사람의 미학에 앞서 그들의 철학을 살펴보아야 하는 이유이다.

많은 사람이 고대 철학 하면 플라톤과 아리스토텔레스를 떠올린다. 플라톤과 아리스토텔레스가 이전부터 내려온 그리스 철학을 종합했고, 그동안 제기된 문제들을 체계적인 이론으로 만들었기 때문이다. 철학은 어떻게 탄생했고, 어떤 문제들을 다루었을까. 철학은 신화적 세계관과 인간관에 대한 반발에서 시작되었다. 철학이 발달하기 전, 그리스 사람들은 신화를 통해서 지식을 얻고 행위와 도덕의 기준을 마련했다. 그런데 신화 속의 신들은 전혀 도덕적이지 않았으며, 변덕스런 의지로 자연 현상과 인간의 삶을 변화시키기도 했다. 철학은 신화 속에 담긴 이런 비도덕적이며 비합리적인 점에 대한 비판에서 시작됐다. 그래서 철학에서 최초로 다룬 문제는 "자연을 이루는 근원은 무엇인가?"였다.

소아시아(지금의 터키)의 밀레토스학파Milesian school는 이 문제를 최초로 다뤘다. 당시 소아시아에서는 해상무역으로 부를 축적하고 생활의 여유가 생기면서 사람들의 명상과 사색의 기회도 많아졌다. 이런 배경에서 출발한 밀레토스학파는 자연의 근원을 감각을 통해 확인할 수 있는 물질에서 찾았다. 탈레스Thales, 624-545 BC는 물이라고 보았고, 아낙시만드로스Anaximandros, 610-546 BC는 무한성이라고 했다. 아낙시만드로스는 실제 사물이 특수하고 한정적이기 때문에 그 근원은 비결정적이어야 한다는 점에서 무한성을 근원적인 것으로 주장했다. 한편 아낙시메네스Anaximenes, 585-526 BC는 아낙시만드로스의 무한성과 물질적인 것을 합쳐 공기라고 주장했다. 공기가 모든 곳에 퍼져 있는 무한한 것이면서 감각할 수 있는 구체적인 물질이라는 점에서였다.

피타고라스학파Pythagoreans의 생각은 달랐다. 그 주창자인 피타고라스Pythagoras, 570~490? BC는 자연의 근원을 눈에 보이지 않는 것에서 찾았고, 그것을 '수數'라고 주장했다. 그는 만물의 근원을 물질 즉 질료matter라고 할 때 개별 사물을 설명하기 위해서는 물질을 제한하고 틀 지우는 형상form이 필요하다는 점에 주목했다. 그래서 형상이 물질보다 더 근원적이며, 그 형상은 '수'로 나타낼 수 있다고 보았다. 이런 관점에서 피타고라스는 우주 자연의 질서를 '수'로 나타내고 이해할 수 있다고 생각했고, 수를 통한 공간의 이해 방법인 기하학을 강조했다. 그 후 피타고라스의 주장은 눈에 보이는 지상세계나 물질 이상의 무언가가 있으며 그것이 더 중요하다는 생각을 낳았다. 그리고 이는 플라톤의 이데아Idea나 중세의 신神의 개념으로 이어졌다.

미와 예술에 관한 밀레토스학파의 주장은 전해지지 않아서 피타고라스의 주장이 최초의 것으로 여겨진다. 피타고라스는 아름다움이란 수로 나타낸 비례와 조화라고 보았다. 우주와 세계의 질서를 이루는 비례와 조화가 그 자체로 좋은 것이라는 판단에 의해서다. 그는 음악이 우주의 질서를 수학적으로 표현하는 것이며, 그 비례 관계를 적용한 것이 음악의 음정이라고 보았다. 팽팽한 현의 길이의 비례가 '1 : 2'라면 8도 음정, '2 : 3'이라면 5도 음정, '3 : 4'라면 4도 음정을 자아낸다는 식이다. 그는 음들 간의 관계인 비례와 조화가 인간의 마음에 영향을 미치면서 신경질환을 치료할 수 있고, 성격도 가다듬어주며, 인간의 영혼까지 정화시킬 수 있다는 음악의 효과도 주장했다.

그리스 사회가 정치·사회의 발전과 더불어 전문화되면서 철학도 더욱 풍성해졌다. 그 계기가 된 사건이 지중해 서쪽 진출을 목표로 침략해온 페르시아(지금의 이란, 이라크)와 그리스 사이에 벌어진 페르시아 전쟁492-448 BC이다. 이 전쟁에서 아테네 중심의 그리스 연합군이 페르시아를 물리치면서 그리스반도에 안정이 찾아왔고, 페리클레스 시대라는 정치의 전성기가 펼쳐졌다. 아테네의 민주정치가 발달하고, 정치 토론이 많아졌으며, 인간관계가 강조되면서 철학의 주제도 다양해졌다. 철학은 자연의 근원에 대해서뿐만 아니라 인간 본성이나 인간 능력의 탐구를 향해 나아갔다. 그리고 "인간이 진리를 발견할 수 있을까?"라는 문제를 두고서 두 가지 견해가 대립했다. 한쪽에는 소피스트들이, 다른 한쪽에는 플라톤의 스승인 소크라테스가 자리했다.

소피스트들sophists은 민주정치가 번창할 즈음에 아테네로 모여든 각 지역 사람들로 구성된 집단이었다. 이들은 서로 다른 문화 배경을 지녔기에 다양한 목소리를 강조했고, 한 사회를 이끄는 절대 규범은 없다고 주장했다. 또 현실적인 경험과 실용성을 중시했으며, 철학의 진리도 어떻게 쓰이느냐가 중요하다고 하면서 경험에 따라 달라질 수 있는 상대적인 것으로 여겼다. 대표적인 소피스트인 프로타고라스Protagoras, 481-411 BC의 "인간은 만물의 척도다"라는 말은 이런 맥락에서 나왔다. 이는 인간의 관점에 따라 만물이 서로 다른 상대적 의미를 가질 수 있으며, 사물의 참된 본성은 발견될 수 없다는 주장이다. 흔히 소피스트들을 궤변론자로 부르기도 하는데, 이런 별칭은 이들이 정치 토론을 위한 설득과 수사의 기술인 변론술을 가르쳤던 데서 비롯한다. 그들이 정치적 대의명분을 위해서 정의롭지 못한 것을 정의로운 것으로 만드는가 하면, 악한 것을 선하게 보이도록 주장하기도 했기 때문이다. 하지만 이들을 경험론자나 실용주의자로 보아야 한다는 다른 관점도 있다.

소피스트들은 미와 예술에 있어서도 감각과 쾌락을 강조했고, 상대주의적 관점을 나타냈다. 아름다움이란 시각이나 청각에 즐거움을 주는 것이고, 보고 듣는 이에 따라서 서로 다르게 경험될 수 있다는 말이다. 예술은 단지 즐거움을 주는 기술일 뿐이며, 진리와 무관하게 감각적·경험적인 허구를 만들어내는 것으로서 인간에게 정서적인 영향만을 끼친다고 이들은 주장했다.

당시에 이런 소피스트들을 가장 날카롭게 비판한 사람이 절대적 진리를 굳건하게 믿었던 소크라테스Socrates, 470-399 BC였다. 그는 소피스트들과 달리 개별 사물이나 사건은 시간이 지나면 변하고 소멸하지만, 변하지 않고 소멸하지 않는 항상 동일한 어떤 것이 있다고 보았다. 그것이 진리이며, 이 진리를 향한 지식의 탐구가 철학의 목표가 되어야 한다고 주장했다. 수시로 변하는 외부세계의 감각 경험은 믿을 수 없다는 점에서, 지식의 중심과 기초가 인간의 외부가 아닌 내부의 정신에 있어야 한다는 것이 소크라테스의 입장이었다.

미에 대해서도 소크라테스는 보는 사람에 따라 달라질 수 있는 것이 아니라, 누가 보든지 간에 인정할 수 있는 것이어야 한다고 주장했다. 그러면서 아름다움이란 객관적인 성질로서 비례나 조화이고, 정신을 통해 파악되는 것이어야 한다고 했다. 그는 회화 등 시각 예술의 본성을 모방으로 보았는데, 모방이란 보이는 것의 모사이고 주어진 대상의 닮은꼴을 만드는 작업이라고 정의했다. 지금까지 제의에 적용됐던 표현적 모방 개념과는 또 다른 재현적 모방 개념이 소크라테스에 의해 처음으로 주장된 것이다. 이제 이 개념은 그의 제자인 플라톤에 의해서 이론적으로 다듬어진다.

이데아로부터 두 단계 떨어진 모방

– 플라톤

플라톤은 페리클레스가 죽은 지 1년 후 아테네의 저명한 가문에서 출생했다. 그리스 시대에 발생한 또 하나의 큰 전쟁인 펠로폰네소스 전쟁431-404 BC도 겪었는데, 아테네와 스파르타가 그리스반도의 패권을 놓고 벌인 이 전쟁에서 아테네가 패배하면서 그리스의 민주정치도 쇠퇴하기 시작했다. 이처럼 그리스 정치·문화의 번영과 함께 쇠락도 경험했던 플라톤은 과거 아테네의 영광을 되살리고 싶어했고, 군주가 철학자가 되는 이상국가를 꿈꾸며 철학을 세워 나갔다.

흔히 그리스 철학은 플라톤에 의해서 종합을 이뤘다고 한다. 플라톤이 밀레토스학파 이래 그리스 철학의 모든 영역을 광범위한 체계로 수립했고, 이후 철학의 발전에 영향을 주었기 때문이다. 플라톤은 자연의 근원에 대해서 피타고라스와 소크라테스의 입장을 계승했고, 자연과 세계의 변화하는 사물들 뒤에 그것을 지배하는 원리가 있다고 보았다. 그것은 눈에 보이지 않는 것으로 정신을 통해서 파악되는 것이며, 세계의 본질이다. 사물들은 시간이 지나면 변하고 소멸되는 불완전한 것이기에 사물들의 이런 불완전성을 판단하기 위해서는 그 이상의 무엇이 있어야 한다. 그래서 플라톤의 철학은 자연과 세계의 존재가 어떻게 이루어졌고, 참된 본질을 어떻게 파악할 것인가를 다룬 그의 인식론인 이데아Idea론에서 시작된다.

플라톤은 세계가 이데아계와 감각계라는 두 개로 이루어졌고, 이 둘은 서로 분리되어 있다고 보았다. 그에 따르면, 이데아계를 이루는 이데아는 감각계 사물의 원형이며 형상形相으로도 불린다. 그것은 눈에 보이지 않고, 영원히 변하지 않으며, 세계의 본질을 이루는 비물질적 본체로서 정신을 통해서 파악되는 것이다. 이에 반해, 감각계의 사물은 이데아를 조잡하게 모방한 흉내 내기이고 껍데기에 불과하며, 시간이 지나면 변하고 사라진다. 세계 속에서 만나는 수많은 사물은 변하고 사라지지만, 그것들을 있게 하는 원형인 이데아는 시간과 장소가 바뀌어도 변하지 않는 본체이다. 예를 들어 눈으로 보는 다양한 형태와 색상의 의자들이 있다고 할 때, 그 의자들의 원형은 의자의 이데아이고, 우리가 보는 의자는 의자의 이데아를 흉내 내고 모방한 것으로 껍데기일 뿐이다. 우리가 보는 여러 형태의 삼각형이나 여러 종류의 붉은색도 그 원형인 삼각형의 이데아나 붉은색의 이데아를 모방하고 흉내 낸 것이다. 이런 근거에서 플라톤은 참된 지식이 이데아를 대상으로 해야 한다고 보았다. 그는 감각을 통해서 파악하는 감각계의 지식은 속된 견해이고, 이데아만이 영원불변한 참된 지식을 줄 수 있다고 주장했다.

우리 정신이 눈에 보이지 않는 이데아를 어떻게 파악할 수 있을까. 플라톤은 정신이 불완전한 사물 이상의 것에 접근할 수 없다면 어떻게 사물의 불완전성을 판단할 수 있겠는가라고 반문했다. 그리고 인간 정신의 사유가 특정한 사물을 초월한 수준에서 작용할 수 있다고 덧붙였다. 그렇다고 해도, 이데아계와 감각계가 서로 분리되어 있다면 감각계 속에 사는 우리가 어떻게 이데아를 인식할 수 있을까. 플라톤은 인간의 영혼이 본래는 이데아계에 속해 있었는데, 이 세상에 태어나 감각계 속에서 살면서 이데아를 망각했다고 했다. 하지만 완전히 망각하지는 않았고, 감각계 속의 경험을 통해 상기시켜주면 잊혔던 이데아가 다시 살아난다고 주장했다.

예술은 이데아를 인식하고 참된 지식을 얻는 데 도움을 줄 수 있을까. 플라톤은 부정적으로 보았다. 그의 책 『공화국*Politeia, The Republic*』에서 플라톤은 의자라는 가구를 제작하는 목수와 의자 그림을 그리는 화가를 예로 들어 설명했다. 그 내용은 이렇다. 목수는 의자의 원형인 의자의 이데아를 모방해서 의자라는 가구를 만들고, 화가는 그렇게 만든 의자를 다시 모방해서 그림을 그린다. 두 사람은 모두 의자에 대한 참된 지식을 갖고 있지 않고, 단지 의자의 이데아를 모방하고 흉내 낸다는 점에서 공통적이다. 다만 목수의 의자는 의자의 이데아를 흉내 낸 것이지만, 화가의 의자 그림은 그렇게 흉내 낸 의자를 다시 모방한 것이라는 점에 차이가 있다. 게다가 의자 그림은 보이는 대로만 나타낼 뿐 거기에 가구 의자가 지닌 무게감이나 사람을 지탱하는 구조는 없다. 의자 그림은 그저 의자인 것처럼 보이도록 눈을 속이는 닮은꼴일 뿐이다. 이 점에서 플라톤은 예술이 이데아로부터 한 단계도 아니고 두 단계나 떨어진 모방이고, 감각계 사물의 겉모습만을 모방하기 때문에 참된 지식을 줄 수 없다고 주장했다. 예술은 인식적 기능을 가질 수 없다는 것이다.

뿐만 아니라, 플라톤은 예술이 정서적으로도 사람들에게 나쁜 영향을 미친다고 비판했다. 자신의 책 『이온*Ion*』에서 플라톤은 시인과 시낭송자와 관객을 예로 들면서 이렇게 말했다. 시인은 자기가 이야기하는 내용에 대한 전문적인 지식이 없으며, 뮤즈Muse 신으로부터 영감을 받은 신들림의 상태에서 광기에 사로잡혀서 시를 창작한다. 시낭송자는 이런 시로부터 영감을 받아 시낭송을 하고, 관객들은 그런 시낭송에서 영감을 받고는 자신도 모르게 공포에 빠지기도 하고, 격정을 쏟아내기도 하며, 울음을 터뜨리기도 한다. 여기서 시인과 시낭송자와 관객은 뮤즈 신의 영감에 의해서 마치 자석과 쇠붙이처럼 연쇄 관계를 이룬다. 세 사람 모두 자신의 행위를 알지 못한 채 자신 밖의 힘에 의해서 조정되고, 의식이 명료하지 않은 혼란한 상태에서 자신의 행위를 하게 된다. 따라서 플라톤은 이런 시가 사람들에게 참된 지식을 주지도 않고, 정신적 능력을 길러주지도 않으며, 격렬한 감정만을 쏟아내게 해서 선량한 시민을 불량한 시민으로 만든다고 비판했다. 그러면서 시의 내용에 대한 엄격한 검열이 필요하고, 자신이 꿈꾸는 이상 국가에서 시인들은 추방되어야 한다는 주장을 덧붙였다.

플라톤이 살았던 기원전 5세기와 4세기는 신전 건축과 조각상을 중심으로

[05] 〈테베의 왕 펜테우스의 운명〉, 에우리피데스의 비극 〈박카에〉의 에피소드, 기원전 500~기원전 480년경, 흑회식 도자기, 높이 12.7cm, 텍사스 킴벨미술관

고전기 그리스 미술이 꽃을 피운 시기였다. 그런데 플라톤은 왜 이런 주장을 했을까. 호메로스Homeros, 900~800 BC 같은 시인들을 겨냥해서였는데, 시 안에 담긴 신화적 세계관이나 인생관이 그리스 사람들의 사고와 삶의 방식에 영향을 주는 것을 반대했기 때문이었다.[05] 민주정치가 발달하면서 사회가 복잡해지고 전문화됐고, 여러 분야의 전문가들도 등장했기 때문에 시 속의 신화적 관점으로는 사회의 여러 문제를 더 이상 감당할 수 없다는 관점도 작용했다. 또 다른 이유로는 플라톤이 아테네가 펠로폰네소스 전쟁에서 패한 후 젊은이들을 교육시켜 아테네의 정치적 영광을 다시 이루려는 꿈을 갖고 있었는데, 시가 젊은이들을 지적으로나 정서적으로 나약하게 만들고 있다고 생각했음을 들 수 있다.

플라톤의 미에 대한 주장도 이데아론에 바탕을 두고 있다. 그는 아름다움을 사물이나 인간 신체, 행위와 덕, 예술과 학문 등에 적용되는 포괄적인 것으로 보았다. 아름다움에는 단계가 있는데, 사물이나 신체의 감각적인 미에서 제도나 학문의 정신적인 미에 이르고, 최종적으로는 순수하고 영원불변한 미의 본질인 미의 이데아로 향해야 한다고 주장했다. 진정한 아름다움은 감각이 아닌 정신에 영향을 주는 것이고, 정신에 의해서 파악되어야 한다는 점에서였다. 그는 감각적인 미의 기준으로는 수학적 비례 같은 객관적인 속성을 들었고, 그 예로 신전 건축이나 조각상이 부분과 부분의 비례를 이루려면 정확한 측량과 수학적 계산에 따라야 한다고 주장했다. 플라톤의 이런 입장은 피타고라스와 소크라테스가 제시했던 미에 관한 이론에서 영향을 받은 것이다.

보편적인 것의 모방

- 아리스토텔레스

플라톤의 주장처럼, 감각계 사물은 형상의 껍데기일 뿐일까? 예술은 모방 대상의 겉모습만을 모방하고 흉내 내는 것일까? 예술가는 자신이 모방하는 것에 대해서 전혀 알지 못할까? 이런 물음에 대해 플라톤의 제자인 아리스토텔레스의 생각은 달랐다. 아리스토텔레스는 감각계의 사물에 플라톤의 이데아 같은 보편의 형상이 포함되어 있다고 보았고, 예술이 그 보편적인 것을 파악하고 나타낸다고 주장했다. 예술이 사물의 겉모습만 흉내 내는 단순모방이 아니라, 보편적인 것을 인식하고 재현하는 본질모방이라는 주장이다. 또 그는 동물과 달리 인간만이 모방 본능을 갖고 있으며, 모방을 통해서 배움을 시작할 수 있고 지식도 얻게 된다고 주장해서 플라톤과 차이점을 보였다.

어째서 아리스토텔레스는 플라톤과 다른 주장을 하게 되었을까. 플라톤보다 40살 이상 아래였던 그가 플라톤의 아카데미아academia에 들어갔을 때 플라톤은 이미 노년에 접어들었다. 아카데미아에는 다양한 분야의 자연 과학 전문가들이 참여하고 있었다. 이들과의 교류를 통해서 경험적 사실을 접할 수 있었던 아리스토텔레스는 과학적 특성에 부합하는 철학을 이루려 했고, 추상적이며 수학적인 사고도 자연과 사물의 세계에 바탕을 두어야 한다고 생각했다. 그래서 모든 사물은 본질인 형상과 물질인 질료가 결합된 것이고, 형상과 질료는 상호 관련을 맺고 있으며, 형상이 없는 질료나 질료가 없는 형상은 있을 수 없다고 주장했다. 보편자로서 형상이 플라톤의 주장처럼 개별 사물들과 떨어져 있는 것이 아니라, 개별 사물들 속에서 발견된다는 것이다.

아리스토텔레스에 의해서 자연의 근원을 눈에 보이는 물질에서 찾은 밀레토스학파의 사상과 눈에 보이지 않는 이데아에서 찾은 플라톤의 사상이 결합되었다. 예를 들어, 조각가가 대리석으로 조각상을 제작하는 경우를 생각해보자. 우선 대리석은 이 대리석이거나 저 대리석일 수 있고, 매끈한 것이거나 거친 것일 수도 있지만 모두 대리석의 형상에 물질인 질료가 합쳐진 것이다. 조각가가 대리석으로 작품을 만든다면, 작품은 대리석이라는 질료에 모방 대상의 새로운 형상이 결합된 것이고, 조각가가 파악한 새로운 형상을 나타내는 것이 된다. 그러면 목수가 만든 의자도 의자의 형상과 질료가 결합된 것이고, 화가의 의자 그림도 의자의 형상과 질료가 결합된 것이라고 할 수 있다. 한마디로, 예술은 대상의 보편적인 것인 형상을 모방하는 본질모방이라는 것이다.

아리스토텔레스의 예술에 대한 주장은 그의 저서 『시학*Peri poiētikēs, Poetics*』에서 제시됐다. 그는 먼저 예술의 모방 기술을 구분하고, 그에 따른 예술을 두 부류로 나눴다. 하나는 색채와 드로잉을 수단으로 시각적인 겉모습을 모방하는 기술인데, 회화와 조각이 여기에 해당한다. 다른 하나는 운문이나 노래와 춤을 통해서 인간의 행위를 모방하는 기술이며 비극, 희극, 서사시를 포함한 시 예술에서 주로 사용된다. 그는 『시학』에서 시 예술을 중점적으로 다뤘고, 훌륭한 시 예술의 조건을, 특히 비극을 예로 들어 밝혔다.

아리스토텔레스는 훌륭한 비극 작품은 비극만의 고유한 즐거움을 줄 수 있어야 한다고 보았다. 그래서 모든 예술 작품이 즐거움을 주기 위한 조건을 찾고, 그 조건을 비극에 적용하려 했다. 예술 작품이 즐거움을 주는 조건으로 그는 모방의 인지 그리고 멜로디와 리듬이라는 두 가지에 주목했다. 첫 번째 조건인 모방의 인지는 우리가 예술 작품에서 모방한 대상을 알아차릴 때 즐거움을 얻게 되고, 배움과 지식도 이루게 된다는 것이다. 아리스토텔레스는 그 근거를 모방이 인간에게 본능적이고 자연스러운 것이라는 점에서 찾았다. 모방이 우리의 본능이기 때문에 잘 모방된 작품을 보면 즐거움을 느끼게 되고, 모방한 대상에 대해 알게 되면서 배움이 시작된다는 것이다. 예를 들어, 우리가 현실 속에서 직접 볼 때는 보기 흉한 동물이나 시체처럼 끔찍한 것일지라도, 그것들을 잘 모방해 놓은 작품을 볼 때는 아주 똑같다는 감탄과 함께 즐거움을 갖게 되고, 그 대상에 대한 지식도 얻게 된다고 아리스토텔레스는 주장했다. 이렇게 아리스토텔레스는 플라톤이 부정한 예술의 인식적 기능을 되살렸고, 예술 작품의 이미지가 현실의 대상과는 다르다고 구분하기도 했다. 예술에서는 무엇만이 아니라 어떻게 나타냈는가도 중요하다고 주장한 것이다.

즐거움을 주는 예술 작품의 두 번째 조건인 멜로디와 리듬은 작품 구성의 형식과 질서에 해당한다. 아리스토텔레스는 멜로디와 리듬을 추구하는 것도 인간의 본능이기 때문에 이를 지킨 작품이 즐거움을 준다고 보았다. 예술 작품이 즐거움을 주기 위해서는 작품의 부분들이 적절한 비례를 갖추고 척도를 지켜서 전체적으로 유기적인 통일성과 질서를 갖추어야 한다는 의미이다. 시 예술에 적용하면, 사건의 진행이 완결성이나 필연성으로 향한 질서와 균형을 갖출 때 즐거움을 주는 훌륭한 작품이 된다는 말이다. 그래서 플롯plot이 중요하고, 서사는 끝까지 감상자의 관심을 끌 수 있도록 긴밀하게 짜여서 전개되어야 한다. 종합하면, 훌륭한 작품이 되기 위해서는 내용뿐만 아니라 전달 형식을 통해서도 즐거움을 줄 수 있어야 한다는 주장이다.

비극에 대한 설명에서 아리스토텔레스는 공포와 연민을 자아내는 사건을 잘 모방한 작품이 즐거움을 준다고 말했다. 비극 작품이 공포와 연민의 감정을 불러일으킬 때 우리에게 즐거움을 주고 훌륭한 작품이 될 수 있다는 것이다. 우리가 실제로 겪을 때 고통스럽고 불쾌한 감정인 공포와 연민이 어떻게 즐거움을 줄 수 있단 말인가. 아리스토텔레스는 두 가지로 설명했다. 하나는 우리가 현실 속에서 직접 겪을 때는 고통스럽고 불쾌하지만, 그런 감정을 불러일으키는 사건을 잘 모방한 작품을 볼 때는 즐거움을 갖게 된다는 것이다. 즉, 모방의 인지를 통해서 즐거움을 갖게 된다는 말이다. 다른 하나는 작품 구성에 관한 설명인데, 사건들의 배열이 공포에서 연민으로 향하게 할 때 즐거움을 줄 수 있으므로 훌륭한 비극 작품이 되려면 그런 순서로 구성되어야 한다는 설명이다. 어떤 비극 작품이 관객에게 공포나 증오를 불러오는 사건에서 연민을 자아내는 사건으로 진행되면, 관객들이 처음에는 공포나 증오처럼 불편하고 고통스런 감정을 갖다가 극이 진행되면서 점차 그런 감정에서 해방되고 연민의 감정을 느끼게 되며, 그렇게 느끼는 연민의 감정이란 일종의 쾌의 감정과 통한다는 것이다.

우리가 극이나 드라마를 보면서 위기의 사건이나 불길한 어떤 일이 주인공에게 닥칠 것을 두려워하다가 마침내 그 일이 일어났을 때, 또 누군가를 미워하면서 증오심을 갖고 불편해하며 고통스러워하다가 어떤 계기로 인해 그 사람을 이해하게 되었을 때, 우리는 처음에 가졌던 공포나 증오보다는 측은해 하는 연민의 감정을 느끼게 된다. 아리스토텔레스에 따르면, 이렇게 불편한 감정으로부터 해방감을 느끼는 연민의 감정은 일종의 쾌의 감정과 통한다. 아리스토텔레스는 비극 작품이 이렇게 해서 관객들에게 후련함을 안겨주고, 감정을 정화시켜주기도 한다고 보았다. 그는 관객들이 비극 작품을 통해서 카타르시스katharsis를 이루며 이것이 정신 건강에도 치료 효과를 준다고 주장했다. 이로써 아리스토텔레스는 예술이 인식적 기능뿐만 아니라 정서적으로 긍정적인 효과도 갖는다고 주장해서 플라톤과 차이점을 나타냈다.

한편 아리스토텔레스는 시 예술이 플라톤의 주장처럼 뮤즈 신의 영감을 받아 제작되는 비합리적인 것이 아니라 합리적인 제작 활동이라고 보았다. 시 예술이란 보편적인 것을 모방하고, 보편적인 것을 모방하기 위해서는 규범이 필요하다는 점에서였다. 그는 훌륭한 시 예술은 실제로 일어나는 우연적이고 개별적인 사건들을 소재로 보편성을 갖춘 이야기를 구성하는 것이며, 사람들이 그렇고 그런 환경에서는 그렇고 그런 행위를 하게 된다는 보편적인 사실을 담아내야 한다고 주장했다. 그래서 당시 대표적인 비극 작품인 소포클레스Sophocles, 496-406 BC의 『오이디푸스왕*Oedipus*』은 특정한 개인의 이야기가 아니라, 오이디푸스왕과 같은 성격의 소유자가 그와 유사한 상황에 처했다면 일어날 수 있는 이야기라고 주장했다.**[06]** 시 예술이 전형적이고 일반적인 모델을 통해 삶의 보편적인 것을 재현한다는 점에서, 아리스토텔레스는 시를 쓰는 일이 역사를 쓰는 일보다 더 진지하고 철학적이라고 말했다. 시는 보편적인 것을 이야기하지만, 역사는 개별적인 사실들만을 이야기한다는 점에서였다.

[06] 장 오귀스트 도미니크 앵그르 〈스핑크스의 수수께끼를 푸는 오이디푸스〉 1808년, 캔버스에 유채, 189×144cm, 파리 루브르박물관

미에 대해서는 아리스토텔레스도 플라톤처럼 객관적인 성질로 여겼고, 비례나 질서를 통해 이룬 조화와 균형이라고 주장했다. 아름다운 것은 살아 있는 생명체든 구성해서 만든 것이든 각 부분들의 배열에 질서가 있어야 하며, 전체적으로 균형과 조화를 이루어야 한다. 미에 대한 아리스토텔레스의 이 같은 주장은, 비극의 구성이 완결성으로 향한 질서와 균형을 갖추어야 한다는 멜로디와 리듬의 조건과 유사하다. 또 그는 극에 대한 도덕적 검열은 필요 없고 미학적 검열만이 필요하다고 주장했다. 착한 사람이 불행해지고 악한 사람이

행복해지는 것은 사회적 보편성에 어긋나므로 훌륭한 작품의 조건에 미치지 못한다고 보았기 때문이다.

고전기 그리스 미술

– 수학적인 비례와 조화

플라톤과 아리스토텔레스가 살았던 시기는 그리스 미술의 전성기인 고전기 그리스 시대였다. 철학과 자연 과학의 성과가 풍성해졌고, 예술도 발달했다. 자연 과학의 영향으로 사람들의 현실에 대한 관심이 커졌으며, 미술의 서술적 기능이 강조되고 관찰을 통한 사실적인 묘사가 중시됐다. 당시 발달한 철학의 영향으로 예술가들은 관찰을 통한 모방과 겉모습에만 그치지 않고 이상적인 정신적 아름다움도 나타내려 했으며, 그 예를 수학적 비례에서 찾았다. 예술가들이 생각한 이상적인 비례에는 7등신 혹은 8등신의 인체 비례와 황금분할 비례가 있었다.

7등신의 인체 비례를 처음으로 조각상에 적용한 이는 프락시텔레스였다. 그 예가 〈크니도스의 아프로디테〉**[03]**이다. 이보다 더 세련되게 고안된 것이 8등신 인체 비례인데, 알렉산더 대왕 시대의 궁정 조각가인 리시포스Lysippos, 390-300 BC가 만들었다. 리시포스가 8등신의 인체 비례를 적용한 작품인 〈아폭시오메노스Apoxyomenos〉**[07]**는 신화 속의 영웅이 아닌 평범한 운동선수를 모델로 한 것이다. 리시포스가 어떤 인물이냐 보다 작품의 형식적 특성을 더 중요하게 생각했기 때문이다. 한쪽 발에 중심을 두고 다른 발을 뒤로 빼서 자연스런 움직임을 나타낸 콘트라포스토 방식도 사용했고, 경직된 정면상을 극복하기 위해서 몸 전체를 비스듬하게 비틀어 인체의 활력과 유기적인 통일성도 나타냈다.

8등신 인체 비례를 여성의 인체에 적용한 작품이 〈밀로의 비너스〉**[04]**이다. 이 역시 몸을 약간 비튼 자세로 인체의 우아한 곡선을 강조했고, 흘러내린 옷을 엉덩이 부분에 걸쳐서 관능적인 아름다움도 나타냈다. 옷으로 가려졌지만 두 발에 콘트라포스토 자세도 담겨 있다. 아폴론 조각상 중에서 가장 유명한 작품인 〈벨베데레의 아폴론〉**[08]**도 8등신의 인체 비례와 콘트라포스토 자세로 제작됐다. 고대의 부활을 꿈꾼 르네상스와 고전주의 시기에 많은 조각가들이 남성 조각상의

07

08

[07] 리시포스
〈아폭시오메노스〉
로마 시대 복제품, 기원전
330년경, 대리석, 높이
210cm, 로마 바티칸박물관

[08] 레오카레스
〈벨베데레의 아폴론〉
로마 시대 복제품, 기원전
2세기, 대리석, 높이 230cm,
로마 바티칸박물관

전형으로 생각하고 모방하려 한 작품이다. 8등신의 인체 비례로 우아함을 나타내면서 당당한 자세와 자신감 넘치는 얼굴 표정도 사실적으로 잘 표현했다고 여겼기 때문이다. 이 작품은 왼손에 활을 들고 멀리 날아가는 화살을 바라보는 모습으로 추정하기도 하고, 군주가 호령하는 모습으로 설명하기도 한다.

그리스 예술가들이 추구했던 또 하나의 이상적 미의 규범은 황금분할 비례였다. 이는 기하학자인 유클리드 에우클레이데스, Euclid, 330-275 BC의 업적이다. 유클리드는 한 선분을 둘로 나눌 때 가장 자연스럽고 이상적인 비례와 자연스럽고 이상적인 사각형의 가로세로 비례를 찾는 과정에서 황금분할을 발견했다. 그는 선분의 중앙을 나누거나 가로세로가 같은 정사각형은 자연스럽지 않고 꾸며낸 것 같다는 점에서 두 선분에 차이가 있어야 한다고 생각했다. 그리고 긴 선분과 작은 선분의 비比가 선분 전체와 긴 선분의 비와 같게 하고, 사각형의 긴 변과 작은 변의 비가 대각선과 긴 변의 비와 같게 하는 비례 관계를 창안했다.**[09]**

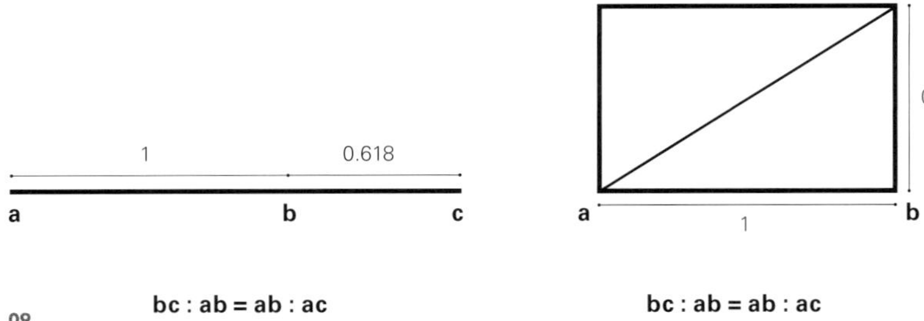

09

10

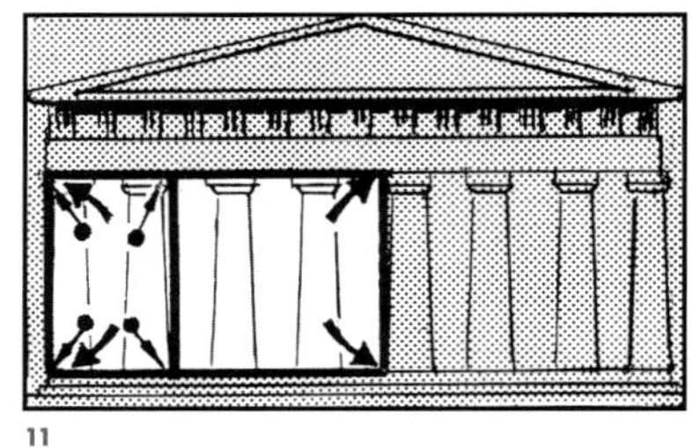
11

[09] 황금분할 선분과 황금분할 사각형

[10] 자연에서 찾은 황금분할

[11] 〈파르테논 신전〉의 황금분할 비례

이 비례식을 계산해보면, 대략 1 : 0.618(또는 0.618 : 0.382)이다.

그런데 이 황금분할 비례는 유클리드가 머릿속에서 수학적으로만 계산해서 만들어낸 것은 아니고, 자연에서 관찰한 수많은 사례들을 근거로 보편적이며 이상적인 경우를 찾아내어 만든 것이다. 예를 들어, 무성하게 자란 나무나 계란의 형태가 황금분할 비례에 가까운 사각형 안에 들어오는 것을 볼 수 있다.[10] 실제로 나무나 계란 같은 자연물들을 이렇게 기하학적 사각형으로 정확하게 틀 지울 수는 없겠지만, 황금분할 사각형이 나무나 계란 같은 자연물들을 반복 관찰한 결과를 종합해서 만든 것임을 짐작할 수는 있다. 유클리드는 이처럼 무수한 자연의 사례들을 반복 관찰하고, 그 속에서 보편의 사례를 찾아 이상적인 비례를 추론해냈으며, 수학과 기하학으로 정리해서 황금분할 비례를 일구었다.

황금분할 비례는 그리스 신전 건축의 전면, 인체 조각상의 상체와 하체, 그리고 도자기의 형태 등에 사용됐다. 파르테논 신전 전면의 2개 또는 4개의 기둥 구조 사각형이 황금분할 비례로 되어 있다.[11] 8등신 조각상인 〈밀로의 비너스〉와 〈벨베데레의 아폴론〉의 상하체 길이의 비도 황금분할 비례이다.[12] 인체의 중심을 배꼽이라 할 때, 배꼽에서 정수리까지인 상체와 발끝까지인 하체 길이를 0.382

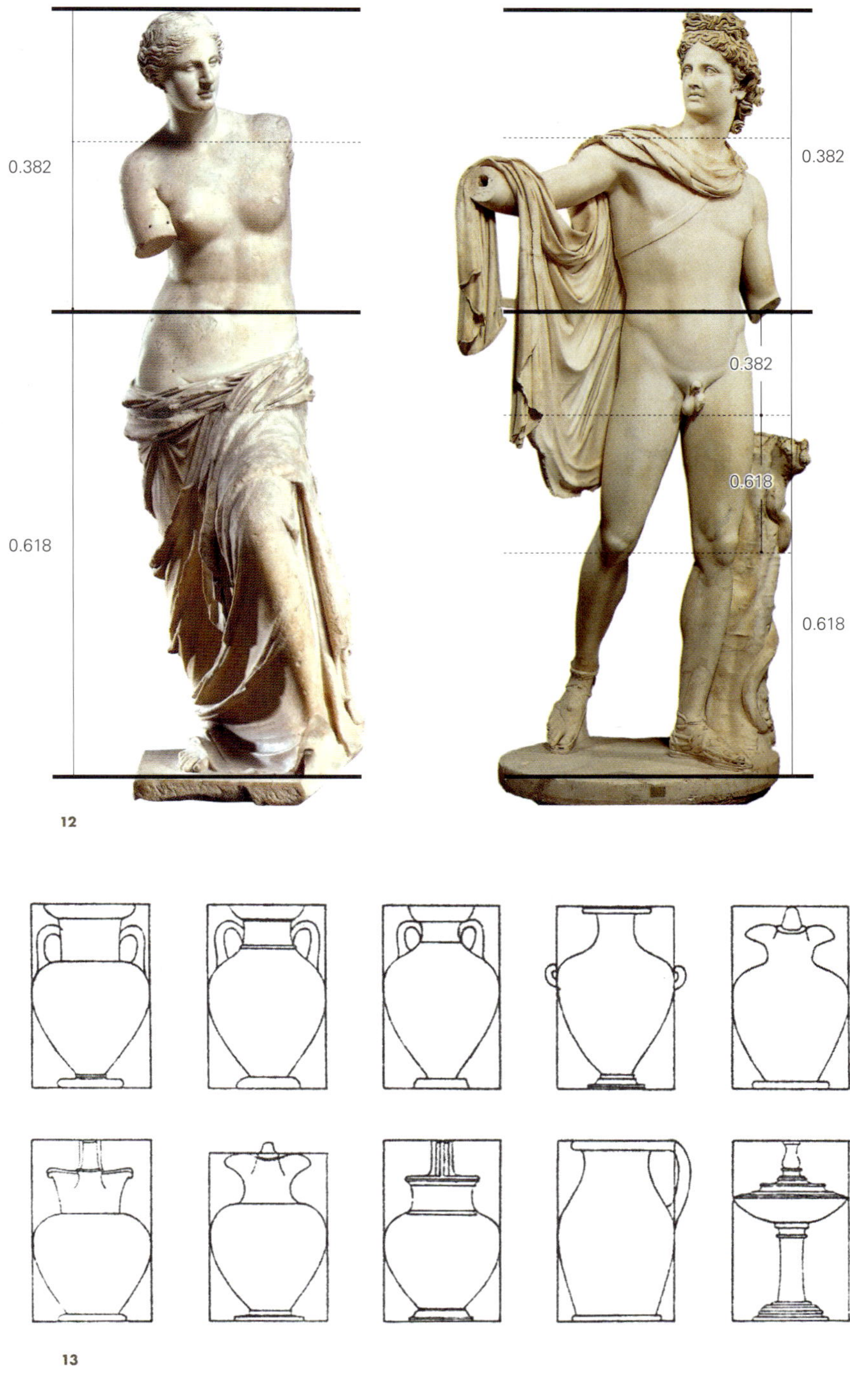

[12] 〈밀로의 비너스〉, 〈벨베데레의 아폴론〉에 담긴 상체와 하체의 황금분할 비례

[13] 도자기 높이와 폭의 황금분할 비례

: 0.618 비례로 정리해서 몸 전체 균형의 기준으로 삼았다. 뿐만 아니라 도자기의 높이와 폭의 비례에도 0.618 : 1이라는 황금분할 비례가 적용됐는데,**[13]** 그 예가 엑세키아스Exekias, 550 이전 - 525 BC의 〈장기 두는 아킬레스와 아약스〉**[14]**이다. 이 그림은 아킬레스와 아약스가 트로이 전쟁 중에 잠시 휴식을 취하면서 장기를 두는 장면을 담고 있다. 여기에는 황금분할 비례 외에도, 이집트 미술의 정면 중심 묘사와는 또 다른 관찰에 의한 사실적인 묘사가 인물의 손, 발, 구부린 자세 등에 나타난다. 그리스 시대가 되면서 조각상뿐만 아니라 회화에서도 관찰을 통한 재현적 모방이 자리 잡았기 때문이다.

이처럼 다양하게 적용된 황금분할 비례는 그리스 시대에만 국한되지 않고 오늘날까지도 이상적이고 아름다운 비례로 여겨진다. 19세기 아프리카 가봉에서 만들어진 수호자상**[15]**의 전체 모습과 가슴 부분에서 황금분할 사각형과 유사한 구조를 볼 수 있다. 가봉의 원주민들이 황금분할을 의식하고 만들었다고 볼 수는 없겠지만, 그들이 보기에도 편하고 자연스러운 모습을 찾아서 만든 결과 이렇게 완성되었을 것이다. 지금 우리가 사용하는 액자 형태**[16]**나 몬드리안 작품의 화면 분할**[17]**에서도 황금분할 비례와 유사한 형태들을 볼 수 있다. 이렇게 황금분할 비례가 2천 년의 시간을 넘어서까지 사용되듯이, 그리스인들이 지녔던 '예술은 모방'이라는 생각과 미적 감각도 시대에 따라 변화를 거치긴 했지만 여전히 미술 작품에 적용되고 있다.

[14] 엑세키아스 〈장기 두는 아킬레스와 아약스〉 기원전 540~기원전 530년경, 흑회식 도자기, 항아리 높이 61cm, 그림 높이 26cm, 로마 바티칸박물관

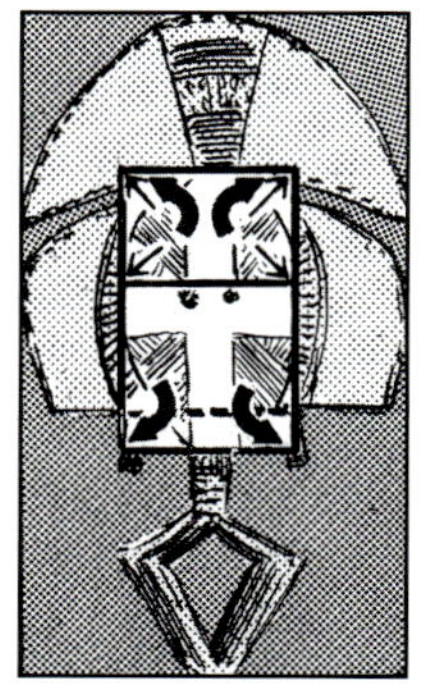

15

16

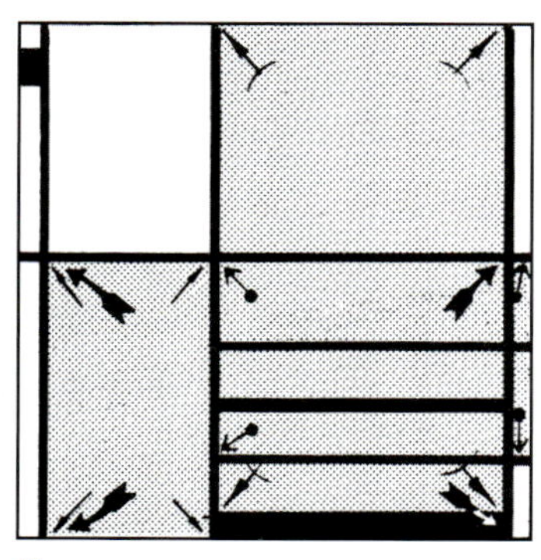

17

[15] 19세기 아프리카 가봉의 수호자상

[16] 액자의 예

[17] 몬드리안 작품의 화면 분할

3. 이상의 추구에서 현실적 묘사로

Key Words

- 헬레니즘 미술과 로마 미술
- 고대와 중세의 가교 – 플로티누스

그리스 후기 헬레니즘과 로마의 미술

[01] 〈라오콘 군상〉 기원전 1세기경, 대리석, 높이 210cm, 로마 바티칸박물관

〈라오콘 군상〉[01]에는 트로이의 제사장인 라오콘Laocoon과 그의 두 아들이 고통스러워하는 모습과 표정이 실감 있게 표현됐다. 트로이 전쟁 때 라오콘이 병사들을 숨긴 목마를 트로이의 성 안으로 들여보내려던 그리스 연합군의 계략에 반대하자, 그리스의 신들이 두 마리 뱀을 시켜 라오콘과 그의 두 아들을 물어 죽이게 하는 장면이다. 세 사람의 뒤틀린 몸통과 팔 근육의 묘사가 사실적이고, 안간힘을 쓰는 동작과 고통스런 표정이 강조되어 있으며, 흐트러진 자세와 역동적인 형태가 극적인 느낌을 자아낸다. 어느 부분에서도 전 시대 미술이 보인 비례나 조화의 흔적은 전혀 보이지 않는다. 이 작품에는 고전기 그리스 시대의 미의 규범이 흔들리기 시작했던 그리스 후기 헬레니즘의 특징들이 가득하다.

로마에 가면 많은 사람이 한 번씩 거쳐 가는 곳이 〈콜로세움〉[02]이다. 세로 156.4미터, 가로 189미터의 타원형 구조에 높이가 48.5미터나 되는 거대한 경기장인데, 베스파시아누스Vepasianus 황제가 네로Nero 황제에 의해 피폐해진 로마를 다시 세우는 작업의 일환으로 8년에 걸쳐 만들었다. 당시 5만 명을 수용할 정도의 거대한 크기로 지어서 대大제국 로마의 위대함을 과시하려 했고, 검투사들의 시합 같은 구경거리를 제공해서 사람들 사이에 긴장감을 불어넣고 일체감도 이루려 했다. 건물 형식은 4층 구조로 되어 있는데, 각 층마다 80개의 기둥이 있고 기둥 형태도 1층은 도리아식, 2층은 이오니아식, 3층은 코린트식으로 꾸미는 등 그리스 양식들을 적용했다. 하지만 그리스 신전이 풍기던 절제된 단순미나 수학적 질서를 추구하기보다는 거대함과 장엄한 위용을 더욱 강조해서 보는 이들을 압도하는 건물로 만들었다.

로마 시대에 제작된 것으로 추정되는 〈가시를 빼는 소년〉[03]은 작가의 이름이 알려져 있지 않다. 그리스 조각상에 자주 등장하던 신화 속 영웅이나

02

단단한 근육과 인체 비례를 갖춘 운동선수가 아니라 주변에서 흔히 볼 수 있는 소년의 모습을 소재로 했다. 소년이 놀이를 하다가 발바닥에 박힌 가시를 빼내려고 애쓰는 모습이 흥미롭게 재현됐다. 부스스한 머리와 구부린 허리에서 이전 조각상의 인체 비례를 찾기란 어렵다. 대신 발바닥을 유심히 들여다보는 얼굴 표정이 자못 진지해 보이며, 한쪽 발을 올려놓고 가시를 빼는 손동작에서는 소년의 고통이 느껴지기도 한다.

[02] 〈콜로세움〉
72~80년경, 높이 48.5m,
타원 밑면 156.4×189m, 로마

[03] 〈가시를 빼는 소년〉
기원전 1세기, 청동,
높이 73cm, 로마
카피톨리노미술관

그리스 후기와 로마 시대가 되면서 고전기 그리스 미술의 수학적 비례나 기하학적 균형이 쇠퇴했고, 미술 작품의 사실적이며 표현적인 특징이 두드러졌다. 시대 변화와 달라진 사회 상황이 미술에도 영향을 미쳤기 때문이다. 아테네가 펠로폰네소스 전쟁에서 패배한 후 그리스 도시국가들은 혼란에 빠졌는데, 이때를 틈타 그리스 북쪽 마케도니아의 필립 필리포스, Philip II세가 쳐 들어와 그리스를 정복했다. 그 아들인 알렉산더 대왕 알렉산드로스 대왕, Alexander the Great은 20살의 나이에 왕위에 올라 동방 원정을 펼쳤고, 소아시아와 이집트를 거쳐 페르시아와 인도 국경에까지 이르는 거대한 제국을 건설했다. 이 새로운 통일 국가가 알렉산더 제국이고, 이 시대를 대표하는 미술이 헬레니즘Hellenism 미술이다. 헬레니즘 미술에 의해서 역사상 최초로 유럽과 아시아 사이의 문화 교류가 시작됐고, 그리스반도에만 국한됐던 그리스

03

미술이 세계로 퍼져 나가게 됐다. 미술 작품의 형태에서도 대제국의 힘과 위엄을 과시하는 화려하고 강한 인상이나 장식 효과가 강조되면서 고전기 그리스 미술의 비례나 기하학적 균형은 서서히 사라져갔다.

알렉산더 대왕이 원정길에서 젊은 나이에 열병에 걸려 죽은 후 알렉산더 제국도 쇠퇴하기 시작했다. 새로운 세력으로 부상한 로마가 알렉산더 제국을 정복했고, 그리스를 포함한 대부분의 유럽을 통일하면서 로마 제국을 이루었다. 자연히 아테네를 중심으로 했던 그리스의 민주정치도 쇠퇴했다. 사회 전반에 걸쳐 그리스인이 추구했던 정신적·보편적 가치보다 로마인의 성향에 따라 감각적인 것을 추구하는 현실 경향이 강해졌으며, 예술에도 영향을 미쳤다. 그 결과 그리스의 미의 규범에서 멀어지고, 보다 현실적인 요구에 부합하는 예술과 사실적인 묘사가 점점 더 두드러졌다.

철학에는 어떤 변화가 있었을까. 아리스토텔레스 이후 고대 철학으로 불리는 이 시대의 철학은 알렉산더 제국과 로마 제국이라는 강력한 국가 권력 아래 전개되었다. 현실과 사회를 지배하는 절대적 권력과 체제가 존재했기에 철학자들은 이상을 추구하고 현실을 제어한다는 생각보다는 개인의 생활에 더 관심을 기울였다. 이들은 이상적인 것을 추구하기보다 개인의 만족스런 생활과 그 실천 방법의 탐구로 향했다. 이 시기를 대표하는 철학 경향에는 에피쿠로스Epicouros, 342-271 BC의 학파, 퓌론Pyrrhon, 361-270 BC의 회의주의학파, 스토아Stoa학파 등이 있다.

이상적인 것의 추구에서 개인의 쾌락 추구로

에피쿠로스학파는 인생의 주된 목적을 개인의 쾌락으로 보았다. 이때의 쾌락은 순간적이며 감각적인 것이기보다 영혼에 평온함을 주는 마음의 평정과 같은 것으로, 이들은 이 쾌락을 아타락시아ataraxia라고 불렀다. 마음의 평정을 이루기 위해서는 어떻게 해야 할까. 마음을 혼란하게 하는 여러 가지 원인을 제거해야 한다. 하지만 세계 속에서 어울려 살면서 이런 일이 가능할 수 있을까. 그래서 이들은 아타락시아를 이루기 위해서는 세계로부터 벗어나야 한다고 주장했다. 세계를 향한 일종의 무관심을 보이는 은둔자풍의 쾌락이 이들이 추구한 철학의 목표였다. 그래서 에피쿠로스학파는 개인 밖에 있는 초월적인 것인

플라톤의 이데아에도 관심을 보이지 않았고, 그 밖의 이상적이며 보편적인 모든 것들도 외면했다. 오직 개인의 신체를 건강하게 하고 영혼을 평온하게 해서 행복하게 사는 것만이 궁극적인 삶의 목표라고 주장했다. 이처럼 신체의 건강을 강조했다는 점 때문에 에피쿠로스학파를 향락주의자라고 일컫기도 하는데, 이들이 진정으로 원하고 추구했던 쾌락은 신체적인 것에 그치지 않고 평온한 영혼의 상태를 이루는 것이었다.

퓌론으로 대표되는 회의주의학파도 영혼의 평정을 삶의 최고 목표로 삼았고, 그 방법으로 모든 이론이나 진리에 대해 회의적인 태도를 취했다. 인간은 감각을 통해서든 이성을 통해서든 진리에 도달할 수 없으며, 사물이 어떻게 보이는지에 대해서도 서로 다른 의견만을 가질 뿐이라고 주장했다. 이들은 인간이 마음의 고통을 받는 것은 모순에 찬 여러 가지 것들 중에서 하나를 선택해야 하기 때문이라고 보았다. 그래서 그 어느 쪽에 대한 판단을 보류하고, 긍정도 부정도 하지 않음으로써 혼란에 빠지지 말고 평온한 마음 상태를 유지해야 한다고 주장했다. 이들은 플라톤이나 아리스토텔레스가 추구한 보편자의 존재나 그것의 파악과 진리의 발견이라는 이상을 부정적으로 대했고, 대신 소피스트들의 인식론적 상대주의에 더 큰 관심을 나타냈다.

에피쿠로스학파와 회의론자들은 고전기 그리스 미술이 추구한 이상이나 정신적인 것을 부정했다. 에피쿠로스학파는 음악이나 시를 포함한 예술이 즐거움을 주지만, 그 즐거움은 참된 것이 아니라고 보았다. 오히려 예술의 감각적 측면이 인간의 영혼에 혼란을 가져올 수 있고, 흥분한 영혼을 진정시키기는커녕 평온한 상태의 영혼을 흥분시킨다고 주장했다. 이와 유사하게 회의주의자들도 예술에 관한 그 어떤 이론적 주장도 거부했다. 특히 시가 보편적인 것을 모방하고 지식을 전달한다는 아리스토텔레스의 주장을 부정했으며, 시란 단지 허구만을 담을 뿐이라고 주장했다. 이들은 시가 마음을 혼란하게 한다는 점에서 예술이 정서적 치료 효과를 갖는다는 아리스토텔레스의 주장을 있을 수 없다고 비판했다.

에피쿠로스학파와 회의주의학파가 예술에 대해 부정적이었지만, 이 시대의 헬레니즘 미술은 감각적으로 무르익은 사실적 묘사 경향을 나타낸다. 두 학파가 이상적이며 보편적인 것의 추구를 부정했던 점의 영향도 없지 않았지만, 시대 상황의 변화가 더 깊이 영향을 미쳤다. 다시 말해, 알렉산더 제국이라는 거대한 국가의 위상을 과시하기 위한 예술 형식이 필요했고, 그리스 미술이 그리스반도라는 한계를 넘어서 대제국에 어울리는 예술이 되어야 했던 것이다. 그래서 비례나 조화를 통한 절제된 인상보다는 화려한 기교가 나타났고, 장식성을 과시하는 표현 형태들도 강조됐다. 예술은 모방이라는 생각이 여전히 지배적이었지만 보편적인 것을 모방하고 지식을 줄 수 있다는 생각에서는 벗어났으며, 정신적인 것보다 감각적인 것을 더 강조하는 미술로 변했다. 〈라오콘 군상〉처럼 흐트러진 동작과 격정적인 표정 묘사가 두드러지는 표현적인 작품을 만나게 되는 것은 이런 이유에서다.

그리스 전통의 수용과 실용성을 결합한 로마 예술

에피쿠로스학파와 회의주의학파가 그리스 철학과 미학 전통에 부정적이었다면, 스토아학파는 이 전통을 수용하고 변화시키려 했다. 그리스 후기라는 혼란기 사상인 스토아학파도 삶의 궁극적 목표를 행복에 이르는 것으로 여겼고, 그 길의 제시가 철학의 임무라고 보았다. 하지만 이를 쾌락이 아닌 지혜를 통해서 이루려 했다는 점에서 두 학파와 차이점이 있다. 스토아학파는 자연과 세계의 원리나 인간 본성을 탐구하는 그리스 철학에 관심을 보였고, 예술에서도 그리스 시대의 사상과 관련성을 나타냈다. 그리스 후기 철학자인 제논Zenon, 334-262 BC에 의해서 스토아학파가 시작되었고, 키케로Marcus Tullius Cicero, 106-43 BC, 세네카Lücius Annaeus Seneca, BC 4-AD 65, 마르쿠스 아우렐리우스Marcus Aurelius, 121-180 등 로마 시대의 지지자들이 이를 계승했으며, 세계시민주의라는 로마 제국의 통치 사상에도 영향을 주었다.

인간이 행복해지기 위해서는 어떻게 해야 할까. 스토아학파는 인간의 본성은 이성이며, 이와 반대되는 감정 요소들로부터 해방되는 것이 진정한 행복이라고 보았다. 이렇게 해서 영혼이 초연함에 도달하는 것을 아파데이아apatheia라고 불렀다. 스토아학파가 말하는 이성은 개인의 사유나 추론 능력만이 아니라, 자연 전체를 지배하는 보편의 원리와 같은 것을 뜻한다. 이들은 인간이나 사물을 포함한 자연 전체가 목적의 원리에 따라 움직이고 질서 정연한 배열을 이룰 때 작용하는 법칙이 곧 이성이라고 했다.

인간이 이성에 따라 살아간다는 것은 자연을 따르는 삶을 살아가는 것이며, 자연의 구조와 질서에 참여하고 그 속에서 스스로의 위치를 파악하는 것을 가리킨다. 인간과 자연이 일체감을 이루고 유기적인 조직체가 될 때, 인간은 감정 요소들로부터 해방되고 마침내 아파테이아라는 초연함을 얻게 된다는 것이다. 이 점에서 스토아학파의 아파테이아는 세계에 대한 무관심을 나타내는 에피쿠로스학파의 아타락시아와 구분된다. 모든 인간이 똑같이 이성을 갖고 있고 자연의 질서와 원리에 따르는 삶을 살 수 있다는 생각을 국가에 적용하여 탄생한 것이 로마의 세계시민주의이다. 이성적 삶을 사는 사람들은 국가의 질서 원리인 법과 법에 의해 실현되는 정의에 대해 공통된 생각을 가질 수 있으므로, 모두가 같은 국가의 구성원이 될 수 있다는 사상이다.

스토아학파의 이런 관점은 미와 예술에 관한 주장에서도 나타났다. 이들은 아름다움이란 자연이나 세계를 지배하는 목적에 부합하는 이성적이며 합목적적인 질서라고 보았고, 어떤 대상이 아름다운 것은 질서 있는 배열인 균형과 조화가 있기 때문이라고 주장했다. 그러면서 미가 물질적인 대상뿐만 아니라 정신적인 것에서도 발견될 수 있다고 보았는데, 이 점은 플라톤이나 아리스토텔레스의 주장과 통하는 부분이다. 또 예술에 대해서도 고전기 그리스의 전통을 수용했는데, 특히 시에 대한 설명에서 아리스토텔레스가 쓴 『시학』의 영향을 받아들였다. 이들은 시가 지혜로운 생각을 포함할 때 아름다우며, 내용을 통해서 도덕적이며 교육적인 역할을 할 때 가치를 갖는다고 주장했다. 그리고 시의 형식은 그 내용을 적절히 표현하는 수단으로서 가치를 지니며, 멜로디와 리듬이라는 방법을 통해서 진리를 철학적인 논변보다 더 낫게 보여줄 수 있다고 덧붙였다.

로마의 예술은 스토아학파의 예술 사상과 로마인의 실용적인 민족성이 만나서 이루어졌다. 현실 목적을 중시하던 로마인들은 순수 미술에서는 그리스의 작품 대부분을 그대로 모방하고 수용했다. 대신 그리스 미술보다 사실적인 묘사에 더 치중했고, 예술 장르에서도 건축이나 토목 같은 현실 용도의 예술을 중시했다. 이와 관련해서는, 로마의 건축에 그리스 시대에 발달한 기하학과 수학의 원리를 응용해서 발명해낸 아치arch**[04]**를 적용한 점을 들 수 있다. 대제국의 위용을 과시하기 위해서는 거대한 크기의 건물이 필요했기에,

[04] 아치의 구조

튼튼하면서도 아름답게 지어야 한다는 조건에 맞춰 삼각형과 원형의 수치 개념을 바탕으로 고안한 것이 아치였다. 건물의 실용성과 기하학의 원리가 조화를 이룬다는 점에서, 아치는 로마인의 성향과 스토아학파의 미의 사상이 결합된 것으로 볼 수 있다.

〈콜로세움〉[02]은 아치를 이용해서 만든 대표적인 건물이다. 웅장하고 거대한 크기의 건물 기둥들이 아치로 연결돼 있어 무게를 지탱하면서 아름답고 우아한 형태를 자아낸다. 검투사 경기 같은 현실적인 필요를 위한 건물에 그리스의 기하학적 원리를 적용한 것이다. 〈판테온 신전〉[05, 06]은 아치를 응용해서 만든 천장인 돔Dome이 특징인 건물이다. 여러 개의 아치를 모아 만든 돔이 우주를 상징하는 반구 형태를 이루고, 그 가운데 하늘로 향하는 구멍을 뚫어 로마가 신의 세계와 통한다는 의미를 담았다. 〈판테온 신전〉은 범汎 신전으로도 불리는데, 세상의 모든 것에 그것을 관장하는 신이 있다는 뜻에서 모든 신을 모시는 신전으로 만들어졌기 때문이다. 돔이 기하학적 지식을 실용적으로 응용한 결과라는 점에서 보면 그리스 전통을 수용한 경우이지만, 신전 안에서 제식을 지내는 형태라는 점에서는 신전 안에 신상을 모셔놓고 신전 밖에서 제식을 지냈던 그리스 신전과 차이점이 있다. 당시 사람들은 이 신전을 콜로세움처럼 거대하고 웅장한 크기로 만들어서 로마 제국의 힘과 권위를 과시하려 했다.

05

06

[05] 〈판테온 신전〉
120~124년경, 반구 지름
43.4m, 로마

[06] 〈판테온 신전〉 조감도

실용적인 로마인들이 관심을 보인 또 다른 예술 장르는 시와 수사학이었다. 예술에 관한 철학적 관심보다는 실제적이며 교육학적인 관심이었는데, 로마의 전성기에 문학의 문제를 다룬 많은 저술들이 쓰인 것도 이런 맥락에서였다. 남아 있는 것이 많지 않지만, 근대 미학에 영향을 준 저서 두 가지가 특히 주목할 만하다. 하나는 호라티우스Quintus Horatius Flaccus, BC 65 - AD 8 의 『시론*Ars Poetica, The Art of Poetry*』이고, 다른 하나는 롱기누스Loginus, 1세기경의 『시에 있어서 고귀함에 관하여*Peri Hypsos, On the Sublime*』란 글이다. 특히, 롱기누스의 글은 미와 대비되는 근대 미학의 숭고 개념의 형성에 영향을 주었다는 점에서 '숭고론'으로 불리기도 한다.

호라티우스는 시란 즐겁게 해줄 뿐만 아니라 도덕적 가치도 가져야 하며, 자연의 산물이어야 한다고 주장했다. 스토아학파가 인간이 자연에 따를 때 올바른 행위가 이루어진다고 보았듯이, 시가 도덕적 가르침을 주기 위해서는 자연의 원리를 담고 있어야 한다는 주장이다. 근대 미학자들이 호라티우스의 『시론』에서 특히 주목한 부분은 '시는 회화와 같이ut pictura poesis'라는 구문이었다. 여기에는 "시는 그림과도 같다. 어떤 것은 가까이 다가설수록 더욱 감동시킬 것이며, 어떤 것은 멀어질수록 더욱 감동시킬 것이다"라는 구체적인 설명이 붙어 있다. 이 문장은 이렇게 해석된다. 일반적으로 그림은 구체적인 이미지를 만들어낸다는 점에서 현실이나 대상과 가깝다고 여겨지고, 시는 비유적인 방법을 사용한다는 점에서 회화에 비해서 현실이나 대상으로부터 상대적으로 멀다고 생각된다. 하지만 시도 경우에 따라서는 현실이나 대상에 가까이 다가가고 직설적인 방법으로 이루어진다는 점에서 회화와 같다는 주장이다. 근대 미학자들은 이 부분을 두고, 그리스 시대에 시와 회화를 서로 다른 두 가지 예술 형태로 구분했던 데서 나타난 변화라고 파악했다. 그러면서 시와 회화가 본질적으로 유사하다는 주장에 이 구문을 끌어들였고, 시와 회화를 포함한 근대적 의미의 예술 체제를 만들고 그 개념을 정리하는 데 활용했다.

롱기누스는 시나 수사학 같은 언어 예술 작품이 위대하게 되는 특성으로 예술가의 웅대한 생각 그리고 영감에 가득 찬 격렬한 정서 두 가지를 들었다. 그러면서 시인이나 웅변가가 이런 특성의 작품을 창작하려면 규칙에서 벗어나더라도 시간과 공간과 인식 능력을 넘어서 신적인 것을 표현해야 한다고 주장했다. 그럴 때 예술가들은 인간의 차원을 넘어서게 되고, 감상자들은 단순한 쾌락이나 지적인 것을 넘어서 황홀함에 이르며 영혼을 고양시키게 된다고 보았다. 그는 이를 위해서는 시인이나 웅변가가 상상력이나 영감을 바탕으로 창조해야 한다고 덧붙였다. 뮤즈 신에 의해서 영감을 부여받고, 상상력을 통해서 작품을 창조한다면 위대한 예술 작품이 이루어진다는 주장이다. 비례나 조화의 규범에 묶여 있던 그리스 미술과는 다른 변화가 '영감이나 상상력에 의한 창조' 같은 개념에 의해서 나타난 것이다.

롱기누스 글의 필사본은 16세기에 발견됐다. 이 글이 고전주의 이론가 니콜라 부알로Nicolas Boileau-Despréaux, 1636-1711에 의해서 『숭고와 경이에 관한 소론』으로 번역되면서 17, 18세기 미학의 숭고 개념이 전개되는 데 영향을 주었다. 미와는 다른 예술적 가치인 숭고 개념이 서서히 부상하던 시기였다. 근대 미학자들은 롱기누스의 글에서 인식 능력을 넘어선다는 것이나 상상력, 황홀함 등의 관점에 매력을 느꼈다. 그리고 우리의 인식 능력을 넘어서는 위협적인 대자연에서 처음에 느꼈던 공포심을 극복하고 황홀함에 가까운 기쁨을 갖게 될 때, 숭고의 감정을 갖게 된다는 이론을 주장했다.

재현보다 정신성을 강조

– 플로티누스의 미학

헬레니즘과 로마 시대의 미술은 고전기 그리스의 엄격한 미의 규범에서 다소 자유로워졌지만, 여전히 '예술은 모방'이라는 그리스 전통에 근거를 두고 있었다. 보다 사실적이며 감각적인 표현 경향을 보였어도 예술이 현실세계의 재현이라는 점에서 크게 벗어나진 않았다. 하지만 로마 제국이 멸망하고 중세가 되면서 예술은 외부의 현실세계보다 정신적인 것이나 신적인 속성을 더 강조하고 내면화된 경향을 보이게 된다. 이런 변화의 미학적 근거는 어디에 있을까. 그리스 철학의 마지막 보루라고 할 수 있는 플로티누스Plotinus, 204-269의 사상에서 찾을 수 있다. 고대와 중세의 매개자 역할을 한 그의 사상의 영향으로 예술 모방론에 변화가 나타났기 때문이다.

먼저, 로마 제국 말기의 사회 상황부터 살펴보자. 스토아 철학자였던 마르쿠스 아우렐리우스 황제가 죽은 후로 로마도 힘을 잃어가기 시작했다. 오랜 전쟁으로 형성된 군벌 세력들의 대립과 북쪽 게르만족의 잦은 침입으로 인한 정치적 혼란이 벌어졌고, 페스트가 유행하면서 경제적 어려움도 엄습했다. 이런 혼란기를 극복하게 해준다는 명분을 내세우며 갖가지 사상을 절충한 철학과 종교가 여기저기서 유행했다. 페르시아의 태양신 숭배 사상, 동방의 마니교, 불을 섬기는 조로아스터교 등이 유입됐고, 유대국에서 그리스도를 구세주로 내세워 탄생한 초기 기독교가 교세를 확장해갔다.

이런 혼란기를 살았던 플로티누스는 이 사상들을 넘어선 진리의 가장 확실한 원천을 구하려 했고, 그 방법으로 플라톤의 철학을 선택하고 재해석하여 신플라톤주의Neoplatonism를 만들었다. 이 플로티누스의 사상이 그리스 철학의 마지막을 장식하며, 고대 철학과 중세 기독교 신학을 연결하는 매개자 역할을 한다. 그의 사상 어디에도 기독교에 대한 언급은 없지만, 만물의 생성 과정에 대한 설명이 중세 신학의 창시자인 아우구스티누스에게 영향을 주었기 때문이다.

플로티누스는 감각계의 근원으로 정신적 세계가 있다는 플라톤의 생각을 받아들였다. 다만 플라톤처럼 두 개의 세계가 분리되어 있다고 보지는 않았다. 두 개의 세계가 아니라 오직 하나의 존재 계열만이 있고, 그 안에서 정신계와 감각계가 서로 이어져 있으며, 그 정점에 일자一者, the One가 있다고 주장했다. 플로티누스에 따르면, 일자는 오직 하나로 존재하며 그 자체로 통일된 절대적인 것이다. 플라톤의 이데아보다 더 근원적인 것으로, 세계 속의 물질적인 것뿐 아니라 정신적인 것까지도 존재하게 하는 그 무엇이다. 이 일자가 중세 신학에서는 신으로 해석된다.

세계 속의 만물인 모든 존재는 어떻게 생성될까. 플로티누스는 태양에서 빛이 흘러나와 만물을 비추듯이 일자로부터 존재의 근원인 정신의 빛이 흘러나와 모든 존재가 생성된다고 보았다. 그리고 태양에서 멀어지면 빛이 희미해지듯이 일자와의 거리에 따라 정신의 빛도 차이를 보이고, 세계 속의 모든 것들이 위계 질서를 이루면서 배열된다고 주장했다. 이것이 태양에서 빛이 유출되는 과정에 비유해 만물의 생성 과정을 설명하는 그의 유출설流出說, Emanation theory이다.

일자로부터 최초로 유출되는 것은 누스nous인데, 뛰어난 지혜라는 뜻의 예지 또는 모든 지혜의 근본이라는 뜻의 보편적인 지성을 말한다. 누스는 일자와 가장 가깝지만, 일자처럼 단일한 하나는 아니면서 세계 속 모든 것의 근원이 된다는 점에서 플라톤의 이데아와 같다. 다음 단계는 일자로부터 나와 누스를 거쳐 유출되는 영혼으로, 개별 사물의 정신적 형상이나 인간 영혼의 원천이 되는 것이다. 영혼에는 감각계 사물에 통일성을 부여하는 세계 영혼과 인간 육체의 부분들을 통일적 유기체로 유지하는 인간 영혼이 있다. 이렇게 일자와 누스와 영혼은 위계적으로 배열되며, 그것들 사이에 차이점도 나타난다. 하지만 이 세 가지는 시간과 공간의 제약을 받지 않는 영원불변한 것이고, 세계를 이루는 근본적인 존재 원리라는 점에서 공통적이다. 바로 이 점이 중세 신학의 기독교 이론에서 성부 하나님과 성자 그리스도와 성령을 동일한 신격으로 보는 삼위일체설로 정리됐다.

플로티누스는 영혼의 아래 단계에 감각계 속의 만물인 자연과 인간이 있다고 보았다. 자연은 사물의 영혼이 물질과 접촉하고 작용해서 나타나는 것이고, 인간은 영혼과 육체의 결합이며, 모두 시간과 공간의 제약을 받는다고 했다. 끝으로, 존재 계열의 가장 아래이자 마지막 단계에는 질료가 있는데, 이는 일자로부터 너무 멀리 떨어져 있어 정신의 빛이 더 이상 도달하지 않는 극단의 것으로, 정신적인 형상이 전혀 들어가 있지 않은 물질 그 자체라고 주장했다.

이처럼 플로티누스는 세계를 일자로부터 연속된 하나의 존재 계열로 설명하면서 플라톤의 이원론과는 다른 관점을 나타냈다. 감각계의 사물도 이데아의 껍데기로 보지 않고 정도의 차이는 있지만 정신성을 반영하는 것으로 생각했다는 점에서는 만물을 형상과 질료의 결합으로 본 아리스토텔레스의 주장과 유사하다. 하지만 아리스토텔레스가 정신적 형상이 사물 안에 있다고 보았다면, 플로티누스는 만물의 근원적 출처인 일자에 있다고 보았다는 데서 차이가 있고, 정신적 형상이 전혀 없는 질료 그 자체도 인정했다는 점에서 아리스토텔레스와는 달랐다. 이런 플로티누스의 철학이 중세 신학의 창시자인 아우구스티누스에게 영향을 주었고, 기독교를 세계 종교로 만들어가는 데 바탕이 됐다. 따라서 플로티누스는 고대와 중세를 사상적으로 연결하는 가교 역할을 한 인물로 평가된다.

플로티누스는 자신의 철학을 미와 예술에도 적용했다. 다시 말해, 모든 아름다움의 근원에 일자가 있고, 일자의 빛이 유출되어 감각계의 아름다움이 이루어진다고 보았다. 일자로부터 나온 정신적인 미의 형상이 누스와 영혼을 거쳐서 감각계의 사물에 반영된다는 것이다. 이 점에서 그는 그리스 시대의 이상적인 미의 기준인 비례나 조화도 그 자체로 아름다운 것이 아니라, 일자로부터 흘러나온 미의 형상이 감각계에 반영된 하나의 방식이라고 주장했다. 그러면서 미의 형상으로는 통일성을 들었으며, 통일성을 비례나 조화보다 더 근원적인 미의 조건으로 다뤘다.

플로티누스에 따르면 예술이란 예술가의 영혼이 대상의 영혼을 파악해서 돌과 같은 재료 속에 나타내는 것이고, 작품의 형태에 통일성을 구현하는 것이며, 이런 통일성의 결과로 아름다움이 이루어진다. 미술 작품의 창작이란 예술가가 대상의 영혼을 파악하는 행위와 작품에 통일성으로 구현하는 행위의 결합인 것이다. 따라서 미술 작품은 물질적 측면과 정신적 측면의 관점에서 이해할 수

[07] 페이디아스의 〈제우스 신상〉을 재구성한 그림. 〈제우스 신상〉 기원전 457년, 높이 12m, 아테네 올림피아 제우스 신전

있다. 플로티누스는 예술가가 작품을 제작하기에 앞서 파악한 대상의 영혼이나 마음 안의 심상이 정신적 측면이고, 그에 의해서 작품의 물질적 부분에 통일성이 이루어진다고 했다. 달리 말해, 미술 작품이 일자로부터 유출된 대상의 영혼에 의해서 통일성을 이루고, 일자로부터 흘러나온 미의 형상에 의해서 아름다움을 갖게 된다는 것이다. 예술에서는 대상보다 예술가가 마음속에 떠올린 심상이 더 중요하고, 심상을 떠오르게 한 대상의 영혼과 그것을 파악하는 예술가의 영혼이 더 중요하다는 입장이다. 예술가들은 과연 그런 능력을 갖고 있을까.

플로티누스는 예술가들이 일자로부터 유출된 대상의 영혼을 파악하는 정신적 능력을 갖고 있다고 보았다. 그렇다고 아무나 할 수 있는 것은 아니며, 본래적 미를 소유한 자만이 세상의 미를 지각할 수 있다고 했다. 더불어, 어떤 영혼도 그 자체가 아름답지 않으면 미를 보지 못한다고 주장했다.

플로티누스의 생각을 작품에 적용해보자. 제우스 신전의 〈제우스 신상〉[07]은 파르테논 신전의 〈아테나 여신상〉과 함께 고전기 그리스 시대 신전 조각상의 2 대 걸작으로 꼽힌다. 둘 다 페이디아스가 만들었다는 기록만 있고 실물은 남아 있지 않다. 〈제우스 신상〉에서는 나무로 만든 12미터의 제우스가 금으로 만든 의자에 앉아 있는데, 오른손 위에 승리의 여신인 니케 상을 올려놓고 왼손에는 왕을 상징하는 홀을 잡고 있었다고 전해진다. 그런데 페이디아스는 제우스의 모습을 보지도 못했을 텐데 신상을 어떻게 만들었을까? 플로티누스는 페이디아스가 제우스가 나타난다면 어떤 모습일까를 상상해서 그 마음속에 떠오르는 심상에 따라 만들었을 것이라고 했다. 페이디아스가 자신의 영혼을 통해 제우스의 영혼을 파악해서 심상으로 만들고, 나무와 황금 등의 재료에 통일성을 갖춘 형태로 구현한 결과물이 〈제우스 신상〉이라는 주장이다.

파르테논 신전의 〈아테나 여신상〉이나 〈밀로의 비너스〉 그리고 그리스 시대의 다른 조각상들도 마찬가지다. 모든 조각상들이 모방 대상 앞에서 제작된 것은 아니었고, 현실 속 인체의 이상적인 부분들의 선택적 모방과 결합에 의해 만들어졌기 때문이다. 이 역시 예술가가 마음속에 떠올린 심상에 따라 구체적인 작품으로 제작한 것들로, 그 심상은 예술가의 영혼이 파악한 대상의 영혼에 의한 것이라고 할 수 있다. 이를 근거로 플로티누스는 예술이 더 이상 재현적일 필요가 없다고 주장했다. 그에게 예술은 감각적 대상의 겉모습을 모방하는 것이 아니라 그 근원인 정신적인 것을 담고 드러내는 그 무엇이었다. 예술은 감각계 사물의 모방에 그치지 않고 감각계의 근원인 정신적 원리로 복귀하는 것이며, 만물의 출처인 일자로 돌아가려는 시도라고 할 수 있다. 플로티누스에 의해서 이제 예술은 대상의 겉모습을 모방하는 것이 아니라 대상의 영혼인 정신적인 것을 모방한다는 뜻의 표상表象이 됐고, 미술 작품이 감각적 현실세계를 초월하여 형이상학적 세계로 향할 수 있다는 생각의 근거가 마련됐다. 바로 이 점이 미술 작품으로 초월적인 종교적 의미를 전달하려 한 중세의 종교 미술로 이어졌다.

4. 종교적 의미를 위한 예술

Key Words

- 신의 계시로 창조되는 예술 – 아우구스티누스
- 종교 미술의 개화기 – 아퀴나스

사실적 묘사에서 종교적 의미로

[01] 〈성 마가〉 에흐테르나흐 복음서, 7세기 후반~8세기 초, 양피지에 채색, 25.7×19.3cm, 파리 프랑스국립도서관

〈성 마가〉[01]는 룩셈부르크 에흐테르나흐 지방에서 발견된 중세 교리서 속에 있는 삽화이다. 포효하며 뛰어 오르는 사자의 모습인데, 몬드리안의 그림을 연상시키는 배경 위에 역동적인 사자의 모습이 간략하게 표현됐다. 그리스와 로마의 미술에서 익숙하게 본 사실적인 묘사는 흔적도 없이 사라졌다. 사람들의 사실적인 묘사력이 줄어든 탓은 아니고, 중세가 되면서 예술의 기능이 달라졌기 때문이다. 로마 제국 말기부터 교세를 확장해간 기독교가 중세를 지배하면서 미술 작품이 교리의 내용을 전달하는 수단으로 여겨졌고, 작품에서 중요한 것은 사실적인 형태보다 종교적인 의미라고 생각됐기 때문이다. 이 그림에서 사자는 성 마가St. Mark를 뜻하고, 거친 광야에서 복음을 외치던 성 마가의 용기를 상징한다. 사자의 모습이 얼마나 사실적인지는 중요하지 않았고, 사자로 이해되는 것만으로 충분했다. 성스러운 분위기를 뒷받침하기 위해서 황금색 배경을 사용했는데, 황금이 가장 덜 변하는 금속이라는 점에서 영원불변한 초현세적인 분위기와 통한다고 생각됐기 때문이다.

〈유스티니아누스 황제의 황금접시 봉헌〉[02]은 비잔틴 제국의 모자이크화이다. 로마 제국의 영토가 넓어지자 콘스탄티누스Constantinus 황제가 소아시아의 비잔티움Byzantium, 지금의 이스탄불에 자신의 이름을 따서 콘스탄티노플Constantinople이란 새 수도를 설치했다. 그 후 로마를 중심으로 한 서로마 제국과 콘스탄티노플을 중심으로 한 동로마 제국으로 분열됐고, 서로마 제국이 북쪽 게르만족에 의해 멸망되면서 서양의 중세가 시작됐다. 동로마 제국은 비잔틴 제국이란 이름으로 중세 내내 지속됐는데, 이 작품은 그 비잔틴 제국의 전성기인 유스티니아누스Justinianus I 황제 때에 제작된 것이다.

이 모자이크화가 위의 교리서 속 삽화보다는 사실적이지만, 그리스 미술의 사실성에는 미치지 못한다. 여기서도 중요한 것은 사실적인 형태보다 종교적인 의미였기 때문이다. 화면에 재현된 것은 유스티니아누스 황제가 막시미아누스 주교Maximianus에게 황금접시를 봉헌하는 장면인데, 황제를 중심으로 인물의 중요도에 따라 주교, 신하들, 사제들이 좌우로 배치됐으며, 맨 가장자리의 병사들은 방패로 가려진 모습이다. 황제를 중앙에 둔 것은 비잔틴 제국의 그리스정교에서는 주교보다 황제의 권위가 절대적이었기 때문이다. 배경의 황금색은 역시 영원불변한 초현세적 분위기를 상징하기 위해 도입되었다. 방패에 새겨진 'X'는 그리스도의 십자가 책형을 의미하고, 목동의 지팡이 모양인 'P'는 교회의 목자적인 사명감을 나타낸다.

서유럽(비잔틴 제국의 서쪽)이 정치적인 안정을 찾은 중세 중기에 이르러 종교 미술은 교회 건축을 중심으로 꽃피기 시작했다. 사람들은 교회 건물을 살아 있는 복음서로 생각했고, 회화와 조각을 종교적 의미의 상징물로 삼았다. 대표적인 건축 양식이 12세기 로마네스크Romanesque 양식과 13세기 고딕Gothic 양식이다. 〈피사 대성당〉**[03]**은 로마네스크 양식의 교회 건물인데, 벽과 기둥이 육중한 돌덩어리로 되어 있고 창문도 아주 작아서 마치 전투를 위한 성이나 요새처럼 보인다. 사람들이 교회를 악의 침입으로부터 인간을 보호해주는 장소로

[02] 〈유스티니아누스 황제의 황금접시 봉헌〉
547년경, 모자이크화,
라벤나 산비탈레 성당 내부

03

04

[03] 〈피사 대성당〉 1062~1118년경, 피사

[04] 〈노트르담 대성당〉 1200~1250년경, 파리

생각했기 때문이다. 건물 전면이 서쪽으로 향한 것은 매일 해를 삣어가는 서쪽이 악의 근원이고, 교회가 악에 맞서고 물리치는 장소여야 한다는 생각에서였다.

파리 센강 시테섬에 있는 〈노트르담 대성당〉[04]은 고딕 양식의 대표적인 교회 건물이다. 돌기둥이나 돌벽 대신 가느다란 기둥이나 철과 유리 등이 사용됐고, 뾰족한 첨형 아치의 각도를 조절해서 건물 형태가 다채롭고 웅장해졌다. 창문의 스테인드그라스를 통해서 들어오는 오색영롱한 빛이 화려하게 교회 내부를 장식하면서 종교적인 신비감을 더했다. 많은 부분이 로마네스크 양식과 달라졌는데, 사람들이 교회를 악의 침입을 막아주는 요새가 아니라, 인생의 여행길에서 안식과 환희를 얻는 장소이며 천상의 도시로 생각했기 때문이다. 이는 중세 미학의 근거인 철학과 종교에 대한 생각이 변하면서 인간의 삶뿐만 아니라 예술에도 영향을 미친 결과였다.

중세에 이르러 기독교가 지배하고 종교 미술이 유행하게 된 상황은 당대의 사회 변화에서 비롯한다. 로마 제국에 기독교가 전달된 것은 사도 바울St. Paul에 의해서였다. 기독교인들이 우상 숭배 금지를 들어 황제 숭배를 거부하자 로마 제국은 이들을 박해했다. 그 후 세월이 흘러 콘스탄티누스 황제가 기독교를 공인하면서 종교적 행위가 허용됐고, 비잔틴 제국에서는 그리스정교라는 형식으로 유지되고 퍼져 나갔다. 그리고 서로마 제국이 게르만족에 의해서 멸망되면서 변화가 생겼다. 정복자였던 게르만족이 전 시대의 흔적을 지우기 위해 고대 그리스와 로마의 문화 업적물 대부분을 파괴했고, 온전히 남은 곳은 일부 교회와 수도원뿐이었다. 자연스럽게 교회와 수도원은 이 시기 문화와 교육의 중심지로서 역할했고, 기독교가 사람들의 생활을 지배하게 됐다.

한편, 서유럽의 교회는 비잔틴 제국의 황제가 보호해준 그리스정교 교회와 달리 스스로를 보호해야만 했다. 그래서 성직자들은 게르만족의 이교도 문화의 잘못된 점을 구제한다는 목표를 세우고, 기독교를 이론적으로 체계화하려 했다. 그들은 신과 인간의 관계를 설명해줄 신학 체계를 확립하고, 이단의 종교와 철학에 대항할 기독교의 교리를 강화하려 했다. 그 결과, 미학과 예술에 대한 관심은 신학보다 줄어들 수밖에 없었으며, 예술이 작품 자체보다 종교 이념의 영향을 받으면서 종교 미술이 등장했다.

교회가 예술에 대해 보인 태도는 양면적이었다. 하나는 부정적인 태도로서 예술이 감각적이며 현세적인 것과 관련되고, 기독교가 추구하는 내세에의 구원과 대립한다고 보는 입장이다. 이미지나 조각상을 만드는 미술 작품은 우상 숭배를 부추기는 것으로 취급됐다. 다른 하나는 사회가 안정되면서 예술을 조금은 긍정적으로 대했던 태도이다. 이 입장을 가진 이들은 미술 작품이 글을 모르는 사람들에게 기독교를 교육시키는 데 필요하고, 신의 섭리나 종교적 의미를 전달하는 보조 수단이 될 수 있다고 생각했다. 이 두 가지 태도가 중세 종교 미술의 바탕이 됐고, 미술 작품의 특징에도 영향을 주었다.

서로마 제국이 멸망한 이후 6세기경부터 봉건 국가들이 자리 잡은 11세기경까지 중세 초기 종교 미술에서는 신적인 것과 종교적인 의미가 강조됐다. 사람들이 되도록이면 현세적이고 감각적인 측면을 억제하려고 하면서 미술 작품에서 사실적인 묘사는 중요시되지 않았다. 중세 중기부터 정치적 안정을 되찾으면서 사람들은 교회 외에 국가라는 현세적 권위와 현실세계에도 관심을 나타냈고, 미술 작품에서도 사실적인 묘사와 감각적인 측면이 다시 살아났다. 하지만 사실적 묘사 자체를 추구하기보다는 종교적인 의미를 위한 형태만으로 충분하다는 정도였다.

이렇게 전개된 중세 종교 미술의 바탕에는 중세를 대표하는 두 개의 신학 사상이 있었다. 중세 초기에는 아우구스티누스Augustinus, 354-430 신학 사상의 영향이 컸고, 중기 이후에는 토마스 아퀴나스Thomas Aquinas, 1225-1274로 대표되는 스콜라철학이 힘을 발휘했다. 물론 이들의 미와 예술에 관한 생각은 미학 그 자체보다 신학 이론을 정당화하기 위한 것이었고, 신의 존재나 우주의 섭리를 어떻게 이해시킬 것인가에 목적을 두고 있었다. 신에게로 어떻게 다가갈 것인가라는 문제를 두고 이들이 지녔던 감각적인 것을 대하는 태도가 서로 달랐고, 그 점이 종교 미술의 미와 예술에 대한 생각에도 영향을 주었다. 아우구스티누스는 감각세계를 초월한 정신세계를 강조했고, 아퀴나스를 포함한 스콜라철학자들은 감각세계도 중요하다고 보았다. 아우구스티누스가 플라톤의 철학을 재해석한 신플라톤주의에 입각해서 기독교 이론을 정당화하려 했다면, 스콜라철학은 아리스토텔레스의 철학에 주목했다. 이런 점에서 이들의 사상은 중세 신학의 플라톤주의와 아리스토텔레스주의로 구분된다.

신의 계시로 창조되는 예술

- 아우구스티누스

아우구스티누스는 기독교 신학 최초의 거인으로 불린다. 그리스 철학을 도입해서 유대국의 지방 종교에서 출발한 기독교를 세계적인 보편 종교로 만들었기 때문이다. 그는 게르만족의 대이동으로 인해서 그리스와 로마의 고대 문화가 붕괴되던 로마 제국 말기에 살았다. 이런 혼란기에 청년 시절을 보내면서 방탕한 생활을 했으나, 그것을 계기로 진정한 지혜와 정신적인 평화를 얻기 위한 방법의 탐구로 향했다. 자신을 타락하게 만든 도덕적 악의 존재를 어떻게 설명할 것인가에 대해 고민했고, 처음에는 그 답을 마니교의 선善과 악惡의 원리에서 찾으려 했다. 우주 안에는 두 개의 근본 원리인 빛 혹은 선의 원리와 어둠 혹은 악의 원리가 있는데, 이것들 사이의 투쟁이 인간의 삶에도 반영되어 어둠과 악으로 가득 찬 육체와 선한 영혼 사이의 투쟁이 일어난다고 보는 입장이었다.

그 후 그는 왜 이 두 개의 투쟁 원리가 존재하는지, 창조주인 신이 선한 존재라면 신이 창조한 이 세계에 어떻게 악이 생길 수 있는지 등의 고민에 빠졌다. 그 답을 마니교에서는 구할 수 없다는 생각에 이르면서 기독교에 귀의했고, 플로티누스의 사상을 바탕으로 선과 악의 원리를 설명하고 초월적인 신의 세계를 강조하는 신학 이론을 만들었다. 그는 세계가 하나의 존재 계열이고, 그 정점에 인간의 능력을 넘어선 초월적 존재인 신이 있다고 보았다. 신이 만물을 무無에서 창조했으며, 창조주인 신으로부터 만물들의 위계질서가 만들어졌다고 주장했다. 여기서 신은 플로티누스가 존재 계열의 정점으로 본 일자였고, 신에 의한 만물의 창조는 일자로부터 정신의 빛이 유출되어 만물이 형성되는 것이라고 할 수 있다. 또 아우구스티누스는 악이 선과 대립하는 것이 아니라 신이 갖고 있는 선이 결핍된 것으로 보았다. 만물은 선 그 자체인 신에게서 비롯되었기에 그 자체로 악한 것은 없고, 악은 무언가가 부재하는 것이며, 신으로부터 부여받는 선이 결핍된 것이라는 말이다. 다시 말해, 악이란 플로티누스가 말한 일자로부터 존재의 빛이 전혀 도달하지 않는 질료 그 자체에 해당한다고 할 수 있다. 이렇게 아우구스티누스는 마니교의 이원론을 극복했으며, 선과 악의 대립 원리를 가정하지 않고 만물의 창조주인 신과 신으로부터 비롯되는 존재들의 위계질서를 만들어냈다.

인간이 초월적인 신의 세계에 다가가기 위해서는 어떻게 해야 할까.

아우구스티누스는 현세의 감각적인 것을 초월해 영원한 진리인 신적 진리에 도달해야 하며, 그 과정은 정신을 통해서 이루어진다고 보았다. 그는 육체의 눈이 물질적인 빛 속에서 사물을 볼 수 있듯이, 인간 정신이 비물질적인 빛 속에서만 신적 진리를 볼 수 있다고 주장했다. 창조주인 신의 비물질적인 빛이 있어야만 신적 진리에 도달할 수 있다는 것이다. 이 점에서 아우구스티누스는 인간이 영원한 신적 진리에 도달하기 위해서는 신의 배려가 필요하다고 보았고, 이런 신의 배려를 신의 계시라고 불렀다. 초월적인 신의 존재와 신의 계시를 강조하는 아우구스티누스의 신학 이론은 이렇게 만들어졌다.

아우구스티누스의 미와 예술에 관한 주장도 그의 신학 이론에 바탕을 둔다. 플로티누스의 일자를 신으로 대체하고 미와 예술에 대한 생각을 펼쳐 보인 셈이다. 아우구스티누스는 미에는 감각적인 미, 그 위로 그것들의 전체로서 우주의 미, 그리고 가장 위에는 모든 미의 근원이며 최고의 미인 신의 미가 있다고 구분하고, 이 모두가 위계적 단계들로 연속성을 이룬다고 보았다. 그에 따르면, 모든 미는 신성을 재현한 것이고, 신으로부터 정신적 속성이 반영되어 나타나는 것이다. 그럴 때 맨 아래에는 가장 저급한 미보다도 못한 것으로 미의 결핍인 추醜가 있게 된다. 따라서 아우구스티누스는 미의 경험은 신성의 경험이며, 연속성을 갖는 이것들의 경험이 인간 영혼의 종교적 여정에서 중요한 역할을 한다고 주장했다. 인간 정신에 의한 미적 경험이 여러 단계를 거쳐 최고 상태에 이르면, 종교적인 지혜와도 통하게 된다는 것이다.

그는 미의 조건으로 수, 질서, 비례와 조화, 통일성을 들었고, 이것들이 상호 연관성을 갖는다고 주장했다. 수는 신의 창조의 근본 원리이며, 수에 의해서 질서가 이루어지고, 질서에 의해서 서로 다른 부분들이 목적에 따라 배열되어 비례와 조화를 이루면서 통일성이 나타난다는 식이다. 이 중에서도 통일성이 신성의 진정한 재현이며, 이 안에서 수, 질서, 비례와 조화 등을 경험할 수 있다고 보았다. 또 아름다움의 판단은 수적인 관계나 질서와 통일성을 파악하는 것이며 정신의 활동에 의해야 한다고 주장했다.

그렇다면 예술은 감각세계 속의 무질서한 것들을 개선해서 질서와 통일성을 구현하는 것이며, 신성을 재현하는 것이 되어야 한다. 예술가들이 과연 이런 신성의 재현이란 일을 해낼 수 있을까? 아우구스티누스는 신의 계시를 받은 예술가만이 어떻게 할 줄을 안다고 보았다. 그래서 예술은 감각세계의 재현이나 모방이 아닌 창조여야 하고, 예술가가 아무렇게나 만들어내는 것이 아니라 신의 계시를 받아 이루는 산물이며, 신의 메시지를 전달하는 것이어야 한다고 주장했다. 예술이 중요하다면 그 자체의 가치 때문이 아니라, 신에게로 다가가기 위한 길이자 수단으로서 그렇다는 것이다. 예술은 가시적 세계보다 더 완벽하고 영원한 비가시적 세계를 재현하는 표상이어야 하고, 신으로부터 부여된 영원한 미의 흔적을 추구하는 일이 돼야 한다는 말이다. 이처럼 물질적 재현보다는 정신적 재현인 표상이 강조되면서 고대의 모방 이론은 쇠퇴할 수밖에 없었다.

아우구스티누스의 미학은 중세 초기 종교 미술에 영향을 주었다. 우선 중세 초기 미술 작품의 대부분은 작가의 이름이 알려지지 않은 익명의 것이다. 이는 당시 사람들이 예술가의 재능은 신의 계시를 통해서 받은 것이기에 신에게 봉헌하는 일에 쓰임이 당연하고, 예술가가 누구인가는 중요치 않다고 생각했기 때문이다. 정신적·종교적 의미가 강조되면서 나타난 변화도 있었다. 신의 메시지나 종교적인 의미만 있으면 충분하다고 여겼기에 그리스 시대에 강조된 자연 관찰이나 사실적 묘사가 약해질 수밖에 없었다. 오히려 영원하고 무한한 신의 힘을 암시하기 위해서 되도록이면 감각적인 것을 억제하려 했고, 현세를 초월한 신비로운 느낌을 주기 위해서 황금색 배경이 사용되기도 했다. 〈성 마가〉**[01]**의 황금색 배경은 이런 맥락에서 등장한 것이고, 사자는 용기 있게 행동했던 성 마가의 정신적 모습을 뜻하는 상징물로 기능했다. 그림 안의 기하학적 배경과 사자의 모습이 조화와 통일성을 이룬 것은 아우구스티누스의 미의 조건과 관련성을 갖고 있다.

미술 작품의 종교적 의미가 강조되면서 교회 건물에도 복음서의 역할이 주어졌다. 건물 자체가 종교적 의미를 상징하기도 했고, 교회당 안의 미술 작품에 종교적 내용이 표현되기도 했다. 〈산비탈레 성당〉**[05]**을 보자. 중세 초기 서유럽에 비해 번창했던 비잔틴 제국의 종교 건물인 이 성당에는 유럽의 특징과 동방의 특징이 혼합되어 있다. 중앙의 팔각형 건물을 중심으로 바깥의 2층 건물이 둘러싸는 중앙 집중형 구조는 동방의 전제군주 정치 체제의 영향에 의한 것이고, 기와 형태의 지붕과 벽돌을 쌓아올린 벽도 동방의 건축에서 온 것이다. 기둥은 그리스 신전 건축 양식에서 비롯됐고, 창문의 아치와 천장의 돔은 로마 건축의 영향으로 완성됐다. 성당의 겉모습이 아무 장식 없이 단순한 것은 현세적 삶이 펼쳐지는 외부세계가 평범하고 단조롭다는 것을 상징한다. 대조적으로 화려한 모자이크화로 장식된 내부는 내세의 종교적인 정신적 삶이 풍요롭고 화려하다는 의미를 나타낸다. 이 성당 안에 있는 〈유스티니아누스 황제의 황금접시

[05] 〈산비탈레 성당〉
526-547년경, 라벤나

봉헌〉[02]이 형형색색의 화려한 모자이크화로 제작된 것도 마찬가지다. 인물들 대부분이 정면을 향하면서 보는 사람을 압도하고 권위적인 분위기와 종교적인 위엄을 풍기는 점은 동방의 영향에 의한 것이다.

종교 미술의 개화기

- 아퀴나스의 신학과 미학

서유럽에서 종교 미술이 꽃피기 시작한 것은 11세기경인 중세 중기부터였다. 초기의 혼란을 극복하고 봉건 국가들이 형성되면서 정치적 안정을 이루었고, 사회가 평온을 되찾으면서 사람들이 문화나 예술에 대한 관심을 다시 나타냈다. 여전히 종교적인 의미를 전달하기 위해서 미술 작품이 제작됐지만, 중세 초기와는 달리 감각적이며 사실적인 묘사도 등장했다. 교회의 권위뿐만 아니라 국가라는 현세적 권위도 인정하는 사회 분위기가 생겼고, 사람들의 현실에 대한 관심도 증가했다. 중세 중기의 대표 철학자인 토마스 아퀴나스가 집대성한 스콜라철학이 아우구스티누스의 신학과 다른 종교적 관점을 제시하면서 사람들의 생각에 변화를 불러일으킨 영향도 있었다.

아퀴나스는 선대 스콜라철학자들의 사상과 그리스 철학을 결합해서 자신의 신학 이론을 세웠다. 그는 13세기 들어 집중적으로 연구된 아리스토텔레스의 사상을 중심에 놓았고, 신플라톤주의에 근거한 아우구스티누스의 신학과는 다른 종교적 관점을 나타냈다. 도시와 상업이 발달하고, 사람들이 현실과 감각세계에 대해 관심을 보인 것이 아리스토텔레스 사상을 다시 주목하는 시대 배경이 되기도 했다. 스콜라철학은 그 영향으로 탄생했고, 라틴어로 학교를 뜻하는 스콜라scholar라는 말처럼 학문적으로 연구하는 신학을 목표로 삼았다. 특히 아퀴나스는 사람들이 진리라고 믿는 종교 교리에 철학을 통한 근거를 부여하려 했고, 신의 말씀이나 성서의 내용을 가르치려면 먼저 이성을 통해서 이해할 수 있어야 한다고 보았다.

스콜라철학은 당시 사회 전반에 걸쳐 영향을 미쳤고, 지식인들 사이에 논쟁을 불러일으키기도 했다. 그중 하나가 보편 논쟁이었다. 보편 논쟁은 현실 속의 개별적인 것들을 대표하는 보편자가 존재하는가, 존재한다면 그것은 어디로부터 오는가를 두고 벌인 논쟁이었는데, 신의 존재와도 관련된 뜨거운 문제를 담고 있었다. 아우구스티누스 관점의 사상가들은 보편자는 존재하며, 개별 사물이 아니라 신에게서만 찾을 수 있다고 보았다. 그리고 그것은 이해하고 설명할 수 있는 것이 아니라, 신의 계시를 통해서 알게 되는 것이고 신앙을 통해 해결해야 할 문제라고 주장했다. 하지만 스콜라철학자들의 관점은 달랐다. 이들은 보편자란 이성을 통해 설명될 수 있어야 한다고 주장했는데, 그 선두에 아퀴나스가 있었다.

아퀴나스는 보편자에 해당하는 실체가 현실 속에 존재한다고 보았다. 신의 정신 속에 존재했던 보편자가 개별 사물들이 생기면서 그 안에 반영됐다는 것이다. 따라서 아퀴나스는 인간 이성으로 개별자들의 추론을 거쳐서 보편자를 파악할 수 있으며, 그 과정을 연속하다 보면 신적 진리에도 도달할 수 있다고 주장했다. 인간 정신이 감각적인 지각 대상에서 시작해서 점점 더 일반적인 개념으로 추론해 나가다 보면, 존재의 최고 원리인 신의 개념에도 이를 수 있다는 주장이다. 아퀴나스의 주장은 감각계 사물에도 정신적 형상이 반영되어 있으며 모든 사물은 형상과 질료가 결합하여 이루어졌다고 한 아리스토텔레스의 생각에 바탕한다. 이에 더해, 아퀴나스는 신학이 신에 대한 올바른 지식을 근거로 해야 하며, 그 지식은 이성으로 논증 가능한 것이어야 한다고 주장했다. 신에 대한 잘못된 지식이 자칫 신에게서 멀어지게 할 수도 있다는 점에서였다. 다시 말해, 신학에서 중요한 것은 계시보다는 이해와 설명이고, 신앙과 이성이 조화를 이루고 신학과 철학이 상호 보완적인 역할을 해야 한다는 것이다. 아퀴나스는 모든 지식은 감각적 경험에서 시작해서 정신의 추론으로 향해야 한다고 생각했다.

아퀴나스의 미학에서도 유사한 관점을 확인할 수 있다. 그는 아름다움이 개별 사물들에 경험적으로 존재한다고 보았다. 정신적인 것과 구분된 현실적 사물의 아름다움이 있으며, 그것을 아름답게 하는 것은 사물 안의 존재 원리인 형상이라고 주장했다. 감각세계를 인정하면서도 종교적 의미의 정신이나 영혼을 강조한 것이다. 이 점에서 아퀴나스는 아름다운 대상을 위계질서에 따라 몇 단계로 구분했다. 맨 아래에는 무생물과 동식물이 있고, 그 위에는 인간의 신체와 정신적인 것이 있으며, 그 위로는 이것들을 넘어선 초자연적인 것으로서 은총과 영혼의 영광을 주는 교회가 자리한다. 그리고 최종 정점에 이 모든 것을 있게 하는 미 그 자체인 신의 속성이 있다고 주장했다. 하지만 감각적인 물질적 아름다움이 정신적 영혼의 미의 껍데기나 그림자에 불과한 것은 아니라고 했고, 이 점에서도 아리스토텔레스의 미의 개념과 유사한 입장을 나타냈다.

아퀴나스는 미의 조건으로 완전성, 비례, 그리고 명료성을 제시했다. 그에 따르면, 완전성은 손상되지도 모자라지도 않고, 갖추어야 할 것을 모두 갖춘 성질이다. 비례는 고대 그리스 전통에서 이어져온 것으로 조화와 같은 뜻인데, 물질적이거나 양적인 관계만이 아니라 정신적이고 질적인 관계도 포함한다. 양적 비례는 대상의 물질적 부분들 사이의 관계에 적용되고, 질적 비례는 대상의 본성이나 본질과 일치할 때에 해당한다. 예를 들어, 미술 작품의 이미지가 대상의 정신적 속성이나 본질을 의미할 때, 질적 비례를 갖춘 것이 된다는 식이다. 명료성은 뚜렷하게 드러나는 것을 뜻하며, 밝게 빛난다는 의미에서 광휘光輝라고도 한다. 물질적으로는 밝고 찬란한 색채가 이에 해당하고, 정신적으로는 인간의 덕이나 영혼이 밝게 빛나는 것을 가리킨다. 이처럼 아퀴나스는 경험적 관점의 아름다움과 함께 정신적인 영혼의 아름다움도 강조했다. 예술에 대한 언급은 없었는데, 이는 예술을 기술적인 행위로 보았으며 그래서 영혼의 아름다움을 나타내기에는 적합하지 않은 수단으로 여겼기 때문이다. 아퀴나스의 이런 입장은 예술가들이 단순한 '장이'로 취급되고 작품을 제작한 예술가의 이름도 알려지지 않았던 중세의 분위기와 관련이 있다.

스콜라철학이 유행한 중세 중기 이후, 사람들은 미술 작품의 감각적인 면이나 사실적인 묘사에 다시금 관심을 나타냈다. 감각세계도 중요하다고 했던 아퀴나스의 영향도 있었지만, 봉건 국가들이 형성되고 정치적 안정을 이루면서

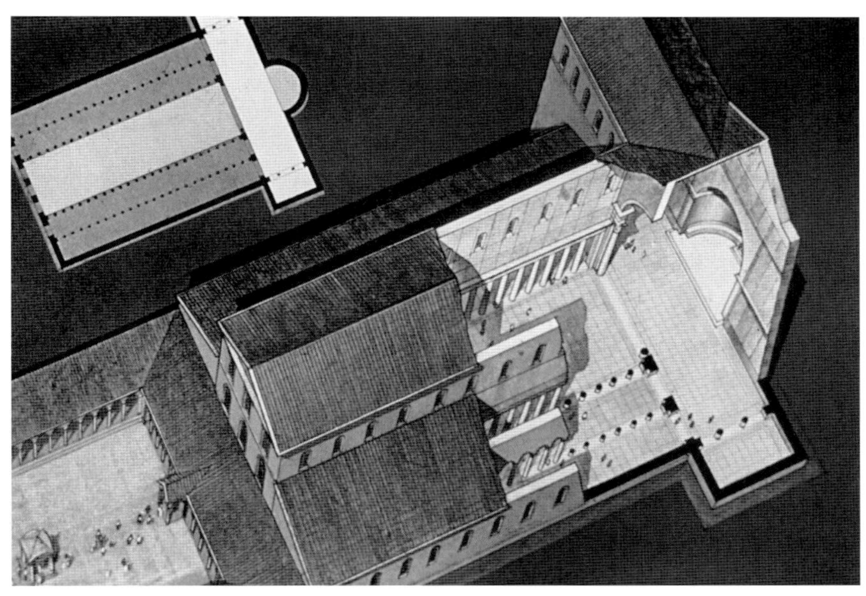

[06] 로마네스크 교회 건축 양식

사회 전반에 걸쳐 현실에 대한 관심이 살아났기 때문이었다. 다만 미술 작품을 제작하면서는 그 자체의 사실성보다 여전히 종교적 의미를 추구했고, 이를 보다 설득력 있게 전하려는 목적 아래 작업했다. 한편, 종교와 교회에 대한 생각의 변화도 나타났다. 사람들은 인간의 실제 삶이 신적인 것이나 정신적인 것만으로 이루어질 수는 없고, 악마적인 것이나 현세적인 것과 더불어 있으며, 그것과의 투쟁으로 일구어진다고 생각했다. 교회가 악마와 싸우는 인간을 보호해주는 전투 요새 같아야 한다는 기대가 나타났고, 이런 기대를 담아 로마네스크 양식의 교회 건축이 탄생했다. 〈피사 대성당〉**[03]**이 대표적인데, 육중한 돌로 벽과 기둥을 만들어 마치 성이나 요새처럼 보이는 이유는 바로 이런 종교적 맥락 때문이다. 건물 위에서 내려다볼 때 십자가 형태를 갖추어 그리스도를 상징하도록 했고, 십자가에 못 박혀 죽은 그리스도를 연상시키면서 사방으로 힘이 미치는 신의 전지전능함을 나타내려고 했다. 사제가 있는 제단과 사람들이 모여 앉는 곳을 교차시킨 것은 신의 세계와 인간의 세계가 만난다는 종교적 의미에서 이해할 수 있다.**[06]**

〈최후의 심판〉**[07]**은 로마네스크 양식의 또 다른 교회 건물 안에 있는 벽화이다. 교회 건물 자체가 복음서라는 점에서 건물 안에 성서 내용의 그림이 그려진 것이다. 주목할 점은 로마네스크 양식 시대부터 구원받은 자와 저주받은 자의 심판관으로서 그리스도가 등장한다는 것이다. 이 현상은 인간이 종교적인

[07] 〈최후의 심판〉 11세기, 프레스코, 카푸아 산 탄젤로 인 포르미스 성당 내부

삶만을 살지 않으며, 현실 속의 악마와 싸우면서 살아가기 때문에 심판관으로서 그리스도가 필요하다는 생각에서 비롯한다. 화면 중앙에 그리스도가 있고, 주변 인물들은 중요도에 따라 배치됐다. 위에서부터 아래로 천사들, 열두 사도들, 그리고 성직자들이 성스러움의 정도 차이에 따라 자리를 잡았고, 맨 아래 왼쪽과 오른쪽에는 구원받은 사람들의 기쁨에 찬 모습과 저주받은 사람들의 고통받는 모습이 담겨 있다. 묘사 방식이 중세 초기 교리서 속의 삽화[01]보다 자연스럽고

사실적으로 보인다. 종교 교육이 계시보다는 이해와 설명에 근거해야 한다는 스콜라철학에 발맞추어 성서의 내용을 보다 잘 이해시키려는 목적에 따랐기 때문이다. 하지만 그리스도의 모습을 가장 크게 중앙에 두고, 인물의 중요도에 따라서 크기와 위계질서를 정해 배치한 점은 여전히 사실적 재현보다 종교적인 의미가 더 중요했던 탓이었다.

신앙과 이성의 분리와 예술

– 스콜라철학의 붕괴

십자군 전쟁이 끝나는 13세기 말 이후 중세도 후기로 접어든다. 십자군 전쟁1096-1275은 기독교 세력과 이슬람 세력 간의 거의 200년에 걸친 전쟁이었다. 이슬람 세력이 자신들의 땅인 예루살렘으로 순례 오는 기독교도들을 박해하고 주변의 비잔틴 제국을 자주 침범하자 비잔틴 제국 황제가 서유럽의 교황에게 도움을 요청해서 시작됐다. 처음에는 성지 탈환이라는 종교적 목적을 내세웠지만, 시간이 지나면서 점차 동방의 부에 대한 관심과 경제적 목적이 앞서기 시작했다. 그 결과, 상업과 무역이 발달하고 여러 나라의 곳곳에서 도시가 발생했으며, 중세를 지탱했던 농촌 경제가 붕괴됐고, 사람들의 현실주의적 사고가 팽배해지면서 수도원 중심의 문화도 서서히 쇠퇴했다.

중세 후기의 사회 변화가 종교 사상에도 영향을 미쳐 아퀴나스의 사상에 대한 반론이 나타났다. 인간 이성으로 초자연적인 신적 진리에 이를 수 있다는 아퀴나스의 관점에 대한 비판이 제기됐고, 신앙과 이성은 서로 다른 영역이라는 주장이 펼쳐졌다. 철학을 통해서는 신에게로 이를 수 없으며, 신학과 철학은 서로 다른 길을 가야 한다는 것이었다. 이로 인해 두 가지 측면의 결과가 나타났다. 첫째로 이성을 통한 인식이 감각세계에만 한정된다는 인간의 한계에 대한 자각이 출현했고, 둘째로 철학과 과학이 독자적인 발전을 이루게 되었다. 철학이 신학의 정당화라는 역할에서 벗어나 자체의 문제로 향하고, 사람들은 감각세계를 향한 과학에도 관심을 기울였다. 이 점에서 중세 후기 사상은 아퀴나스 사상 전체의 부정이기보다 인간의 경험을 더 강조하는 사고였다고 할 수 있다. 그 시작점에 둔스 스코투스John Duns Scotus, 1266-1308와 오캄William of Ockham, 1285-1349이 있었다.

스코투스는 아퀴나스가 은총의 세계나 신의 존재를 이성을 통해서 합리적으로 증명하려 한 점을 비판했다. 신의 존재란 신앙을 통해서만 접근될 수 있고, 인간 이성의 영역은 경험세계로만 제한된다고 보았다. 인간은 현재 상태의 자연 관찰을 통한 지식을 얻을 뿐이고, 종교적 지식은 신의 계시의 산물이기에 철학에 의해서는 얻을 수 없다고 주장했다. 또 스코투스는 이성보다 신의 의지를 강조했는데, 신의 의지가 더 원초적이며 신의 의지가 이성에 종속된다면 신은 자신이 의지하는 모든 것을 할 수 없다는 점에서였다. 신의 의지는 무한하고 전능한 것이며 인간의 구원은 신의 의지에 인간의 의지를 조화시키는 신앙 행위에 의해서 이루어지는 것이지, 이성적으로 이해하고 설명할 수 있는 것이 아니라는 말이다.

오캄도 스코투스처럼 인간 이성의 능력을 경험세계로만 제한했다. 특히, 아퀴나스의 보편자에 관한 생각을 비판하면서 이런 주장을 펼쳐 나갔다. 보편자에 해당하는 실체가 현실 속에 존재하는가? 우리는 현실에서 참나무, 벚나무, 느티나무 등 개별적인 나무들을 본다. 그리고 그것들을 묶어서 나무라는 보편의 개념으로 이해하고 말한다. 이때 요점은 나무의 본질인 보편자가 개별 나무들 속에 존재하는가이다. 아퀴나스는 존재한다고 보았고, 그 근거로 신에게 존재했던 보편자가 개별자들에 반영됐기 때문이라고 주장했다. 그리고 인간이 개별자들을 경험하고, 이성을 통해 일반적인 개념을 추론하면서 보편자와 신학적 진리에 이르게 된다고 했다.

하지만 오캄은 보편자가 어떤 형태로든 현실 속에 존재한다는 것을 부정했다. 현실적으로 존재하는 모든 것은 개별자들일 뿐이며, 보편자는 그 개별자들을 경험하고 추상해서 정신 안에 형성한 관념이라고 보았다. 그리고 보편자를 뜻하는 나무라는 개념은 개별 나무들을 모은 집단의 이름일 뿐이라고 주장했다. 이것이 나무라는 보편적 개념이 정신 안에 형성된 관념을 나타내는 기호 또는 명사일 뿐이라는 유명론唯名論, Nominalism이다. 오캄은 아퀴나스가 이성을 통해 보편자를 인식할 수 있다고 한 것은 신의 정신 안에 있는 보편자를 인간 정신이 공유 또는 분유分有할 수 있다는 주장인데, 그것은 불가능하다고 보았다. 인간이 알(할) 수 있는 것이란 개별자들의 경험과 그것을 근거로 개념을 추상하는 일뿐이라는 것이다. 아퀴나스보다 더 철저히 경험적인 사고가 오캄의 사상이었다.

정리하면, 오캄은 인간 이성은 개별자들의 세계에만 제한되고, 신의 속성으로서 보편자는 인식할 수 없으며, 신적이며 종교적인 진리는 신의 계시나 신앙을 통해서만 도달할 수 있고, 철학에 의해서는 얻을 수 없다고 보았다. 따라서 종교와 철학 혹은 신앙의 세계와 이성의 세계는 서로 다른 영역으로 생각돼야 한다고 주장했다. 이에 더해, 오캄은 스코투스처럼 인간 이성의 한계를 지적하고 신의 의지를 강조했으며, 신의 의지를 접하고 신의 계시를 받는 은총의 통로로서 교회의 역할을 중시했다.

신의 의지와 계시를 강조하는 스코투스와 오캄의 사상은 아우구스티누스의 사상으로 다시 돌아가자는 것일까? 그렇지는 않다. 아우구스티누스에서 아퀴나스를 거쳐 스코투스와 오캄에 이르는 중세 종교 사상에는 유사점과 차이점이 있다. 아우구스티누스는 종교적이며 신적인 세계를 강조했으며, 인간세계를 종교에 예속시키고 감각세계를 불신했다. 이에 반해 아퀴나스는 인간세계도 주목했다는 점에서 아우구스티누스와 차이를 나타냈다. 하지만 아퀴나스는 신의 세계로 다가가기 위해서 철학과 종교의 관련성을 주장했고, 철학을 통한 종교의 정당화에 매달렸다는 점에서 아우구스티누스처럼 철학을 신학의 시녀로 만들었다는 비판을 받았다. 이들과 비교할 때, 스코투스와 오캄의 사상은 우선 인간세계를 주목하고 강조한 점에서는 아퀴나스와 유사하다. 하지만 이들은 인간의 한계도 지적했고, 그것을 통해 인간세계를 신의 세계와 분리시켰으며, 그 결과 인간의 세계인 철학과 예술이 종교로부터 분리되는 계기를 마련해주었다.

스코투스와 오캄은 미와 예술에 관해 따로 언급하지 않았다. 당대의 대표적인 교회 건축 양식인 고딕 양식에 중세 후기의 종교 사상과 교회에 대한 생각이 포괄적으로 반영됐을 뿐이다. 당시 사람들은 교회가 악의 침입으로부터 보호해주는 요새가 아니라, 인생의 여행길에서 안식과 환희를 주는 장소이며 천상의 도시 같은 역할을 해야 한다고 기대했다. 따라서 고딕 양식에서는 로마네스크 양식의 육중한 돌벽이나 돌기둥이 사라졌고, 가느다란 석재와 철로 기둥을 세우고 넓어진 벽에 유리로 된 큰 창을 만들어 교회 내부가 훨씬 넓고 더욱 밝아졌다. 단조로운 원형 아치 대신 뾰족한 첨형 아치로 변형해서 다양한 형태 변화가 나타났고, 하늘을 향해 치솟은 첨탑을 더해 교회가 더 장중하면서 위엄 있는 모습을 갖추었다. 창을 장식한 스테인드그라스를 통한 오색영롱한 빛이 교회 안으로 흘러 들어와 환상적이며 신비적인 종교적 분위기를 연출했고, 신의 계시와 은총이 비치는 천상의 도시처럼 보이게 했다.

파리의 〈노트르담 대성당〉**[04]**은 이런 특징을 반영한 고딕 양식의 대표적인 예이다. 성모 마리아를 뜻하는 '노트르담Notre Dame'이란 말로 신의 세계와 인간의 세계의 결합을 상징했는데, 성모 마리아가 그리스도의 어머니이면서 인간이기도 하다는 점에서였다. 인간적인 것, 현실적인 것, 감각적인 것 등에 대한 불신의 정도가 약해진 중세 후기의 결과였다. 중세 후기 회화에서 성모 마리아가 등장하는 것이나 노트르담이란 이름을 붙이고 성모 마리아를 숭배하는 성당과 수도원이 유럽의 여러 곳에서 지어진 것도 이런 맥락에서였다. 화려하고 장식적인 효과나 사실적인 묘사가 점점 더 강조된 것도 인간의 경험과 감각적인 것에 대한 불신의 정도가 약해진 현상의 영향이었다.

중세 후기 종교 미술에서는 신앙심을 불러일으키는 방식도 변화를 보였다. 지금까지는 미술 작품이 신적인 것이나 종교적 의미를 상징하고 전달하는 정적인 방식에 따랐다면, 미술 작품을 통해서 신에게로 향하는 마음을 불러일으키는 동적인 방식이 나타났다. 이런 식이다. 사람들이 성당 안**[08]**으로 들어서면서 높고 밝고 넓은 내부에 압도되고, 스테인드글라스를 통한 찬란한 빛의 세계로 빠져든다. 그 순간 위축감을 느끼고, 세속적인 것과 인간적인 것을 하찮다고 여기게 되며, 그 모든 것을 뛰어넘어 신의 세계로 향하려는 갈망과 동경을 갖게 된다는 것이다. 교회가 천상의 도시이고, 신의 은총을 만나는 곳이며, 험난한 인생길에 지친 사람들에게 안식을 주는 환희의 장소로 여기게 하는 것이다. 교회가 스코투스가 말하는 신의 의지를 접하는 곳이며, 오캄이 말하는 하느님의 계시에 의한 은총의 통로 역할을 한다는 생각에 의해서였다.

[08] 〈노트르담 대성당〉 내부, 파리

중세 후기의 특징에서 빠뜨릴 수 없는 것이 현실 사회의 변화이다. 교역의 중심지인 도시가 발생하고 상업이 발달하면서 사회 생활의 중심이 시골의 수도원이나 귀족들의 성에서 도시로 바뀌었다.**[09]** 상업을 통해 부를 축적한 시민계급이 사회의 새로운 세력으로 등장했고, 사람들의 현실에 대한 관심도 나날이 증가했다. 사회 변화로 인해 미술 작품의 감각적 측면과 사실적인 묘사, 그리고 화려한 장식 효과가 강조됐다. 교회 건물뿐만 아니라 시청사나 대학 같은 세속 목적의 건물들도 많이 지어졌고, 부유한 시민계급이나

[09] 암브로지오 로렌제티 〈좋은 정부와 나쁜 정부의 알레고리〉 1338년, '좋은 정부의 모습' 부분, 프레스코, 시에나 팔라로 푸블리코

귀족들의 소유를 위한 작은 조각 작품들도 만들어졌다. 회화에서는 아직까지 종교적인 목적을 위한 것이지만, 방법에서 전 시대보다 더 사실적이며 객관적인 묘사들이 등장했다. 성서 속의 이야기를 보다 설득력 있게 전달해야 한다는 명분에서였다.

고딕 건축가인 비야르 드 온느쿠르Villard de Honnecourt, 1200-1250가 만든 사람과 동물 형태 스케치북[10]은 회화의 묘사 방법에 영향을 주었다. 이 책에서 온느쿠르는 사람과 동물의 얼굴이나 자세를 원, 삼각형, 사각형 등을 이용해서 특징 있게 다루었고, 각 부분들의 비례와 사실적 묘사를 위한 대상의 포인트도 정확하게 제시했다. 이런 기하 도식이 중세 후기의 대표적 화가인 지오토Giotto, 1266-1337의 그림에 영향을 주었다. 지오토의 〈이집트로의 피신〉[11]을 보자. 이 그림은 아기 예수를 죽이려 한 유대국의 헤로데Herod 왕을 피해 성모 마리아가 이집트로 피신하는 장면을 담고 있다. 지오토는 나귀를 탄 성모 마리아를 중앙에 놓고, 나귀를 끄는 요셉과 주변 사람들을 좌우에 배치했다. 성스러운 내용보다 여행을 떠나는 가족의 모습처럼 인간적인 분위기를 느끼게 하고, 황금색 배경 대신 진한 파란색을 하늘 가득히 칠해 현세 초월적 분위기와 신비감도 나타냈다. 그림의 구도와 인물 형태에서 기하학적 도식도 발견된다. 지오토는 나귀 탄 마리아와 뒤쪽 배경의 산에 삼각형 구도를 반복해서 안정감을 자아냈다. 마리아와 앞뒤

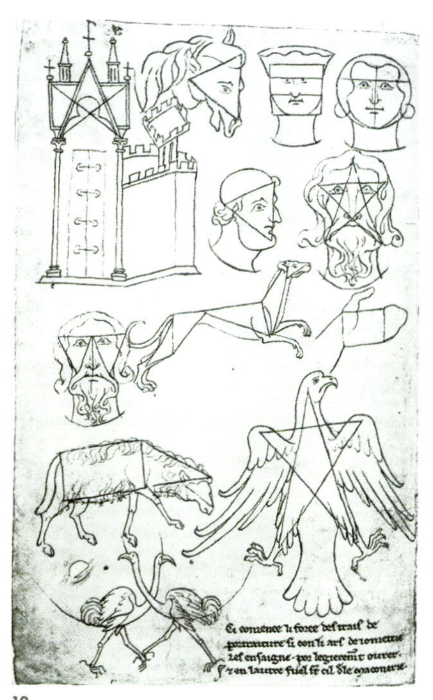

10

11

인물의 옆얼굴에는 삼각형 도식을 사용했고, 수염 난 요셉을 포함한 인물들의 얼굴 정면 은 사각형 또는 원형을 응용해서 나타냈다. 그 밖에도 인물과 동물의 형태에 조각상처럼 선명한 윤곽선과 입체감을 살렸다.

지오토의 그림은 회화가 조각처럼 현실감을 주기 어렵다는 당시의 편견을 뛰어넘어 그 이상의 업적을 이룬 것으로 평가됐다. 그가 기하 도식뿐만 아니라 명확한 윤곽선과 명암 조절을 통해 입체감을 살렸고, 종교 주제에서도 인간적인 분위기를 느끼게 했기 때문이었다. 이런 지오토의 명성은 유럽의 여러 나라로 퍼져 나갔고, 사실적 묘사를 향한 화가들의 열렬한 시도를 불러일으켰으며, 그런 업적들이 하나씩 쌓여가면서 르네상스로 이어지게 된다. 미술 작품은 종교의 예속에서 서서히 벗어나면서 독립적 위치를 찾아갔고, 자연스럽고 사실적인 묘사를 위한 다양한 방법들도 발전했다. 이런 움직임이 가장 왕성한 곳이 피렌체와 시에나 같은 이탈리아의 도시들이었다. 이 도시들의 중심 세력으로 새롭게 부상한 시민계급의 후원이 있었기 때문인데, 이들은 상업을 통해 부를 축적했지만 성직자나 귀족처럼 높은 신분이 아니라 자신들의 권위를 정당화하기 위해서 문화와 예술의 후원으로 눈을 돌려 열정을 쏟았다.

[10] 비야르 드 온느쿠르의 스케치북, 1230년경, 파리 프랑스국립도서관

[11] 지오토 〈이집트로의 피신〉 1304~1306년, 프레스코, 200×185cm, 파두아 스크로베니(아레나) 예배당

5. 휴머니즘의 시대 르네상스

Key Words

- 모방론의 부활과 미술의 전성기
- 근대의 시작 르네상스 – 휴머니즘

모방론의 부활과 미술의 전성기

레오나르도 다빈치Leonardo da Vinci, 1452-1519의 작품으로 〈모나리자〉만큼 유명한 것이 〈최후의 만찬〉**[01]**이다. 미술의 최고 전성기를 이룬 르네상스기 대표작의 하나로 다빈치가 산타 마리아 델 그라치에Santa Maria delle Grazie 성당 수도원의 식당 벽면에 그렸다. 그리스도가 십자가에서 처형되기 전날 열두 제자들과 만찬을 하는 장면이다. 그리스도가 "너희 가운데 한 사람이 나를 배반할 것이다"라고 말하자, 제자들이 깜짝 놀라며 그리스도를 향해 "저는 아니겠지요?"라고 묻고 있다. 다빈치는 각 인물의 표정과 동작을 실감나게 재현해서 당시의 광경을 생생하게 전달한다. 그리스도를 중앙에 두고 좌우 인물을 세 명씩 그룹지어 대칭되게 배치했고, 벽과 천장의 패널이 점점 좁아지면서 그리스도의 이마에서 초점이 맺히게 하는 원근법을 사용했다. 인위적으로 보일 정도로 균형과 조화를 맞추고, 그림 전체의 공간적 통일성을 이루어 화면에 안정감과 경건한 분위기가 흐르게 했다.

[01] 레오나르도 다빈치 〈최후의 만찬〉 1495~1498년경, 프레스코, 460×880cm, 밀라노, 산타마리아 델 그라치에 수도원 성당

〈파치 예배당〉**[02]**은 원근법의 발명자인 필리포 브루넬레스키Filippo Brunelleschi, 1337-1446가 지은 것으로, 피렌체의 권세 있는 파치Pazzi 가문에서 예배를 보던 건물이다. 고대의 예술 형식과 정신을 부활시킨다는 의도 아래 기둥 양식과 아치를 그리스와 로마 건축에 바탕하여 제작했다. 아무 장식 없는 벽면과 기둥을 벽에 묻는 벽기둥 방식을 도입한 것은 평면적 형태로 비례와 조화를 이루려는 의도였으며, 이것이 르네상스 건축의 고유한 특징이 됐다. 브루넬레스키는 고딕 교회 양식과 구분되게 하려고 하늘로 치솟는 수직 구조 대신 상대적으로 낮게 깔린 수평 구조를 강조했고, 세련된 우아함과 화려한 장식 대신 단순하면서도 명료한 형식을 선호했다. 신을 위한 건축보다 인간을 위한 건축을 이루려 했고, 건축물 자체를 통한 미의 이념을 구현하려 했기 때문이다.

[02] 필리포 브루넬레스키 〈파치 예배당〉 1442~1465년경, 피렌체 산타크로체 성당

미켈란젤로Michelangelo Buonanarroti, 1475-1564의 〈다비드〉**[03]**는 이스라엘을 침략한 블레셋군의 골리앗과 맞서 싸운 인물인 다비드다윗, David를 나타낸 작품이다. 미켈란젤로는 물매와 돌을 들고 있는 다비드의 모습을 4미터 크기에 달하는 근육질의 몸과 자신감 넘치는 당당한 자세로 제작했다. 시민들의 애국심을 고취시키기 위해서 승리한 영웅보다 정의의 투사 이미지로 나타냈고, 피렌체 도시 행정의 중심지인 베키오궁Palazzo Vecchio 앞에 놓았다. 다빈치의 회화가 정확성을 바탕으로 조화와 균형을 강조했다면, 여기서 미켈란젤로는 힘과 역동성을 느끼게 하는 조각의 특징을 중심에 두었다. 두 예술가가 르네상스 정신을 대표하면서 대부분의 작품에서 일치된 관점을 보였지만, 이들 작품에서 차이를 보인 것은 실제 창작에서 다른 의견을 갖고 있었기 때문이었다. 다빈치가 예술은 눈에 보이는 세계의 정확한 재현이어야 한다고 생각했다면, 미켈란젤로는 예술이 신의 창조와 유사한 활력과 힘을 보이는 역동성을 갖춘 창조물이어야 한다고 생각했다.

르네상스 시기가 되면서 미술 작품의 사실적 재현과 조화와 균형이 다시 강조됐다. '다시 태어나다'라는 의미의 라틴어 're-nasci'를 어원으로 한 르네상스renaissance란 말은 부활 혹은 재생을 뜻한다. 무엇을 부활하고 재생하려 한 것일까. 사람들은 중세 천 년 동안 잊혔던 고대 그리스·로마 문화예술의 영광을 부활시키려 했고, 그리스 미술의 서술적 기능과 조화나 균형 같은 미의 규범을 되살리려 했다. 고대의 모방 이론이 다시 유행한 것이다. 그래서 중세 미술이 신성의 재현이거나 정신적인 것의 모방인 표상을 목표로 했다면, 르네상스 미술은 인간이 경험하는 감각적 형태의 모방과 재현으로 향했다. 고대와의 차이점도 있었다. 고대에는 철학자들이 중심이 되어 모방 이론을 창안하고 주장했다면, 르네상스 시대에는 예술가들이 중심을 이뤘고, 고대의 모방 이론을 작품 창작이라는 실제에서 공식화하고 체계화하려 했다. 또 한 가지 새로운 점은 모방 개념에 대상의 모방뿐만 아니라 고대의 모방이라는 의미가 덧붙여진 것이다. 예술이 자연을 모방하기 위해서는 자연을 가장 훌륭하게 모방했던 고대인들의 방식을 좇아야 한다는 점에서였다.

르네상스 예술 이론에 변화를 가져온 대표 철학자는 쿠자누스Cusanus, Nicholas of Cusa, 1401-1464였다. 중세 후기 철학자인 스코투스와 오캄의 영향을 받은 쿠자누스는 신의 존재나 은총의 세계를 증명하려 한 스콜라철학을 비판했고, 신을 무한한 의지이며 영원한 존재로 받아들여야 한다고 주장했다. 중세 종교 미술을 뒷받침했던 비유적인 방법도 비판했는데, 유한한 능력의 인간이 만든 감각적 형태가 무한하고 영원한 신적인 것과 유비analogy관계에 놓일 수 없고 이를 나타낼 수도 없다는 점에서였다. 그는 인간의 능력이 감각적 경험세계에만 국한돼야 하며, 종교적인 의미는 신의 계시를 통해서만 접근될 수 있다고 주장했다. 스코투스와 오캄에 의해서 철학이 종교로부터 분리되기 시작했다면, 쿠자누스에 의해서는 예술이 종교로부터 분리되는 계기가 마련된 것이다.

[03] 미켈란젤로 〈다비드〉 1501~1504년경, 대리석, 높이 408.9cm, 피렌체 아카데미아

쿠자누스의 영향 아래 미술 작품은 신적인 것의 비유나 암시보다 감각세계의 모습에만 충실해야 한다는 생각이 부활했고, 예술은 모방이라는 주장과 사실적 재현이 강조됐다. 예술이 모방이라는 주장에는 플라톤의 단순모방 개념과 아리스토텔레스의 보편모방 개념이 공존했다. 한편에는 미술 작품이 자연을

있는 그대로 충실하게 복제하고 묘사해야 한다는 주장이 있었고, 다른 한편으로 다듬어지지 않은 상태의 자연에서 취사 선택하고 결점들을 교정한 모방이어야 한다는 주장도 제기됐다. 미술 이론서들이 발달하면서 점차 모방에 대한 후자의 주장에 힘이 실렸다. 미술 작품은 자연을 있는 그대로 복제하는 것을 넘어서야 하며, 자연의 겉모습에 그치지 않고 자연의 법칙과 규범까지 모방해야 한다는 주장이었다.

이런 배경에서 르네상스는 1400년대부터 1500년대 중반까지 150년간 전개되면서 미술사의 최고 전성기를 이루었다. 중세 내내 종교적 목적에 억눌렸던 예술의 창조적 에너지가 흘러넘쳤고, 고딕 양식의 세련되고 신비주의적인 장식 경향에 대한 반발이 일어났다. 감각세계의 재현이 다시금 예술의 중심을 차지하면서 객관적인 정확성과 조화로운 구성을 향한 미술 작품의 다양한 시도들이 나타났으며, 미학이나 철학보다 회화, 조각, 건축 등의 실제적 예술 분야에서 풍성한 결과가 일구어졌다. 회화는 수학적·과학적 방법에 의한 객관적이고 정확한 묘사를 목표로 했고, 조각은 그리스 조각 작품을 규범으로 삼았으며, 건축에서는 비례와 조화라는 미의 이념을 추구하면서 단순하면서 절제된 형식이 선호됐다.

근대의 시작 르네상스

– 휴머니즘의 시대

미학 이론에는 어떤 변화가 있었을까. 아쉽게도 실제적인 예술의 발전에 필적하는 위대한 철학자나 미학자는 없었고, 체계적인 미학 이론도 나타나지 않았다. 사람들이 예술의 실제적인 목표에 더 큰 관심을 가졌기 때문이다. 대신 작품 창작을 위한 회화론, 조각론, 건축론 등의 미술 이론서들이 자연 과학과 인문학에 근거를 두고 저술됐다. 한편, 르네상스기 동안 문화의 측면이 성숙되면서 근대 철학과 자연 과학이 발달하는 발판도 만들어졌다. 중세 후기부터 신학에서 분리되기 시작한 철학이 종교에서 벗어나 독립적인 위치를 회복했으며, 신학의 시녀라는 오명을 씻고 근대 철학으로 이어졌다. 자연도 인간이 자유롭게 탐구할 수 있는 대상으로 여겨졌고, 자연을 인간의 관점에서 보고 이해하려는 욕구들이 생겨나면서 자연 과학의 발달이 촉진되었다. 르네상스를 예술의 전성기만이 아니라 근대의 시작으로 여기는 이유가 여기에 있는데, 이 다채로운 변화의 바탕에는 휴머니즘Humanism이 자리한다.

휴머니즘은 철학적 측면과 사회학적 측면의 두 가지 의미로 해석된다. 철학의 측면에서 휴머니즘은 신에 의존하지 않고 자연과 세계를 인간 스스로 인식해야 다는 이론에 연관된다. 이런 입장에서 사람들이 어떻게 하면 인간의 능력으로 확실하고 보편적인 지식을 얻을 수 있을까라는 문제에 매달렸고, 그 해결을 위한 방법인 합리론과 경험론 등 근대 인식론을 싹틔웠다. 플라톤의 이데아나 중세의 신과 같이 감각적 경험을 초월하는 형이상학적 세계보다 우리 앞에 펼쳐진 세계를 파악하는 인식의 문제에 관심을 기울인 것이다. 자연 탐구의 방법으로는 직접적인 관찰과 수학이 중시됐으며 그 결과 코페르니쿠스Nicolaus Copernicus, 1473-1543, 갈릴레오Galileo Galilei, 1564-1642, 케플러Johannes, Kepler, 1571-1630 등에 의해 자연 과학 이론이 발달했다.

사회학적인 측면에서 휴머니즘은 도시와 상업이 발달하고 사회가 변하면서 인간의 권리와 능력을 자각하게 된 점에서 찾을 수 있다. 사람들은 봉건 영지에서 벗어나 도시에서 독립된 시민으로 자유롭게 살면서 자신의 권리와 능력을 새롭게 인식했다. 봉건 영주나 귀족뿐만 아니라 신이나 종교의 예속으로부터도 독립된 주체라는 생각을 갖게 됐고, 나날이 변하는 현실과 세계를 대하는 현실주의적인 사고도 유행했다. 여기에는 상업으로 재산을 모은 신흥 시민계급이 세력을 형성하면서 드러낸 자유롭고 현실주의적인 사고의 영향도 있었다.

휴머니즘과 현실에 대한 관심이 미술 작품의 주제와 창작 방법에도 영향을 미쳤다. 중세 미술이 신과 그리스도의 위엄이나 성자의 영광 등의 주제를 다뤘다면, 르네상스 미술은 그리스도의 생애나 성자의 모습을 인간화해서 나타내기도 하고 인간 자체의 품위나 다양성을 주제로 삼기도 했다. 창작 방법에서는 작품을 설득력 있게 제시하기 위한 사실적인 묘사나 객관적인 재현이 다시 중시됐다. 자연의 직접 관찰에 근거한 자연 과학이나 미술의 새로운 후견인이 된 신흥 시민계급의 현실주의도 영향을 미쳤다. 이제 미술 작품은 성서의 내용을 전달하는 수단이라는 소극적인 목표를 넘어서, 그 자체로 현실세계를 전달하는 수단으로 여겨졌다. 이에 더해, 예술가들은 객관적인 정확성뿐만 아니라 이상적인 미의 이념까지도 창작을 위한 목표에 포함시켰다.

우선, 미술 작품은 자연과 세계를 객관적으로 정확하게 나타내는 것이 되어야 했다. 예술가들은 자연을 객관적으로 직접 관찰하고, 수학적·과학적 규칙에 따라 정확하게 재현하려 했다. 그래서 기하학을 바탕으로 한 원근법이나 비례론을 연구했고, 해부학이나 생리학 등 과학의 규칙을 작품 창작에 적용했다. 다만 여기서 그쳐서는 안 되며, 이상적인 미의 이념도 구현해야 한다고 보았다. 어디서 찾았을까. 이들은 그리스 미술 작품에 모범이 될 만한 전형이 있다고 생각했고, 그리스의 미의 규범인 비례와 조화를 이루기 위해서 그 시대의 방법을 적용하려 했다. 이상적인 미라는 이념의 구현에는 보편적인 것을 추구하는 자연 과학의 영향과 더불어, 새로운 후원자인 신흥 시민계급의 성향도 영향을 미쳤다. 많은 재산을 모았지만 신분에서는 열등감을 느꼈던 신흥 시민계급이 귀족이나 지식인의 취향에 다가가고 싶어했고 이런 욕구에서 이상적인 미의 이념을 요구했으며, 고대 미술 작품과 고대인의 모방을 원했던 것이다.

[04] 미켈란젤로 〈피에타〉 1499년경, 대리석, 높이 174cm, 로마 바티칸 베드로대성당

객관적 정확성과 이상적인 미의 이념이라는 르네상스 미술의 두 가지 목표를 가장 잘 구현한 예술가는 레오나르도 다빈치, 미켈란젤로, 그리고 라파엘로Raffaello Sanzio, 1483-1520였다. 다빈치는 〈최후의 만찬〉**[01]**에서 사실적 묘사를 통한 객관적인 정확성을 이루었고, 원근법적 공간 구성과 좌우 균형의 인물 배치를 통해 그림 전체의 조화와 통일성이라는 미의 이념을 구현했다. 다빈치의 이런 시도를 조각 작품으로 실현한 것이 미켈란젤로의 〈피에타〉**[04]**이다. 이 작품에서 미켈란젤로는 〈다비드〉**[03]**와 달리 사실적인 묘사와 작품 전체의 균형과 조화를 강조했다. 죽은 그리스도를 안고 슬퍼하는 마리아의 표정과 옷 주름의 묘사, 그리스도의 축 늘어진 몸 등이 대리석을 깎아서 만든 것이라곤 믿어지지 않을 만큼 사실적이다. 미켈란젤로는 하나의 시선 방향을 중심으로 구성 요소를 통일시키고 조화와 균형을 이뤘는데, 이는 원근법의 초점이 그림을 보는 시점으로서 중심 역할을 하는 것과 유사하게 만들기 위해서였다. 다시 말해, 마리아를 수직 축으로 하고 그리스도를 수평 축으로 할 때 만나는 지점이 중심점이고, 그 방향에 따라 작품의 부분들이 전체적으로 조화를 이루는 방식이다. 이뿐 아니라 미켈란젤로는 삼각형 구도를 입체적으로 펼친 원뿔 형태의 구도 안에 인물들을 배치해서 기하학적

[05] 라파엘로 〈아테네학당〉
1509~1511년경, 프레스코,
폭 770cm, 바티칸 사도궁

균형과 작품 전체의 안정감도 자아냈다.

또 한 명의 르네상스 화가인 라파엘로의 〈아테네학당〉[05]에도 그리스 미의 규범과 이상의 부활로 향한 르네상스 정신이 담겨 있다. 라파엘로는 고대 그리스인의 지혜를 되살린다는 의도에서 아테네학당에 모인 철학자와 현인들의 모습을 이 그림에 담아두었다. 가운데에는 그리스 지성을 대표하는 플라톤과 아리스토텔레스를 배치했는데, 정신적인 이데아를 강조한 플라톤은 하늘을 가리키고 있고, 감각세계도 중요하게 여긴 아리스토텔레스는 땅을 가리키고 있다.[06] 그림 안에는 지구본을 든 천문학자 프톨레마이오스Ptolemaios와 컴퍼스로 무언가를 그리고 있는 기하학의 거장 유클리드Euclid도 있고, 웃옷을 풀어헤친 채 계단에 반쯤 누워 있는 그리스 시대 기인 디오게네스Diogenes의 모습도 보인다. 화면은 벽면과 천장이 점점 좁아지면서 플라톤과 아리스토텔레스 사이에서 초점이 맺히는 원근법적 방식으로 구성됐다. 라파엘로는 이 초점을 중심으로 좌우 인물들이 대칭을 이루게 하고, 원형 아치의 정점과 인물들의 수평선으로 만들어지는 큰 삼각형 구도로 화면 전체의 균형과 안정감을 나타냈다. 내용뿐만 아니라 방법에서도 고전기 그리스의 기하학적 규범을 구현하려 한 것이다.

[06] 〈아테네학당〉의 플라톤과 아리스토텔레스

이렇듯 수학적·과학적 방법으로 작품을 창작한 르네상스 예술가들은 작품의 가치뿐 아니라 신분에서도 그에 걸맞는 위상을 차지했다. 예술가들은 더 이상 중세의 '장이'나 기술자가 아니라 과학자와 같은 지식인으로 여겨졌으며, 그들 자신도 자부심을 갖고 스스로의 신분을 높여 나가려 했다. 많은 재산을 축적한 예술가도 등장했고, 귀족 못지않은 사회적 신분을 과시하는 예술가도 생겨났다. 신분이 격상된 화가, 조각가, 건축가들은 자신들을 공예가와 구분하고 싶어했고, 스스로를 아름다움을 창조하는 사람으로 이름 붙였다. 이제 예술가들은 자신들의 작품을 지적인 노력의 결과물로 생각했으며, 대부분의 중세 작품이 익명이었던 것과 달리 작품에 서명을 남기기 시작했다. 이들은 역량 있는 작가의 양성이 필요하다고 판단했고, 중세의 도제식과 달리 지적인 원리와 체계를 통한 교육을 강조했다. 그 결과 아카데미 같은 교육 기관이 설립되었으며 교육을 위한 이론서인 회화론, 조각론, 건축론 등이 기하학과 자연 과학의 지식을 바탕으로 쓰여졌다.

신플라톤주의와 자연 과학을 근거로 한 미술 이론

많지는 않았지만, 르네상스 시대의 철학도 고대를 향한 갈망과 동경에서 시작됐다. 고대 철학을 신학을 위해서가 아니라 그 자체의 학문으로 연구하는 풍토가 조성됐고, 인간의 영역에 관심을 두고 삶의 지혜를 얻기 위해 고대의 저술들이 연구됐다. 철학자로는 피렌체의 거부이며 권력자인 코지모 데 메디치Cosimo de Medici의 후원을 받은 마르실리오 피치노Marsilio Ficino, 1433-1499가 대표적 인물이다.[08] 코지모 데 메디치는 피렌체에 학원을 세우고, 고대 철학자들의 원전을 수집하고 재해석하는 데 도움을 주었다.**[07]** 후원자로서 코지모는 아퀴나스 사상의 바탕인 아리스토텔레스보다 플라톤이나 플로티누스의 철학에 더 관심을 기울였는데, 신분상의 열등감을 극복하기 위해서 현실주의보다 이상주의 관점을 선호했기 때문이다. 그 영향을 받아 피치노는 플라톤과 플로티누스의 저술을 라틴어로 번역하면서 고대 학문에 대한 관심과 열기를 고조시켰고, 신플라톤주의의 관점에서 미에 대한 주장도 제시했다.

07

08

피치노는 아름다움을 질서와 조화라고 보았다. 사물에서는 색과 선들의 조화요, 음악에서는 음들의 조화이며, 인간 영혼에서는 덕목들의 조화라고 주장했다. 하지만 사물과 소리의 미가 눈과 귀 같은 감각에 의해서 파악되고, 영혼의 미는 정신에 의해서 파악된다는 점에서 감각적인 미보다 정신적인 미가 더 우월하다고 강조했다. 그리고 모든 미의 정점에는 순수하고 절대적인 미의 이념이 있는데, 그것은 초월적이며 형이상학적인 특성을 갖는다고 주장했다. 피치노가 미의 이념을 초월적이며 형이상학적으로 본 이유는 만물의 창조주의 초월적 형상에 의해서 아름다움이 나타난다고 생각했기 때문이다. 이러한 피치노의 주장은 일자의 빛이 유출되어 누스와 영혼을 거쳐 감각적 미에 반영된다는 플로티누스의 미론에 바탕을 둔 것이다.

미를 조화와 질서로 본 피치노의 생각은 조르다노 브루노Giordano Bruno, 1548-1600에게로 이어졌다. 브루노는 사물이나 신체의 아름다움은 형태나 색채 자체가 아니라 그것들의 조화에 있고, 그 근원에는 정신적인 미가 있다고 주장했다. 정신적인 미인 미의 이념이 감각적인 미의 근원이라는 것이다. 그런데 브루노는 피치노와 달리 미의 이념이 초월적이며 형이상학적인 것이 아니라, 자연으로부터 얻을 수 있고, 예술가의 활동을 통해서 구현할 수 있는 것으로

[07] 메디치가의 코레지 저택 전경. 이곳에 마르실리오 피치노가 이끌었던 신플라톤주의 모임의 본산인 피렌체 아카데미가 자리했다.

[08] 도메니코 기를란다요 〈자카리아에 나타난 천사〉 1449년. 이 작품의 한편에 뒤돌아보는 마르실리오 피치노를 비롯해 당대 피렌체의 주요 인사들이 그려졌다.

보았다. 그는 예술가가 자연에서 규범과 원리를 찾아서 미의 이념으로 구현할 수 있다고 주장해서 피치노와 차이점을 드러냈다. 브루노의 주장은 미에 대한 아리스토텔레스적인 해석이자 예술가가 자연의 보편적인 원리와 규범을 찾아 미의 이념을 구현할 수 있다는 이론으로, 예술이 추구하는 이상적인 미가 신의 영역에서 인간의 영역으로 내려온 것이라고 보는 입장이다. 이런 브루노의 미의 관점이 르네상스 미술 이론에 정당성을 부여했고, 뒤에 오는 고전주의 미학에도 발판을 제공하게 된다. 브루노는 예술에서 천재 개념도 주장했다. 그에 따르면, 천재로서 예술가는 규칙을 뛰어넘는 사람이고, 그들만의 자유와 활동을 필요로 하는 상위의 인간이다. 자연과 현실을 바탕으로 미의 이념을 구현한다는 점에서 일반인들과는 다른 능력을 갖고 있다는 말이다. 이로써 그는 르네상스가 다빈치, 미켈란젤로, 라파엘로, 뒤러 등의 천재 예술가들에 의해서 미술의 전성기를 이루었다는 점을 설명하려고 했다. 브루노의 천재 개념도 근대 미학에서 예술 작품의 창조와 관련한 논의를 통해 체계적으로 다루어진다.

쿠자누스, 피치노, 브루노로 이어지는 미와 예술에 대한 주장은 체계적인 미학 이론으로 전개되지는 못했다. 레온 바티스타 알베르티Leon Battista Alberti , 1404-1472와 레오나르도 다빈치 그리고 알브레히트 뒤러Albrecht Dürer, 1471-1528 등의 미술 이론에 의해서만 르네상스 미학이 유지될 수 있었다. 이들 미술 이론의 근거에는 몇 가지 관점이 있었다. 첫째는 자연 과학으로서 회화를 이루려 한 점이다. 회화를 포함한 미술 작품의 창작이 자연 관찰을 통한 객관적 경험에 의해야 하고, 자연 속의 보편적인 것도 구현해야 한다는 것이다. 그래서 이들은 창작 방법에서 수학이나 기하학에 근거를 둔 비례론과 원근법, 해부학 등을 연구하고 적용하려 했다. 둘째로 이들은 감각적 측면의 정확성을 넘어선 정신적인 아름다움을 강조했고, 그리스 미술의 비례와 조화 같은 미의 규범에 주목했다. 셋째로는 인문학과 휴머니즘이 바탕이 된 미술이어야 한다고 주장했다. 이들은 신으로부터 부여받은 재능의 산물이 아니라 인간이 만든 이상적인 작품을 제시하기 위해서는 인문학으로서의 미술이 되어야 하며 휴머니즘에 바탕해야 한다고 보았다. 작품 창작에 자연과 세계를 향한 인간 스스로의 인식이 있어야 하고, 인간의 삶이나 행위에 대한 이해도 필요하다는 것이다.

건축가인 알베르티는 회화란 가시세계를 들여다보는 창이며, 화가는 볼 수 있는 것만을 재현해야 한다고 주장했다. 회화가 인간이 파악할 수 있는 세계에만 국한되어야 한다는 점에서 자연 과학적 사고에 의한 것이라고 보았다. 또 그는 인문학으로서 회화가 되기 위해서는 풍부하고 다양한 인물과 행위의 묘사가 필요하고, 인간에 대한 연구와 지식도 갖추어야 한다고 주장했다. 미술이 고대부터 테크네라는 개념으로 같이 이해돼온 수공예나 기계적 기술과 다른 것이어야 한다는 점에서는 정신적이며 지적인 작업을 강조하기도 했다.

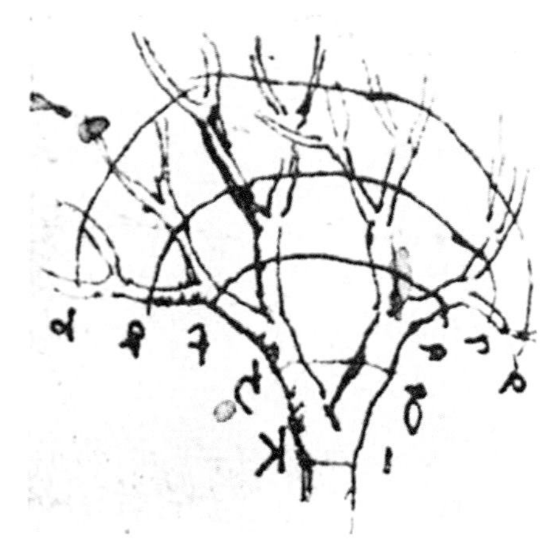

[09] 레오나르도 다빈치의 나뭇가지 도식

그는 미술 작품의 아름다움을 비례 또는 부분들의 조화에서 찾았고, 고대의 미의 기준인 수에 입각한 비례와 조화를 강조했다. 작품 창작이란 수를 바탕으로 한 배열과 마무리로 조화로운 전체를 만들어내는 것이며, 작품 감상은 그런 아름다움을 인식하고 즐거움을 갖는 것이라고 주장했다. 이에 더해 알베르티는 미술 작품의 감상을 위해서는 눈과 다른 미의 감각이 필요한데, 이것은 추론하고 계산하는 능력이 아니라 즉각적으로 아름다움을 지각하는 마음의 능력이라고 보았다. 똑같은 대상을 보면서 어떤 사람은 아름다움을 인식하지만, 또 다른 사람은 아름다움을 인식하지 못할 수도 있기 때문이다. 그 점에서 아름다움을 인식하는 능력이란 단지 보는 감각과는 다른 미의 지각 능력이며, 마음속에 있는 또 하나의 능력이라고 주장했다. 알베르티가 내세운 이 능력이 근대 미학에서 미를 지각하는 마음의 능력인 취미 개념으로 이어진다.

르네상스의 천재 화가인 레오나르도 다빈치는 미술 이론에서도 영향력을 발휘했다. 그는 알베르티의 회화 이론을 더욱 체계화했고, 회화가 과학과 같은 하나의 학문이 되어야 한다고 주장했다. 회화가 과학이 되기 위해서는 먼저 정확한 관찰이 있어야 하며, 개별 사물들의 불완전하고 변화하는 모습이 아니라 영원하고 보편적인 패턴을 찾고 나타내야 한다고 주장했다. 화가가 나무를 묘사한다고 할 때, 화가는 각각의 나무가 아니라 그 개별 나무들에서 나무라는 보편자를 파악하고 기하학적 도식으로 나타내야 한다는 것이다. 이 점에서 다빈치는 수학과 기하학의 공식처럼 재현 원리를 정식화하려고 했고, 한 예로 나뭇가지를 그리는 방식을 제시했다. 나무줄기에서 갈라져 나온 가지들을 그린 다음 그것들을 지나는 동심원을 층층이 나타낼 때, 각각의 나뭇가지들의 굵기의 합이 그것들이 갈라져 나온 원줄기의 굵기와 같아야 한다는 식이다.[09]

모든 나뭇가지의 모습이 그렇게 생겼다고 장담할 수는 없다. 하지만 다빈치는 그림 한 장을 그리는 데 있어서도 정확한 형식과 규칙에 따라야 한다는 점을 강조하기 위해서 이 원리를 제시했다. 회화가 과학이 되기 위해서는 예술가들도 과학자처럼 되어야 하며, 자연 속의 보편자를 파악하고 나타내야 한다고 생각했던 것이다. 여기에는 보편자의 형상이 눈에 보이는 감각계의 사물 속에 반영되어 있다는 신플라톤주의 사상이 담겨 있다. 그것이 초월적인 신의 속성이 아니라 인간화된 것이며, 예술가의 노력에 의해 성취될 수 있다고 한 점에서는 아리스토텔레스의 영향이 엿보인다.

레오나르도 다빈치는 아름다움에는 양적인 미와 질적인 미가 있으며, 이 두 가지가 조화를 이루어야 한다고 주장했다. 양적인 미는 미술 작품 형태의 부분들 사이의 비례이고, 질적인 미는 그림 전체의 통일성이나 조화 같은 미의 이념이다. 그는 이때 미의 이념이 신의 속성의 재현이 아니라 자연에 근거를 둔 것이며, 그렇다고 본래의 자연 그대로는 아니고 인간의 관점에서 통일성과 질서를 부여한 것이라고 주장했다. 이는 취사선택하고 결점을 교정해서 모방한 자연이라는 점에서 아리스토텔레스의 보편모방 개념에 근거한다. 그림 속의 자연이 인간의 관점으로 이상화한 자연이어야 한다는 말이다. 그럴 때, 이 질적인 미를 이루는 방법 중 하나가 원근법일 수 있다. 그림 전체의 통일성을 이루는 원근법의 초점이 예술가 즉 인간의 시점이고, 원근법적 그림은 자연 그대로의 모습이 아니라 인간의 관점에서 질서와 통일성을 부여한 것이며, 기하학적 원리로 이상화한 것이기 때문이다.

이탈리아에서 유행한 모방 이론은 화가 알브레히트 뒤러에 의해서 독일로 전파됐다. 뒤러는 다빈치와 마찬가지로 회화의 재현을 위한 두 가지 수학적 원리인 비례론과 원근법을 강조했다. 회화에서 인물과 사물의 형태를 명확히 묘사해야 한다는 점에서 비례론을 강조했고, 그림 전체의 공간적 질서와 통일성을 위한 방법으로 원근법을 제시했다. 회화가 사실적일뿐만 아니라 공간적으로도 통일된 하나의 전체가 되어야 한다는 것이다. 또 그는 회화가 하나의 통일된 전체이며 독립된 소우주라고 주장하면서 회화가 세계를 들여다보는 창이라고 주장한 알베르티를 넘어서려 했다. 회화를 가리켜 세계로의 종속을 넘어, 인간이 만든 그 자체로 독립된 세계라고 일컬은 것이다.

〈인체 비례 연구〉**[10]**는 뒤러의 비례론를 보여준다. 왼쪽은 그리스의 7등신이나 8등신 인체 비례보다 더 세분화한 모습인데, 사람의 머리와 몸, 팔과 다리를 로봇의 형태처럼 기하학적으로 분석하고 결합해놓은 그림이다. 오른쪽 위와 아래는 인체를 아래와 위에서 본 모습으로, 역시 기하학적으로 분석해서 마치 건물의 평면도처럼 보인다. 〈아담과 이브〉**[11]**는 뒤러가 정확하고 세밀한 묘사를 통해 화면 전체의 통일성을 조화시킨 대표 작품이다. 나무 사이로 기어나온 뱀이 이브에게 운명의 과일을 건네려 하자, 아담이 손을 내밀어 막고 있는 장면이다. 뒤러는 아담의 이브의 몸 윤곽과 근육, 숲속의 나무들, 앵무새와 토끼 등을 동판화 기법으로 세밀하고 실감 있게 나타냈다. 인체의 양감이나 숲과 나무의 공간감과 입체감도 명암 대비를 사용해서 적절히 살렸다. 많은 동물과 나무가 어울려 화면 전체가 복잡해 보이지만, 밝고 어두움을 균형 있게 구사하여 조화와 통일성을 이룬 점에서 원근법적 방식의 조화와 통일성과는 색다른 느낌을 자아낸다.

레오나르도 다빈치, 미켈란젤로, 라파엘로, 알베르티, 뒤러 등의 천재 예술가들이 활약한 르네상스 시기에는 미술의 전성기라고 불릴 만큼 불후의 명작들이 많이 창작됐다. 모방론의 부활과 함께 객관적 정확성과 조화나 통일성을 목표로 한 미술 이론도 눈부신 성과를 발휘했다. 하지만 16세기 중엽을 지나면서 규범과 미의 이념을 지나치게 강조했다는 반발이 터져 나왔고, 르네상스 미술의 열기도 서서히 식어갔다. 르네상스 미의 규범이 미술의 해답일 수는 없으며, 미의 이념이 하나의 이상일 뿐이라는 주장도 등장했다. 엄격한 규칙을 따르는 모방은 수동적인 작업이라고 비판받았고, 예술의 목적이 모방보다 창안invention이어야 한다는 주장도 출현했다. 급기야 미술이 진정한 창안이 되려면 고대인을 모방하는 대신 고대인과 경쟁해야 하며, 법칙과 규범을 깨는 용기가 필요하다는 목소리들이 높아졌다. 미술이 수학과 과학의 방법에 의한 이성적 재현일 수만은 없으며, 감성적인 느낌이나 감동도 줄 수 있어야 한다는 주장 역시 부상하기 시작했다. 이러한 배경하에 16세기 중엽부터 나타난 미술 작품의 감성적 경향이 17세기 바로크Baroque 미술로 이어지면서 르네상스 미술을 대체하는 새로운 미술로 자리 잡게 된다.

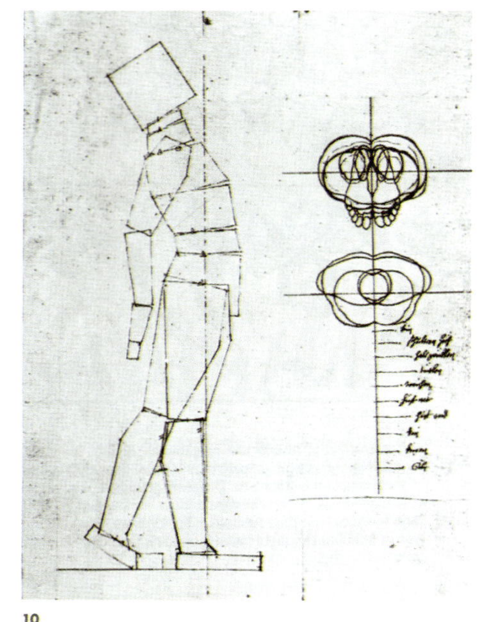

10

11

[10] 알브레히트 뒤러
〈인체 비례 연구〉 1523년경

[11] 알브레히트 뒤러
〈아담과 이브〉 1504년,
동판화, 25.2×19.4cm,
보스턴미술관

6. 이성과 감성이 공존한 시대

Key Words

- 감성적 미술과 이성적 미술
- 데카르트의 합리론과 고전주의
- 감성적 인식의 학문 미학 – 라이프니츠에서 바움가르텐으로
- 이성 대신 상상력과 취미 – 경험론적 미학
- 미적 가치의 다양성과 숭고

감성적 경향의 미술과 이성적 경향의 미술

16세기 중엽 이후 르네상스의 엄격한 형식주의가 흔들리면서 감성적 경향의 작품들이 등장했다. 미켈란젤로의 후기 작품에서 그 시작을 짚어볼 수 있다. 〈피에타〉[01]는 그가 베드로 대성당의 〈피에타〉[5-04]보다 50년 후에 제작한 작품인데, 같은 주제지만 아주 다른 방식으로 나타냈다. 마리아가 있던 가운데 자리에 미켈란젤로 자신을 두고, 좌우에 막달라 마리아와 성모 마리아, 그 사이에 그리스도를 배치했다. 그리스도의 몸과 팔다리가 길게 축 늘어진 모습이고, 주변 인물들의 인체 비례도 잘 맞지 않는다. 베드로 대성당 〈피에타〉의 안정적인 원뿔형 구도도 없으며, 아래쪽 거친 표면 처리 때문에 마치 미완성 작품처럼 보이기도 한다. 모든 것이 작품 창작에 대한 미켈란젤로의 생각이 달라진 탓이다. 말년의 미켈란젤로는 신앙심이 깊어지면서 독단적으로 변했고, 자신의 영혼을 사로잡는 종교적 감정을 작품에 담고 싶어했다. 작품 창작을 규칙에 의한 재현보다 상상력을 발휘해서 돌덩어리에 감춰진 형상을 드러내고 생명을 불어넣는 행위로 보았다. 그래서 비례나 조화보다 생명력 있는 형태가 더 중요시됐고, 미완성처럼 보이는 거친 표면 처리도 나타났다.

틴토레토Tintoretto, 1518-1594의 〈최후의 만찬〉[02]도 이런 맥락의 작품이다. 다빈치의 〈최후의 만찬〉[5-01]과 100년 정도 시간차가 있는 만큼 표현 방식이 많이 달라졌다. 그림 안에 후광이 없다면, 그리스도가 어디 있는지조차 알기 어렵다. 인물들도 좌우 대칭을 이루기보다 서로 뒤섞여 있고, 윤곽선도 뚜렷하지 않다. 램프 주변의 천사들만이 천상세계를 알리고 종교적 분위기를 전해줄 뿐이며, 음식을 준비하는 전경의 일상 장면은 산만하고 뒤죽박죽이다. 하지만 다빈치의 〈최후의 만찬〉과 비교할 때, 어느 작품이 더 종교적 감동을 주는지에 대한 답은 다를 수 있다. 다빈치의 작품은 원근법과 좌우 균형을 통해 안정감과 경건하고 엄숙한 느낌을 전한다. 이에 비해 틴토레토 작품은 화면 뒤로 깊숙이 파고드는 사선 구도와 강렬한 명암 대비로 역동적이며 극적인 분위기를 자아내고, 다빈치 작품에서 느낄 수 없는 종교적 감동과 흥분을 갖게 한다. 어느 작품이 옳다 그르다고 할 수는 없고, 그리스도가 십자가에 못 박혀 죽기 전날 만찬

[01] 미켈란젤로 〈피에타〉
1546~1555년경, 대리석, 높이 233cm, 피렌체 두오모박물관

[02] 틴토레토
〈최후의 만찬〉 1592~1594년, 캔버스에 유채, 365.8×569cm, 베네치아 조르조 마지오레 성당

광경에 대한 해석의 차이라고 보아야 한다.

17세기가 되면서 이런 작품들의 영향을 받은 감성적 경향의 바로크 미술이 르네상스 미술과 대립된 새로운 양식으로 자리 잡고 힘을 발휘한다. 〈레우키포스 딸들의 약탈〉**[03]**은 바로크 미술의 대표적인 화가인 페테르 파울 루벤스Peter Paul Rubens, 1577-1640의 작품이다. 여기에는 제우스의 두 아들이 메세네왕 레우키포스Leukippos의 두 딸을 약탈해가는 장면이 담겼다. 제우스의 아들들이 두 딸을 말 위로 끌어올리려 하자 두 딸이 격렬하게 저항하고 있다. 루벤스는 여자들의 창백하고 하얀 피부색과 남자들의 거무튀튀한 피부색을 명암 대비시키고, 화면 전체에 다채로운 색채를 구사했다. 아래 있는 딸의 오른손에서 말 위의 아들로 이어지는 사선 구도가 화면의 깊이감을 자아내며, 날뛰는 말들의 격렬한 동작과 사람들의 흐트러진 자세는 당시 상황의 긴장감을 나타낸다. 원근법의 단일 초점 대신 여러 개의 초점으로 구성해서 느슨하고 산만해 보이지만, 르네상스 미술의 정적인 느낌과 달리 역동적이며 개방된 느낌을 준다.

조각에서도 르네상스 작품의 이성적 경향과는 다른 감성적 경향이 나타났다. 잔 로렌초 베르니니Gian Lorenzo Bernini, 1598-1680의 〈성 테레사의 희열〉**[04]**은 16세기

스페인의 성 테레사St. Teresa 수녀가 겪은 종교적 체험을 나타낸 작품이다. 천사가 황금 화살로 심장을 꿰뚫자 그녀가 고통과 함께 천상의 환희를 느끼는 장면을 담았다. 베르니니는 천사와 수녀의 자세와 형태를 중심축 밖으로 퍼져 나가게 해서 작품 밖 공간을 향한 열린 구조로 만들었다. 베드로 대성당의 〈피에타〉[5-04]가 시선의 한 방향을 중심으로 모든 요소를 안으로 끌어모으는 닫힌 구조인 것과 대조적이다. 베르니니는 작품의 여러 방향을 강조해서 보는 이의 시선을 산만하게 했지만, 역동적인 느낌과 극적인 분위기도 조성했다. 루벤스 그림의 여러 가지 초점 효과를 조각적으로 표현한 것이다. 신비롭고 황홀한 체험에 젖은 수녀의 표정이 실감 있게 표현돼서 진한 종교적 감동도 불러일으킨다.

바로크 건축은 회화와 조각의 극적이며 역동적인 특징을 화려하고 복잡한 장식들로 나타냈다. 크고 웅장한 규모로 건축물의 종교적 권위와 위엄을 상징하기도 했다. 로마의 나보나Navona 광장에 있는 〈산타 아그네스 성당〉[05]이 대표적이다. 성당 모습이 〈파치 예배당〉[5-02]과는 많은 점에서 달라졌는데, 성당 전면의 벽기둥이 배로 늘어났고, 건물 곳곳에 소용돌이 꼴의 장식과 곡선이 사용됐다. 건물 상단 좌우의 탑들부터 어울리지 않는 중앙 종탑까지 설치돼서 복잡해졌지만, 화려하고 웅장한 구조의 성당 건물이 되었다. 건물 내부[06]는 보석과 금과 벽토로 호화롭게 꾸며져 마치 천상세계에 들어선 듯한 느낌을 자아낸다. 르네상스 건축이 장식 없는 벽과 단순한 벽기둥으로 균형과 조화와 절제된 아름다움을 나타냈다면, 바로크 건축은 화려한 형태와 복잡한 구조의 장식으로 권위와 위엄을 과시하려 했다.

르네상스 미술의 이성적 경향과 바로크 미술의 감성적 경향은 그 조형적 특징을 몇 가지 관점에서 구분할 수 있다. 첫째, 르네상스 미술은 원근법에 따라 하나의 시점으로 화면 전체의 공간적 통일성을 이루고, 안으로 닫힌 공간을 만들어내면서 안정감과 정적인 느낌을 준다. 이에 반해 바로크 미술은 시점을

03

04

[03] 페터 파울 루벤스 〈레우키포스 딸들의 약탈〉 1618년경, 캔버스에 유채, 224×211cm, 뮌헨 알테 피나코테크

[04] 잔 로렌초 베르니니 〈성 테레사의 희열〉 1644~1647년경, 대리석, 실물 크기, 로마 산타 마리아 델라 비토리아 성당의 제단

05

06

[05] 프란체스코 보로미니 〈산타 아그네스 성당〉 1653년경, 로마

[06] 〈산타 아그네스 성당〉 내부

여러 개로 해서 보는 이의 시선을 분산시키고, 산만하지만 역동적인 느낌을 주는 열린 공간을 만들어낸다. 둘째, 르네상스 미술이 꽉 짜인 구성을 이루고 균형과 조화를 강조한다면, 바로크 미술은 불균형적 구성이나 흐트러진 형태로 느슨하면서 자유로운 분위기를 조성한다. 셋째, 르네상스 미술이 선과 형태를 강조하고 이성적 이해를 추구한다면, 바로크 미술은 감성적 느낌에 호소하는 색이나 명암 대비를 강조해서 활기차고 극적인 느낌을 자아낸다. 그런데 이렇게 구분된 특징들이 미술 작품의 질적 차이를 뜻하지는 않는다. 예술가들이 똑같은 대상을 보면서 다르게 파악한 방식의 차이를 서로 다른 특징들로 나타낸 것일 뿐이다. 무엇을 더 중요하게 생각했고 어떻게 나타냈느냐의 차이이다. 따라서 바로크 미술은 규칙을 엄격히 강조했던 르네상스 미술에서 벗어나 좀 더 자유로운 예술로 변하는 움직임이었다고 할 수 있다.

바로크 미술이 르네상스의 이성적 경향과 대비된 감성적 경향의 시작을 알리자, 그 영향으로 17세기와 18세기 전 기간에 걸쳐 두 경향의 미술들이 대비를 이루며 공존했다. 이 시기에 두 개의 인식론적 방법이 있었고, 그에 따라 미학적 관점에 차이를 보였다. 세계의 인식에서 인간 이성의 완전함을 주장한 데카르트의 합리론Rationalism 철학이 있었는가 하면, 이에 대한 반발로 감각적 경험이나 감성을 강조한 경험론Empiricism 철학이 출현했다. 그리고 각 인식론 안에서 연구된 미와 예술의 관점은 미술 작품에도 영향을 주었다. 이런 과정을 거쳐 근대 미학이 형성됐고, 미학의 많은 성과들도 이루어졌다. 또 미학이라는 학문의 명칭과 영역이 정해졌으며, 예술의 명칭과 체계도 만들어져 다양한 예술 장르가 공통 원리로 통합되어 이해되기 시작했다.

명석 판명한 관념과 이성

– 데카르트의 합리론

근대 철학은 르네상스 휴머니즘과 자연 과학의 발달을 바탕으로 탄생했다. 신에게서 인간으로 관심을 돌린 인간 중심주의와 자연 과학적 사고는 근대 인식론의 시작을 연 르네 데카르트René Descartes, 1596-1650의 철학에 영향을 주었다. 휴머니즘의 영향으로 신을 매개로 하지 않고 자연에서 보편적이고 확실한 지식을 얻는 방법으로 향했고, 데카르트는 인식 주체로서 인간의 정신 능력인 이성을 강조하는 철학을 수립했다.

데카르트는 인간 정신만으로 참된 지식을 이룰 수 있는 이성의 힘으로서 직관intuition과 연역deduction에 주목했다. 그는 산술이나 기하학 같은 수학의 분명하고 정확한 사유들의 바탕에 직관과 연역이 있다고 보았다. 직관은 또 다른 정신 작용인 추론과 달리, 직접적이며 즉각적으로 파악하는 능력이다. 데카르트는 직관이 정신 속에 아무 의심도 남겨두지 않는 지적 활동이며, 근본적이고 확실하여 다른 것들로 환원되지 않는 진리에 이르게 해준다고 보았다. 연역은 확실한 사실에서 필연적인 모든 결과를 도출하는 정신 작용으로 수학적 추리와 유사하며, 진리들 상호간의 관계에 이르게 한다. 데카르트는 자신의 철학에 이런 직관과 연역의 원리를 도입해서 분명하고 정확한 사유 체계를 수립하려 했다. 특히 그는 유클리드 기하학의 정확성을 꿈꿨는데, 점에서 선으로 향하고 면으로 이어진다든지, 증명 없이 사용되는 전제인 공리에서 정리로 향하는 기하학을 확실한 지식 체계로 신뢰했다. 그는 기하학의 출발점인 점과 공리가 직관의 영역에 해당하고 선과 면, 그리고 정리가 연역을 통해 도출된다고 생각했다.

직관과 연역을 위해서는 정신 활동의 절차가 필요한데, 복잡하고 난해한 명제들을 단순화시키고 더 이상 단순하게 되지 않는 것을 직관적으로 이해하는 것이다. 데카르트는 이런 단순화 원리를 자연 과학에서 찾았다. 자연 과학은 단순화 원리를 바탕으로 세계의 질서를 수에 의한 규칙으로 설명한다. 과학의 또 다른 조건인 실험도 같은 조건에서 같은 결과를 끌어내기 위해서 복잡한 자연현상을 단순화한다. 이처럼 자연 과학은 자연현상의 애매모호한 문제를 부분으로 분할하고 단순화해서 직관적으로 이해하고, 연역의 방법을 사용해서 복잡한 지식을 구성해낸다.

데카르트는 자신의 철학에 이런 단순화 원리를 적용해서 실체와 그 속성을 밝히려 했다. 세계의 단순화 과정을 계속하다 보면 더 이상 단순화되지 않는 것에 이르게 된다고 보았고, 그것은 다른 무엇에 의존하지 않고 스스로 존재한다는 뜻에서 실체라고 했다. 그리고 세계를 이루는 두 개의 실체로 물체와 정신이 있다고 주장했다. 물질적 실체인 물체에는 인간의 육체나 물체가 모인 자연이 포함된다. 그리고 정신적 실체인 정신은 인간만이 지닌 것이다. 이 두 개의 실체는 서로 완전히 독립적이며, 인간은 육체와 정신 두 가지를 갖고 있지만 동물은 정신을 갖고 있지 않다고 주장했다. 동물의 행동이나 인간의 육체적 동작이 시계

부속품의 배열에 따른 움직임처럼 기계적이며, 기계적인 해석과 물리학으로 환원 가능하다는 입장이다. 이것이 인간의 정신과 육체를 서로 독립된 것으로 보는 데카르트의 심신이원론心身 二元論, Mindbody Dualism으로, 이후 많은 철학자들에게서 비판받은 부분이다.

실체의 속성에 대해서도 데카르트는 단순화 원리를 적용해서 물체의 속성은 연장extension이고, 정신의 주된 속성은 사유라고 주장했다. 연장은 공간을 갖는 것을 뜻하며, 그에 의해서 물체의 형태, 위치, 운동 등이 설명된다. 특히 데카르트는 정신의 속성인 사유의 능력이 이성reason이며, 인간에게 가장 주된 것으로서 순수한 속성이라고 주장했다. 그리고 인간의 육체는 살이나 뼈인 물체로 구성된다는 점에서 인간의 순수한 속성이 될 수 없다고 보았다.

데카르트가 이런 주장에 이르기 위해 사용한 방법은 의심하는 것, 즉 회의였다. 절대 진리나 보편 지식이 불가능하다는 회의가 아니라, 방법으로 의심하는 것인 방법적 회의이며, 조금이라도 의심의 여지가 있는 것은 거짓된 것으로 버리는 과정을 반복하는 것이다. 이에 따르면, 우선 신체 감각을 통한 지각은 수시로 달라지고, 때때로 우리를 속인다는 점에서 믿을 수가 없다. 정도 차이는 있지만, 정신을 통한 추리나 논증도 가끔 실수할 때가 있기 때문에 믿을 수가 없다. 이렇게 모든 것을 하나씩 의심하면서 거짓된 것을 버리는 과정을 반복할 때 마지막으로 도달하는 것은 의심하고 있는 나, 즉 생각하고 있는 내가 있다는 사실인데, 그것만은 의심할 수가 없다. 그래서 데카르트는 "나는 생각한다. 고로 나는 존재한다Cogito, ergo sum"가 의심할 수 없는 명제이며, 철학의 제1원리라고 주장했다. 이 명제가 기하학의 점이나 공리 같은 것이고, 참된 관념과 보편적 지식 체계를 이루는 출발점이라는 말이다.

사유하는 존재인 인간이 어떻게 하면 보편적 지식을 이룰 수 있을까. 세계를 대상으로 방법적 회의를 거쳐 복잡한 현상들을 단순화하고, 더 이상 단순화할 수 없는 사실에 이르면 직관을 통해 파악하는 일부터 시작해야 한다. 데카르트는 이렇게 파악한 관념을 명석하고clear 판명한distinct 관념이라고 했다. 우리 정신 앞에 명료하게 현존한다는 점에서 명석하고, 다른 것들과 정확하게 구분되는 분명함이 있다는 점에서 판명하다는 뜻이다. 그는 이런 관념의 예로 수학과 기하학의 개념이나 명제를 들었고, 이것들은 가끔 실수하는 논증이나 추리가 아니라 이성의 직관을 통해서 얻을 수 있다고 보았다. 모든 지식은 눈앞의 복잡한 문제를 단순화하여 더 이상 단순해지지 않는 사실에서 얻는 명석 판명한 관념을 시작으로 연역의 과정을 거쳐 점차 복잡한 관념과 체계로 일구어진다는 것이다.

직관을 통해 명석하고 판명한 관념을 얻는 인간의 능력은 어디서 나올까? 데카르트는 타고난 것 즉 신으로부터 부여받은 것으로 보았고, 본래부터 우리 정신 안에 진리의 싹이 존재한다고 주장했다. 이것이 데카르트의 본유本有 혹은 생득生得, innate관념이며, 태어날 때부터 갖고 있다는 선천적 관념에 해당된다. 모든 사람이 태어날 때부터 명석 판명한 관념과 관계를 맺으려는 성향을 타고났으며, 그 반대인 불명료한 것이나 불분명하고 혼란한 것은 선호하지 않는다는 견해이다. 데카르트는 이 관념이 소리나 맛처럼 외부 사물에 의해 생기는 외래 관념이나 우리 스스로 만들어낸 인위 관념과는 구분되며, 참되고 보편적인 지식을 이루기 위한 출발점이라고 주장했다. 데카르트가 인간의 이성을 절대적으로 신뢰했다고 해서 신의 존재를 부정한 것이 아니라, 중세 시대 신의 절대성을 인간 이성의 절대성이 대신하게 한 것임을 알 수 있다.

이런 능력은 우리 모두가 갖고 있을까 아니면, 예술의 천재처럼 특별한 개인만의 능력일까. 데카르트는 모든 인간이 지닌 보편적 능력이라고 보았다. 사람들이 감각을 통해서 느끼는 것은 서로 다르고 천차만별일 수 있지만, 이성에 적합하게 생각하는 것 즉 합리적으로 사고하는 능력은 누구나 다 같다는 점에서다. 이러한 맥락에서 데카르트로부터 시작되는 근대 인식론은 보편적 지식을 얻기 위해 누구나 사용할 수 있는 방법의 발견을 목표로 하는 셈이다. 그래서 우리가 근대를 인간의 시대라고 할 때, 그때의 인간은 개별 인간이 아니라 모든 인간이란 뜻에서 인류라고 해야 한다. 여기서부터 모든 인간은 평등하다는 근대적 인간관이 생겼고, 모든 인간을 교육시켜 무지로부터 해방시키고 인류의 진보를 이루자는 계몽주의 사상도 나타났다.

자연과 정신 사이의 경험

– 영국 경험론

과연 인간은 끊임없이 변하는 현실 앞에서 항상 명석하고 판명한 인식을 이룰 수 있을까? 기하학처럼 단순화시킨 전제 아래서 복잡한 지식을 이루는 것이 가능할까? 데카르트의 합리론에 대해 이런 물음들이 제기됐다. 그의 인식론이 지나치게 이상적이고 현실적 한계를 인지하지 못했다는 비판도 나왔고, 새로운 인식론인 경험론이 영국을 배경으로 등장했다. 17세기 영국은 절대왕권에 대한 반발로 일어난 청교도혁명과 명예혁명으로 이어진 정치적 혼란을 겪었고, 그 과정에서 이상이 좌절되는 현실을 경험한 나라였다. 시민사회와 근대 자본주의가 일찍 형성되면서 현실주의적인 사고도 유행했다. 사람들은 이상을 추구하는 완전한 인간에 대한 믿음보다 현실에 따라 움직이고 영향받는 인간의 불완전함에 대해 생각하게 됐다. 경험론은 영국의 이런 사회적 배경 아래 탄생했고, 그 시대를 겪은 철학자인 존 로크John Locke, 1632-1704에 의해서 시작됐다. 데카르트 철학이 루이 14세의 절대왕권 아래서 정치·사회적 안정을 이루며 완전한 인간과 이상주의를 꿈꿨던 17세기 프랑스에서 탄생한 것과는 대조적이다.

로크의 이론은 데카르트의 본유 관념을 비판하는 데서 시작된다. 로크는 인간은 아무 관념도 갖지 않은 백지 상태로 태어나며, 모든 관념은 인간의 경험으로부터 생기는 것으로 보았다. 따라서 데카르트가 주장하는 선천적인 본유 관념은 있을 수 없고, 인간이 자연과 물체 앞에서 명석하고 판명하게 사유하는 것만으로는 지식을 얻을 수 없다고 주장했다. 자연과 인간의 정신 사이에 경험이 있어야 하고, 그것으로부터 관념이 생긴다는 것이다. 로크는 인간의 정신 능력을 부정한 것이 아니라, 인간 정신이 경험세계에 국한되어야 한다고 보았다. 다시 말해, 데카르트가 서로 분리된 것으로 본 자연과 인간 사이에 경험을 개입시켜야만 둘 사이의 상호 관계인 인식 행위가 이루어진다는 것이다.

로크에 따르면, 경험에는 자연의 사물에 대한 감각과 정신 현상에 대한 반성이 있고, 감각과 반성을 통해 개별 관념들이 획득되고 축적되면 정신이 그것들을 결합하고 분리해서 여러 가지 복잡한 지식을 만들어낸다. 데카르트의 연역과는 다른 귀납의 방법이다. 인간은 개별 대상을 경험하고 개별 관념만을 얻을 수 있을 뿐이며, 인간의 경험을 초월하는 지식은 없다는 것이다. 그러면 모든 개별 대상들을 설명하는 개념*인 보편적 관념은 어떻게 이룰까. 로크는 보편적 관념이 개별 대상들의 경험을 추상한 것이고, 개별 관념들의 집단을 대표하는

* 관념, 개념, 이념 사이에는 의미 차이가 있다. 관념(notion)은 어떤 대상에 대한 견해나 의견을 뜻하며, 대상을 바라보는 관점이나 사람에 따라 다를 수 있다. 개념(concept)은 어떤 관념들 속에서 공통 요소를 추상하고 종합한 것으로 일반적으로 통용될 수 있는 것을 뜻하며, 보편적 관념이라고 할 수 있다. 이념(idea)은 이상적인 것, 궁극적 목표가 되는 것을 뜻하며, 이루어질 수 없는 것도 포함한다는 점에서 개념과 차이가 있다. 플라톤의 이데아나 지금까지 사용한 미의 이념이 여기에 해당된다.

이름에 불과하다고 보았다. 중세 후기에 오캄이 인간의 이성을 경험세계로 국한시키면서 개별자들의 본질인 보편자란 이름일 뿐라고 주장했던 유명론을 떠올리게 하는 대목이다. 경험만을 강조하면, 보편자나 보편적 관념 등의 보편성 개념을 설명하는 데 한계가 있기 때문이다.

로크의 주장처럼 보편적 관념이 이름일 뿐이면, 자연 과학이 추구하는 보편적 지식이나 진리는 어떻게 될까. 로크의 답은 다소 절충적이다. 그에 따르면, 사물의 성질은 제 1 성질과 제 2 성질로 구분된다. 제 1 성질은 고체성, 연장, 운동과 정지, 수 등 사물 자체에 속하는 성질이고, 그것의 관념은 사물과 일치하고 변하지 않는다. 제 2 성질은 색, 맛, 향기처럼 우리가 때에 따라 다르게 감각하는 것이며, 사물 자체의 성질이 아니라 주관적이고 상대적인 성질이다. 로크는 자연 과학이 제 1 성질을 다루는 학문이며, 이것의 경험을 통한 보편적 관념을 얻고 사물과 일치하는 자연의 보편적인 지식을 이룬다고 주장했다.

로크의 이런 주장을 비판하고, 경험론을 보다 깊이 파고든 철학자가 데이비드 흄David Hume, 1711-1776이었다. 흄은 로크가 말한 제 1 성질과 그 관념의 문제점을 제기했고, 인간 인식 능력의 한계를 더 철저하게 지적했다. 그는 제 1 성질의 관념도 개별 대상을 경험하고 난 후 우리 마음 안에 형성한 개별 관념일 뿐인데, 어떻게 모든 대상에 적용되는 보편적인 것일 수 있고, 어떻게 우리 저편에 있는 자연과 일치할 수 있느냐고 비판했다. 그러면서 모든 지식은 되풀이되는 경험의 결과이며, 시간적·공간적으로 접근해서 나타나는 것들이나 계속되는 순서에 따라 나타나는 것들을 반복해서 경험한 후 생긴 습관에 따라 개별 관념들을 연결하고 결합해서 만들어낸 것이라고 주장했다. 경험으로부터는 언제 어디서나 반드시란 뜻의 보편적이며 필연적인 지식을 얻을 수 없고, 모든 지식은 '그럴 수도 있다'라는 개연적인 지식일 뿐이라는 것이다. 흄은 모든 대상이나 모든 경험에 적용되는 보편성의 조건이 경험만으로는 충족될 수 없다고 주장했다. 시간과 공간에 따라서 달라질 수 있고, 사람에 따라서 달라질 수 있는 경험으로부터 보편적이며 필연적인 지식을 얻을 수 없다는 것이 흄의 회의론이다.

흄의 회의론에 이르면서 근대 인식론의 시작을 연 데카르트의 명석 판명한 관념이나 보편적인 지식은 근거를 상실했다. 습관을 통해 관념들을 연결하고 결합해서 만들어내는 지식이 그 자리를 대신했다. 흄은 참된 지식이 건전한 상식일 뿐이며, 보편적인 지식이나 진리는 이상에 불과하다고 주장했다. 그렇다고 흄이 자연과 세계의 존재나 원인과 결과 같은 법칙성 자체까지 회의하지는 않았다. 그는 그것들을 경험을 통해 따져 물어야 하며, 그럴 때 자신의 회의론이 세계를 이해하는 데 유용한 관점이 될 수 있다고 덧붙였다.

근대 인식론으로 등장한 합리론과 경험론의 의의와 한계는 무얼까. 의의는 중세 신학에 억눌렸던 철학이 독립적인 위치를 다시 찾고, 인간의 영역을 넘어서는 형이상학 대신 인식론의 세기를 열었다는 것이다. 데카르트의 합리론이 정신 능력을 절대적으로 신뢰했다면, 경험론은 무제한적 정신으로 빠질 수 있는 합리론의 독단을 경계해서 상호보완 관계를 이뤘다. 두 관점이 근대적 세계관과 가치관을 형성하면서 사회 전 영역으로 파급됐다. 예술에서는 데카르트의 명석 판명한 관념과 유사한 미와 예술의 기준을 추구한 합리론적 미학이 등장하여, 미와 예술의 실제적 경험을 강조한 경험론적 미학과 서로 대조를 이루면서 예술의 이해에 보다 풍부한 성과를 만들어냈다.

합리론과 경험론의 한계도 있었다. 이 한계는 우리 지식이 목표로 하는 두 가지 기준인 보편성과 현실성의 관점에서 정리할 수 있다. 먼저, 합리론은 모든 인간이 타고난 명석 판명한 사유 능력을 근거로 지식의 보편성을 확보했지만, 그 방법과 지식이 현실적으로 효과를 발휘할 수 있는가에 대해서는 한계를 드러냈다. 대조적으로 현실 경험을 강조한 경험론은 현실성을 확보했지만, 모든 대상에 적용되는 보편성을 충족시키지는 못했다. 두 인식론의 이런 한계가 칸트 철학으로 이어지고, 칸트는 합리론과 경험론의 비판적 종합이란 방법으로 해결을 시도한다.

합리론적 미학으로서 고전주의

이성적 주체로서 인간이 명석 판명한 관념을 획득할 수 있다는 데카르트의 사상이 예술에 영향을 주어 합리론적 미학을 탄생시켰고, 그것을 바탕으로 전개된 예술 사조가 고전주의였다. 17세기 바로크 미술이 전 유럽에 유행했을 때, 유독 프랑스는 이성적 경향의 고전주의를 독자적으로 전개시켜 나갔다. 루이 14세라는 절대 군주가 내부적으로 정치·사회적인 안정을 이루면서 외부의 영향을 차단했기 때문이다. 합리론 철학의 창시자인 데카르트의 나라라는 점도 예술에서 이성적 경향을 유지한 배경이 됐다. 고전주의는 '예술은 모방'이라는 르네상스의 사고를 이어갔지만, 작품 창작이라는 실제적 요구보다 합리론 철학에 근거한 이론을 바탕에 두려 했다. 예술이 자연에서 보편적인 것을 찾고 나타내기 위해서는 개별의 관찰만으로는 안 되고, 이성의 역할이 필요하다는 점에서였다.

고전주의 이론가들은 예술이 이성적 규범에 따라 자연을 충실히 모방할 때 완전성에 이를 수 있고 자연 속의 보편적인 것을 나타낼 수 있다고 보았다. 예술에서 중요한 것은 보편적 자연 혹은 진리이며, 과학과 예술 모두 자연에서 보편적인 것을 파악하는 활동이라고 주장했다. 과학이 자연에서 진眞이라는 가치를 추구한다면, 예술은 미라는 가치를 추구한다는 점에서 진과 미가 같다고 생각했고, 예술도 진리를 추구하는 인간의 행위라는 점에서 데카르트의 사상에 주목했다. 명석 판명한 관념과 유사한 미와 예술의 규범과 원리를 찾아 작품의 창작과 감상에 적용하면 예술가의 고민도 없어지고, 훌륭한 예술 작품의 판단에 대한 고민도 없어질 것이라는 점에서였다. 이런 야심 속에서 고전주의는 문학과 미술을 중심으로 전개됐다.

시에 있어서는 니콜라 부알로Nicholas Boileau-Despréaux, 1636-1711가 데카르트 사상에 입각한 시의 이론을 주장했다. 그는 시가 자연의 모방이라면 자연 속의 보편적인 것을 모방해야 하며, 이는 인간의 이성에 의해야 한다고 보았다. 그러면서 훌륭한 시가 되기 위해서는 이성적 규칙에 따르는 정확성이 있어야 하고, 감동이나 감정을 불러일으키기보다 지식을 줄 수 있어야 한다고 주장했다. 부알로는 진실한 것보다 더 아름다운 것은 없다고 덧붙였다.

연극에서도 훌륭한 작품을 위한 규칙이 만들어졌는데, 그중 하나가 삼일치三一致, Classical unities 법칙이다. 삼일치 법칙의 첫째 조건은 연극의 줄거리에 일관성이 있어야 한다는 뜻인 행위의 일치이다. 연극에 등장하는 수많은 사건과 인물의 행위가 작가의 의도에 의해서 하나의 초점으로 모아져야 한다는 것이다. 둘째는 시간의 일치로, 한 연극이 하루 24시간 동안 지속되어야 한다는 조건이다. 셋째 조건은 장소의 일치로 연극 5막이 진행되는 장소가 같아야 한다는 것이다. 다소 경직된 이런 조건이 하나의 법칙처럼 당시 권위 있는 작가들에 의해서 지켜졌고, 프랑스뿐만 아니라 다른 여러 나라들도 연극의 금과옥조처럼 여겼다.

미술은 국가가 직접 나서서 규범과 원리를 만들어 직접 통제하려 했다. 루이 14세 시대의 안정과 영광을 전달하기 위해서는 시각 미술 작품이 가장 적합하고, 그 효과도 가장 크다고 생각됐기 때문이다. 그 방법 중 하나가 루이 14세 때의 재상인 샤를 르브룅Charles Le Brun, 1619-1690이 1648년 설립한 왕립 회화 조각 아카데미Académie Royale de Peinture et de Sculpture였다. 아카데미는 미술 작품 창작을 위한 기준을 만들어서 예술가들에게 제시했다. 가장 강조한 것은 이성적 이해를 전제하는 데생과 형태 묘사, 그리고 고대 그리스부터 르네상스 시대까지 미의 기준으로 여겨진 비례였다. 아카데미는 과거와 현재 화가들의 작품을 점수화해서 하나의 교본으로 제시하기도 했는데, 고대 예술가가 최고 점수, 그다음이 라파엘로와 그를 따른 화파들, 그리고 당대 고전주의 화가인 니콜라 푸생Nicolas Poussin, 1594-1665의 순서로 서열을 매겼다. 데생보다 색채를 강조했던 르네상스 베네치아의 화가들에게는 낮은 점수를 주었고, 일상적인 것을 세밀하게 묘사했던 북유럽 화가들에게는 더 낮은 점수를 주었다. 주제에 따라서도 점수를 매겼다. 역사·종교 주제에 최고 점수를 주고, 다음으로 풍경화에 높은 점수를 주었으며, 정물화에는 최하 점수를 주었다. 점수의 사례가 아주 구체적이기도 했는데, 라파엘로의 데생 점수가 18점이고, 렘브란트의 데생 점수는 6점이라는 식이었다.

이런 기준이 과연 잘 지켜지고, 작품의 창작과 감상에서 효과를 나타냈을까. 현실은 그렇지 않았다. 기준을 충실히 따른 작품이 훌륭하다는 평가는커녕 즐거움을 주지 못한다는 점에서 사람들로부터 외면받기도 했고, 기준에 맞지는 않지만 사람들에게 즐거움을 주고 훌륭한 작품으로 평가되는 경우도 있었다. 아카데미의 지나친 규범 강조가 예술가의 자율성과 독창성을 희생시킨다는 불만도 나왔고, 정치 체제에 봉사하는 어용 미술을 만들어냈다는 비판도 제기됐다. 이처럼 고전주의는 안에서부터 이론적 한계를 드러냈고, 실제 작품에서도 이론과 다른 점들이 속속 나타났다.

비판적 흐름에 보다 근본적인 의문도 보태졌다. 명석하고 판명한 이성적 규범만으로 예술이 이루어질 수 있는가라는 문제였다. 예술이 수학이나 과학처럼 명석 판명한 사유와 같은 것이 된다면 감각적인 것을 포기한다는 뜻일 텐데, 모든 예술이 정도 차이는 있지만 감각적인 것을 수단으로 하고 감성적 측면을 포함한다는 점에서 예술 자체의 부정이 되어버릴 수 있다는 우려가 제기되었다. 실제로 고전주의의 대표작인 푸생의 그림과 베르사유 궁전에는 이성적 측면과 감성적 측면이 같이 담겨 있고, 이 두 가지가 결합해서 더 훌륭하고 가치 있는 작품을 만들어냈다는 평가도 나왔다. 그 시대에 유행한 바로크 미술의 감성적 경향에서 완전히 자유로울 수는 없으며, 예술 작품이 이성적 이해 외에 사람의 마음을 움직여 감동을 주어야 한다는 주장도 제기됐다.

푸생의 〈사비니 여인들의 약탈〉**[07]**은 로물루스Romulus가 로마를 건국할 당시에 여자의 수가 적어서 벌어진 사건을 그린 그림이다. 로물루스는 자손이 많아야 나라가 번창한다는 생각에서 이웃 사비니 마을 사람들을 초청했고,

로마 병사들은 초청한 사비니 여인들을 약탈했다. 푸생은 이 장면을 화폭에 담아냈는데, 아카데미에서 선호한 역사적인 주제이지만 정작 그림 안에는 격정을 불러일으키는 감성적 내용과 형태들이 가득하다. 반항하는 여인들, 우는 아이, 넋을 잃은 노파, 로마 병사를 향해 주먹을 날리는 노인 등이 당시의 참담했던 상황을 알려주고, 그들의 불균형적인 형태와 자세가 마치 약화된 루벤스의 작품을 연상케 해서 감성적 느낌을 더욱 부추기고 있다. 하지만 그림을 찬찬히 분석해보면 그 안에 감성적 측면을 중화시키는 듯 이성적인 규범이 자리함을 알아차릴 수 있다. 왼쪽 위에 서 있는 인물을 정점으로 큰 삼각형 구도가 그려지고, 그 안의 인물들이 크기가 다른 여러 개의 작은 삼각형 구도 안에 정돈되어 있다. 여인을 감아올리는 로마 병사의 자세도 앞뒤 여기저기서 하나의

[07] 니콜라 푸생
〈사비니 여인들의 약탈〉
1636~1637년경, 캔버스에 유채, 154.9×209.6cm,
뉴욕 메트로폴리탄미술관

08

규범처럼 반복 사용됐다. 내용과 형태에서 감성적 경향을 보이지만, 그것을 담는 형식에서는 절제된 이성적인 경향을 나타내는 작품이다.

베르사유 궁전에서도 이성적 경향과 감성적 경향이 발견된다. 건물 외관[08]은 그리스 기둥 양식, 로마의 아치, 그리고 르네상스식 장식 없는 벽면으로 구성되어 단순하지만 위엄 있는 모습이다. 차분하고 정적인 느낌을 주면서 선적인 질서와 비례가 두드러져 루이 14세 시대의 안정적인 분위기를 전해준다. 하지만 건물 안은 그 시대의 영광과 번영을 과시하듯 바로크풍으로 화려하게 꾸미고 장식들로 가득 채웠다. 한 예인 〈전쟁의 방〉[09]을 보자. 한쪽 벽은 루이 14세가 적을 물리치는 장면의 부조 작품으로 장식됐고, 천장에는 프랑스의 승전을 기념하는 역동적인 대형 그림이 채워졌으며, 내부 곳곳에 다채로운 장식과 공예품들이 가득해 화려한 감성적 분위기가 압도하고 있다.

09

[08] 루이 르 보 & 망사르 〈베르사유 궁전〉 1655~1682년

[09] 〈전쟁의 방〉 베르사유 궁전, 1678년

17세기 말이 되면서 고전주의를 이끌던 아카데미에도 변화가 나타났다. 훌륭한 그림의 조건으로 무엇이 더 중요한가에 대한 논쟁이 푸생파와 루벤스파로 나뉘어 일어났다. 푸생파는 이성에 호소하는 데생이 더 중요하다고 주장했고, 루벤스파는 감각에 호소하는 색채가 더 중요하다고 주장했다. 루벤스파 사람들은 데생이 소수의 전문가만을 만족시키지만, 색채는 모든 사람에게 감동을 줄 수 있다고 주장했다. 논쟁에서는 서로의 입장 차이를 좁힐 수 없었지만, 루이 14세가 죽고 아카데미의 권위가 퇴조하면서 자연히 루벤스파의 주장이 힘을 얻게 됐다.

그 결과, 고전주의에 이은 새로운 미술 양식으로 로코코Rococo 미술이 등장했다. 로코코 미술은 감성적 표현과 색채를 강조한다는 점에서 여성화된 바로크로 불렸고, 프랑스에서 발생해서 주변 여러 나라들로 영향이 파급됐다. 하지만 로코코 미술과 바로크 미술 사이에는 몇 가지 차이점이 있었다. 바로크 미술이 궁전이나 성당 등을 위해 제작된 대작 위주였다면, 로코코 미술은 지방 귀족이나 중산층 시민계급의 소유를 위해 소품 위주로 제작됐다. 조형적으로는 바로크 미술이 시대 분위기를 강조하고 장엄한 위용과 기념비적 특징을 과시했다면, 로코코 미술은 개인의 감성 체험 위주의 아늑하고 감미로운 분위기를 나타냈다.

〈키테라섬 여행〉**[10]**은 로코코 미술의 대표 화가인 장 앙투안 바토Jean-Antoine Watteau, 1684-1721의 작품이다. 사람들이 비너스에게 바쳐진 키테라섬에서 하루를 보내고, 사랑의 신 큐피드와 함께 일상으로 돌아가는 장면을 담았다. 사람들의 곱게 차려 입은 옷과 숲속의 은은한 색채가 조화를 이루며 지상낙원 같은 느낌을 준다. 오른쪽의 비너스와 여기저기 우아하고 섬세한 장식 요소가 18세기 귀족의 취향을 나타내고, 불명료한 형태들이 현실에서 벗어난 몽환적인 분위기를 암시하고 있다. 바토는 부드럽고 정감 있는 묘사로 바로크 작품과는 다른 감성적인 분위기를 만들어냈다.

바로크 미술의 본고장 이탈리아의 대표적인 로코코 화가는 조반니 바티스타 티에폴로Giovanni Battista Tiepolo, 1696-1770였다. 그의 작품 〈다프네를 쫓는 아폴론〉**[11]**에서는 맑고 푸른 하늘이 화면의 절반을 차지한다. 자신을 유혹하는 아폴론을 피해 도망가던 다프네Daphne가 아버지인 강의 신 페네우스Peneus의

[10] 장 앙투안 바토 〈키테라섬 여행〉 1717년, 캔버스에 유채, 129.5×193.7cm, 파리 루브르박물관

[11] 조반니 비티스타 티에폴로 〈다프네를 쫓는 아폴론〉 1755~1760년, 캔버스에 유채, 68.5×87cm, 워싱턴DC 내셔널갤러리

10

11

도움으로 월계수 나무로 변하는 모습이다. 다프네의 한쪽 다리는 이미 나무줄기가 됐고, 손가락에서 나뭇잎이 돋아나온다. 다프네 뒤에는 아폴론을 사랑에 빠지게 한 큐피드가 이 사태의 책임에서 회피하려는 듯 몸을 숨기고 있다. 한쪽으로 치우친 불균형적 구도가 루벤스의 영향으로 보이지만, 루벤스 작품이 전하는 역동적이면서 극적인 분위기와는 달리 다채로운 색채와 화사하고 감미로운 느낌이 화면을 지배하고 있다.

감성적 인식의 학문으로서 미학

- 라이프니츠에서 바움가르텐으로

고전주의가 한계를 드러내면서 합리론적 미학에서도 변화가 나타났다. 예술이 명석 판명한 관념으로 이루어지는 과학처럼 이성적 활동일 수 없다는 주장이 나타났는데, 이는 두 방향으로 전개됐다. 먼저, 예술이 과학과 다르다는 주장들이 전개되면서 합리론적 미학과 대립을 보인 경험론적 미학으로 이어졌다. 여기서는 예술을 이성보다는 감각적 경험과 관련된 마음의 능력인 감성sensibility과 관련 지어 설명한다. 다른 방향은 예술이 과학과 다르고 감성과 관련되지만, 감각적 즐거움만이 아니라 지식을 주기도 한다는 주장이다. 예술이 과학과 다른 인식 행위가 될 수 있고, 과학이 줄 수 없는 지식을 줄 수 있다는 것이다. 이는 합리론적 미학의 수정이라고 할 수 있는 주장으로, 데카르트 철학을 비판한 고트프리트 빌헬름 폰 라이프니츠Gottfried Wilhelm Leibniz, 1646-1716와 그 영향을 받은 알렉산더 고틀리프 바움가르텐Alexander Gottlieb Baumgarten, 1714-1762이 이러한 입장을 대표한다.

18세기 말 고전주의가 쇠퇴하고 로코코 미술이 등장할 즈음, 프랑스 지성인들은 예술과 과학의 성격을 놓고 논쟁을 벌였다. 신·구 논쟁으로 불린 이 논쟁이 이후 예술이 과학과 다르다는 주장들을 촉발시키는 계기가 됐다. 신新은 근대를, 구舊는 고대를 뜻하는데, 예술을 발달시킨 고대와 과학을 발달시킨 근대를 비교하면서 고대가 우월한가 근대가 우월한가를 두고 벌인 논쟁이었다. 결론은 수학적 계산이나 그런 지식의 축적으로 이루어지는 분야인 과학에서는 근대가 앞서지만, 예술에서는 우열을 가리기 어렵다는 것이었다. 고대에 7등신, 8등신, 황금분할 등의 규범을 만들고 예술의 발전을 이뤘지만, 예술에는 그런 이성적 규칙만으로는 평가할 수 없는 부분이 있다는 점에서였다. 예술은 과학처럼 이성적 활동일 수 없으며, 작품의 창작과 감상이 과학의 원리와는 다른 원리에 의해야 한다는 것이다.

신·구 논쟁을 계기로 예술의 규범은 개연적일 수밖에 없으며 예술과 과학을 서로 다른 영역으로 생각해야 한다는 주장들이 이어졌다. 중세 이후 예술이 종교로부터 분리되면서 르네상스와 합리론적 미학에서 예술이 과학과 유사한 활동으로 여겨졌다면, 이제 예술이 과학으로부터 떨어져 나와 예술 자체만의 자율 영역으로 향하게 된 것이다. 하지만 예술과 과학이 서로 다른 영역이라 하더라도, 우리는 여전히 예술 작품을 통해서 그 무언가를 얻기도 하고 깨닫기도 한다. 과학의 지식과는 다를지라도 단지 기분 전환만을 위해서 예술 작품을 감상하지는 않는다. 예술 작품을 통해서 얻는 그 무엇을 어떻게 설명해야 할까. 합리론적 미학의 변화를 이룬 라이프니츠와 바움가르텐에서 실마리를 찾을 수 있다.

라이프니츠는 우리의 인식은 두 가지이며, 명석하면서 판명한 인식과 명석하지만 혼연한confused 인식이 있다고 구분했다. 그에 따르면 전자는 수학이나 과학의 인식, 후자는 예술의 인식으로, 예술을 통해 얻는 지식은 명료하지만 다른 것들과 구분되는 근거를 열거하기가 쉽지 않다는 점에서 혼연한 인식이라고 주장했다. 예를 들어, 우리가 시를 읽거나 그림을 볼 때 그것이 잘 됐는지 잘못 됐는지, 만족을 주는지 그렇지 못한지에 대해서는 명료하게 알 수 있다. 하지만 누군가가 그것이 무엇인지를 묻는다면 정확하고 판명하게 말하지 못한다. 라이프니츠는 이런 점에 주목했고, 시나 그림 등의 예술을 통한 인식을 과학과는 구분되는 명석하지만 혼연한 인식이라고 보았다. 그리고 이렇게 판명하게 말할 수 없는 예술의 그 무엇을 "나도 모를 그 무엇je ne sais quoi, I know not what"이라고 칭했다. 예술을 통해서 얻는 지식은 이런 형태의 것이며, 과학을 통해서 얻는 지식과는 다르다는 뜻이다.

라이프니츠는 데카르트 철학의 비판을 통해서 이런 주장을 했다. 우선, 그는 데카르트가 인간의 정신과 육체 혹은 물체를 두 개의 독립된 실체로 본 점을 겨냥했다. 이것들이 두 개의 독립된 실체라면, 인간의 육체와 정신의 상호 작용인 동작을 어떻게 설명할 수 있으며, 물체 혹은 자연과 인간 정신의 상호 작용인 인식을 어떻게 설명할 수 있는가에 주목했다. 경험론은 인식의 문제를 자연과 정신 사이에 육체의 경험을 개입시켜 해결하려 했다. 하지만 라이프니츠는 인간의 육체와 정신은 분리될 수 없고 같이 작용한다고 보았다. 정도 차이는 있지만 동물이나 식물도 마찬가지이며, 정신적인 것만 존재한다든지 물체 그 자체만 존재하는 것은 있을 수 없다고 주장했다. 그래서 라이프니츠는 데카르트가 구분한 정신과 물체라는 두 개의 실체가 아니라, 두 개가 결합된 한 종류의 실체만이 있다고 보았고, 그것을 단자monad라고 이름 붙였다.

라이프니츠에 따르면, 단자는 더 이상 쪼개질 수 없는 단순한 것이고, 세계의 모든 것을 이루는 근원적 구성 요소이다. 17세기 물리학의 원자처럼 물질적 기본 단위가 아니라, 생명이나 역동적인 힘을 가지고 스스로 움직이는 비물질적 에너지와 같다. 그는 단자가 한 종류의 실체로 존재하지만, 자연과 세계를 포함한 우주의 다양한 현상을 설명하기 위해서는 여러 단자들이 있어야 한다고 보았다. 그래서 우주의 물질적·정신적인 모든 것은 무수한 단자들로 이루어져 있다고 주장했다. 단자들이 자체 안에 행동의 원천인 잠재적 가능성을 관념의 형태로 갖고 있다가, 시간이 지나면 신에 의해 주어진 각각의 생성 목적에 맞게 자기 전개를 펼쳐 나가면서 만물의 생성이 이루어진다는 것이다. 그는 이 작용을 단자가 밖을 향해 스스로를 표현하는 표상表象, representation이라 칭했고, 단자가 표상 작용을 통해 외부세계와 관계를 맺고 통일성과 질서를 이루면서 조화로운 우주가 생성된다고 주장했다. 이것이 라이프니츠가 말하는 신에 의한 예정조화설Preestablished Harmony이다.

라이프니츠는 단자의 표상 즉, 단자가 자체 안의 정신적 관념을 밖으로 표현하는 데에는 미약하고 불명료해서 무엇인지 전혀 알 수 없는 미소 표상, 막연하고 잡다해서 명석하지만 혼연한 표상, 그리고 명석하고 판명한 표상까지 무수한 단계들이 있다고 주장했다. 실체인 단자가 주어이고 그것이 행하는 일들이 술어라면, 주어인 단자가 자신의 술어를 전개하는 것이 표상 작용인데, 술어의 명료성 정도 차이에 따라 표상 작용의 무수한 단계가 생기게 되고 그에 따라 단자들이 구분된다는 것이다. 세계를 향한 우리의 인식은 사물의 표상을 확인하고 인지하는 것이며, 단자들이 표상 작용을 통해 표현한 술어를 파악하는 것이다. 그럴 때 우리가 인식을 통해 얻는 관념에는 명석하고 판명한 관념, 명석하지만 혼연한 관념, 명석하지 않은 관념 등 다양한 단계들이 있게 된다. 다시 말해, 세상의 모든 것에 정도 차이는 있지만 정신적인 것이 포함되어 있다는 주장으로, 이에 근거하여 라이프니츠는 명석하고 판명한 인식과 명석하지만 혼연한 인식을 구분했다. 데카르트가 인식에서 제외한 명석하지 않은 인식뿐만 아니라 명석하지만 혼연한 인식도 있고, '나도 모를 그 무엇'이라고밖에 말할 수 없는 예술의 인식 역시 인식의 한 단계가 된다는 것이다.

바움가르텐은 라이프니츠의 이런 주장을 받아들여 미학이라는 학문의 명칭과 영역을 수립했다. 우선 『시에 관한 성찰*Meditationes philosophicae de nonnullis ad poema pertinentibus*』과 『에스테티카*Aesthetica*』에서 인식의 두 종류로 명석하고 판명한 관념의 인식과 명석하지만 혼연한 관념의 인식을 구분했다. 그는 전자의 인식 능력이 이성이고, 이 인식을 다루는 학문이 로기카logica 즉 논리학이라고 보았다. 후자의 인식 능력은 감성이고 이 인식을 다루는 학문이 로기카와는 별도로 있어야 한다고 주장했다. 그리고 이 학문의 명칭을 그리스어로 감각을 뜻하는 아이스테시스aisthesis를 어원으로 해서 '에스테티카aesthetica'라고 이름 붙였다. 18세기 중엽에 이르러서야 비로소 미와 예술을 대상으로 하는 학문인 미학의 명칭과 영역이 정해진 것이다. 미학의 영문 명칭인 '에스테틱스aesthetics'는 이 '에스테티카'에서 만들어졌다. 시와 같은 예술의 감성적 인식을 다루는 학문이라는 뜻이다.

이성과 감성의 차이점은 무얼까. 바움가르텐은 감성이 감각이나 지각을 형성하는 능력이지만, 이성의 아래 단계에 있고 이성과 비슷한 작용을 하는 일종의 유사이성이라고 생각했다. 명석하고 판명한 인식을 이루는 마음의 능력이 이성이라면, 감성은 명석하지만 혼연한 인식을 이루는 마음의 능력이라고 보았다. 감성이 단지 수동적인 능력이 아니라 올바른 것과 잘못된 것을 구별할 수 있는 능동적 판단 능력이기도 하다는 주장이다. 데카르트가 인식 능력으로 무시했던 감성에 바움가르텐은 감각과 관련을 갖지만 인식 능력도 있는 유사이성이라는 자격을 부여했다.

이런 관점에서 바움가르텐은 미의 개념을 완전성의 감성적 표현이라고 주장했다. 아름다움이란 느슨하거나 결핍된 부분 없이 결합되어 통일성을 이루는 완전성인데, 그것은 명석하고 판명하게 인식되지 않는다는 점에서 수학이나 과학에서의 논리적인 통일성과는 다르다고 보았다. 아름다운 예술 작품은 구성 요소들의 연관 관계가 논리적으로 설명되지도 않고 판명하게 파악되지도 않지만, 자체의 통일성을 지니며 완전한 조화를 이루고 있다는 것이다. 예술가들이 예술 작품이라는 소우주 안에 자신의 능력에 맞는 방식으로 통일성과 완전성을 나타낸 것이 아름다움이라는 말이다.

라이프니츠와 바움가르텐의 주장은 데카르트 철학의 후퇴라고 할 수 있다. 하지만 이들의 주장이 예술을 과학과 다른 인식 영역으로 생각하게 했다는 점에서 미학의 새로운 성과로 볼 수도 있다. 예술은 이성에 의한 과학적 지식과 다르지만 감성에 의해서 다른 종류의 지식을 줄 수 있다는 점에서다. 예술의 감성적인 성향이 때로는 복잡하고 혼란스럽지만, 그것이 예술의 결점이나 한계가 아니라 논리적 이성적 사유와는 다른 고유한 질적 특징과 가치를 가질 수 있다는 말이다. 흔히들 말하길, 과학은 세계를 단순화해서 추상적 개념이나 원리로 나타내고, 예술은 세계를 직접적이며 풍부하게 나타낸다고 한다. 세계를 향한 인식에서 과학이 할 수 없는 일을 예술이 할 수 있고, 과학과 예술이 서로 다른 역할로 상호 보완적 세계 이해를 이룬다는 뜻에서다. 이런 주장의 근거를 바움가르텐에서 찾을 수 있지 않을까? 그러면 감성을 유사이성으로 보고, 예술을 과학과 그리 멀리 떨어지지 않은 감성적 인식의 활동으로 본 바움가르텐의 관점은 새로운 성과가 될 수도 있을 것 같다.

하지만 과학과 예술을 더 멀리 떨어진 영역으로 대립시키고, 그것을 이루는 이성과 감성의 상반된 특징들을 강조한다면 어떨까. 유사이성이 아닌 감각적 경험에만 관련되는 감성의 관점에 충실하게 예술을 설명한다면, 예술과 과학의 다른 특징들이 좀 더 다양하게 드러나지 않을까. 예술은 이성적 규칙이나 이성의 흉내 내기에 의한 활동이 아니며, 결코 과학처럼 지식을 위한 활동일 수 없다든지, 예술 자체의 독자적인 원리에 따라 지식보다는 감정이나 정서와 관련을 갖는다는 주장이 나올 수 있다. 이런 생각에서 경험론적 미학이 등장했다.

이성 대신 상상력과 취미

– 경험론적 미학

고전주의가 문제점을 드러내면서 합리론적 미학이 변화를 나타냈다면, 경험론적 미학에 의해서 고전주의는 근거를 잃기 시작했다. 경험론적 미학에 따르면, 실제적 경험의 관점에서 볼 때 예술은 보편적 자연의 모방이거나 이성적 규칙에 의한 활동이라고 볼 수 없다. 바움가르텐의 주장처럼 과학의 흉내 내기도 아니며, 예술과 과학은 더 멀리 떨어진 영역으로 다뤄져야 한다. 경험론적 미학의 이런 주장은 예술 창작과 감상이라는 두 가지 측면에서 제시됐다.

예술 창작과 관련해서 경험론적 미학자들이 주목한 것은 상상력imagination이었다. 창작의 근거가 이성이거나 그와 비슷한 무엇이 될 수 없다는 점에서였다. 그리스어로 판타지아phantasia, 라틴어로 이마지나치오imaginatio로 불린 상상력은 본래 공상, 환상을 뜻했다. 데카르트는 이것이 참된 지식을 얻는 데 방해가 되거나 부차적인 것이라고 비난했다. 하지만 경험론적 미학자들은 상상력이 감각적인 대상과 창조적으로 관계를 맺는 능력, 작품 창작의 주요한 능력이라고 여기면서 주목했다. 상상력의 어떤 점이 주의를 끌었을까. 경험론의 창시자인 로크는 상상력에 대해서 말하지 않았고, 감각과 반성의 경험을 지식으로 구성하는 정신 능력만을 거론했다. 그래서 이들이 근거를 찾았던 곳은 경험론 성립 이전이지만, 경험의 중요성을 강조했던 프랜시스 베이컨Francis Bacon, 1561-1626과 토마스 홉스Thomas Hobbes, 1588-1679의 상상력 개념이다. 베이컨은 이성이 자연의 본성에 복종하는 것이라면, 상상력은 마음의 욕망에 따라 사물들의 겉모습을 변형하고 자연을 개선하는 능력이며, 이런 상상력에 의해서 예술 작품이 즐거움을 주게 된다고 말했다. 홉스는 상상력이 감각과 관련되는 것이고, 모든 관념에 이미지를 부여하는 능력이며, 시가 우리에게 즐거움을 주고 어떤 감정을 불러일으키는 것은 상상력에 의해서라고 주장했다.

이런 주장을 바탕으로 경험론자들은 상상력이 대상의 감각적 경험을 통해 얻은 관념을 창조적이며 구상적인 이미지로 만들어내는 능력이라고 보았다. 상상력이 자연에서 받아들인 경험 자료를 구성하고 재배열해서 이미지를 만들어내는 능력인데, 때로는 자연에서 주어지지 않은 새로운 것을 창조하기도 한다고 주장했다. 지금까지 예술에 적용되지 않았던 '새로운 것의 창조'란 말이 경험론적 미학에서 사용되고 있다는 점에 주목할 만하다. 모방과 규칙의 준수를 강조했던 고대, 르네상스, 고전주의에는 사용되지 않았던 이 말이 경험론적 미학에서 사용된 것은 이제 예술가들이 더 이상 모방과 규칙의 준수에 얽매이지 않고 자유를 갖게 되었음을 뜻한다. 예술가들이 자유로운 상상력으로 만들어낸 새롭고 독창적인 이미지가 우리에게 즐거움을 준다는 주장으로 이어졌고, 예술이 수학이나 과학 같은 학문의 영역과 달리 지식보다 즐거움이나 쾌pleasure의 감정과 관련된다는 주장이 나타났다.

예술 창작과 관련해서 천재 개념도 정리됐다. 천재란 규범이나 원리를 뛰어넘어 독창적이며 위대한 작품을 만들어내는 능력이나 그것을 가진 자를 뜻한다. 전통이나 권위에 얽매이지 않고 자유롭게 새로움을 창조하며, 예술에 법칙을 부여하는 존재라는 것이다. 그래서 경험론자들은 천재가 그 자신도 어떻게 만들어냈는지 설명할 수 없고, 설명할 수 없으니 훈련시키고 교육시킬 수도 없다고 보았다. 예술 작품이 이성보다는 상상력과 관련되기에 어떻게 창조됐는지 논리적 규칙으로 설명할 수 없다는 것이다.

경험론자들은 예술 감상도 이성적 규칙으로 설명할 수 없는 주관적 경험으로 보았지만, 그렇다고 눈이나 귀 같은 감각기관에만 의한다고 볼 수도 없다고 주장했다. 어떤 사람들은 우수한 시각과 청각을 갖고 있지만, 미술 작품이나 음악을 들으면서 전혀 즐거움을 느끼지 못하는 경우도 있기 때문이다. 이들은 외부 감각기관과는 다른 예술 감상 능력이 있다고 보고, 그것을 취미taste라고 이름 붙였다. 샤프츠베리Shaftesbury, 1671-1713에 의하면, 취미는 외부 감각기관이 아니라 마음의 감각기관이라는 점에서 심안心眼, inward eye이라고 할 수 있다. 취미는 자연이나 예술 작품에서 신의 조화를 파악하는 능력이다. 이성의 추론 능력과는 다른 것이며, 일정한 원리나 규칙에 의하지 않고 직접적이며 즉각적으로 파악하는 직관적 능력이다. 샤프츠베리는 예술 감상 능력인 취미를 지닌 인간만이 어떤 것이 아름답고 훌륭한 것인지를 안다면서, 이런 사람도 자신이 무엇을 하고 있는지를 직관적으로만 알 뿐이라고 주장했다. 예술 감상 능력인 취미도 원리나 규칙에 의해 설명될 수 없다는 점에서 예술 창작 능력인 천재와 통한다는 것이다.

경험론적 미학에서 예술 감상 능력인 취미가 즐거움을 느끼는 주관적 능력으로 다뤄짐에 따라 미의 개념에도 변화가 나타났다. 고대 이래 미는 대상의 객관적인 성질로 여겨졌고, 그 성질의 예로 수에 입각한 비례나 조화가 가장 많이 거론됐으며, 그 전통은 고전주의까지 이어졌다. 이 입장은 아름다운 대상은 누가 언제 보든지 혹은 보는 사람이 없더라도 그런 성질을 갖고 있어야 한다는 객관주의적 미론이다. 그런데 이제 미 개념이 객관적인 이성적·수학적 기준으로만 설명될 수 없다는 관점이 나타나고, 예술에 대한 주관적 반응이 강조되면서 미의 개념이 주관화되고 상대화되기 시작한 것이다. 그 새로운 미론이 취미론인데, 대상의 성질만이 아니라 대상의 성질이 감상자의 취미에 즐거움을 줄 때 그 대상은 아름답다는 입장이다. 취미론이 미의 개념에 주관적 측면을 끌어들였지만, 완전히 주관화된 입장은 아니었다. 아름다움을 대상과 주관의 관계로 정의 내린 점에서 대상에서 완전히 자유롭지 않았기 때문이다.

취미론에 따르면, 취미 능력을 지닌 사람이 어떤 대상에서 즐거움을 느낄 때 그 대상을 두고 아름답다고 한다. 그러면 그 사람이 취미를 통해 느끼는 모든 즐거움이 미적인 즐거움, 즉 대상을 아름답다고 판단하는 즐거움일까. 몇 가지 단서가 붙어야 한다. 예를 들어, 그가 목이 말라서 시원한 물을 마시고 난 후 즐거움을 느낀다면, 그것은 예술과 전혀 관계없는 즐거움이라는 점에서 미적인 즐거움이라고 할 수 없다. 예술과 관계되어도, 세잔Paul Cézanne, 1839-1906의 사과 그림을 보면서 실제 사과를 떠올리며 먹고 싶다는 식욕이 생겨 즐거워한다든지, 그 그림을 소유해서 재산을 늘리겠다는 욕심 때문에 즐거워한다면 이것도 미적인 즐거움이라고 할 수 없다. 그래서 취미론자들은 사람들이 실제적 관심이나 개인적 욕구와 목적 등에 의하지 않고 대상 자체를 관조하면서 즐거움을 느낄 때, 그것이 미적 즐거움이고 그 대상은 아름답다고 할 수 있다고 주장했다. 어떤 대상에서 개인의 주관적 성향이나 실제적 관심 등에 치우치지 않고, 취미를 통해 무관심적 즐거움을 느낄 때 그 대상은 아름답다는 것이다. 이것이 미적 즐거움의 조건인 무관심성disinterestedness 개념이다. 나아가 취미론자들은 취미를 지닌 사람이 자연이나 예술 작품을 보면서 무관심적 즐거움을 느낀다면, 다른 사람에게 똑같이 느끼도록 요구할 수 있고 동의를 구할 수 있다고 보았고, 그 점에서 취미에 의한 판단이 보편성을 갖고 정당화될 수 있다고 주장했다. 물론 수학이나 과학의 개념적 보편성은 아니지만, 그 경험이 전적으로 주관적이지 않다는 점에서 어느 정도의 보편성이 확보된다는 것이다.

하지만 의문점이 남는다. 취미 능력이 없거나 적은 사람들은 그 기준을 어디서 마련해야 할까. 취미론자들은 가장 쉬운 방법이 취미를 지닌 사람이 어떤 것에서 즐거움을 느끼는지를 모방하는 것이라고 하면서, 취미에 즐거움을 주는 대상의 성질을 찾아 미의 기준으로 제시하려 했다. 가장 많이 거론된 것은 비례였는데, 그래도 믿을 만한 것은 예술의 이상적 규범을 제시한 고대 그리스의 기준이라는 점에서였다. 프란시스 허치슨Francis Hutcheson, 1694-1746은 '다양 속의 통일성'을 들었는데, 이는 대상 안에 다양한 요소가 있지만 잡다하거나 산만하지 않고 통일성을 이루는 성질을 뜻한다. 그는 이것이 단순한 기하학의 원리 안에서 다양한 선분들, 곡선들, 도형들이 통일된 체계를 이루는 것과 유사하다고 보았다.

취미론이 미의 개념의 주관적 측면에 주목한 점은 미학의 새로운 성과였다. 하지만 지금까지 미론처럼 여전히 대상의 성질을 제시하려 한 점에서는 문제점을 드러냈다. 미의 조건으로 제시한 비례에 서로 상이한 비례들이 있을 수 있고, 다양 속의 통일성도 여러 경우가 있으며, 그로 인한 여러 가지 즐거움이 나타날 수 있어 보편성의 조건이 될 수 없다는 점이 지적됐다. 또 비례나 다양 속의 통일성이 부분들로 구성된 대상에 적용되는 조건이기에, 그것의 파악이 부분들의 상호 관계나 전체와 비교하는 일을 통해 이루어지고, 그 과정에서 이성을 통한 추론이 개입될 수밖에 없다는 문제점도 제기됐다. 취미가 이성의 추론과 달리 직접적이며 즉각적으로 파악하는 직관적 능력이라는 주장과 어긋난다는 비판이었다.

미적 가치의 다양성과 숭고

취미론은 흄에 의해서 보다 더 철저히 비판을 받았다. 흄은 경험에 의한 지식이 보편적일 수 없듯이 취미에 의한 미적 즐거움과 미의 판단도 보편적으로 정당화될 수 없다고 보았다. 흄에 따르면, 취미에 의한 미의 판단이 보편적이려면 취미를 지닌 모든 사람을 기준으로 한 것이어야 한다. 그런데 이 세상에는 수많은 사람의 각양각색의 취미가 있고, 그에 따른 판단들이 서로 다르기에 그것들 사이에 보편적 원리가 적용될 수 없다는 것이다. 취미에 즐거움을 주는 아름다운 대상의 공통 성질도 성립할 수 없다. 대상을 무관심적으로 관조하고 경험하는 사람들의 느낌이 서로 다를 것이고, 그에 따라 서로 다른 아름다움을 말하게 되기 때문이다. 그래서 흄은 취미론자들이 제시한 미의 기준 같은 공통 성질은 없으며, 그것에서 얻는 보편적인 즐거움도 없다고 주장했다. 그렇다고 흄이 훌륭한 예술 작품과 그렇지 못한 예술 작품의 구분 자체를 부정한 것은 아니다. 그런 구분은 있지만, 그 판단이 전적으로 마음의 능력인 취미에 의한다는 것이고, 특정한 판단이 정당하다든지 보편성을 갖는다고 볼 수는 없다는 뜻이다.

흄의 주장은 "대상을 아름답게 하는 성질은 무엇인가?"라는 오랜 물음에서 벗어나게 했고, 새로운 미론인 미적태도aesthetic attitude론으로 이어졌다. 이 이론에 따르면, 아름다움이란 특정한 성질로 고정되는 것이 아니라, 무관심적으로 관조할 때 즐거움을 주는 모든 다양한 대상에 해당된다. 대상의 성질보다 대상을 대하는 주관의 태도나 반응이 더 중요하다는 완전히 주관화된 미론이다. 이 입장에 의해서 무관심적 즐거움을 주는 모든 대상은 아름답다는 다양한 아름다움의 주장이 나타났고, 지금까지 비례 같은 형식적 성질에 주로 적용된 미와는 다른 가치가 있을 수 있다는 주장도 나타났다. 그리고 자연이나 예술이 미 아닌 다른 가치와도 관련을 갖는다는 점에서 미beauty를 대체하는 포괄적인 새 개념으로 미적aesthetic이란 말이 등장했다. 대상을 무관심적으로 바라보는 주관적 태도가 미적 태도고, 미적 태도를 통한 경험이 미적 경험이며, 미적 경험을 가능하게 하는 대상이 미적 대상, 그때의 판단이 미적 판단이라는 식으로 사용되는 개념이다.

취미론이 대상과 주관의 관계에 의한 관계론적 의미의 미 개념을 바탕으로 한 미론이라면, 미적태도론은 대상과 관계없는 주관적 의미의 미 개념을 바탕으로 한 미론이라고 할 수 있다. 대상을 바라보는 주관이 어떤 속성과 태도를 갖고 보느냐가 미적 가치를 결정한다는 것이다.

미가 아닌 자연과 예술의 다른 가치로 새롭게 주목한 개념이 '숭고' 였다. 자연을 예로 들어보자. 우리가 화사하고 평온한 자연풍경을 보면서 무관심적인 만족감과 즐거움을 느낄 때, 그 순간에 적용되는 가치는 아름다움美이다. 다른 경우도 있다. 우리는 거친 파도에 휩싸인 망망대해나 무시무시하고 거대한 산 앞에서도 무관심적인 만족감을 느낀다. 즉, 우리가 자연의 위력에 압도되면서도 그 자체로 빠져들고 만족감을 느낄 때도 있다. 두 경우 모두 무관심적인 만족감을 갖지만, 자연을 대하는 우리의 주관적 태도나 반응은 서로 다르다. 그러면 그 가치도 서로 다른 것으로 여겨져야 한다는 점에서 후자의 가치는 미와 다른 숭고崇高, sublimity라고 구분된다.

숭고 개념을 처음 미학적으로 정리한 사람은 에드먼드 버크Edmund Burke, 1729-1797였다. 그는『숭고와 미의 관념의 기원에 대한 철학적 고찰*A Philosophical Enquiry into the Origin of Our Ideas of the Sublime and Beautiful*』에서 미와 숭고를 생리학적인 근거를 들어 설명했다. 그에 따르면, 우리가 바라보는 대상과 친화감을 갖고 조화를 느낄 때 그리고 그것과 나를 공동체로 생각하고 편안함을 갖게 될 때 쾌pleasure의 감정을 갖게 되고, 그 대상을 아름답다고 한다. 버크는 이 쾌의 감정이 우리가 다른 것들과 어울려 살고 싶어하는 사회 본능을 근거로 한다고 보았다. 숭고에 대해서는, 우리가 대상을 처음 대할 때는 위협적이며 무시무시한 힘과 크기로 인해서 부조화를 느끼고 공포의 감정을 갖지만, 시간이 지나면서 그것이 안전하고 통제될 수 있다고 여기고 극복할 수 있을 때 나타나는 것으로 보았다. 버크는 숭고가 우리의 생명감이나 삶의 의지가 고양되면서 처음의 공포 감정이 찬탄과 경이로움과 감동으로 바뀌게 될 때 나타나는 것이라고 주장했다. 이때의 무관심적인 만족감은 미의 만족감인 쾌와 다르다는 점에서 기쁨delight이라고 했고, 우리 내면의 자기 보존 본능에서 비롯되는 것으로 보았다.

버크의 숭고 개념을 시작으로 사람들은 합리론적 미학이 외면한 예술의 다양한 가치들에 주목하기 시작했다. 그중 하나가 '풍려함'으로 번역되는 '픽처레스크picturesque'인데, 자연 풍경의 수려함을 잘 나타낸 작품의 평가에 사용된다. 회화가 불규칙하고 다채롭게 펼쳐지는 자연의 오밀조밀한 형태와 색채,

빛과 어둠의 변화 등을 형태감을 강조하는 조각보다 더 적합하게 묘사한다는 점에 착안하여 만들어진 비평 용어이다. 이 밖에 풍자와 해학을 통한 골계미도 인정됐고, 미의 반대로 여긴 추가 세상에 존재하는 미와는 다른 가치로 여겨졌으며, 미적 만족감을 주는 다양한 심리학적 반응의 연구도 행해졌다. 이제 고정된 규칙과 원리에 의한 예술미나 고전주의의 비평 원리는 더 이상 힘을 발휘할 수 없게 됐고, 그 자리에 주관적 감정, 취미, 상상력, 창조 등의 개념이 자리 잡았으며, 고전주의를 대체하는 새 시대의 예술 사조로 낭만주의Romanticism가 19세기 초에 등장하게 된다.

경험론적 미학에 의해서 고전주의가 근거를 잃어가고, 경험론적 미학 안에서도 취미의 보편적인 기준이 한계를 드러냈던 18세기 말에 또 다른 이성적 경향인 신고전주의Neoclassicism 미술 양식이 나타났다. 신고전주의는 프랑스 대혁명 이후의 사회 혼란을 예술의 절제되고 균형 잡힌 형식을 통해 정화시킨다는 사회적 목적에서 출발했다. 미술사적으로는 로코코 미술이 18세기 귀족의 취향에 따르면서 퇴폐적이며 향락적인 성격을 보인 점을 겨냥했다. 그런데 신고전주의는 르네상스식 고전주의나 17세기 고전주의와는 달리, 이상화하는 고대를 대하는 방식에서 차이를 보였다. 신고전주의가 이상적인 것이 의미를 잃어가던 시대를 배경으로 등장했고, 세기말의 혼란 속에 느끼는 공허함과 체념을 바탕에 깔고 있었기 때문이었다. 고대의 미의 규범을 이상으로 삼은 세 유형의 고전주의에는 차이점이 있었다. 르네상스식 고전주의는 고대의 부활을 꿈꾸고 이상적인 고대의 구현에 확신을 가졌던 이상주의적인 미술 양식이었다. 이에 비해 17세기 프랑스 고전주의는 고대의 미의 규범인 이성적인 형식과 감성적 경향이 조화된 절충주의적 성격을 띠었다. 한편 신고전주의는 이상화한 고대에 대해 확신보다 우울한 관조라는 성격을 보였다.

자크 루이 다비드Jacques Louis David, 1748-1825의 〈호라티우스의 서약〉**[12]**을 보자. 이 작품은 다비드가 프랑스 대혁명 5년 전에 그린 것인데, 신고전주의의 교과서처럼 여겨진다. 고대 로마의 영웅적 애국 정신을 잘 표현해서 많은 사람들로부터 칭송받았는데, 프랑스 대혁명 후의 프랑스가 로마의 공화정을 구현하려 함을 상징적으로 나타냈다는 점 때문이었다. 내용은 이렇다. 로마의 호라티우스 집안과 알바의 큐라티우스 집안이 혼인을 통해 사돈 관계를 맺었다. 그 후 로마와 알바 간에 전쟁이 일어나자, 늙은 호라티우스가 전쟁터로 나가는 세 아들에게 로마의 명예를 드높이고 오라는 서약을 받는다. 다비드의 그림은 이

[12] 자크 루이 다비드 〈호라티우스의 서약〉 1784년, 캔버스에 유채, 330×425cm, 파리 루브르박물관

장면을 담아내는데, 화면 오른쪽의 여인들은 그 전쟁이 집안 간의 싸움이라는 생각에서 슬픔에 빠져 있다.

작품 구성에서는 이성적 형식이 두드러진다. 다비드는 호라티우스와 칼 세 자루를 중심으로 좌우대칭을 이루고, 전경의 인물들, 중경의 세 개의 아치들, 후경의 어둠을 평행하게 중첩시켜 절제된 형식의 그림을 만들었다. 하지만 선명한 윤곽선으로 그린 전경의 인물들과 후경의 어두운 배경을 대립시켜 이상화한 고대의 이미지가 불길한 어둠에 둘러싸인 긴장된 모습도 강조했다. 긴장과 대립의 방법을 사용해서 이상적인 고대가 의미를 잃어가는 시대임을 암시했고, 이상적인 것에 대한 우울한 관조라는 신고전주의 특성을 담았다. 또 왼쪽의 세 아들로는 이상적인 로마의 이미지를 나타냈고, 오른쪽의 여인들로는 현실적으로 겪는 슬픔을 표현해서 이상과 현실의 대립도 상징했다. 사람들이 이제 더 이상 고대라는 과거의 이상에 살고 있지 않으며, 시간의 위력 앞에 굴복할 수밖에 없는 현재에 살고 있음을 보여주기 위해서였다.

이런 긴장과 대립은 신고전주의 건축과 정원에서도 나타났다. 영국 런던 근교의 〈치즈윅 하우스〉[13]와 그 정원이 대표적이다. 벌링턴경 리처드 보일Lord Burlington, 1694-1753이 건물을 설계하고, 윌리엄 켄트William Kent, 1685-1748가 정원을 조성했는데, 건물은 고대 신전의 전면을 모방한 현관에 둘러싸인 대칭적이며 중앙 집중적인 형태로 건설됐다. 그리스 양식 기둥이 사용됐고, 건물 중앙의 돔은 고대 로마 건축물에서 왔으며, 장식이 없는 단순한 벽면은 르네상스 양식을 따랐다. 그 결과, 기하학적 형식과 간결한 형태가 두드러진 전형적인 신고전주의 건물로 완성되었다.

그런데 이 치즈윅 하우스를 둘러싸고 있는 정원[14]은 이성적 형식과는 전혀 다른 모습이다. 이는 '영국식 풍경 정원English Landscape Garden'으로 불렸는데, 이 양식이 전 유럽에 알려지면서 정원뿐만 아니라 낭만주의 건축에도 많은 영향을 미쳤다. 켄트는 꼬불꼬불한 작은 길을 만들고 나무들을 불규칙하게 배치했으며, 작은 호수나 개천 등을 예기치 않은 곳에서 만나게 하는 등 모든 것을 무계획적으로 보이도록 설계했다. 이런 이유에서 이 정원은 계획된 불규칙성으로 해석되기도 하고, 예술품이 아닌 것처럼 보이도록 의도된 예술품으로 평가되기도 한다. 자연적인 것처럼 보이게 하려는 의도도 엿보이지만, 보다 일반적인 해석은 자연이 이성에 의한 인위적인 세계보다 더 위대하다는 사실을 나타내고 자연과 시간의 위력 앞에서 굴복할 수밖에 없는 인간의 무력함을 표현하기 위해서였다는 것이다. 자크 루이 다비드의 작품처럼, 고대의 형식을 자연의 위력 앞에서 무력해지는 모습으로 제시하여 이상적인 규범과 원리가 의미를 잃어가는 시대임을 암시한 것이다.

13

14

[13] 벌링턴경(리처드 보일) 〈치즈윅 하우스〉 1725년, 런던 근교

[14] 윌리엄 켄트 〈영국식 풍경 정원〉, 치즈윅 하우스

7. 미학의 전성기를 이룬 독일 관념론

Key Words

- 합리론과 경험론의 비판적 종합 – 칸트
- 상상력을 통한 '물자체'의 인식 – 셸링
- 절대정신의 한 단계로서의 예술 – 헤겔
- 비합리주의 철학과 예술 – 쇼펜하우어, 니체

합리론과 경험론의 비판적 종합

– 칸트

임마누엘 칸트Immanuel Kant, 1724-1804의 철학은 거대한 호수 같다는 말이 있다. 칸트 이전의 모든 철학이 칸트에게로 흘러 들어갔고, 이후의 철학 대부분이 칸트에게서 흘러나왔다는 뜻이다. 물론 약간의 과장은 있겠지만, 칸트가 합리론과 경험론의 문제점과 한계들을 자신의 치밀한 철학 체계를 통해 해결하려 했던 것만은 사실이다. 그러면 칸트 앞에 놓인 문제는 무엇이었을까. 철학적으로는 근대 인식론의 시작을 연 데카르트의 합리론이 경험론자인 흄에 이르러 보편적 지식을 이룰 수 없다는 회의론에 빠진 것이다. 미학에서도 합리론은 한계를 드러냈다. 예술 창작과 감상을 명석하고 판명한 원리로 묶어두려 한 시도가 실제적인 창작과 감상에서 문제점에 부딪쳤기 때문이다. 하지만 예술의 실제적 경험을 강조한 경험론적 미학도 취미에 의한 미적 판단의 보편성을 확보하는 데 실패하면서 한계를 드러냈다. 취미를 주관적이며 개인적인 성향의 것으로 보았기 때문이다. 특히 흄은 취미가 사람마다 다른 각양각색이고, 특정한 취미 판단이 정당하다든지 보편성을 갖는다고 볼 수 없으며, 아름다운 대상의 공통 성질은 없다고 주장했다.

칸트는 이런 문제점과 한계들을 해결하기 위해 자신의 사상 체계를 수립하려 했다. 미학에서 칸트는 흄의 회의론 이후 미의 개념을 완전히 주관화한 미적태도론과 달리, 취미에 의한 미적 판단이 주관적임에도 개념적 보편성과는 다른 보편성을 가질 수 있음을 보이려 했다. 그는 우리가 '어떤 대상이 아름답다'고 판단할 때, 그것이 단지 개인적인 선호만이 아니라 대상이 지닌 성질을 근거로 한다는 점에 주목했다. 취미론이 해결하지 못한 보편성의 근거 제공이 칸트 미학의 목표였다. 이를 위해서 칸트는 합리론과 경험론을 비판적으로 종합하여 자신의 철학을 세우고 지금까지 등장한 감성, 상상력, 이성, 취미 등의 마음의 능력을 체계화하는 방법을 통해서 미적 판단의 분석으로 향했다.

칸트는 진리의 두 구성 요소인 보편성과 현실성을 갖춘 인식론을 수립하려고 하면서 이를 위해서는 합리론과 경험론을 비판적으로 종합해야 한다고 생각했다. 우리의 지식이 감각적 경험에서 출발하지만, 모두 경험으로부터 나오는 것은 아니라는 점에서였다. 경험으로 도출할 수 없는 선천적 지식도 있다는 것이다. 예를 들어 '모든 변화는 원인을 가져야 한다', '무거운 물체는 위에서 아래로 떨어진다' 등의 명제가 그렇고, 그 밖의 수학적·기하학적 명제들의 일부가 그렇다고 보았다. 그래서 칸트는 우리의 지식이 경험과 습관에 의한다고 주장했던 흄과는 달리, 감각적 경험과 모든 사람이 본래 갖고 있는 정신적 형식에 의해 구성된다고 보았다. 칸트는 이 형식을 '선험적' 또는 '선천적'이란 뜻의 '아프리오리a priori' 한 것이라고 했다. 정리하면, 칸트는 인식을 경험론의 주장처럼 경험 자료들의 축적에 그치는 수동적인 것으로만 여기지 않았고, 우리 정신이 선천적 형식을 통해 능동적으로 구성한다고 보았다. 우리가 경험을 전제로 하면서도 보편 타당한 인식을 이룰 수 있는 것은 이런 선천적 형식을 모든 사람이 갖고 있기 때문이라는 것이다. 우리의 지식은 감각적 경험만이나 정신에 의해서만 이루어지는 것이 아니며, 감각을 통한 경험을 정신 형식을 통해 구성한다는 이론이 칸트의 구성주의 인식론Constructivist epitemology이다.

인식론의 수립에 앞서, 칸트는 인간의 정신 능력을 감성과 오성과 이성으로 구분했다. 데카르트의 이성을 오성悟性, understanding으로 이름 붙이고, 또 하나의 마음의 능력으로 이성을 설정했다. 칸트에 의하면, 이성은 감각적 경험을 초월하는 것을 사유하는 능력이다. 우리가 경험할 수 없는 것, 경험할 수 없기에 인식할 수 없는 것을 생각하는 마음의 능력이다. 예를 들어 어떤 이념이 인식의 궁극적 목표이며 인식을 이끌어가는 것이라 할 때, 이 이념과 관련된 마음의 능력이 곧 이성이다. 상상력은 어디쯤에 해당할까? 칸트는 상상력이 감성과 오성의 매개 역할을 한다고 보았다.

칸트에 따르면, 우리의 인식은 감성과 오성의 작용으로 이루어진다. 눈으로 볼 수 없는 이 능력들의 존재나 작용 방식을 어떻게 설명할 수 있을까. 인식을 통해 얻는 우리의 지식은 인식적 판단으로 이루어지며, 판단은 주어와 술어를 연결한다. 예를 들어, 인식적 판단은 '컵은 둥글다', '컵은 떨어지면 깨진다' 등과 같은 형태이다. 칸트는 우리 인식이 감성과 오성의 작용으로 이루어진다는 것을 보이기 위해 그것들이 남긴 흔적인 인식적 판단이 어떻게 구성되는지를 분석했다. 우선, 인식은 대상의 직접적이며 즉각적인 경험 방식인 직관에서 시작된다. 이 직관은 데카르트의 정신에 의한 직관과 달리 감각적 경험 안에서 이루어진다는 점에서 감각직관이라고 불린다. 감각직관을 담당하는 마음의 능력이 감성으로, 감성은 대상의 다양한 상태를 인지한다. 감성이 받아들인 감각직관의 내용이 현상이다. 컵을 예로 들면 둥글다, 떨어지면 깨진다, 반짝인다 등의 여러 가지 컵의 상태가 이에 해당한다.

칸트는 현상이란 컵으로부터 주어지는 질료와 인식 주체인 우리의 감성이 부여하는 선천적인 형식이 결합하여 구성되며, 감성의 형식은 공간과 시간이라고 주장했다. 설명하면 이렇다. 컵이 둥글다는 현상을 파악하기 위해서 우리는 위에서 아래로 내려다보아야 한다. 즉, 공간을 전제로 해야 한다. 또 컵이 떨어지면 깨진다는 현상을 파악하기 위해서는 컵이 떨어지는 각 시점들을 연결해주는 그 무엇이 있어야만 한다. 즉, 시간을 전제로 해야 한다. 그런데 공간과 시간은 감각적 경험을 아무리 모아도 얻을 수가 없다. 그래서 칸트는 공간과 시간이 대상에 속한 것이라고 할 수 없고, 우리가 본래부터 갖고 있는 것이며, 감성의 선천적인 형식이라고 보았다. 그럴 때, 감각적 경험을 통한 현상은 감성이 대상으로부터 아직 무엇인지 알 수 없는 질료를 받아들여 공간과 시간으로 형식화해서 개별적인 감각 직관으로 구성하는 것이다. 감각적 경험은 시공간의 제한을 받아 이루어지며, 우리에 의해 능동적으로 구성된다는 말이다.

인식의 다음 단계는 다양한 감각 직관인 현상들을 모아서 개념화하고 판단하는 것이다. 칸트는 이 역할을 오성이 한다고 보았다. 예를 들어 오성이 어제 A라는 장소에서 본 둥근 컵, 오늘 B라는 장소에서 본 둥근 컵 등의 현상들을 모아서 개념으로 통합하고 판단해서 인식을 이룬다는 것이다. 그는 오성의 작용도 질료인 현상들에 오성의 선천적 형식이 결합해 이루어지는 것으로 보았고, 이 선천적인 형식을 범주라고 불렀다. 수많은 개별 판단들을 위한 범주를 생각하면 범주가 셀 수 없이 많아야 한다. 그래서 칸트는 무수히 많은 판단들의 양식과 논리적 유형을 성질, 분량, 관계, 양상 4가지로 구분하고, 각 유형에 3가지 범주들을 소속시켜 12개의 범주들로 정돈했다. 그리고 오성이 다양한 개별적 현상들을 이 범주들로 형식화하고 판단해서 개념적 지식을 이룬다고 주장했다.

오성은 어떻게 현상들에 적합한 범주를 적용할까? 칸트는 이 일을 상상력이 한다고 보았다. 상상력이 오성의 판단 이전에 유사한 개별 현상들을 모아서 오성에 전달하고, 오성의 적합한 범주의 한계도 정해주어 감성과 오성의 매개 역할을 한다고 했다. 이미지를 만들고 부여하는 능력인 상상력이 이미지를 바탕으로 다양한 시간과 공간에 따른 개별 현상들을 모아서 오성의 적합한 범주 아래로 가져가고, 한정시킨다는 것이다. 다시 컵의 예로 돌아가자. 상상력이 마음 안에 있는 컵의 둥근 이미지로 '둥글다'는 현상들을 모아서 오성에 전달하고, 관계 유형의 실체와 속성의 범주로 한계를 정해준다. 그러면 오성은 둥근 컵의 현상들에서 컵은 실체고 둥글다는 속성으로 판단하고 개념화해서 '컵은 둥글다'라는 인식적 판단을 한다는 것이다. 마찬가지로 상상력이 '떨어지면 깨진다'는 현상들을 모아서 전달하고 관계 유형의 원인과 결과의 범주로 한계를 지어주면, 오성이 판단해서 '컵은 떨어지면 깨진다'라는 판단과 지식을 이루게 된다. 이렇게 칸트는 우리의 지식이 감각적 경험에서 시작한다는 해서 데카르트 합리론의 현실적 한계를 해결하려 했고, 감성과 오성의 선천적인 형식에 의해 구성된다고 보아 경험론이 부딪친 보편적 지식에 대한 흄의 회의론도 극복하려 했다. 지식이 모든 사람이 타고난 감성과 오성의 선천적 형식에 의해 구성된다는 점에서, 칸트는 모든 사람이 동의할 수 있는 보편성도 확보할 수 있다고 생각했다.

하지만 칸트의 인식론이 해결해야 할 문제점도 있었다. 현상의 질료인 아직 무엇인지 알 수 없는 것은 어디로부터 오는가? 현상을 나타나게 하는 것, 현상 배후에 있는 그 무엇을 어떻게 설명할 것인가? 칸트는 그것을 현상들을 있게 하는 사물 자체란 뜻에서 '물자체物自體, Das Ding an sich'라고 불렀다. 그리고 이는 감각적으로 경험할 수 없는 것이며, 경험할 수 없는 것이기에 인식할 수도 없다고 주장했다. 우리가 감각적으로 경험할 수 있고 알 수 있는 것은 현상뿐이라는 말이다. 컵이란 대상에서 우리가 감각적으로 경험할 수 있는 것은 둥글다, 떨어지면 깨진다, 반짝인다 등의 현상들뿐이다. 우리는 그 현상들을 나타나게 하는 컵 자체는 경험할 수 없다.

칸트는 물자체가 감각적으로 경험할 수 없는 것이며, 경험할 수 없기에 인식할 수도 없다고 해서 인식의 한계와 인간의 불완전함에 대한 생각을 나타냈다. 인간이 감각적 경험을 뛰어넘을 수는 없다는 주장이다. 하지만 우리가 경험할 수 없고 인식할 수 없다고 해서 그것이 존재하지 않는다고 할 수는 없다. 그래서 칸트는 우리가 물자체를 인식할 수는 없지만 그것에 대해 사유할 수는 있으며, 그것을 사유하는 정신 능력이 이성이라고 보았다. 물자체가 인식될 수 없기에 우리에게 지식을 주지는 않지만, 이성을 통한 사유에 의해서 인식을 이끌어가기도 하고 한계를 정해주기도 한다고 주장했다. 따라서 '물자체'는 모든 인식의 근원이고, 우리의 인식이 이상적인 것으로 생각하고 따라야 하는 이념의 영역에 해당하며, 인식의 궁극적 목표라고 할 수 있다.

미적인 것의 분석과 예술

칸트 미학은 미적 판단의 분석과 예술에 대한 설명으로 짜여 있다. 여기서 칸트는 취미의 미적 판단이 보편적이며 필연적인 특성을 갖는다는 것을 밝히려고 했고, 미적 판단이 어떻게 구성되는지, 우리 마음의 능력이 어떻게 작용하는지를 분석했다. 우선, 그는 미적 판단이 주관적이라고 보았다. 인식적 판단과 마찬가지로 경험에서 시작되지만, 개념과 관련을 갖는 인식적 판단과 달리 쾌나 불쾌의 감정과 관련을 갖는다는 점에서 그러하다. 어떤 대상이 아름답다 혹은 추하다고 판단하는 근거가 감정에 있다는 말이다. 다른 한편으로, 칸트는 미적 판단이 사물에 대한 그 무엇을 말한다는 점에서 단지 개인적인 감정에만 의하지는 않는다고 보았다. 미적인 것이 미적 판단의 주관적 근거와 무관한 대상의 객관적 성질이라고 할 수는 없지만, 미적인 것을 분석할 수 있는 여지가 있다는 것이다. 그래서 미적 판단도 판단이라는 점에서 판단의 네 가지 논리적 유형인 성질, 분량, 관계, 양상의 측면에서 분석하고, 그에 따라 미적인 것의 성격을 규정했다.

칸트에 따르면 첫째, 미적 판단은 성질의 측면에서 무관심적이다. 취미가 개인의 성향이나 욕구나 실제적 관심을 떠나서 즐거움을 느낄 때 그 대상은 미적인 것 혹은 아름다운 것이라는 말이다. 세잔의 사과 그림을 보면서 그것을 먹고 싶다는 실제 식욕과 관계없이 무관심적으로 관조하며 즐거움을 느낄 때, 그 작품이 아름답다 혹은 미적이라고 말할 수 있다는 것이다. 둘째, 분량의 측면에서 미적인 것은 개념 없이도 다수의 사람에게 보편적인 즐거움을 줄 수 있다. 주관적이면서 동시에 보편적일 수 있을까? 어떻게 이것이 가능할까? 칸트는 미적 판단이 개인적인 것에 치우치지 않고 내린 판단이기 때문에, 그 대상인 미적인 것에 대해서 다른 사람에게 유사한 경험을 요구할 수 있다고 보았다. 논리적으로 증명할 수 없다는 점에서 논리적 보편성과는 다르지만, 다른 사람에게 다시 한 번 주의 깊게 보도록 설득할 수 있고 다른 사람의 동의를 구할 수 있다는 것이다. 우리가 자연이나 미술 작품의 아름다움을 마치 객관적인 속성인 것처럼 말할 수 있는 것은 이런 근거에서다.

그렇다면 미적인 것의 모든 속성이 다 보편적일 수 있을까? 논리적 보편성과는 다를지라도 미적인 것의 보편성이 좀 더 설득력을 갖기 위해서는 제한이나 단서 조항이 필요하다. 칸트는 미적인 것이 사람마다 혹은 때에 따라 달라지는 감각적 속성인 색, 냄새, 맛 등이 아니라, 형식 자체에만 관계할 때 보편성을 확보할 수 있다고 보았다. 미술에서는 시각적 구조가 해당되고, 음악에서는 시간적 진행의 구조가 해당된다. 그래서 칸트는 미적인 것의 세 번째 요소이며 미적 판단의 관계 유형에 해당하는 형식으로 '목적 없는 합목적성의 형식'을 들었다. 어떤 대상이 외부적 목적을 갖고 있지는 않지만, 그 내부적 형식이 목적을 구현하고 부합하는 것처럼 보이고 느껴지는 것을 말한다. 우리가 어떤 작품의 외부적 목적을 염두에 두지 않고도 작품 안에서 내적 조화나 통일성을 느낄 때를 가리킨다. 예를 들어 꽃이나 은하수를 보면서 아름답다고 할 때, 우리는 그것들이 어떤 외부적 목적을 갖고 생겨났는지를 떠올리지도 않고 설명할 수도 없다. 하지만 그 안에 어떤 내적인 목적이 구현되고 있는 것처럼 느끼고 즐거움을 갖게 되며 아름답다는 판단을 한다는 것이다.

넷째로 양상의 측면에서 칸트는 미적 판단의 필연성을 들었다. 미적인 것이 사람들에게 반드시 필연적으로 만족을 줄 수 있어야 한다는 것이다. 여기에도 단서가 있다. 이때의 필연성은 인식적 판단의 객관적 필연성과는 다르다. 대상을 감정적으로 느끼고 판단하는 사람으로 제한하는 주관적이고 제한적인 필연성이며, 보편성의 한 예시라는 점에서 예시적 필연성이다. 대상의 목적 없는 합목적성의 형식을 무관심적으로 관조할 때 대부분의 사람들이 동의할 것이라는 의미의 필연성이다. 칸트는 이것이 논리가 아니라 상식에 해당하며, 개념에 의한 상식과도 다른 미학적인 의미에서의 상식이라고 보았다.

미적 판단이 주관적인데 보편성과 필연성을 가질 수 있을까. 칸트는 인식적 판단의 경우처럼 미적 판단도 단지 경험에만 의존하는 것이 아니라, 마음의 능력들의 선천적인 작용으로 이루어지며 능동적으로 미적 판단이 구성된다고 보았다. 이 점에서 칸트는 미학적 상식의 근거로 모든 사람이 미적인 것에 대한 공통감을 자기 안에 규범적 구속력처럼 간직하고 있고, 누가 지각하더라도 마음의 능력들의 작용이 선천적으로 공통적이며, 그렇게 이룬 미적 판단은 보편성과 필연성을 갖게 된다고 주장했다.

공통감이란 어떤 것일까. 미적인 것에 대한 공통감의 근거로 칸트는 미적 판단을 할 때 모든 사람의 마음의 작용이 '상상력과 오성의 자유로운 유희를 통한 조화'로 이루어진다는 점을 들었다. 이렇게 설명할 수 있겠다. 우리가 대상을 무관심적으로 관조할 때, 우리는 대상의 개념이나 목적으로부터 거리를 두게 되며 인식적 판단과 달리 대상의 구속으로부터 자유롭다. 그렇다고 아무런 방향이나 제한이 없는 것은 아니고, 자연이나 미술 작품의 형식에 의해 우리의 상상력과 오성이 촉발되면 둘 사이에 상호 작용이 일어난다. 어떤 대상 앞에서 상상력이 자유롭게 이미지들을 떠올리며 오성과 유희를 하다가, 어느 순간 대상에서 오성과 관련된 형식을 발견하고, 이미지와 형식이 조화를 이룰 때 즐거움을 느끼고 미적 판단을 하게 된다는 것이다. 예를 들어 우리가 꽃을 보고 즐거움을 느끼고 아름답다고 판단할 때, 먼저 우리의 상상력이 자유롭게 이미지를 떠올리며 오성과 유희를 한다. 그리고 어느 순간 그 이미지들에 어울리는 대상의 형식을 발견하고 조화를 이룰 때, 즐거움을 느끼고 아름답다고 판단한다는 말이다.

칸트에 있어 미적 판단은 상상력과 오성이 구속이나 억압을 받지 않고 자유로이 유희하면서 내적 조화를 이룰 때 나타난다. 미 혹은 미적인 것은 단지 주관적 즐거움에만 의한 것도 아니고, 그렇다고 형식에 의해 지배를 받는 것도 아니며, 두 가지의 조화를 통해서 이루어지는 것이다. 이렇게 칸트가 상상력과 오성의 조화를 통해 미적인 것과 미적 판단을 설명한 것이 고전주의와 낭만주의에 매개 역할을 했다고 평가된다. 이성적 형식을 강조하는 고전주의 측면과 상상력과 이미지를 강조하는 낭만주의의 측면이 동시에 강조되고 있기 때문이다. 칸트가 살았던 18세기 말에서 19세기 초의 시기가 미술사적으로 고전주의가 막을 내리고, 낭만주의로 이행되는 시기였다는 점도 칸트 미학에 영향을 주었을 것으로 해석된다.

숭고에 관해서도 칸트는 미적인 것처럼 주관적이며 무관심적인 만족감과 즐거움에서 비롯되는 것으로 보았다. 칸트에 따르면, 숭고는 우리가 거친 파도가 몰아치는 망망대해나 거대한 산 앞에서 처음에는 압도되지만, 시간이 지나면서 그것이 안전하고 우리가 통제할 수 있다고 여겨질 때 즉 우리 마음의 능력이 그것보다 우위에 있다는 것을 알게 될 때, 강한 생명력을 느끼고 감각의 영역을 넘어 보다 고차적인 것으로 향하려 하면서 느끼는 것이다. 칸트는 이때 느끼는 감정이 순간적인 억압감과 그 뒤에 나타나는 강한 생명력의 표출 같은 것이며, 미적인 즐거움과는 다른 종류라는 점에서 감동이라고 구분했다. 그는 이를 무한한 것에 대한 갈망과 동경, 대자연에 대한 경외감이나 감탄과 유사한 것이라고 보았다.

미와 숭고의 차이점은 무얼까. 칸트는 다음과 같이 구분했다. 먼저 아름다운 꽃을 생각해보자. 미는 꽃의 이미지들이 한정된 형식과 관계하며 조화를 이룰 때, 즉 우리 상상력의 표상인 이미지가 오성의 형식과 조화를 이룰 때 나타난다.

이에 비해 숭고는 망망대해나 거대한 산을 한정된 이미지나 형식으로 제한할 수 없다는 점에서 무형식성과 관련되고, 개념적 파악도 불가능하다는 점에서 오성의 영역을 넘어선다. 즉, 숭고는 상상력이 이미지를 떠올려보려고 하지만 불가능하다는 점에서 상상력의 표상 능력을 압도하고, 적합한 오성의 형식을 발견할 수 없다는 점에서 오성의 영역도 넘어선다. 그래서 칸트는 숭고를 상상력이 오성과 관계를 맺는 인식의 영역을 넘어서는 그 무엇으로 보았다. 그리고 숭고란 상상력이 이성과 관계를 맺으려는 초경험적인 영역에 해당한다면서, 상상력이 이성의 이념을 이미지로 표상하려 하지만 실패하게 되고, 이성이 상상력을 무한한 확장으로 이끌어가는 무한성의 이미지라고 주장했다. 숭고는 특정의 이미지나 한정된 형식으로 나타낼 수는 없고, 암시할 수 있을 뿐이라는 것이다.

칸트는 자연적 대상의 미적인 것에 대한 관점을 예술에도 적용했다. 그는 자연미가 예술미보다 우월하다고 생각했고, 예술 작품이 단지 즐거움만을 주는 것이 아니라 미적 예술이 되기 위해서는 자연의 산물과 같아야 한다고 주장했다. 예술 작품이 미적인 것의 조건인 목적 없는 합목적성의 형식을 지녀야 하며, 외부적인 목적이 없어 자유롭지만 자체의 목적을 안에 간직한 듯 느껴지게 해야 한다는 것이다. 또 칸트는 미적 예술이 자연의 산물처럼 임의의 규칙으로부터 자유로운 것이 되어야 한다고 주장했다. 작품의 창작에서 아무런 규칙도 필요 없다는 것이 아니라, 규칙의 준수가 고통스럽지 않고 자유로워야 하며, 마치 자연의 자유를 소유한 것처럼 보여야 한다는 뜻에서다.

그래서 칸트는 미적 예술이 되기 위해서는 천재의 작품일 수밖에 없다고 보았다. 자연이 천재라는 개인을 통해서 자체의 창조적 생산 능력을 예술 작품 속에 실현하고 미적 예술을 이루게 한다는 것이다. 자연이 천재를 통해 예술 작품에 규칙을 부여하고, 천재는 자연의 규칙을 예술에 부여하는 존재라는 주장이다. 따라서 천재의 작업 방식은 과학적으로 설명할 수 없고, 예술 작품의 아름다움은 특정한 목적에 종속되어 있지 않은 채 자유로워야 한다. 하지만 예술 작품 중에는 건축물처럼 특정한 목적을 갖고 있으나 아름다운 것도 있을 수 있다. 칸트는 자연 대상처럼 순수하고 자유로운 미를 자유미라고 불렀고, 특정 목적에 종속된 건축물의 아름다움은 종속미라고 구분했으며, 종속미는 자유롭지도 순수하지도 않다고 보았다.

'물자체'의 인식과 절대적 관념론

– 셸링에서 헤겔로

칸트 이후의 철학자들은 칸트의 '물자체'와 이념의 영역을 다루면서 고민에 빠졌다. 칸트가 이를 경험할 수 없는 것이고, 인식할 수 없는 것이며, 인식의 한계로 설정해놓았기 때문이다. 이런 한계를 넘어서는 것이 칸트 이후 철학자들의 목표였기에 이들은 서로 다른 극복의 방법을 제시하려 했다. 셸링F. W. J. Schelling, 1775-1854과 헤겔G. F. W. Hegel, 1770-1831이 대표적인데, 셸링은 칸트가 오성으로 묶어둔 상상력을 해방시키려 했고, 헤겔은 오성의 영역을 확장하는 방법으로 그 한계를 넘어서려 했다.

셸링은 칸트가 경험할 수 없고 인식할 수 없는 것으로 본 '물자체'에 이를 수 있는 정신 능력으로 상상력을 주목했다. 그리고 그 일이 아무래도 상상력과 깊은 관련을 갖고 있는 예술을 통해서 이루어진다고 보았다. 근거는 무얼까. 그는 예술의 창조 과정이 자연의 창조 과정과 동일하다고 보았다. 예술가가 절대자인 신이 창조한 자연의 형식을 예술적 상상력에 따라 작품 속에 나타낼 수 있고, 예술을 통해서 절대자의 무한한 이념을 상징적으로 제시할 수 있다는 주장이다. 그리고 예술이 이렇게 되려면 대상을 모방하고 재현해서는 안 되고, 상징적이며 암시적인 것이 되어야 한다고 덧붙였다. 대상 이면의 물자체에서 진리를 찾고, 사실성보다 높은 진리를 상상력을 통해서 상징하고 암시해야 한다는 것이다.

셸링에 의해 경험론적 미학에서 작품 구성 능력으로 제시된 상상력은 진리를 인식하는 능력으로 격상됐고, 예술이 칸트가 인식의 한계로 설정한 이념의 영역에 다가갈 수 있게 됐다. 그는 예술이 철학의 완성이라고 주장하기도 했는데, 예술을 통해서 절대자로의 접근이 이루어진다는 점에서였다. 그는 철학의 목표인 진리와 예술의 목표인 미가 절대자의 서로 다른 관찰일 뿐이며, 그 이념은 같다고 보았다. 다만 철학은 절대자의 이념을 사유라는 방식으로 나타낸다는 점에서 주관적이고 이상적일 수 있으며, 예술은 절대자의 이념을 상상력을 통한 감각적 상징으로 만들어 객관적으로 나타낼 수 있으므로 예술이 철학의 완성이라고 주장했다. 셸링의 예술론은 미학의 중심을 대상에서 인간 주관의 능력인 상상력으로 옮겨가게 했고, 이로써 모방론은 퇴조의 길을 걷게 됐다. 그는 예술을 통해 과학이 이룰 수 없는 초월적·초경험적인 것의 암시와 상징으로 향하려 한 주지적 낭만주의의 길을 열어주었다.

셸링이 칸트의 '물자체' 문제를 해결하기 위해서 상상력에 주목했다면, 헤겔은 오성의 능력을 확장시켰다. 헤겔은 존재하는 모든 것은 인식 가능하며, 인식 불가능한 '물자체'는 없다고 보았다. 그런 '물자체'가 없으므로 그 사유 능력인 이성과 한계를 지닌 인식 능력인 오성도 구분하지 않았고, 칸트가 구분한 오성과 이성 대신 정신 또는 이성이란 말을 주로 사용했다. 헤겔은 물자체를 포함한 존재하는 모든 대상이 정신의 산물이라고 주장했다. 무슨 뜻일까. 칸트에 따르면, 대상의 인식은 지식의 내용인 질료가 밖으로부터 주어지고, 지식의 형식인 우리 내면의 감성과 오성의 형식과 결합을 통해 이루어진다. 하지만 헤겔은 지식의 형식뿐만 아니라 내용도 인간 정신의 산물로 보았다. 칸트가 인식의 질료로 본 현상도 정신의 산물이고 관념일 뿐이며, 모든 관념들이 총체적으로 합쳐져 대상과 대상의 지식이 이루어진다고 주장했다.

칸트의 이해에서 사용한 컵의 사례로 돌아가보자. 칸트가 경험을 통해 알 수 있는 것은 컵의 현상일 뿐이며 컵 자체는 알 수 없다고 했다면, 헤겔은 컵이 존재하는데 그에 관해 알 수 없다는 것이 가능한가라고 반문했다. 그리고 둥글다, 반짝인다, 떨어지면 깨진다 등 컵의 현상들이 우리 정신이 파악한 관념들이며, 이 관념들이 총체적으로 합쳐져서 컵이라는 대상과 그 지식을 형성한다고 주장했다. 헤겔은 자신의 이런 주장을 뒷받침하기 위해서 우리 정신 안에 있는 컵의 관념과 관련된 존재가 컵이라는 사물에 객관적인 상태로 있다고 보았다. 우리의 인식이 존재와 동일성을 갖고 있으며 일치한다는 것이다. 이런 관점에서 헤겔은 "정신적인 것이 현실적인 것이요, 현실적인 것이 정신적인 것이다"라고 주장했다. 데카르트에서 시작된 인간 정신 능력의 신뢰가 헤겔에 이르러 정점에 도달했고, 모든 대상은 인간 정신의 산물이며 관념들이 뭉쳐진 덩어리일 뿐이라는 절대적 관념론Absolute idealism이 형성되었다. 데카르트가 부딪친 현실적 한계에 마주하여 헤겔은 현실적인 것이 곧 정신적인 것이라고 주장하여 이를 해결하려 했다.

대상들로 구성된 자연이나 세계의 존재는 어떻게 설명되는가. 모든 대상이 인식 가능하고 우리 정신이 파악한 관념들의 총체라고 해서 자연과 세계가 유한한 개인의 정신적 산물이라고 할 수는 없다. 그래서 헤겔은 자연이나 세계가 보다 큰 정신의 산물이어야 한다는 점에서 절대 주체인 절대자의 정신이 필요하다고 보았고, 이를 가리켜 절대정신이라고 불렀다. 세계는 절대자에 의해 이루어지며, 절대정신의 산물이고, 절대자의 이념인 절대이념이 자연과 인간을 포함한 세계의 근본 원리라고 주장했다. 그런데 헤겔에게 절대자란 신학에서처럼 세계와 분리된 실체가 아니라 자연, 사회, 문명이나 제도 등 모든 것에 절대이념의 형태로 구현되어 있는 것이다. 따라서 헤겔 철학의 궁극적 목표는 절대자에 대한 지식을 이루는 것이요 절대이념을 인식하는 것이며, 절대정신의 단계에 이르는 것이다. 헤겔은 인간 정신을 통해서 인식 불가능한 것은 없으므로 절대이념도 인간 정신인 이성을 통해서 인식할 수 있다고 보았고, 인간 정신이 절대이념을 인식하는 영역에서 절대정신에 도달한다고 주장했다.

인간 정신이 절대정신에 이르고 절대자에 대한 지식을 이루려면 어떻게 해야 할까. 헤겔에 따르면, 인간 정신의 사유가 자연의 구조를 따라야 한다. 자연은 절대자가 자연의 몸을 빌어 스스로 겉으로 드러낸 것이며, 자연 속의 사물들은 절대이념에 따라 움직이는 절대정신의 산물이다. 따라서 인간 정신이 절대 신에 도달하기 위해서는 절대자가 자연 속에 스스로를 드러낸 구조나 논리에 따라 사유해야 한다. 그 구조는 어떤 모습일까. 헤겔은 절대자가 자연 속에 모습을 드러내는 구조나 논리가 유기적이며 역동적인 과정의 형태라고 보았다. 자연 속의 사물이나 사건이 각각 분리된 개별적인 것이 아니라, 서로 관련되어 유기적이며 역동적인 통일체를 이룬다는 것이다. 우리가 분리된 하나의 사물을 경험할 때도 그것을 주의 깊게 반성하다 보면 그와 관련된 다른 사물에게로 인도된다는 것을 통해서 알 수 있다. 헤겔은 이런 절대자의 존재 방식을 변증법적 과정이라고 불렀고, 인간의 정신적 사유도 변증법적 과정에 따라야만 한다고 주장했다.

헤겔의 변증법은 인식뿐만 아니라 존재에도 관련된 논리이며, 정립正과 반反정립과 종합合으로 이루어지는 세 단계 운동이다. 또 변증법은 우리의 사유가 움직인다는 것이고, 정립에 대한 반정립이 사유의 정지가 아니라 사유를 위한 적극적 동력이 된다는 것을 의미한다. 정립은 자체 속에 모순을 포함하고 있음에도 그 모순을 알아채지 못하는 단계이다. 반정립은 그 모순이 자각되어 밖으로 드러나는 단계이며 정립과 다름, 대립, 부정이라고 할 수 있다. 종합은 정립이 반정립과 부딪치면서 이르게 되는 단계로, 여기서 정립과 반정립이 화해하고 통일을 이룬다. 정립과 반정립의 단순한 결합이 아니라, 두 가지가 함께 부정되기도 하고 함께 살아나기도 하면서 이루는 상승된 종합의 단계이다. 헤겔은 이 상승된 종합을 지양aufheben이라고 불렀다. 이렇게 달성된 종합이 다시 새로운 정립이 되고, 또 다른 반정립에 부딪치게 되며, 새로운 상승된 종합을 이루는 과정이 인간 정신이 절대정신에 이르고 절대이념을 파악하기까지 반복된다.

절대정신의 한 단계로서 예술

다음은 인간 정신이 절대정신에 이르는 단계들에 대한 설명을 살필 차례다. 헤겔은 변증법이 사물의 운동일 뿐만 아니라 인간의 사고 작용에도 적용되는 논리라는 점에서 인간 정신 안에서도 변증법적 과정이 일어나고, 이 과정에 의해서 절대정신에 이르게 된다고 주장했다. 이때 정립은 인간 정신의 내적 작용인 주관적인 정신이고, 반정립은 정신이 문명, 사회, 국가 등에 외적으로 구현한 객관적인 정신이며, 이 정립과 반정립의 상승된 종합이 절대정신이 된다. 헤겔에 있어 절대정신은 절대자의 정신이지만, 그 자체만으로 존재하는 것이 아니라 세계나 자연 속에 절대이념이란 형태로 구현되어 있기 때문이다. 따라서 인간의 주관적 정신은 객관적 정신인 자연과 세계 속의 절대이념을 인식하면서 절대정신의 단계에 이르게 된다.

헤겔은 절대정신에 이르는 세 단계로 예술과 종교와 철학이 있다고 했다. 이것들은 내용상 절대이념의 인식이라는 동일성을 띠지만, 형식에서는 감각적인 직관, 정신 안에서 상을 그리는 표상, 개념적 사유라는 차별성을 갖는다고 구분했다. 똑같이 절대이념의 인식을 목표로 하지만, 그 방법에서 차이가 있다는 것이다. 절대자에 대한 지식인 절대이념의 인식은 인간 정신이 절대정신의 첫 번째 단계인 예술에서 시작해 종교를 거쳐 철학으로 향함으로써 점차 성취된다고 헤겔은 주장했다.

먼저 절대정신의 첫 번째 단계인 예술을 보자. 헤겔은 예술이 상상력보다는 인간 정신의 창조물이며, 자연보다 우월한 것으로 보았다. 자연은 정신을 갖고 있지 않으며, 절대자가 자연의 몸을 빌려 잠시 거처하는 절대자의 외화이기 때문이다. 따라서 헤겔은 전통 미학에서 대상으로 삼은 자연미를 제외하고 예술미만을 중심으로 삼았다. 그는 예술미가 자연미보다 질적으로 더 우월하다고 보았고, 자연이 아름답다고 하는 것은 그것을 예술의 관점에서 보았기 때문이라고 주장해서 칸트와 차이점을 나타냈다.

헤겔에 따르면, 예술은 직관의 형식으로 절대이념에 다가간다. 절대이념을 감각적으로 파악하고 물질적인 매체를 통해서 나타낸다는 것이다. 헤겔이 예술의 아름다움은 절대이념의 감각적인 현현이라고 주장한 것도 같은 맥락이다. 헤겔은 예술이 절대자의 이념을 미로 파악해서 나타내는 영역이고, 진리 혹은 신적인 것을 감각적인 것을 통해 미로 구현한다는 점에서 '빛을 발하며 드러내다'란 뜻의 현현顯現, manifestation이라고 했다. 예술은 모방이나 재현이 아니라 진리를 추구하는 행위가 되어야 한다는 것이다. 그래서 헤겔은 칸트가 중요시한 미와 숭고의 구분보다 작품에 구현된 내용을 중요하게 여겼고, 예술의 형이상학적 역할과 기능에도 주목했다.

예술이 절대자를 미로 파악하여 나타내는 영역이라는 점에서, 헤겔은 예술이 절대이념에 이르기 위해 물질적·감각적인 측면보다 정신적인 측면이 부각되는 단계로 이행되어야 한다고 생각했다. 그래서 예술 양식을 물질 매체인 형식과 그 내용인 절대이념이 어떤 관계로 형성되어 있는가에 따라 상징적 예술, 고전적 예술, 낭만적 예술의 세 단계로 구분했다. 동일한 논리로 건축, 조각, 회화·음악·시 문학으로 구분한 장르론도 제시했다. 상징적 예술의 단계에 해당하는 장르가 건축이고, 고전적 예술의 단계에 해당하는 장르가 조각이며, 낭만적 예술의 단계에 해당하는 장르가 회화·음악·시 문학이라는 식이다. 물론 이것은 단지 유형학적 구분일 뿐 상징적 단계의 조각이 있을 수도 있고, 낭만적 단계 건축이 있을 수도 있다는 가능성은 열어놓았다.

헤겔에 따르면, 상징적 예술은 절대이념을 아직 규정하지 못한 단계이며 절대이념인 신적인 것을 찾아 분투노력하고 추구하는 양식이다. 절대이념에 적합한 형태를 아직 찾지 못하고, 개별적인 구체적 형태보다 양적으로 크고 거대하게 나타내서 절대이념을 대신하기 때문에 내용과 형식이 부조화를 자아내고, 낯설고 이질적인 느낌을 준다. 형태가 왜곡되고 생명력 없이 경직된 느낌을 주는 이집트 예술이 해당되며, 예술 장르로는 건축, 특히 동방의 신전 건축이 여기에 해당된다. 신전 건축은 단지 신들을 위한 거처일 뿐 절대이념을 아직 구체적인 형태로 구현하지 못했다는 점에서다.

헤겔은 두 번째 단계인 고전적 예술에서 이념과 매체가 균형을 이루고 내용과 형식이 조화를 이룬다고 보았다. 여기서는 절대이념이 더 이상 낯설고 이질적인 형태가 아니라, 우리가 이해할 수 있는 좀 더 규정적인 형태로 나타난다고 했다. 물질성과 정신성이 조화를 이루는 인간 신체라는 구체적인 형태로 등장하고, 신적인 것이 조화롭고 역동적인 인간의 형상으로 나타난다는 점에서다. 그는 그 예로 그리스 예술을, 그중에서도 그리스의 신상 조각을 들었다. 그리스인들이 신을 절반의 인간으로 생각했고, 예술이 종교의 부가물이기보다 종교 그 자체의 역할을 한다고 보았으며, 신상 조각 자체를 숭배의 대상으로 여겼기 때문이다. 예술 장르로는 물질적인 것과 정신적인 것이 균형과 조화를 이루는 조각이 이에 해당한다. 조각이 입체적이고 삼차원적인 형태로 정신적인 것을 구현하기 때문이다. 헤겔은 고전적 예술에서 내용과 형식이 조화를 이루면서 예술로서 이상적인 상태에 이른다고 보았다. 하지만 예술이 절대이념에 이르기 위해서는 정신적인 측면이 좀 더 강조돼야하기에, 세 번째 단계인 낭만적 예술로 향해야 한다고 주장했다.

헤겔은 기독교의 출현과 더불어 낭만적 예술 양식이 등장했다고 보았다. 그리스의 다신교에서 개별 신들이 자신만의 영역이라는 제한과 유한성을 갖고 있었다면, 유일한 절대자를 신봉하는 기독교가 등장하면서 개별 인간의 형상으로 절대자를 나타내던 단계, 절대자의 유한성에서 벗어났다는 것이다. 낭만적 예술에서는 감각적인 측면이 약화되고, 이념이 외적 형식인 매체를 압도하고 초월하면서 다시 내용과 형식의 부조화가 나타난다. 절대이념을 외적 형식보다 인간 자신 안의 내면성을 통해서 추구하고, 정신과 감정의 내용으로 표현하기 때문이다. 헤겔은 그 예가 되는 예술 장르로 회화, 음악, 시 문학을 들었다. 회화는 조각보다 덜 물질적이라는 점에서, 음악은 공간을 초월하고 시간 안에서 내면의 울림을 음들의 질서로 나타낸다는 점에서, 그리고 시 문학은 정신적인 것을 언어를 통해 표현하는 거의 이념에 가까운 예술이라는 점에서다. 예술 양식으로는 정신적인 것과 이념적인 것이 감각적인 것을 압도하는 중세 종교 예술 그리고 근대적 예술 형식으로 등장한 낭만주의가 이에 해당한다고 보았다.

낭만적 예술은 고전적 예술의 단계를 넘어 절대이념을 향해 좀 더 다가간다. 하지만 여전히 예술이라는 형식에 머물러 있고, 감각적인 것에 의존해서 절대이념을 나타낸다는 점에서 아직 만족스럽지 못하다. 따라서 헤겔은 절대이념에 이르기 위해서는 예술로는 충분하지 않고, 예술을 넘어 절대정신의 두 번째 단계인 종교로 향해야 한다고 주장했다. 감각적인 데 의존하는 예술에서 벗어나 인간 정신 안에서 절대자의 상을 그려내고 표상하는 종교로 향해야 한다는 것이다. 예술이 절대이념으로 향하도록 인도하기는 하지만, 절대이념은 감각적으로 경험되는 것이 아니라 사유되어야 하기 때문이다. 이제 예술의 기능은 이차적이며 잉여적이 된다. 예술은 종교에 봉사하는 것일 뿐이며, 절대이념인 신적인 것을 보다 가까이 느낄 수 있도록 종교가 예술을 활용한다. 헤겔은 여기 해당되는 대표적인 종교로 종교개혁 이후 기독교를 들었다. 중세 시대 종교처럼 화려한 성당 건축이나 조각상 그리고 회화 등 감각적인 예술적 수단을 매개로 한 종교적 제의에 의존하지 않고, 기도와 예배라는 주관적·내면적 형식만을 통해 절대자에 다가가려는 정신의 종교라는 점에서 그러하다.

종교는 절대이념의 인식에 성공했을까. 헤겔은 종교가 예술보다 낫지만, 종교의 표상 형식도 여전히 감각적인 측면을 포함하는 점이 문제라고 지적했다. 종교적 표상이 예술의 감각적 직관을 정신 안의 이미지인 내면화된 직관의 형태로 나타낸다는 것이다. 그는 정신의 종교라는 점에서 종교의 정점에 해당하는 기독교조차 절대자를 정신 내적인 상으로 만들어놓고, 절대이념에 성경 속 이야기라는 모습을 부여한다는 점에서 순수 정신적이지 않다고 했다. 그래서 절대이념에 이르려면, 종교의 표상 형식을 넘어서 순수 사유로 상승해야만 한다고 주장했다. 절대이념을 그 어떤 물질적이며 감각적인 데 의존하지 않고 사유하고 개념적으로 파악하는 철학으로 향해야 한다는 것이다. 결국 절대이념의 인식을 향한 인간 정신은 예술의 단계에서 시작해 종교를 거쳐 세 번째 단계인 철학에 이르게 된다.

헤겔은 예술이 절대이념에 이르는 매개체로서 절대정신의 한 단계이지만, 최고 단계인 궁극적인 것이 되지는 못한다고 보았고, 철학이 절대정신의 완성이라고 주장했다. 예술을 통한 절대이념의 인식은 성공할 수 없고, 예술을 넘어서 종교를 거쳐 철학으로 향해야 한다고 보았으며, 그때 예술은 종말을 맞이한다고 했다. 그렇다면 예술이 더 이상 필요 없다는 뜻일까. 예술이 정신의 산물이며 절대이념과 절대자의 추구로 향해야 한다는 관점에서, 헤겔은 예술이 성취할 수 있는 최고 가능성이 고대 그리스 예술이었다고 말했다. 그 시대에는 인간의 정신적 사유와 예술적 논리나 형태가 함께 작용하는 것이 가능했기 때문이다. 헤겔이 예술의 종말을 선언했음에도, 헤겔 미학은 새 시대의 예술 사조로 등장했던 낭만주의에 정당성을 부여한 이론으로 평가된다. 예술의 정신적 내면성을 강조한 점이 낭만주의가 추구한 인간 내면의 표현에 영향을 주었고, 예술에서 감각적 측면을 도외시한 점이 역설적으로 감각적 형식에 구속받지 않는 표현 가능성을 열어주어 낭만주의의 주제와 방법을 다양하게 했기 때문이다.

비합리주의 철학과 예술

– 쇼펜하우어와 니체

데카르트에서 시작된 인간 정신의 신뢰는 칸트를 거쳐 헤겔에 이르러 정점에

도달했다. 데카르트가 정신의 사유를 통해서 얻은 관념을 현실에 적용하면서 문제점을 드러냈다면, 헤겔은 정신적인 것이 현실적인 것이고, 현실적인 것이 정신적인 것이라고 주장했다. 존재하는 모든 대상이 정신의 산물이며 관념들의 결합일 뿐이라는 절대적 관념론이다. 헤겔의 사상은 자연 과학의 근거를 마련하고자 인간 정신을 세계나 자연의 인식 수단으로 여겼던 데서 벗어나 정신 자체의 중요성을 되돌아보게 했고, 그 위상을 격상시켰다. 반면에 이렇게 정신을 절대화한 점이 오히려 반발을 불러일으켜 헤겔 이후에 또 다른 철학의 흐름이 나타났다. 그 시작점에 헤겔과 동시대를 살았던 아르투어 쇼펜하우어Arthur Schopenhauer, 1788-1860와 쇼펜하우어에게서 영향을 받은 프리드리히 빌헬름 니체Friedrich Wilhelm Nietzsche, 1844-1900가 자리한다.

쇼펜하우어와 니체의 사상도 인간의 내면에 초점을 두고 있다. 하지만 이들은 인간의 본성이 정신이 아니라 욕망이나 의지라고 보았고, 데카르트에서 헤겔로 이어진 합리주의 철학과는 또 다른 비합리주의 철학의 흐름을 이뤘다. 이 비합리주의 철학은 헤겔이나 이성 중심의 철학이 주류였던 당대에는 많은 인정을 받지 못했다. 하지만 제2차 세계대전 이후 인간 정신과 이성에 대한 불신이 싹트면서 나타났던 실존주의나 현상학 등의 현대 철학에 영향을 미쳤다. 인간이 정신적인 존재일 수만은 없다는 점에서, 이성 위주 철학이 도외시한 인간의 또 다른 측면이 주목받았기 때문이다.

쇼펜하우어는 세계를 현상계와 현상계 배후의 핵심인 본체계로 구분했다. 그에 따르면, 본체계는 의지로서 세계이며, 비합리적 충동으로서 '살려는 의지will to live'로 이루어져 있다. 이 의지는 자기 아닌 것이나 자기가 갖지 않은 것을 향해 나아가는 욕망이고, 만족할 줄 모르고 끊임없이 그것들로 향하여 가는 맹목적인 충동 같은 것이다. 인간과 자연의 모든 생명 활동의 근원인 삶의 충동이자 본성에 해당한다. 쇼펜하우어는 이 의지가 시간, 공간, 인과성의 원리의 제한을 받지 않아 무제한으로 자유롭고, 모든 현상을 있게 하는 근원적인 것이라는 점에서 칸트의 '물자체'와 유사하다고 주장했다.

현상계는 본체계의 의지가 객관화된 세계이고, 의지에 의해 움직여지는 세계이다. 우리가 감각적으로 경험하는 세계이며, 본체계와 달리 시간, 공간, 인과성 원리의 지배를 받는다. 각각의 의지가 시간과 공간 아래서 개별화 원리에 따라 객관화된 무수한 개별자들로 구성되고, 개별자들이 생성과 변화의 인과성 원리의 지배를 받아 움직인다. 무생물, 식물, 동물에서 그 위의 인간과 국가에 이르기까지, 세계의 모든 것이 있으며 끊임없는 욕망덩어리인 각각의 의지들이 서로 부딪치는 투쟁과 갈등으로 가득한 세계이다. 그래서 세계 속의 인간의 삶은 본질적으로 피할 수 없는 고통의 연속이다.

인간이 이런 삶의 고통에서 벗어나려면 어떻게 해야 할까? 인간의 본성인 욕망덩어리로서 의지를 잠재우고 잊어버려야 한다. 그 방법은 무얼까. 쇼펜하우어는 본체계와 현상계 사이에 이념이 있으며, 이념에 도달하기 위해 노력해야 한다고 주장했다. 그에 따르면, 이념은 의지가 개별자의 현실적 욕망의 형태로 나타나기 전의 것이고, 현상계의 개별자들 위에 있는 형상이자 순수하고 영원한 형식이다. 플라톤의 이데아와 유사한 역할을 하고, 본체계의 의지처럼 시간, 공간, 인과성 원리의 지배도 받지 않는다. 따라서 우리가 이 이념에 도달하기 위해서는 시간, 공간, 인과성 원리의 지배를 받는 현상계 속 일상생활의 관점에서 벗어나야 한다. 달리 말해, 현상계의 사물이나 사건을 언제, 어디서, 왜라는 관점에서 벗어나 무관심적으로 그 자체만을 관조할 때, 우리는 사물이나 사건에 대한 욕망이나 의지를 잊고 순수한 주체가 될 수 있으며, 의지의 지배를 받는 개별자를 넘어서 개별자의 순수하고 영원한 형식인 이념에 도달하게 된다. 그 일은 이성에 의한 개념화가 아니라 직관적 인식을 통해서만 이루어진다.

쇼펜하우어는 이념에 이르는 방법의 하나로 예술을 들었다. 예술 작품의 창작과 감상이 이념의 인식에 이르는 과정이 될 수 있다고 본 것이다. 그에 따르면, 예술 작품의 창작은 예술가가 현상계 속의 혼란한 것들을 제거하고 순수 이념을 직관적으로 인식해서 작품에 재생하고 전달하는 것이다. 혼란한 세계의 모습을 모방하는 것이 아니라, 그 근원이며 본질인 이념을 인식해서 전달하고 감상자와 공유하는 것이다. 그래서 예술가는 시간과 공간과 인과성의 원리를 떠나서 사물을 보는 법을 알아야 하며, 예술가에게는 천재가 요구된다. 쇼펜하우어는 천재란 자신을 잃어버리고, 순수한 관조를 통해서 대상의 본질인 이념을 포착하여 표현할 수 있는 자라고 정의했다. 천재로서 예술가는 삶의 흐름에서 금방 사라지는 개별적인 것을 예술을 통해 보편적인 것으로 나타내고, 예술 창작의 과정에서 미적인 것을 통한 만족감과 무욕성無慾性 속의 만족감을 갖게 된다.

쇼펜하우어는 예술 감상도 삶 그 자체의 본질인 현실 속 의지들의 횡포와 고통으로부터 벗어나는 수단이 된다고 보았다. 감상자가 작품을 개인적 욕망이나 의지나 실제적인 목적에서 벗어나 무관심적으로 관조할 때, 즉 무의지적으로 순수하게 예술 작품에 몰입할 때 자기 안의 모든 충동과 욕망을 가라앉힐 수 있고, 삶의 고통도 잊게 되며, 예술 작품의 아름다움도 느끼게 된다는 주장이다. 예를 들어, 우리가 전시장이나 공연장에서 그림이나 영화나 연극 등을 체험하면서 일상의 모든 일을 잊고 작품 자체에만 몰입할 때, 모든 의지나 삶의 고통에서 벗어나 마음의 평온함을 갖게 된다는 식이다. 예술 감상을 통해서도 미적인 것을 통한 만족감과 무욕성 속의 만족감을 얻게 된다는 말이다.

한편 쇼펜하우어는 예술 창작과 감상을 통해 얻는 만족감의 방식이 예술 장르에 따라 차이가 있다고 보고, 음악과 비극을 건축, 회화, 시 등과 구분했다. 그에 따르면, 창작의 측면에서 음악은 건축, 회화, 시처럼 정적인 이념을 표현하는 것이 아니라 의지의 직접적인 표현이며, 의지 그 자체와 관련을 갖는다. 의지의 동요나 충동과 움직임 등을 음들의 연속으로 표현하고 이로써 감정을 불러일으킨다는 것이다. 그래서 음악에서 감정은 예술가와 감상자에게 본질적인 것이 된다. 비극도 역시 정적인 이념을 표현하는 예술 작품과 달리 인간의 행위와 사건을 직접 다루며, 의지들의 투쟁과 불화가 일어나는 인간의 본질적 형상을 주로 표현한다. 따라서 음악과 비극의 창작 방식은 무욕성 속의 만족감을 얻는 건축, 회화, 시 등의 창작 방식과 거리가 있다.

감상의 측면에서도 음악과 비극은 미적인 무욕상태가 아니라 감정과 욕구를 불러일으키고, 보편적인 이념의 관조가 아니라 의지의 객관화인 삶의 본질을 인식하게 한다. 음악과 비극의 감상은 미적인 것의 순수한 관조가 아니라 의지들을 경험하는 것이며, 의지들의 투쟁과 불화를 경험한 후 그것을 극복하고 자기 고양을 이루면서 만족감을 갖게 한다. 그래서 극복과 자기 고양의 과정이 수반되는 음악과 비극의 미적 가치는 미보다는 숭고에 더 가깝다고 할 수 있다.

이렇듯 쇼펜하우어는 예술이 피할 수 없는 고통인 인간의 비극적 삶에 위로를 줄 수 있다고 보았다. 세계의 무상성에 대한 인식을 통해 자아의 욕구를 포기하게 하고, 순간적으로 금욕이라는 윤리적 세계로 향하게 할 수 있다는 점에서였다. 하지만 이런 위로도 잠시일 뿐, 전시장이나 공연장에서 나와 일상으로 돌아오면 다시금 고통스런 삶 속으로 빠져들고 만다. 그래서 쇼펜하우어는 예술이 삶의 고통으로부터 일시적인 위로를 줄 수 있지만, 영구적 해결을 위해서는 불교적인 해탈이 필요하다고 주장했다. 삶의 고통에서 영원히 벗어나기 위해서는 욕망과 그 원인인 모든 집착을 끊는 금욕주의가 필요하다는 것이다.

쇼펜하우어의 미학은 낭만주의에 영향을 주었다. 그가 현실적인 삶의 세계 너머에 또 다른 세계로서 예술이 존재한다고 본 점이 영향을 미쳤고, 예술가들이 현실 초월적인 경향으로 나아가게 했다. 비합리적인 측면인 충동과 의지가 인간의 근원을 이룬다는 주장은 낭만주의 예술가들에게 강한 감정 표현을 불러일으켰다. 한편 지적 활동이나 학문도 의지와 욕구 충족을 위한 도구일 뿐으로 보고, 당시 이성 중심 서구 사회가 이성을 도구 삼아 맹목적인 자기 보존을 추구한다고 비판한 점은 니체에 의해 보다 더 체계적으로 다듬어져 비합리주의 철학이라는 큰 흐름을 형성했다.

쇼펜하우어로부터 영향을 받은 니체도 합리론 철학에 반발했다. 하지만 쇼펜하우어의 비극적 세계관이나 수동적이며 관조적인 삶의 태도가 니체에 이르러 적극적인 삶의 철학으로 변화한다. 니체의 철학은 형이상학 비판에서 시작된다. 그는 이데아, 신, 절대자 등에 의존하는 형이상학이 정신으로 꾸며낸 관념들로 삶과 세계의 완전성과 필연성을 자아내면서 구체적이고 진정한 삶의 모습을 외면하고 억압했다고 보았다. 그러면서 대표적인 형이상학으로 천상의 절대자인 신을 전제로 한 기독교를 꼽으면서, "신은 죽었다"고 도발적인 선언을 했다. 철학이 형이상학적이고 관념적인 세계로부터 인간의 세계로 내려와야 하며, 정신이나 이성보다 몸으로 살아가는 인간의 구체적 삶에 관한 것이어야 한다는 뜻에서였다.

인간의 구체적 삶은 어떻게 이루어질까. 쇼펜하우어와 마찬가지로, 니체는 인간의 본성을 정신이나 이성이 아닌 의지라고 보았다. 하지만 '살려는 의지'로부터 벗어나 고통을 피하려 한 쇼펜하우어와는 달리, 고통을 뛰어넘어 뛰어난 목적을 이루려 한다는 점에서 이를 '권력 혹은 힘에의 의지will to power'라고 칭했다. 누군가를 또는 무언가를 지배하고 우월해지고 싶어하는 욕망이 인간의 본성이라는 것이다. 달리 말해, 이 의지는 생존을 위해 보다 나은 또는 보다 큰 힘을 찾아가려는 삶의 의지이기도 하고, 삶의 긍정 속에서 끊임없이 스스로를 넘어서려는 힘에의 의지이기도 하다. 니체는 이 권력 의지가 인간을 포함한 세계 속 만물의 근원을 이룬다고 보았다. 그리고 세계는 권력 의지들이 모여 충돌하고 갈등을 일으키면서 아무런 질서도 목적이나 도덕, 제도도 없는 곳이 되고, 서로 다른 무수한 방식으로 상호 작용하는 천차만별의 것들만이 존재하는 곳이 된다고 주장했다. 세계에는 합리론 철학이 추구하는 동일성이나 보편성보다 차이와 이질성이 더 지배적이라는 것이다. 따라서 세계 속 우리의 삶은 끊임없는 욕망인 권력 의지들의 충돌로 가득한 고통과 갈등의 연속이며, 그 어떤 필연성도 없이 우연만이 지배하게 된다.

고통과 갈등으로 가득 찬 삶을 어떻게 극복할까? 니체는 그 방법으로 예술을 주목했다. 신은 죽었고, 종교적인 믿음도 붕괴된 상황에서 인간 본성 안에 있는 심미적 본성이 종교의 대안이 될 수 있다고 보았고, 전기와 후기에 걸쳐 예술에 관한 주장을 펼쳐 나갔다. 전기에는 인간 본성 안에 있는 아폴론적 충동과 디오니소스적 충동을 예술 창작의 원천으로 강조했고, 후기에는 별도의 예술론을 펼치기보다 철학의 중심 사상과 관련지어 주장했다.

니체에 따르면, 아폴론적 충동은 고통과 갈등으로 가득 찬 세계를 극복하고, 완전하고 조화로운 세계를 이루려는 충동이다. 불완전한 세계 속에서 그것을 이겨낼 방안으로 어떤 완전성을 꿈꾸는 것을 말한다. 아폴론적 충동의 예술가는 우연한 것들이 난무하는 삶과 세계의 모습을 보지만, 의지들이 복잡하게 얽힌 고통의 세계에 흔들리지 않는 자기 척도를 지니고 있다. 그는 삶과 세계의 고통과 격정에서 벗어나 자신만의 척도를 통해 예술로 제한할 줄 알며, 세계를 자신의 거울로 만들어 그것에 의미와 미를 부여하는 사람이다. 니체는 아폴론적 충동의 예술가가 복잡하고 고통스런 세계를 예술로 제한하는 지혜와 척도를 갖추기 위해서는 철저한 자기 인식이 필요하다고 보았다. 그 예술가가 이룬 예술에서는 질서나 비례 같은 형식적인 미가 강조되며, 회화나 조각 같은 조형 예술이 대표적이고, 감상자는 이런 작품의 관조를 통해 삶의 고통과 갈등에서 벗어나게 된다고 주장했다.

아폴론적 충동이 이상적인 것을 위한 현실로부터의 도피라면, 디오니소스적 충동은 이상적인 것이나 완전한 것을 꿈꾸지 않고 고통스런 세계와 삶을 긍정하여 현실에 적극적으로 몰입하려는 충동이다. 삶의 고통과 갈등을 인간이 벗어날 수 없는 근본적이며 숙명적인 굴레라고 생각하고, 현실을 적극적으로 받아들이고 긍정하면서 거기에 도취하는 충동이다. 디오니소스적 충동의 예술가는 이상의 꿈꾸기를 현실로부터의 도피로 거부하고, 있는 그대로의 현실을 적극적으로 받아들이며, 의지와 욕망에 찬 자신을 잊어버리고, 현실 속으로 몰입해 도취하려고 한다. 그래서 디오니소스적 예술가에게 필요한 것은 철저한 자기 인식이 아니라 자기 망각이며, 의지와 욕망에 찬 자신을 잊는 것이다.

니체는 디오니소스적 충동의 자기 망각과 도취적 몰입을 통해 예술 창작이 이루어질 때, 서로 대립하고 갈등하던 인간과 인간이 하나 되는 순간이 찾아오고,

인간과 자연 및 세계 사이에 조화가 이루어져 하나 되는 순간이 찾아오며, 삶의 고통이 환희로 바뀌게 된다고 주장했다. 예술가가 자기 욕망을 앞세워 소외시키고 적대시하고 억압했던 다른 사람이나 자연과 세계 사이에 다시 화해의 축제가 이루어진다는 것이다. 이런 예술로는 음악과 춤이 있고, 감상자는 음악 작품과 춤의 감상을 통해서 삶의 활력을 증진시키면서 고통에 찬 세계를 살 만한 세계로 생각하게 된다고 니체는 주장했다.

니체의 후기 예술론은 그의 삶의 사상과 함께 전개됐고 초인超人, Übermensch 사상, 삶의 적극적인 긍정, 권력에의 의지가 중심을 이뤘다. 니체에 따르면, 초인은 일상적 인간을 초월하는 인간이 아니라 끊임없이 스스로를 넘어서는 인간이다. 기존의 형이상학이나 도덕과 종교 등으로 물든 인간의 모습이나 그를 규정하고 구속해왔던 삶의 관습을 넘어서려는 인간이다. 달리 말해, 삶을 그 자신의 의지대로 이끌어가는 인간이며, 멈추어 서서 자신이 썩지 않도록 끊임없이 자신을 파괴하고 재창조하면서 넘어서는 과정의 인간이다.

초인의 삶은 언제 가능할까. 니체는 삶 이외의 그 어떤 것으로부터도 자신의 삶을 규정하도록 내버려두지 않고, 오직 자신의 의지에 따라 삶을 끌어안으려는 적극적이고 긍정적인 자세하에서만 가능하다고 보았다. 여기에는 삶에 대한 사랑 즉 삶의 위대한 긍정이 필요하며, 이때의 삶은 권력에의 의지 그 자체라고 주장했다. 삶의 적극적인 긍정 속에서 끊임없이 스스로를 넘어서려는 권력에의 의지가 언제나 생존을 위해 보다 나은, 또는 보다 큰 힘을 찾아가려는 삶의 의지라는 점에서다. 이 권력에의 의지가 삶을 왜곡으로부터 구원하고 매 순간 새로운 삶을 창조하려는 의지이며, 바로 이 창조적 삶의 의지에서 예술이 나오게 된다고 니체는 주장했다.

니체는 권력에의 의지로 이루어지는 예술이 창조적 삶에 대한 위대한 사랑이자 구원이 된다고 보았다. 오직 예술만이 삶을 향한 위대한 자극제가 되고, 구체적인 삶을 부정하고 도피하려는 기독교, 불교, 염세주의 등에 저항하는 유일하고 위대한 힘이라고 주장했다. 그가 쇼펜하우어와 달리 삶의 긍정 속에서 예술의 정당성을 찾았기 때문이다. 니체의 미학도 낭만주의에 영향을 미쳤다. 니체는 당시 유행하던 낭만주의가 고통과 갈등에 찬 현실로부터의 도피이자 탈출이며 결점투성이라고 비난했다. 하지만 그의 비합리주의적 관점이나 디오니소스적 충동은 낭만주의 예술가들에게 영향을 미쳤으며, 낭만주의의 창작과 감상의 논리를 정당화하는 데 기여했다.

8. 표현으로서 예술

Key Words

- 무한한 것의 동경과 감정의 표현 – 낭만주의
- 모방론을 대신하는 표현론
- 표현과 현대 미술

무한한 것의 동경과 감정의 표현

– 낭만주의

카스파르 다비드 프리드리히Caspar David Friedrich, 1774-1840의 〈바닷가의 카푸친 수도사〉**[01]**는 독일 낭만주의의 대표적인 작품이다. 검은 먹구름이 밀려오는 바닷가에 수도사가 홀로 외로이 서 있다. 거대하고 위협적인 자연 앞에 선 수도사는 그저 작고 나약한 존재일 뿐이다. 신고전주의 화가 자크 루이 다비드가 선명한 윤곽선의 인물과 어두운 배경을 대비시켜 이상적인 것에 대한 우울한 관조를 나타냈다면, 프리드리히는 대자연 앞의 인간의 한계를 암시해서 유사한 분위기를 느끼게 했다. 두 화가가 같은 시기를 살았다는 공통점이 있기 때문일 것이다. 차이점도 보인다. 다비드가 이상적인 것을 향한 인간의 추구를 덧없는 것으로 나타냈다면, 프리드리히는 대자연의 무한함에 대한 동경을 나타내려 했다. 위협적인 자연에서 두려움과 공포를 느끼면서 배후의 신비스런 힘에 대한 동경과 경외감을 불러일으킨다는 점에서 숭고의 한 형태를 재현한 듯하다.

테오도르 제리코Jean Louis André Théodore Gericault, 1791-1824의 〈메두사호의 뗏목〉**[02]**은 프리드리히의 작품과 달리 감정의 표현이 두드러지는 낭만주의 작품이다. 관리들을 태우고 아프리카의 세네갈로 향하던 프랑스의 메두사호가 난파되어 수많은 사람들이 죽고, 살아남은 사람들이 뗏목을 만들어 애타게 구조를 요청하는 장면을 담았다. 제리코는 죽은 사람, 죽어가는 사람, 절망과 체념에 빠진 사람, 희망의 끈을 놓지 않고 구조를 기다리는 사람 등의 다양한 모습을 상상력을 발휘해서 그렸다. 그는 이 그림을 통해서 뗏목 위의 사람들이 느꼈을 고통과 두려움의 감정, 무책임한 정부를 향한 사람들의 분노를 표현하려 했다. 진한 갈색 톤으로 화면 전체에 비극적인 분위기를 조성했고, 솟구치는 분노를 사선 구도에 담았으며, 불균형적 형태와 명암의 강렬한 대비로 당시 상황의 긴박하고 극적인 분위기도 강조했다.

낭만주의 그림에 나타나는 무한한 것의 동경과 감정의 표현은 보이는 것보다 보이지 않는 것을 중요하게 생각하고 암시하는 예술로 이어졌다. 예술의 감각적 형태 속에 정신적인 것을 담아내는 '상징'이라는 예술 언어에 주목한 작품들이 그 예이다. 폴 고갱Paul Gauguin, 1848-1903의 〈거대한 나무〉**[03]**는 당시 문학을 중심으로 전개된 상징주의Symbolism에서 영향을 받은 작품이다. 형태를 알아볼 수 없는 산, 거대하고 위협적인 나무와 숲의 풍경, 어딘가를 향해 말을 타고 달려가는

01

02

[01] 카스파르 다비드 프리드리히 〈바닷가의 카푸친 수도사〉 1809~1810년, 캔버스에 유채, 110×171cm, 베를린 국립미술관

[02] 테오도르 제리코 〈메두사호의 뗏목〉 1819년, 캔버스에 유채, 491×716cm, 파리 루브르박물관

사람과 그 반대편을 향해 묵묵히 걸어가는 사람 등 그림 안의 모든 것이 신비롭게 느껴진다. 고갱은 환상적인 색채에 큰 면과 굵은 선으로 구획 지은 형태를 덧붙여 사실적인 묘사보다 무언가를 암시하고 상징하는 그림을 만들었다. 그림이란 눈에 보이는 세계의 설명이 아니라 눈에 보이지 않는 이념이나 영혼의 세계를 상징하는 것이어야 한다는 그의 생각에 의한 결과였다. 물질 만능의 문명 사회가 잃어가는 정신적인 가치를 자연 풍경을 통해 상기시키려 한 것이다.

[03] 폴 고갱, 〈거대한 나무〉 1892년, 캔버스에 유채, 91×67cm, 상트페테르부르크 예르미타시박물관

17세기와 18세기는 예술과 미학에서 다양하고 풍부한 성과를 이뤘다. 바로크 미술에서 신고전주의에 이르기까지 서로 대조를 이룬 예술 양식들이 등장했고, 예술에 대한 철학적 논의도 활발하게 전개됐다. 예술의 명석 판명한 원리를 찾으려 했던 합리론적 미학에서 출발하여 상상력과 취미를 강조한 경험론적 미학을 거쳤고, 칸트는 두 입장을 비판적으로 종합하여 예술을 상상력과 오성의 조화로 설명했다. 셸링은 상상력을 통해 예술이 칸트가 인식의 한계로 본 '물자체'에 이를 수 있다고 했고, 헤겔은 예술이 인간 정신의 산물이며 절대자의 이념에 이르는 절대정신의 한 단계라고 주장했다. 이런 미학의 흐름에서 예술이 대상의 모방이라는 전통의 주장은 설득력을 잃었고, 이제 예술은 예술가의 주관적 영역인 내면의 심리 상태나 감정과 관련되고 현실 너머의 세계에 관심을 갖는 것으로 여겨졌다. 자연히 고전주의는 활력을 잃을 수밖에 없었으며, 새 시대의 예술 양식으로서 낭만주의가 다양한 방식으로 모습을 드러냈다.

낭만주의는 고전주의가 예술을 과학 같은 이성적 활동으로 보는 데 반발했다. 낭만주의자들은 예술이 과학과 다르다고 주장했는데, 다름을 설명하는 관점에 따라 주지主知적 낭만주의와 주정主情적 낭만주의로 구분된다. 주지적 낭만주의는 예술이 과학으로 인식하지 못하는 초월적이고 초경험적 세계에 이를 수 있다고 보았고, 그 방법으로 무한한 것을 향한 동경과 암시를 강조했다. 독일 관념론 철학에서 영향받은 아우구스트 빌헬름 슐레겔August Wilhelm Schlegel, 1767-1845은 주지적 낭만주의의 특징으로 현실과 이상의 괴리감, 정신의 내면적인 분열,

무한한 것을 향한 동경 등을 제시했다. 거대하고 장엄한 자연 앞에서 인간의 한계를 나타내고, 대자연에 대한 경외감과 동경을 불러일으키는 카스파르 다비드 프리드리히의 그림이 여기에 해당된다.

두 번째 유형인 주정적 낭만주의에는 영국의 서정시인들과 프랑스의 화가들이 해당한다. 이들은 예술이 이성보다는 감정이나 느낌과 관련을 갖고, 이성으로는 정형화·규칙화할 수 없는 감정 표현을 특징으로 한다고 주장했다. 영국 경험론 전통에 근거를 둔 주장이다. 영국의 낭만주의 서정시인인 워즈워스William Wordsworth, 1770-1850는 "훌륭한 시란 강한 감정이 자발적으로 흘러넘치는 것이다"라고 했다. 시의 본질은 강렬한 감정이고, 예술의 가치는 감정을 통해서만 나타난다는 것이다. 셸리Percy Bysshe Shelley, 1792-1822는 시인이란 어둠 속에서 달콤한 목소리로 자신의 마음을 노래하는 한 마리 새와 같고, 시를 감상하는 것은 이를 엿듣고 그 감정을 느끼는 것이라고 주장했다. 시의 창작은 시인이 자신의 감정을 발산해서 즐거움을 갖는 일종의 카타르시스를 선사하며, 감상은 그것을 듣고 유사한 감정과 카타르시스를 느끼는 것이라는 의미이다.

이 시대의 화가인 존 컨스터블John Constable, 1776-1867은 영국 낭만주의 시인들이 자연을 대하는 방식을 풍경화에 적용했다. 그는 "풍경화를 그리기 위해서 제일 먼저 해야 할 일은 지금까지 본 그림들을 잊는 일이다"라고 말했다. 자연을 직접 보고 느낀 것을 솔직하게 나타내야 한다는 것이다. 그는 지금까지 자연에 입혀온 이성적이고 인위적인 틀을 벗기고, 감성을 통해 직접 체험한 풍경을 그려야 한다고 주장했다. 그래서 그의 그림은 낭만주의 풍경화 혹은 낭만적 자연주의로 불렸으며, 이런 그림에 대해 당시 비평가들은 '풍려한picturesque'이란 말로 평가했다. 자연 풍경의 수려함을 조각으로는 나타낼 수 없는 회화적 효과를 통해서 나타냈다는 뜻이다.

〈데드햄의 수문과 풍차〉**[04]**를 보자. 컨스터블은 화면의 반 이상을 차지한 하늘을 배경으로 빛과 대기의 밝은 효과를 나타냈다. 하늘에 퍼진 구름의 농담 차이와 물에서 반사되는 빛을 묘사했고, 한쪽으로 치우친 구도 안에 거대한 나무와 나뭇잎의 불규칙하고 오밀조밀한 형태 등이 두드러지게 했다. 정형화된 규범에 따라 그린 자연이 아니라, 감정에 충실하려 한 워즈워스처럼 자연에서 직접 느끼고 경험한 다채로운 모습을 회화적 효과로 나타냈다.

회화에서 주정적 낭만주의의 시작을 연 프랑스 화가 제리코는 33세의 나이로 일찍 죽었고, 외젠 들라크루아Ferdinand Victor Eugène Delacroix, 1798-1863가 그

[04] 존 컨스터블, 〈데드햄의 수문과 풍차〉, 1820년, 캔버스에 유채, 53.7×76.2cm, 런던 빅토리아& 앨버트박물관

뒤를 이어 낭만주의 회화의 이론과 방법을 수립했다. 들라크루아는 컨스터블의 낭만적 자연주의가 다룬 자연 풍경이 아니라 현실적인 사건을 소재로 삼았고, 프랑스 대혁명 후 나타난 사회 변화와 사람들의 의식을 그림 안에 담으려 했다. 프랑스는 대혁명으로 인해 봉건 사회에서 벗어나 자유주의 사회로 향했다. 그리고 사람들은 혁명에 참여해서 성과를 일군 후 스스로가 사회 변화의 주체가 될 수 있다고 생각했으며, 급변하는 현실에 관심을 기울였다. 들라크루아는 이런 변화된 당대의 모습을 안정과 형식적 균형을 추구하는 신고전주의 방식보다는 솔직하고 자유로운 감정 표현 방법으로 나타내야 한다고 보았다. 그리고 작품 창작에서 중요한 것은 눈보다는 마음이나 느낌이며, 정확한 사실보다 대상을 어떻게 느끼느냐가 더 필요하다고 강조했다. 또 아름다움이란 고정된 것이 아니라 예술가의 느낌에 따른 선택과 방법에 의해서 다양하게 표현될 수 있다고 주장하면서 예술미의 다양성의 길도 열어놓았다.

〈민중을 이끄는 자유의 여신〉**[05]**은 들라크루아가 1830년 7월 혁명 당시 상황을 나타낸 작품이다. 프랑스 대혁명 이후 혁명 정부의 무능함을 틈타 집권한 나폴레옹Napoléon Bonaparte이 독재정치를 펼치고 주변국들을 침략하자, 주변국들이 힘을 합쳐 나폴레옹을 몰아냈다. 그 후 프랑스에서 다시 봉건 왕정으로 복귀하려는 움직임이 일자 시민들이 힘을 모아 반발했는데, 들라크루아의

작품은 바로 이 시민들의 7월 혁명을 소재로 한 그림이다. 화면 속에서 자유, 평등, 박애를 상징하는 삼색기를 든 여인이 민중을 향해 전진을 외치고 있다. 그 옆에 혁명의 분위기에 취해 권총을 흔들고 있는 소년이 자리하고, 장총을 든 채 혁명 대열에 참가한 들라크루아 자신도 있다. 앞에는 쌓인 시체들이 널려 있고, 뒤로는 물밀듯이 밀려오는 군중이 형태를 알아볼 수 없을 정도로 가득하다. 들라크루아는 이 광경을 분노에 찬 표정, 흐트러진 자세와 격렬한 동작, 색채와 명암 효과로 표현해서 당시의 극적 상황과 자유를 향한 열정을 사람들에게 전했다. 화면 왼쪽 아래에서부터 깃발을 향해 솟아오르는 듯한 사선 구도는

[05] 외젠 들라크루아
〈민중을 이끄는 자유의 여신〉
1830년, 캔버스에 유채,
260×325cm,
파리 루브르박물관

변화를 갈망하는 시대 분위기를 암시한다.

낭만주의 미학과 미술 작품

낭만주의가 미학적으로 자리 잡기 위해서는 감정 표현이 예술가 개인의 감정 발산이나 표출에 그치지 않고, 감정 표현을 통해서 예술이 무엇을 할 수 있는가를 주장해야만 했다. 그래서 나온 첫 번째 주장은 예술이 사람들을 정서적으로 결속시키고, 사람들의 감정을 순화하고 교정시켜 건전하게 만들 수 있다는 것이었다. 감정의 어떤 역할을 근거로 이런 주장을 펼쳤을까? 지금까지 감정을 부정적으로 치부해온 관점과 달리, 긍정적으로 바라본 관점과 관련이 있다. 부정적 관점을 견지한 사람들은 감정이 이성적 판단을 흐리게 하고, 지식에 방해가 된다는 이유를 든다. 몸을 통해 느끼는 감정이 정신을 통해 쌓은 지식의 믿을 만한 안내자가 될 수 없다는 것이다. 이에 반해, 감정이 수동적인 감각을 이성의 능동적 판단과 실천으로 매개해준다고 보는 것이 긍정적 관점이다. 어떤 감정 상태에 있으면 어떤 행위나 판단을 하는 것이 옳다고 생각하게 하고, 상황에 따른 판단과 행동을 이끌어간다는 것이다. 예를 들어, 무시무시하고 두려운 현상을 보고 들으면서 느낀 공포의 감정이 '피해야 한다', '극복해야 한다'는 등의 판단과 행동으로 이끌고 매개한다는 말이다. 예술의 감정 표현이 사람들을 감정을 통해 결속시키고, 사람들 사이에 유대감을 자아내어 행동으로 이끌어갈 수 있다는 입장이다.

두 번째는 예술이 감정 표현을 통해 공감sympathy 능력을 길러준다는 주장이다. 예술을 통해 사람들이 감정을 느끼는 능력을 확장시키고, 다른 사람의 내면적인 삶을 이해할 수 있다는 것이다. 더 나아가 공감 능력을 통해서 자연과 세계 배후의 내적 원리나 움직임에 참여할 수 있다는 주장도 나타났다. 그 원리나 움직임이 이성으로 설명될 수 있는 것이 아니라, 느껴야 하는 것이라는 점에서 자연의 일부로서 인간이 공감을 통해 다가갈 수 있다고 본다. 그 결과, 예술의 감정 표현이 정서적인 역할이나 기능에만 그치지 않고, 인식적 기능과 역할도 할 수 있다는 주장에 도달했다.

감정을 통한 인식이란 무엇이고, 어떤 지식을 얻게 된다는 것일까. 낭만주의 이론가들은 과학을 통해 얻을 수 없는 지식을 생각했고, 칸트의 '물자체'를 떠올렸다. 그리고 예술적 상상력에 의해 '물자체'에 이를 수 있다고 주장한 셸링에 주목하면서 상상력에 관한 새로운 이론들을 주장했다. 상상력이 작품 구성 능력일 뿐만 아니라, 진리를 인식하는 능력이기도 하다는 점에서였다. 영국의 낭만주의 비평가인 윌리엄 해즐릿William Hazlitt, 1775-1830은 이성과 상상력의 차이점을 비교했다. 그에 따르면 상상력은 분석적이기보다 종합적이고, 추상적이기보다 구체적이며, 추론적이기보다 직관적으로 작용하는 정신 능력이므로 이성과 상상력은 서로 구분된다. 해즐릿은 상상력을 통해서 우리가 자연 속에 숨겨진 관계를 직관적으로 지각할 수 있다고 주장했다.

낭만주의 시인이자 비평가인 새뮤얼 테일러 콜리지Samuel Taylor Coleridge, 1772-1834도 상상력을 자연 속의 진리를 파악하는 능력으로 보았다. 경험론적 미학의 상상력이란 감각이 받아들인 재료들을 색다르게 배열해서 환상을 만들어내는 능력일 뿐이며, 진정한 상상력은 그 재료들을 혼합해서 새로운 특질의 전체를 창조하는 능력이어야 한다고 주장했다. 콜리지의 영향을 받은 워즈워스는 시란 진리를 대상으로 해야 하며, 그 진리는 개별적인 것이 아니라 일반적인 것이고, 인간 본성이나 자연과의 공감에 의해서 파악되는 것이라고 주장했다. 예술가가 자연을 움직이는 힘을 추론을 통해서가 아니라, 가슴으로 직접 느끼고 감정으로 나타내야 한다는 것이다.

이제 예술은 상상력을 통해서 진리를 직관적으로 파악하는 영역으로 향하고, 예술가의 감정은 그 수단이요 통로가 된다. 감정은 인간이 세계나 자연과 통하는 통로로 여겨졌으며, 예술 작품 창조의 근원이면서 지식의 원천일 수도 있게 됐다. 예술은 직관의 영역이며, 상상력을 통해서 진리를 파악하는 활동이고, 그 수단이 예술가의 감정이라는 것이다. 이렇게 상상력과 직관과 감정이 서로 관계를 맺으면서 낭만주의 미학의 한 특성인 정서적 직관주의 개념이 탄생됐다. 이제 예술은 자연이나 현실을

[06] J.M.W. 터너 〈좌초된 배로 향하는 구명정〉 1831년, 91.4×122cm, 런던, 빅토리아&앨버트박물관

[07] 샤를 가르니에 〈오페라 극장〉 1861~1874년, 파리

대상으로 감정을 솔직하게 발산하는 카타르시스를 넘어, 초경험적 세계를 암시하고 보다 고차적인 인식을 이룬다는 목표를 향해 나아갔다.

미술 작품은 초경험적인 세계를 어떻게 나타낼 수 있을까. 프리드리히의 풍경화가 그 예일 수 있다. 인간을 둘러싼 대자연의 위력 앞에서 인간의 능력 너머 무한하고 절대적인 것을 암시하는 방법을 통해서 말이다. 이것이 프리드리히의 그림을 같은 낭만주의인 제리코나 들라크루아의 그림과 구분 짓게 하는 특징이다. 프리드리히 그림의 방식은 영국 화가 J.M.W. 터너Joseph Mallord William Turner, 1775-1851의 19세기 중엽의 그림에서도 나타난다. 터너의 그림 〈좌초된 배로 향하는 구명정〉**[06]**에는 거친 파도와 먹구름이 좌초된 배와 구명정을 삼켜버릴 듯 위협적인 바다 풍경이 담겨 있다. 소녀가 바다를 향해서 무언가를 외치고 있고, 어머니는 부서진 배를 바라보고 있다. 터너는 물체들을 형태를 알아볼 수 없을 정도로 뭉그러지게 표현했고, 부두를 뒤덮은 먹구름과 거친 바다를 빛과 색으로 웅장하면서도 신비롭게 나타냈다. 공포와 압박감을 느끼게 하는 대자연과 작고 나약한 인간의 모습을 대비시킨 점에서 터너의 이 작품은 프리드리히의 풍경화 방식과 유사하다. 한편, 자연에 대한 공포감뿐만 아니라 외경심과 경이로운 감동도 불러일으킨다는 점에서는 숭고의 또 다른 표현 방식이라고 할 수 있다.

[08] 프랑수아 뤼드 〈라 마르세예즈〉 파리 개선문의 조각, 1833~1836년, 대리석, 1280×793cm

건축과 조각에서는 낭만주의가 회화와 다른 방식으로 전개됐다. 건축은 바로크 건축의 장식성과 화려한 효과들을 나타내려 했고, 중세 고딕 건축의 초월적이며 신비적인 느낌도 추구했다. 〈오페라 극장〉**[07]**은 바로크적 특징을 반영한 낭만주의 건축의 대표적인 작품이다. 상업을 통해 부와 세력을 쌓은 시민계급은 자신들을 옛 귀족의 계승자로 생각하고 싶어했고, 샤를 가르니에Charles Garnier, 1825-1898가 이런 생각을 건축물에 표현했다. 귀족 취향을 나타내기 위해서 다양한 재료와 장식을 사용하여 화려한 효과를 자아냈고, 형식과 규범에 따른 절제된 형태가 아니라 복합적인 구조와 다채로운 곡선을 활용했다. 1층 아치 사이는 조각상들로 장식했으며, 2층에는 쌍을 이룬 코린트식 기둥들을 세우고 그 안에 또 다른 작은 기둥을 채웠다. 지붕 위에는 화려한 금박 장식의 조각상을 좌우에 배치해서 화려함을 더했다.

낭만주의 조각 작품으로는 파리 개선문 기둥 위에 제작된 프랑수아 뤼드François Rude, 1784-1855의 〈라 마르세예즈〉**[08]**를 들 수 있다. 나폴레옹이 자유주의를 내세우며 군대를 이끌고 오스트리아와 프로이센을 공격해 들어가던 때의 장면을 나타냈다. 군인들의 위쪽 정점에 프랑스 자유주의를 상징하는 자유의 여신상을 새긴 모습이 낭만주의 화가 들라크루아의 그림 〈민중을 이끄는 자유의 여신〉을 연상케 한다. 군인들은 로마 병사의 갑옷을 입고 있는데, 이는 대혁명 이후의 프랑스가 로마 공화정의 정신을 구현하고 있음을 상징하려 했기 때문이다. 인물의 동작과 자세를 중심축에서 벗어나 밖으로 퍼져 나가는 형태로 만들어 바로크 조각의 특징을 구현했고, 작품 전체의 역동성과 극적인 느낌도 자아냈다.

모방론을 대신하는 새로운 예술론

– 표현론

낭만주의는 19세기 전반에서 중엽에 걸쳐 전 유럽으로 퍼져 나갔고, 새 시대의 대표적인 예술 양식으로 자리 잡았다. 그만큼 예술에 가져온 변화와 의의도 컸다. 예술가들이 예술의 다양한 가치 추구로 향하면서 예술의 표현 영역이 점점 더 확장되어갔다. 낭만주의 이론가들은 예술이란 예술가의 내면 심리 상태나 감정을 나타내는 것이며, 감상자는 그런 것들을 느끼는 것이라고 주장했다. 예술 작품과 대상과의 관계보다 예술 작품과 예술가와의 관계가 더 중요하게 다루어져야 한다는 관점이었다. 그 결과, 고전주의에서 정점에 도달했던 모방론은 무시되거나 부차적인 위치로 내려왔고, 19세기 말에서 20세기 초에 철학자와 미학자들은 모방론을 대신하는 새로운 예술론으로 표현론을 주장했다.

표현론자들은 예술의 본질이란 예술가의 감정이나 정서의 표현이라고 말했다. 그들은 예술가의 느낌에 따라 선택한 대상이나 방법의 차이에 따라 다양한 예술미가 나타날 수 있고, 대상 없이 감정 자체만을 표현할 수도 있다고 보았다. 표현expression이란 말은 '밖으로 짜낸다'는 의미의 라틴어 '엑스프리모exprimo'를 어원으로 하며, 예술가가 마음 안에 있는 감정이나 심리 상태를 밖으로 드러낸다는 뜻을 갖고 있다. 모방론의 재현representation이 예술가가 밖에 있는 대상을 작품에 다시 제시한다는 뜻인 것과 대조를 이루는 말이다. 재현이 대상 중심적 사고에 의한 개념이라면, 표현은 예술가 중심적 사고에 의한 개념이라고 할 수 있다.

'표현'이란 말은 어떤 경우에 예술 작품과 관련해서 사용되는가. 우리가 장례식에서 느리고 무겁게 흐르는 장송곡을 들을 때, '이 음악은 슬프다', '이 음악은 슬픔을 표현한다'라고 말한다. 차분한 무채색과 흐릿하고 여린 선과 형태가 가득한 그림을 볼 때는 '저 그림은 우울하다', '저 그림은 우울함을 표현한다'고 한다. 마음을 갖지 않은 음악이나 그림이 어떻게 슬프고 우울할 수 있을까? 어떻게 사람이 느끼는 슬프고 우울한 감정을 음악이나 그림에 연관시킬 수 있을까? 이 물음에 답하기 위해 표현 개념은 세 가지 의미로 해석되고, 그에 따라 세 부류의 표현론으로 분류된다. 음악이나 그림이 우리를 슬프고 우울하게 하는 근거를 밝혀내기 위해서, 예술 작품 표현 과정의 세 가지 계기 중 어디에 초점을 두고 설명하느냐에 따라 분류하는 것이다. 예술가의 감정에 초점을 두기도 하고, 감상자와 소통을 강조하기도 하며, 작품 자체의 특성과 구조에 주목하기도 한다.

첫째 부류의 표현론은 표현을 예술가가 감정을 드러내는 것으로 보고, 음악과 그림이 슬프고 우울한 것은 예술가가 슬픔과 우울함을 작품에 담았기 때문이라고 설명한다. 둘째 부류의 표현론은 표현을 예술가와 감상자의 감정을 통한 의사소통으로 보고, 음악과 그림이 슬프고 우울한 것은 예술가의 슬픔과 우울함이 감상자에게 전달되기 때문이라고 설명한다. 셋째 부류의 표현론은 표현을 작품 자체 안에 담긴 속성이나 구조라고 보고, 슬픈 음악은 느리고 단조의 속성을 갖고 있으며, 우울한 그림은 흐릿한 색채나 불명료한 형태가 그 특징이라고 설명한다. 대부분의 표현적 작품에는 정도 차이는 있으나 이 세 가지 의미들이 다 포함되어 있다. 하지만 어떤 의미가 예술 작품의 표현적인 가치에 더 본질적인가를 설명하는 관점의 차이에서 세 부류의 표현론이 나뉜다.

예술가의 느낌의 명료화로서 표현

– 크로체

예술 작품의 창작 과정을 생각해보자. 예술가들은 대상을 보면서 혹은 어떤 것을 상상하면서 처음엔 무언인지 알 수 없는 혼란스런 느낌이나 인상을 갖는다. 그리고 음들을 선택하고 나열해서 곡을 만들면서, 또 선과 색을 선택해서 형태와 그림을 그려가면서 혼란스럽고 막연했던 느낌이나 인상을 점차 정돈하고 명료화하여 작품을 제작한다. 베네데토 크로체Benedetto Croce, 1866-1952는 예술가의 이런 창작 과정에 중점을 두고 표현 개념을 정의했는데, 그의 책『미학*Aesthetic*』에서 예술이란 직관이면서 표현이며, 표현은 직관과 같다고 주장했다.

직관이면서 표현이란 말은 무슨 뜻일까. 크로체에 따르면, 직관은 감각과 다르고 지각과도 다르다. 우리가 감각을 통해서 대상으로부터 최초로 얻는 것은 그 느낌이나 인상인데, 이것은 아직 다듬어지지 않았고 무엇인지도 알 수 없는 혼란스럽고 무질서한 상태이다. 직관은 이런 느낌이나 인상을 구체화하고 명료화하는 정신 활동이다. 인상을impression을 밖으로 짜내어 구체화한다는 점에서 직관과 표현expression은 같다고 할 수 있다. 예술가는 이 표현을 상상력을 통해 적합하고 구체적인 이미지로 만들어 작품으로 제작한다. 직관과 지각의 다른 점은 지각이 존재하는 것만을 대상으로 한 감각적 경험 영역에 국한되는 데 비해, 직관은 존재하지 않는 기억 속의 것이나 상상의 것들도 대상으로 한다는 데 차이점이 있다.

크로체는 예술의 직관을 일종의 정신 활동인 인식으로 보았는데, 예술이 개념적 사고 이전에 이루어지는 인식의 한 방식이고, 이성에 의한 논리적·개념적 인식보다 근원적 인식이며, 감정을 통해서 이루어지는 인식이라고 주장했다. 이성에 의한 개념화 이전에 이미지와 관련된 인식이라는 것이다. 크로체는 예술에서 예술가의 인식 행위를 강조했으며, 진정한 예술이란 직관이면서 표현인 정신 활동 그 자체이고, 직관을 통해 명료하게 만든 예술가의 머릿속에 살아 있는 이미지라고 주장했다. 진정한 예술 창조의 과정은 예술가의 감정을 통한 인식 행위에서 종결된다는 것이다.

우리 눈앞에 있는 물리적인 작품은 어떻게 설명할까. 크로체는 그것은 진정한 예술이 아니라는 점에서 '외적 구현'이라고 구분해서 불렀고, 진정한 예술인 직관이면서 표현이 예술가의 죽음이나 망각에 의해서 사라지는 것을 방지하기 위한 보조 수단이라고 주장했다. 예술에서 감각적·물리적인 작품 형식은 정신적인 내용의 수단일 뿐이라는 것이다. 물리적인 작품이 진정한 예술이 아니면 예술 감상은 어떻게 이루어질까. 크로체는 감상자가 물리적인 작품을 매개로 해서 예술가의 창작 당시의 상황을 헤아려보고, 자신의 마음속에 표현을 재생산해야만 한다고 주장했다. 예를 들어 우리가 제리코의 〈메두사호의 뗏목〉을 마주할 때, 제리코가 이 그림을 그리면서 명료화한 감정과 이미지로 구체화한 과정을 우리 마음속에 재생산해야 한다는 것이다. 크로체는 이를 위해 전제 조건이 필요하다고 했는데, 작품의 물리적 상태의 변화는 복원을 통해 어느 정도 극복할 수 있고, 역사적 해석을 통해 작품 창작 당시의 심리적 조건을 재구성하는 것도 가능하다고 보았다. 하지만 최종적으로 감상자가 고상한 취미를 갖고 있어야 한다는 조건을 덧붙여서, 감상자가 예술가의 창작과 유사한 경험을 만들어내야 한다고 주장했다. 감상자는 예술가의 직관에 비등한 능력을 지녀야 한다. 즉, 감상자의 직관이 예술가의 직관과 같다는 것이다.

크로체의 표현론은 예술가들이 대상의 재현에 매달리는 수동적 존재가 아니라 정신 활동을 통해서 이미지를 만들어내는 능동적인 존재이며, 예술은 예술가의 표현을 통한 창조 활동이라고 평가한 점에서 의의가 있다. 하지만 진정한 예술이 예술가의 머릿속에서만 이루진다고 본 점에서는 예술의 정신적 측면만을 지나치게 강조한 관념론적 이론이라는 비판을 받았다. 크로체가 작품 창작의 실제 과정을 잘 이해하지 못했다는 비판도 제기됐다. 예술가 내적인 창작의 순수성을 지나치게 강조한 나머지, 작품 제작에 필수적인 매체와의 상호 작용까지 예술 외적인 것으로 간주하는 잘못을 범했다는 점에서였다. 따라서 크로체의 예술론은 구체적 작품의 이해와 비평의 기준이 될 수 없다는 것이다.

예술가에 초점을 둔 표현이란 측면에서도 한계를 드러냈다. 직접 경험하지 않은 감정을 작품에 나타낼 수도 있기 때문이다. 예를 들어, 어떤 작곡가가 일거리가 전혀 없어서 실의에 빠져 있다가 모처럼 청탁받은 작품이 장송곡이었고, 그 사실이 너무 기뻐서 즐거운 마음으로 장송곡을 작곡했을 수 있다. 자신은 전혀 슬픔을 느끼지 않았지만, 슬픈 느낌을 주는 여러 곡들을 참고하고 장송곡의 분위기를 살려서 작곡했을 수도 있다. 또 실연의 슬픔을 겪고 있는 친구의 우울한 이야기를 들은 어떤 화가가 여러 그림들을 참고하고 상상력을 발휘해서 우울한 심리 상태를 표현한 그림을 제작할 수도 있다. 음악이 슬프고 그림이 우울한 것이 예술가의 슬픔이나 우울에서 비롯하지 않을 수 있다는 반론이다.

감정의 전달 및 의사소통으로서 표현

- 톨스토이

크로체가 제시한 표현론의 한계를 극복하기 위해 표현 개념을 수정해보자. 예술가가 느낀 감정을 매체를 통해서 작품으로 구체화한다는 것을 전제하고, 감상자를 끌어들여 표현의 의미를 설명하는 것이다. 그러면 표현이란 예술가가 경험한 감정을 작품에 구체화해서 전달하고, 감상자는 그런 감정을 느끼게 되는 것이 된다. 이런 입장의 표현론이 레프 톨스토이Lev Tolstoy, 1828-1910의 책『예술이란 무엇인가?*What is Art?*』에서 주장됐다. 그는 예술을 이렇게 정의했다.

> "예술이란 어떤 사람이 특정의 감정을 경험한 후, 그것을 본능적으로 방출해버리지 않고 선, 색, 소리, 몸짓 등의 기호를 수단으로 의식적으로 전달하고, 다른 사람들은 그 감정에 전염되어 느끼게 되는 인간의 행위로 이루어진 것이다."

톨스토이는 표현이란 말보다 전달이나 소통이라는 말을 주로 사용했고, 예술의 본질이 감정을 통한 소통이란 뜻에서 감정의 전염이라고 정의했다. 개념 언어가 지식을 전달하듯이 예술은 감정을 전달하는 의사소통의 수단이며 정서의 언어라는 것이다.

톨스토이에 따르면, 예술 작품의 감정 전달과 의사소통이 성공하기 위해서는 세 가지 조건이 필요하다. 첫째는 전달하는 감정이 모호하지 않고 독특해야 하고, 둘째는 명확하게 전달돼야 하며, 셋째는 예술가가 진실성을 갖고 있어야 한다. 이 조건들은 예술가가 그 감정을 얼마나 절실하게 경험했느냐에 달려 있다. 톨스토이는 자신이 느끼지 않은 감정을 느낀 척하면서 작품에 표현하려 하면 감정 전달과 소통에 실패하고, 진정한 예술이 될 수도 없다고 주장했다. 그리고 감상자가 예술가의 감정을 느끼지 못하거나 작품을 이해하지 못하는 것도 예술가의 책임으로 보았다. 진정한 예술에는 해설이나 설명이 필요 없고 예술가가 오직 작품을 통해 자신의 진정성을 드러내야 한다는 점에서다.

톨스토이는 좋은 예술이 되기 위한 조건을 양적 기준과 질적 기준이라는 두 가지 측면에서 제시했다. 양적인 면에서는 전염이 강하게 일어날수록 좋은 예술이라고 주장했다. 많은 사람이 공감하고 보편적으로 접근할 수 있으며 이해할 수 있을 때 좋은 작품이 된다는 것이다. 이 점에서, 그는 베토벤의 교향곡 9번

〈합창〉이 나쁜 예술 작품이라고 주장했다. 〈합창〉은 베토벤이 청력을 잃은 후에 작곡한 마지막 교향곡인데, 기악곡으로만 연주되던 교향곡에 성악과 합창을 도입하고, 이중변주나 급작스런 조바꿈 등 새로운 변화를 시도한 작품이다. 그런데 이 작품이 나쁜 예술 작품이라니? 톨스토이는 좋은 작품은 음악의 보편적 수단인 선율에 감정을 실어 전달하는 것이어야 할 텐데, 베토벤은 〈합창〉에서 감정 표현의 빈곤함을 감추기 위해 복잡한 화성을 첨부했으며, 그 결과 화성에 익숙하지 않은 사람들이 선율마저도 낯설게 느끼게 했고, 사람들을 공통적 유대감으로 묶어주는 데 실패했다고 주장했다.

좋은 예술의 질적 기준은 어떠한가. 개념 언어가 지식의 진보를 이루듯이, 정서 언어로서 예술은 인류 복지에 이바지하는 감정으로 진보를 가져와야 한다. 이런 목표에 얼마나 적합한 감정을 전달하느냐에 따라 좋은 예술이 될 수 있다고 톨스토이는 주장했다. 그러면서 시대나 사회의 선과 악에 대한 기독교적 감정과 모든 사람이 신의 아들이라는 형제애를 불러일으키는 감정 등을 예로 들었다. 이런 감정이 전달되면 사람과 사람을 사랑으로 묶어주고 하나 되게 해서 인류 복지에 이바지하는 좋은 작품이 된다는 것이다. 그가 예로 든 작품들은 빅토르 위고Victor-Marie Hugo, 1802-1885의 〈레미제라블〉, 찰스 디킨즈Charles John Huffam Dickens, 1812-1870의 〈크리스마스 캐럴〉 등이다.

톨스토이의 예술론은 예술가와 감상자의 감정을 통한 소통을 강조한다는 점에서 크로체의 표현론보다 설득력이 있다. 또 예술이 감정을 전달하는 소통 수단으로서 사회적 기능과 책임도 갖고 있어야 한다고 말한 점이 새롭게 주목받았다. 하지만 문제점도 남겼는데, 우선 좋은 예술의 질적 기준에 자신의 기독교적 신념을 지나치게 개입시켰다는 점이 비판을 받았다. 예술의 질적 기준을 너무 좁게 제시해서, 예술은 보편적 정서 언어라는 톨스토이 자신의 주장과 상충된다는 지적도 있었다.

표현 개념에서 문제점은 예술가가 전달한 감정과 감상자가 느끼는 감정이 같은 것인지를 확신할 수 없다는 점이다. 감상자의 반응이 개인에 따라 서로 다를 수 있고, 작품을 감상하는 상황에 따라서도 달라질 수 있기 때문이다. 두 명의 감상자가 슬프거나 우울한 작품을 똑같이 보고 듣지만, 개인적인 성향에 따라 다른 반응을 보일 수 있다. 또 같은 감상자가 너무 자주 혹은 오랫동안 그 작품들을 보고 들으면, 처음에 느꼈던 슬픔과 우울함은 사라지고 지루하다는 느낌만을 갖게 될 것이다. 이 때문에 예술가의 감정을 감상자에게 전달하는 소통의 관점에서 설명하는 표현론도 한계에 부딪히고 만다.

예술 작품의 내적 속성으로서 표현

예술가의 창작 과정에 초점을 둔 표현론에 이어, 예술가와 감상자의 감정을 통한 소통이란 관점의 표현론도 문제점을 드러냈다. 하지만 우리는 음악사나 미술사에서 만나는 많은 작품들의 표현적 속성과 가치를 인정하고, 실제로 그렇게 느끼기도 한다. 그렇다면 이 작품들을 어떻게 설명해야 할까. 예술가나 감상자가 아닌 다른 관점, 즉 표현 과정의 세 번째 요소인 작품에 초점을 두고 설명하는 세 번째 부류의 표현론이 있다. 이 입장은 지금까지의 표현론이 작품의 창작과 감상 과정의 특성을 작품이라는 결과물의 해석에만 적용했기에 문제를 드러냈다고 보고, 결과물로서 작품 자체에만 초점을 두고 표현 개념을 설명하려 한다. 표현적이라고 할 수 있는 예술 작품들은 작품 자체로 표현적인 속성을 갖고 있다고 보는 것이다. 특정한 감정을 불러일으키는 구조나 형식이 작품 내재적인 지각 속성으로 담겨 있다는 주장이다. 따라서 어떤 작품이 표현적 가치를 지닌다고 할 때 예술가가 그런 감정을 경험했느냐 또는 감상자가 그런 감정을 느끼느냐 등은 중요하지 않다. 슬픈 음악은 느린 진행에 단조 등 슬픈 감정을 일으키는 속성과 구조를 작품 안의 특성으로 갖고 있고, 우울한 그림은 우울함을 일어나게 하는 흐린 색조와 희미한 형태 등의 표현적인 속성과 구조를 그림 안에 담고 있다는 것이다.

이제 예술가들은 특정의 감정을 직접 경험하지 않고도 표현적인 예술 작품을 창조할 수 있다. 사람들이 특정 감정을 품을 때 보이는 몸과 행동의 특징을 작품 안의 형식적 특징과 유사하게 나타내기만 하면 되기 때문이다. 예를 들어 슬픈 음악을 작곡하고자 한다면, 사람들이 슬픔에 빠졌을 때 걸음걸이가 느려지고 몸이 축 처진다는 점에 착안하여 이와 유사하게 느리고 단조의 속성을 갖는 형식을 작품 안에 나타내면 그만이다. 우울한 그림을 그리려면 우울해하는 사람들의 표정이나 동작의 특징을 잘 보고, 그와 유사한 형식이나 구조를 작품 안에 담기만 하면 된다. 사람들이 특정 감정 상태일 때 보이는 몸과 행동의 특징과 작품의 형식이나 구조적 특징이 유사하다면, 예술 작품의 표현이 이루어질 수 있다는 것이다.

작품의 감상도 감상자가 특정 감정을 느끼는 것이 아니라, 작품 안의 형식이나 구조적 특징 등의 표현적 속성을 알아차리는 것이다. 따라서 서로 다른 성향의 감상자들이 예술가가 의도한 감정을 느끼지 못한다 하더라도, 혹은 똑같은 감상자가 같은 작품을 여러 번 오랫동안 보고 들으면서 처음의 감정과 다른 느낌을 갖게 된다 하더라도, 작품의 표현적 가치나 감정 전달이 잘못됐다고 할 수는 없다. 그런 속성을 알아차리지 못하는 감상자의 문제일 뿐이며, 그 작품은 여전히 표현적 가치를 갖는다고 할 수 있다.

이 표현론은 다른 부류의 표현론에 비해서 작품의 표현적 속성을 비교적 객관적으로 설명할 수 있다는 장점을 갖추었다. 하지만 문제도 있다. 과연 예술가들이 인간의 모든 감정을 몸이나 행동의 특징에 의한 구조나 형식으로 표현할 수 있을까라는 의문이 제기된다. 인간의 감정에는 몸과 행동의 특징으로 표현되지 않는 것들도 있고, 표현된다 하더라도 작품의 형식적 특징과 유사하게 하는 일이 불가능할 수 있기 때문이다. 누군가를 향한 그리움, 고향에 대한 향수, 사랑과 미움의 감정 등이 행동이나 몸에서 어떤 특징으로 나타날 수 있고, 어떻게 작품의 형식으로 표현될 수 있는 걸까? 예술가들마다 서로 다른 표현적 형식으로 나타낼 수도 있을 텐데, 그때마다 작품을 앞에 두고 예술가들이 일일이 표현적 특징을 설명할 수는 없는 일이다. 따라서 세 번째 부류의 표현론도 예술 작품에 적용해서 실제 효과를 발휘하는 데는 한계를 가질 수밖에 없다.

표현과 현대 미술

감정의 표현이라는 주관적 현상을 객관적인 이론으로 만들려 한 표현론의 성과는 제한적일 수밖에 없다. 주관적 느낌이나 감정과 관계되는 현상을 개념화하는 데 한계가 있기 때문이다. 하지만 표현론은 사람들이 낭만주의 이후 나타난 주관적 경향의 작품들을 새롭게 보고 이해하는 데 기여했다. 모방론 아래 가치 없는 것으로 여겨졌던 새로운 예술적 성과나 가치들에 주목하게 하면서 이 이론은 새 시대의 영향력 있는 예술론으로 부상했다. 미술 작품이 모방적 속성 외에 또 다른 속성으로 표현적 속성을 갖는다는 점을 부각시켜 예술 영역의 확장을 가져왔다. 특히 미술 작품이 가시세계만이 아니라 눈에 보이지 않는 감정도 표현할 수 있고 느끼게 할 수 있다는 점이 대표적이다. 표현론은 특히 후기 인상주의Post-

[09] 빈센트 반 고흐
〈옥수수밭과 삼나무〉
1889년, 캔버스에 유채,
72.1×90.9cm, 런던
내셔널갤러리

Impressionism로 분류되는 빈센트 반 고흐Vincent van Gogh, 1853-1890와 폴 고갱에서 시작된 주관적 경향의 20세기 현대 미술 작품들의 이해에서 효력을 발휘했다.

반 고흐와 고갱은 19세기말 물질만능적인 사회 풍조가 유행하면서 종교나 도덕 같은 정신적인 것의 가치가 경시되고 있다는 문제의식을 갖고 있었다. 그래서 눈에 보이는 자연의 재현보다 감정이나 사상 같은 인간의 내면 세계가 담긴 자연을 표현하려 했다. 그중 반 고흐는 신교국인 네덜란드 출신으로, 가족들 대부분이 성직자였으며 어려서부터 종교적인 분위기에서 자랐다. 그가 평생에 걸쳐 자기 작품에서 추구한 것은 인간 정신이 향하는 무한하고 영원한 것에 대한 갈망과 동경이었다. 그곳에 이르는 과정이 순탄치 않기에, 이로 인해 겪게 되는 고통과 갈등과 번뇌를 작품 속에 솔직하게 표현하려 했다.

〈옥수수밭과 삼나무〉**[09]**는 반 고흐가 생레미Saint Rémy의 정신병원에 있을 때 그린 150점의 작품 중 하나이다. 하늘을 향해서 치솟은 삼나무로 무한하고 영원한 것에 대한 갈망을 나타냈고, 그 과정에서 겪는 마음의 고통과 번뇌를 옥수수밭과 나무 등의 소용돌이꼴 붓 자국과 구불구불한 선으로 표현했다. 밝은 태양이 비치고 있지만 고통받는 자신의 마음으로는 받아들이기 어려운 듯 구름이 가득한 하늘로 나타냈고, 눈으로 본 자연이 아니라 자신의 감정을 담은 자연을

[10] 빈센트 반 고흐
〈오베르의 교회〉
1890년, 캔버스에 유채,
74.5×94cm,
파리 오르세미술관

표현하려 했다. 〈오베르의 교회〉**[10]**는 반 고흐가 죽기 얼마전의 작품인데, 이런 경향의 마지막 단계에 해당하는 것이다. 그는 평생 영원하고 무한한 것에 대한 갈망과 동경에 매달렸으며, 그 험난한 과정에서 겪은 절망감을 극적으로 표현했다. 교회로 향하는 길을 구불구불하게 그려 고통과 번뇌를 나타냈는데, 망설이고 주저하는 마음을 반영하려는 듯 선이 뚝뚝 끊어진 모습이다. 반 고흐는 죽음에 내몰리는 절망과 극한 고통을 겪으면서 체념에 빠졌음을 선의 묘사로 상징했다. 구불구불한 선과 뒤틀린 형태로 표현된 교회가 금방이라도 쓰러질 것 같고, 하늘

11

12

가득히 뒤덮은 먹구름도 절망과 체념을 암시한다.

고갱은 19세기 말 프랑스에서 유행한 상징주의 운동에서 영향을 받았다. 문학을 중심으로 전개된 이 운동은 정신문화가 피폐해지는 사회에서 예술이 해독제 역할을 해야 한다는 주장을 앞세워 사람들을 모았다. 그 영향으로, 고갱도 미술 작품이란 눈에 보이는 대상의 재현보다 눈에 보이지 않는 사상이나 정신적인 것을 상징해야 한다는 방향으로 향했다. 그래서 그는 구체적 재현을 위한 설명적인 묘사 방식을 피하고, 굵은 윤곽선의 단순하고 큰 면과 주관적으로 선택한 신비로운 색채로 자유롭게 구성된 그림을 그리려 했다. 〈거대한 나무〉**[03]**의 신비롭고 환상적인 색채는 이런 맥락에서 나타났으며, 〈황색의 그리스도〉**[11]**도 유사한 방식으로 정신적인 의미를 담아낸다. 고갱은 십자가에 못 박힌 그리스도의 몸과 산과 들판을 온통 자연에 없는 황색으로 칠해놓아 신비로운 종교적 분위기를 느끼게 했다. 고통받는 그리스도의 모습을 평온히 잠든 듯이 그린 것은 사실적인 묘사보다 죽음 앞에서도 평상심을 잃지 않은 그리스도를 향한 자신의 믿음을 나타내기 위해서였다. 그리스도의 죽음을 슬퍼하는 사람들 모습이 좀 더 사실적이지만, 그것도 큰 면과 굵은 윤곽선으로

[11] 폴 고갱 〈황색의 그리스도〉 1889년, 캔버스에 유채, 92.1×73.4cm, 버팔로 올브라이트 녹스 아트 갤러리

[12] 에드바르 뭉크 〈절규〉 1893년, 나무판에 템페라, 83.5×66cm, 오슬로 국립미술관

나타내어 설명적 구체성보다는 종교적 믿음과 정신성의 상징을 우선시했다.

반 고흐와 고갱이 보인 감정과 사상의 표현 경향은 20세기 현대 미술 중에서 표현주의와 나비파로 이어졌다. 표현주의는 19세기 말에 퍼진 사회적 위기의식과 정신적 혼란을 그림에 담으려 했던 작가들이다. 그 위기가 인간 스스로에 의해서 초래된 것임을 인정하자는 뜻에서, 사람들이 겪는 정신적 고통이나 비극적 느낌을 숨김 없이 솔직하게 표현하려 했다. 이들은 자신의 감정을 통해 본 세계와 자연을 나타낸 반 고흐와 달리, 자신들이 느끼는 감정이나 정서 그 자체를 표현하려고 했다. 헤브라이어로 '예언자'란 의미를 담은 나비Nabis파는 고갱에게서 직접 영향을 받은 작가들이었다. 이들은 미래의 미술에 대한 예언자 역할을 하자는 취지로 모였으며, 고갱의 상징적이며 장식적인 색이나 면, 패턴과 구조를 이어받았다.

노르웨이의 대표적 표현주의 화가인 에드바르 뭉크Edvard Munch, 1863-1944는 19세기 말 상황에서 사람들이 가졌던 불안한 심리와 위기의식을 표현하려 했다. 그의 〈절규〉[12]를 보자. 반 고흐를 연상케 하는 소용돌이꼴의 선들이 검정, 노랑, 빨강으로 물결치듯 흐르고, 밝은 색채가 사용됐지만 음산하고 우울한 분위기가 화면 전체를 압도한다. 해질 무렵 붉게 타는 노을을 뒤로 한 채, 불안과 공포에 떨고 있는 한 사람이 다리를 건너오면서 절규하는 모습이 강렬한 인상을 준다. 그 사람의 표정과 반응을 보면서 신경증에 걸린 과민한 환자를 떠올릴 수도 있고, 더 큰 의미로 해가 지는 것과 다리를 건너는 것을 한 세기가 저물고 새로운 세기가 시작된다는 암시적 표현으로 받아들일 수도 있다. 뭉크가 전통의 가치관이 위협받고 새로운 가치관은 아직 형성되기 이전인 과도기의 상황에서 사람들이 겪었던 불안과 공포를 절규하는 한 사람의 표정으로 나타내려 했기 때문이다.

야수파Fauvism 화가이며 이론가였던 모리스 드니Maurice Denis, 1870-1943는 고갱에게서 정신적인 영향뿐만 아니라 화면 구성법까지 이어받았다. 그는 "한 장의 그림은 그것이 말이나 누드나 어떤 이야기이기 이전에 특정한 질서로 모아놓은 하나의 색면일 뿐이다"라는 말을 남겼다. 그림이란 그 안에 담긴 내용을 연상케 하는 것이기에 앞서, 색이나 형태 등 구성 요소들이 모인 평면이라는 것이다. 이는 그림을 일상세계나 자연을 담아내는 수단이 아니라 그 자체가 목적인 것으로 생각하고, 눈에 보이지 않는 사상이나 감정을 자유로운 형태와 색채 구성으로 나타내자는 주장이기도 했다. 그의 작품 〈녹색 나무가 있는 풍경〉[13]에 이런 생각이 고스란히 담겨 있다. 드니는 커다란 색면으로 화면을 구성하고, 나무줄기나 땅을 주관적으로 선택한 녹색으로 칠해서 신비로운 분위기를 자아냈다. 숲을 배경으로 천사와 유령처럼 보이는 사람들을 하얗게 표현한 것도 자연 풍경의 사실적 묘사와는 거리가 있다. 모두 고갱의 영향을 짐작하게 하는 특징으로, 그림이 자연이나 세계를 묘사하는 것이기보다 인간의 내면세계를 신비롭게 표현하는 것이어야 함을 보여주고 있다.

[13] 모리스 드니 〈녹색 나무가 있는 풍경〉 1893년, 캔버스에 유채, 45×41cm, 파리 오르세미술관

이처럼 표현 개념을 정의하고 미술 작품에 적용한다면, 표현의 의미나 가치가 낭만주의나 그 후 현대 미술의 주관적 경향에만 적용되는 특징이라고 할 수는 없을 것 같다. 미학자들이 낭만주의를 배경으로 모방론 대신 새로운 예술론으로 표현론을 주장했지만, 표현적 의미나 가치를 갖는 작품들은 고대부터 현대까지 계속해서 이어져왔기 때문이다. 헬레니즘 미술의 〈라오콘 군상〉이 내보이는 흐트러진 자세와 불균형의 형태, 고통스런 표정 묘사도 표현적이라고 할 수 있고, 미켈란젤로의 말기 작품이나 바로크 미술과 로코코 미술에서 보인 불균형적 형태와 색채의 감성적인 구사도 표현적이라고 할 수 있다.

그러면 표현이나 표현적 가치의 기원을 고대로까지 거슬러 올라가 살펴볼 수도 있을 것 같다. 시가 뮤즈 여신의 영감을 받아 창작되는 비합리적인 활동이라고 본 것이나, 시와 음악과 무용이 결합된 코레이아의 창작 근거를 영감과 열정에서 찾은 점을 예로 들 수 있다. 예술 창작의 근거를 비합리적인 것으로 본 주장들이 바로크 미술과 로코코 미술을 거쳐 낭만주의에 이르면서 예술가의 감정 표현을 강조하는 표현론에 이르렀다고 할 수도 있다. 달라진 점이 있다면, 고대에는 비합리적인 성향을 신으로부터 부여받은 것으로 여겼다면, 이제는 예술가라는 인간 내부에서 찾고 있다는 점이다. 이 점이 예술가들의 자유롭고 독창적인 표현으로 나타났고, 주관적·표현주의적 경향이라는 현대 미술의 한 흐름으로 이어졌다.

9. 형식으로서 예술

Key Words

- 현실과 빛과 색의 묘사 – 사실주의와 인상주의
- 형식론과 예술의 자율성 – 벨, 프라이
- 형식론과 모더니즘 미술

있는 그대로의 현실과 빛과 색의 묘사

– 사실주의와 인상주의

[01] 귀스타브 쿠르베
〈화가의 아틀리에〉
1849-1850년, 캔버스에
유채, 315×663cm,
파리 오르세미술관

사실주의Realism 화가 귀스타브 쿠르베Gustave Courbet, 1819-1877의 〈화가의 아틀리에〉[01]에는 '화가로서 나의 생애 7년을 결산한 알레고리'라는 부제가 붙어 있다. 부제에 걸맞게 쿠르베는 이 그림에서 자신의 예술에 관한 입장을 압축적으로 나타냈다. 화면 왼쪽에는 거지, 노동자, 거리의 악사 등 삶의 힘겨움에 지쳐 있는 당시 하층민들의 모습을 그렸고, 반대편에는 이들을 냉담한 시선으로 바라보는 상류층으로 샤를 보들레르Charles Pierre Baudelaire, 1844-1866 같은 지식인들과 샹플뢰리Jules François Felix Fleury-Husson, 1821-1889 같은 비평가와 화상들의 모습을 그렸다. 쿠르베는 이처럼 두 계층을 화면 양쪽으로 나누어 그려서 양분된 사회 계층이라는 당시의 현실 문제를 지적하려 했고, 화면 중앙에 그림을 그리는 자신을 위치시켜 자기 그림이 양분된 사회 계층의 중간에서 객관적인 시각으로 표현한다는 것을 뒷받침했다. 그는 고전주의의 이상화된 모습이나 낭만주의의 감정 표현과 상상력에 의한 구성과는 달리 객관적이며 사실적인 묘사를 강조했다.

사실주의가 가식과 편견을 벗고 현실세계에 객관적으로 다가가려 했다면, 인상주의Impressionism는 자연과 현실의 순간순간의 모습과 시각적 인상을 보이는 그대로 나타내려 했다. 〈해질 무렵의 몽마르트 거리〉**[02]**에는 인상주의 화가 카미유 피사로Camille Pissaro, 1830-1903가 파리의 한 호텔에서 내려다본 해질 무렵 몽마르트 거리의 모습이 담겨 있다. 차도에는 마차들이 가득하고, 인도에는 사람들이 넘쳐흐른다. 사람들이 하루 일을 마치고 다시 일상으로 돌아가기 위해 서두르는 부산한 모습이다. 몽마르트 거리임을 알 수 있는 특징적인 모습이나 사람들의 형태가 잘 드러나지 않고, 해질녘의 빛과 색의 변화나 그때의 분위기만이 화면을 가득 채우고 있다. 피사로가 이 모든 것을 나타내는 데 있어 그 어떤 윤곽선이나 원근법적 구도도 사용하지 않았기 때문이다. 인상주의가 형태나 입체감보다 색채의 대비와 조화를 강조했고, 주제보다 방법에 더 많은 관심을 기울여 전통 회화에서 벗어났음을 알 수 있다.

[02] 카미유 피사로 〈해질 무렵의 몽마르트 거리〉 1897년, 캔버스에 유채, 54×65cm, 취리히 나단컬렉션

인상주의에 의해서 새로운 회화의 길이 열렸다면, 조각에서는 베르니니 이후 천재 조각가로 평가받는 오귀스트 로댕Auguste Rodin, 1840-1917이 새로운 방향을 제시했다. 로댕은 조각에서 중요한 것은 어떤 대상이나 주제를 나타내느냐 보다 어떤 재료로 어떻게 나타내느냐 라고 보았다. 그래서 그는 조각을 기계적인 사실성과 전통 조각의 원리에서 해방시켜 새로운 방법을 시도하려 했다. 〈코가 부러진 남자〉**[03]**에서 로댕은 전통 조각 인물상의 한 형태인 흉상이 아니라 목이 잘려나간 듯한 두상의 형태로 제시했다. 대리석 대신 청동을 사용하고, 전통 조각에서 볼 수 있는 매끄러운 표면 처리도 없앴으며, 거친 자국과 주름들을 의도적으로 남겨놓았다. 추한 얼굴의 남자 모습을 더 왜곡시켜 조각의 목적이 이상적인 비례나 사실 묘사에 있지 않다는 것도 보여주었다. 재료, 질감, 양감, 다양한 형태들 자체가 조각의 목적이 되어야 한다고 로댕은 주장했고, 그에게서 현대 조각의 새로운 방법이 이어졌다.

[03] 오귀스트 로댕
〈코가 부러진 남자〉
1864년, 청동, 높이 24.1cm,
필라델피아미술관 로댕관

19세는 혁명의 세기였다. 프랑스 대혁명에서 시작된 정치적 시민혁명으로 근대 시민사회의 정치 질서가 형성됐고, 사람들이 사회 변화의 주체가 될 수 있다는 의식을 갖게 됐다. 예술가들은 혁명 이후의 현실 주제에 관심을 보였고, 자유주의의 영향으로 감정과 상상력에 의한 자유로운 창조로 향하면서 낭만주의가 등장했다. 또 다른 혁명인 경제 분야의 산업혁명은 사람들의 구체적인 생활 환경에 변화를 가져왔다. 자본주의에 따른 산업화와 도시화가 진행되고 물질 문명이 발달하면서 모든 것을 실용성과 효율성을 기준으로 판단하는 사회가 출현했다. 실제적 검증이나 인과적 설명을 강조하는 자연 과학도 발달하면서 그에 따라 도덕적·미적 기준도 달라졌다. 이런 배경 아래 등장한 미술 양식이 사실주의와 인상주의였다.

오귀스트 콩트Isidore Marie Auguste François Xavier Comte, 1828-1893의 실증주의Positivism도 이런 사회 변화를 배경으로 나타났다. 콩트는 연속된 정치 혁명으로 인한 사회 혼란을 극복하고, 질서를 유지하기 위한 방법과 사회 개혁이 필요하다고 보았다. 사회가 혼란과 무질서에 빠진 것이 인간의 주관성을 강조하는 철학에서 비롯했다고 보고, 헤겔의 관념론 철학에 대해 반발했다. 그는 인간 정신으로 우주의 전 체계를 구성할 수 있다고 한 헤겔의 절대적 관념론이 모호하고 공허하다고 비판했고, 그것을 극복하기 위해서 과학 발달에 부합하는 사상 체계를 확립하려 했다. 이것이 그의 실증주의인데, 주관성의 함정에 빠지지 않기 위해서는 본질의 탐구보다 구체적 사실들의 관계나 법칙을 탐구해야 하며, 사회 법칙도 실증적으로 밝혀내서 정치나 도덕에 적용해야 한다는 입장이다.

제러미 벤담Jeremy Bentham, 1748-1832과 존 스튜어트 밀John Stuart Mill, 1806-1873의 공리주의Utilitarianism도 같은 맥락으로 이해된다. 이들은 선에 대한 도덕 관념을 경험적이며 구체적인 것에서 찾고 수립해야 한다고 생각했다. 종전의 윤리학이 신의 계명, 이성의 명령, 인간성의 목적 등을 근거로 선의 관념을 묻고 답하려 했다면, 모든 사람이 알고 있고 원하는 것인 행복과 쾌락에서 찾으려 했다. 그래서 이들은 개인들의 집합체로서 사회의 행복은 최대 다수가 행복해지는 것이며, 쾌락의 총합이 고통의 총합보다 더 클 때 선이 이루어진다면서 '최대 다수의 최대 행복'이라는 공리주의를 주장했다.

이런 실증적·과학적 관점과 사고의 영향 아래 감정이나 상상력보다 현실적인 것을 강조하는 사실주의와 자연 과학의 성과를 작품에 적용한 인상주의가 등장했다. 우선 사실주의에 의해서 예술은 다시 현실의 모방이며 재현이란 생각이 유행했다. 하지만 종전의 모방과는 약간의 차이점도 있었는데, 예술이 현실의 모방이기보다 분석이어야 하고, 현실을 선별하고 해석하는 것이어야 하며, 예술가가 과학자와 되어야 한다는 생각이 바탕을 이루었다. 일례로, 이 시대 작가인 에밀 졸라Émile François Zola, 1840-1902는 자신의 예술을 사실주의가 아닌 자연주의Naturalism라고 했는데, 자연이나 사람들의 삶을 탐구한다는 뜻으로 예술이 모방보다는 작가의 관점을 통해서 본 해석이어야 한다는 점에서였다. 인상주의도 자연과 현실의 재현에 관심을 보였지만, 방식은 사실주의와 달랐다. 인상주의자들은 대상 표면에서 일어나는 빛의 변화를 통한 색의 변화를 있는 그대로 재현하려 했다. 이런 시도는 눈으로 볼 수 있는 진실한 모습으로서 시각적 인상을 나타내려 했다는 점에서 또 다른 사실주의로 분류되기도 하고, 사라지기 쉬운 순간의 자연의 모습을 예술가의 시각적 관점으로 해석하려 한 시도로 평가되기도 한다.

사실주의자인 쿠르베는 그림의 창작이란 구체적 현실을 직접 경험한 그대로 나타내는 것이어야 한다고 보았다. 예술가는 추상적인 미의 이념보다 구체적 대상이나 현실로 눈을 돌려야 하며, 아름다운 대상이라는 구체적인 것을 목표로 해야 한다고 주장했다. 고전주의에서 추구한 미의 규범이나 형식이라든지 낭만주의의 상상력이나 감정에 의한 표현이 아니라 현실 자체를 있는 그대로 보고

[04] 오노레 도미에 〈삼등 열차〉 1863~1865년, 캔버스에 유채, 65.4×90.2cm, 뉴욕 메트로폴리탄미술관

나타내야 한다는 것이다. 이런 관점에서 쿠르베는 "나는 천사를 그릴 수 없다. 그것을 한번도 본 적이 없기 때문이다"라는 말을 남겼다. 그리고 산업혁명으로 인한 문제점인 빈부 격차와 소외된 계층이라는 사회 현실에 주목했고, 지금까지 예술에서 소외됐던 노동자와 서민의 삶을 그림의 소재로 다뤘다.

오노레 도미에Honoré-Victorin Daumier, 1808-1879는 신문에 풍자만화를 그리다 뒤늦게 화가가 됐다. 그의 그림이 사실적인 묘사에 집중하기보다는 사회 현실을 날카롭게 비판한다는 점에서 사실주의 화가로 여겨진다. 그는 도시 서민의 힘들고 고단한 삶의 모습을 작품에 주로 담았다. 〈삼등 열차〉**[04]**는 하루 일을 마치고 집으로 돌아가는 서민들의 피곤한 삶이 담긴 삼등 열차 안의 정경을 그린 작품이다. 두 손을 모으고 눈을 반쯤 감은 노파는 지치고 피곤해 보인다. 그 옆에서 아기에게 젖을 주며 흐뭇해하는 여인의 모습이 인상적이다. 지치고 짜증난 소년은 불편한 표정을 지으며 바닥에 주저앉아버렸고, 뒷칸 가득히 앉아 있는 한 무리의 남자들은 주위에는 아랑곳 하지 않고 떠들고 있다. 모두 같은 열차 안에 있지만, 서로를 신경 쓰지 않는 사람들의 모습이 산업사회의 고독한 군중을 암시하고 있다. 도미에는 산업화로 인한 빈부 격차로 서민들이 느끼는 삶의 애환 같은 시대적 감정을 나타냈고, 쿠르베가 그랬듯이 그 어떤 이상화된 형식이나 상상력을 통한 구성의 흔적도 배제했다.

사실주의가 노동자나 서민 등 소외계층의 삶을 소재로 했다면, 인상주의는 파리를 중심으로 유행의 첨단을 따르는 중산층 시민계급의 삶을 주로 다뤘다. 신고전주의와 낭만주의가 혁명과 사회 변화를 주도한 시민계급 취향의 미술이라는 점과도 차이가 있었다. 하지만 인상주의가 미술사에 남긴 보다 큰 의의는 소재나 주제보다 방법을 강조한 점이다. 인상주의자들이 대상 자체보다 대상의 시각적 인상을 나타내려 했고, 그림의 주제인 무엇what보다 방법인 어떻게how를 더 중요하게 생각한 점이 인상주의 이후 현대 미술에 영향을 미쳐 다양한 방법의 현대 미술 양식들로 이어졌다.

인상주의자들의 시도는 과학의 성과에 의해 뒷받침됐다. 프리즘이 발명되고 광학 이론이 발달하면서 사람들은 색이 물체의 성질이 아니라 빛의 효과에 의한 것으로 이해했고, 시간이 달라지면 빛의 양과 세기도 달라지고 대상 표면의 색도 달라진다고 생각했다. 인상주의자들은 이렇게 시시각각 변화하는 빛에 의한 시각적 인상을 나타내기 위해 야외로 나갔고, 그곳에서 직접 경험한 것을 나타내려 했다. 이런 일이 가능해진 데는 당시 발명된 튜브형 물감, 화구 상자, 접히는 이젤 등의 도움이 컸으며, 사진기의 유행으로 순간의 인상이나 동작을 포착하는 방법을 알게 된 덕분도 있었다.

이들은 색의 사용에서 색채분할법 혹은 필촉분할법으로 불리는 방법을 창안했는데, 물감을 팔레트에서 섞어서 사용하지 않고, 순색 물감의 붓 자국들이 화면 위에서 동등한 가치를 갖도록 나란히 배열해서 사용하는 방법이다. 그림을 가까이에서 보면 색점들이 거칠게 나열된 것처럼 보이지만, 멀리서 보면 색점들이 혼합되면서 희미한 형태감을 만들어내기도 하고, 색채들의 조화와 뉘앙스가 나타난다. 이는 순간순간 변하는 시각적 인상을 나타내기 위해서 사용한 인상주의만의 방법이었다.

이런 인상주의의 주장과 방법에 평생 동안 매달렸던 대표 화가는 클로드 모네Claude Monet, 1840-1926였다. 그는 아카데미의 정형화된 규범을 따르는 그림들이 자연의 진실한 모습을 왜곡한다고 생각했고, 새로운 미술 운동으로서 인상주의를 발의하고 이끌어 나갔다. 시간이 지나면서 다른 화가들은 인상주의 운동에서 멀어졌지만, 모네는 끝까지 시시각각 변하는 자연의 모습을 잡아내는

데 몰두했고, 말년에는 지베르니Giverny 마을에 정원을 만들어놓고 인상주의 양식의 그림에 매달렸다.

지베르니 평원의 건초더미를 아침과 해질 무렵에 그린 모네의 그림 두 점[05, 06]을 보자. 아침 햇살이 비치는 평원 위의 건초더미는 연한 녹색을 띠고 있고, 그림자에서도 청색 기운이 감돌고 있다. 이에 비해 해질 무렵의 건초더미에서는 붉은 색채들의 대비와 조화가 두드러진다. 모네가 노을에 붉게 물든 하늘과 노을빛이 비치는 평원과 건초더미를 붉은 색선과 색점들을 사용해서 나타냈기 때문이다. 두 그림에서 건초더미나 주변 풍경보다 색채 효과가 두드러지는 것은 모네가 시각적인 인상을 그림의 목표로 삼았기 때문이다. 하찮고 잘 주목하지 않는 건초더미를 대상으로 한 것은 그림의 주제보다 빛과 색의 변화라는 방법을 더 두드러지게 하려는 의도에서였다.

05

06

[05] 클로드 모네 〈건초더미, 늦여름 아침〉 1890~1891년, 캔버스에 유채, 60×100cm, 파리 오르세미술관

[06] 클로드 모네 〈건초더미, 해질 무렵〉 1888년, 캔버스에 유채, 65×92cm, 일본 사이타마 근대미술관

새로운 그림을 향한 인상주의의 시도는 생각 이상의 반향을 일으켰다. 인상주의자들이 그림의 방법을 중요하게 다룬 것이 인상주의 이후 현대 미술에서 작품의 형식을 강조하는 경향으로 이어졌고, 20세기 현대 미술의 다양한 양식적 시도들이 탄생했다. 미술이 대상이나 사건의 설득력 있는 재현에서 벗어나 작품 자체의 형식을 목적으로 하는 독립적 세계라는 생각으로 이어졌고, 예술가들마다 다른 형식을 창조하는 예술 세계가 펼쳐졌다. 그 시작은 후기 인상주의자의 한 사람인 폴 세잔Paul Cézanne, 1839-1906에서부터였다. 세잔은 그림의 선, 색, 면을 대상의 재현 수단이 아니라 그림 자체의 조형적 관계나 형식을 구성하는 요소로 보았다.

세잔은 처음에는 인상주의에 가담했지만, 인상주의 그림에서 형태와 구조가 사라지는 것에 대해 반발했다. 대상 표면의 시각적 인상은 변한다 하더라도 형태나 구조는 변하지 않는다는 생각에서였다. 그래서 그는 형태와 구조를 살리기 위해 자연 속의 모든 대상은 구, 원통, 원뿔로 환원시켜 나타내야 한다고 주장했다. 데생이나 형태와 색채도 상호보완 관계로 보았고, 색을 칠함으로써 형태가 풍부해지고, 형태에 의해서 색도 견고해져야 한다고 주장했다. 색의 명암이나 색조 간의 조화와 대조가 사물의 양감이나 형태감과 서로 관련을 맺어야 한다는 주장으로, 지금까지 데생과 색채를 서로 대립적인 것으로 여겼던 전통의 관점을 극복하려 한 시도이기도 했다.

이렇게 그린 〈사과가 담긴 광주리〉**[07]**는 모네의 〈건초더미〉에 비해서 무겁고 단단해 보인다. 잘게 쪼갠 색점들이 없어졌고, 넓게 바른 색면들이 서로 만나고 겹쳐지면서 양감과 입체감을 자아낸다. 그림이 전체적으로 안정감이 있고, 화면이 꽉 찬 느낌도 준다. 각 물체들을 충실하게 그리면서 공간을 구성하고 사과, 오렌지, 병, 식탁보 등도 구, 원통, 원뿔 같은 기하 형태를 염두에 두고 나타냈기 때문이다. 하지만 그림 안에서 이상하게 왜곡된 점들도 많이 발견된다. 병과 광주리와 사과와 식탁보 등이 하나의 초점으로 모이지 않고, 사물들 사이의 관계도 이상하다. 병은 비스듬히 기울어졌고, 왼쪽의 사과를 담은 광주리에서 사과들이 곧 굴러 떨어질 것 같다. 과자 접시도 다른 것들과의 관계에서 이상하게 어긋나 있으며, 식탁보 좌우의 식탁 높이도 서로 일치하지 않는다. 이런 이상한 점들은 세잔이 종전의 원근법적 그림처럼 어떤 하나의 대상에 중심을 두고 다른 대상들을 통일시켜 나타내지 않았기 때문이다.

세잔은 원근법이 실제 사물이나 공간을 있는 그대로 파악하는 방법이라고

[07] 폴 세잔 〈사과가 담긴 광주리〉 1890~1894년, 캔버스에 유채, 60×80cm, 시카고 아트 인스티튜트

[08] 서로 다른 시점에서 찍은 사진들의 합성

07

08

생각하지 않았다. 원근법이 한쪽 눈을 감고 고정한 채 바라본 모습이며, 어떤 하나의 대상에 중심을 두는 방법이란 점에 불만을 품었다. 그래서 그는 각각의 사물들의 형태에 충실하기 위해서 두 눈을 움직이면서 서로 다른 시점으로 파악한 모습을 나타내는 다시점 방식을 사용했다. 이 방식은 원근법적 공간 구성과 구분해서 물체 중심의 공간 구성이라고 불리는데, 세잔이 인간 시점 중심의 공간 구성과 달리 각 시점에서 파악한 물체들의 공간 구성에 충실하려 했다는 뜻이다. [08 참조]

세잔이 선보인 물체 중심의 조형세계와 다시점의 공간 구성은 입체파Cubism에 직접적인 영향을 주었고, 세잔이 선, 색, 면을 형태와 양감과 무게감 등의 형식적 관계를 구성하는 요소로 사용한 점은 그림의 형식과 구성 방법을 강조하는 20세기 현대 미술의 다양한 형식 실험들을 불러일으켰다. 그리고 이런 미술을 설명하는 새로운 예술론인 형식주의Formalism 예술론이 등장했다.

구성 요소들의 형식과 예술의 자율성

– 벨과 프라이의 형식론

형식주의 예술론(이하 형식론)은 후기 인상주의 작품의 반反모방론적 측면을 옹호하기 위해서 주장됐다. 미술 작품을 과거와는 다른 방식으로 보아야 하며, 재현이 아닌 작품 자체의 형식으로 보아야 한다는 관점에 의한 것이다. 진정한 예술은 대상의 내용을 지시하는 서술적인 것이 아니라, 미적 가치가 있는 형식의 구성이라는 주장이다. 형식론이 강조하는 형식이란 무엇일까. 미술 작품의 '형식'은 내용을 담는 틀로서 감각적으로 주어지는 것, 대상들의 구성과 윤곽, 작품 구성 요소나 부분들의 배열 등을 뜻하고, 이에 대비되는 개념인 내용은 그 안에 담긴 대상들과 의미와 감정 등을 뜻한다. 모방론과 표현론이 미술 작품의 내용과 형식이 통합되어 있다고 여긴다면, 형식론은 내용과 형식의 분리가 가능하다고 보고, 미술 작품의 진정한 가치를 형식에서 찾는 입장이다. 예술이 작품 밖에 있는 삶 속의 대상의 재현이거나 감정이나 정서의 표현에 의해서가 아니라, 내용과 분리된 작품 자체의 순수한 형식에 의해서 가치를 갖는다는 것이다.

형식론에 따르면, 예술은 삶의 내용을 모방하거나 의존할 필요가 없는 독립적이고 자율적이며 자기 충족적인 세계이다. 예술은 삶의 세계와 구분되어야 하며, 예술의 가치가 삶의 경험이 아니라 작품 자체의 형식에 있다는 것이다. 그래서 예술의 본질은 구성 요소들의 형식적 관계라고 정의된다. 그림에서는 선, 색, 면 등의 요소들, 조각에서는 재료, 질감, 양감 등의 요소들이 이루는 형식적 관계가 예술의 본질이라는 것이다. 20세기 현대 미술이 복잡하게 전개되면서 표현 개념만으로 설명되지 않는 다양한 작품들을 작품의 또 한 측면인 형식의 관점에서 보자는 입장이다.

형식론이 등장한 데는 세잔에서 시작된 현대 미술의 형식적 경향이 영향을 주었지만, 미학적으로는 예술의 내용보다 형식에 주목했던 사상의 배경도 있었다. 19세기 초에서 중엽에 걸쳐 헤겔의 관념론적 미학에 반발하고 감각적인 형식을 강조했던 이론들이 그러하다. 이들은 헤겔이 미와 예술에서 정신적·이념적인 것을 강조하면서 감각적인 것의 가치를 하락시켰으며, 예술을 철학에 종속시키고 예술의 자율성을 희생시켰다고 비판했다. 요한 프리드리히 헤르바르트Johann Friedrich Herbart, 1776-1842는 예술의 본질적 특성은 구성 요소의 관계 집합인 형식이라고 했고, 에두아르드 한슬릭Eduard Hanslick, 1825-1904은 음악미의 비밀은 음들이 만들어낸 패턴에 있지 감정에 있는 것이 아니며, 작곡가의 마음의 탐구로 이루어지지는 않는다고 주장했다.

문학에서는 1915-1916년경 로만 야콥슨Roman Osipovich Jakobson, 1896-1982 등을 중심으로 등장한 러시아 형식주의가 대표적이다. 이들은 시의 본질은 단어들 간의 조화와 대비와 뉘앙스에 있다고 보았고, 시의 운율과 구조의 연구를 강조했다. 시어詩語는 일상 언어와 다른 것이어야 하며, 시어의 결합을 통한 낯설게 하기로 일상적이고 기계적인 우리 감각을 일깨워야 한다고 주장했다. 이들의 입장은 러시아에 스탈린 정권이 들어서고 예술을 현실 사회생활의 반영으로 본 마르크스주의Marxism 예술반영론이 등장할 때까지 지속됐다.

형식론이 예술의 자율적 세계로 향하게 된 데는 일부 낭만주의자들의 유미주의 운동인 '예술을 위한 예술l'art pour l'art'의 영향도 있었다. 이들은 실용성만을 기준으로 하는 산업사회에서 벗어나 현실로부터 거리를 둔 자율적 예술세계를 추구했고, 예술을 통해 일상의 삶에서 이룰 수 없는 가치를 구현하려 했다. 클라이브 벨Clive Bell, 1881-1964과 로저 프라이Roger Eliot Fry, 1866-1934의 형식론은 이런 입장들이 모여서 등장한 새로운 예술론이었다. 헤겔의 내용 미학보다 칸트의 형식 미학을 다시 주목했으며, 특히 칸트의 '목적 없는 합목적성의 형식' 개념에 관심을 보였다.

벨은 그의 책 『예술Art』에서 아카데미의 규칙에 따라 그린 멋진 풍경이나 잘 생긴 사람이나 도덕적 교훈의 그림들은 죽은 미술이라고 비판했다. 그림의 목적이 형식보다 주제에 있다는 점에서였다. 모방론에 깊이 빠진 당시 사람들이 후기 인상주의 작품을 서투른 실력 때문이나 사람들의 시선을 끌기 위해서라고 여기는 것에 대해서는 미술에 대한 오해에서 비롯된 편견이며, 이제는 다른 방식과 새로운 관점으로 미술 작품을 보아야 한다고 주장했다. 대상의 내용을 지시하는 서술적 그림은 정보나 관념을 전달하는 수단일 뿐이며, 진정한 미술은 미적 가치가 있는 형식으로 구성된 것이어야 한다는 점에서였다.

벨은 예술이란 '미적 정서를 불러일으키는 의미 있는 형식significant form'이라고 정의했다. 벨에 따르면, '의미 있는significant'이란 말은 개념적 '의미meaning'와는 다른 것이고, 칸트의 '목적 없는 합목적성의 형식'처럼 작품 속의 관계들이 지닌 어떤 비자연적 성질을 뜻한다. 미적 정서는 기쁨, 슬픔, 공포 같은 일상적인 정서와는 다른 것이고, 분석이 불가능한 독특한 정서이며, 예술 작품의 직관을 통해서 느끼는 것이다. 이런 미적 정서를 일으키는 예술 작품들이 지닌 공통의 성질이 의미 있는 형식이라는 뜻이다. 보다 구체적으로 설명하면, 구성 요소들의 관계들 중 주목받는 것이 형식이나 구조이고, 특히 그중에서 미적 정서나 감동을 주는 것이 의미 있는 형식이라는 말이다.

벨은 우리가 이렇듯 비자연적 성질인 의미 있는 형식을 통해서 미적 정서를 느끼기 위해서는 일상생활 속의 그 어떤 지식이나 정서도 필요하지 않고, 단지 형식에 대한 직관과 무관심적인 주목만이 필요하다고 주장했다. 벨의 이런 주장은 예술 작품에서 형식의 중요성을 부각시켰다는 점에서 현대 미술의 이해에서 효과를 발휘했다. 하지만 예술을 정의하면서 의미 있는 형식은 미적 정서를 통해 설명하고, 미적 정서는 의미 있는 형식을 통해 설명하여 순환론적인 오류에 빠졌다는 비판도 받았다.

또 다른 형식론자인 프라이의 설명 방식은 보다 구체적이고 실제적이다. 그는 예술 작품의 형식이 우리들의 혼란한 삶에 통일성을 주는 것이라고 주장했다. 예술이란 혼란한 삶을 그 내용보다 형식의 관점에서 보고 통일성을 만들어내는 것이며, 예술가가 선, 색, 형태, 양감, 명암 등의 조형 요소들을 형식으로 구성하는 것이라는 주장이다. 그는 작품의 미적인 지각과 감상에 대해서는 벨과 마찬가지로 일상적인 관심을 떠나 작품 자체의 형식을 무관심적으로 관조하는 것이라고 보았다. 그림을 참되게 이해하는 사람은 그림의 주제를 중요하게 여기지 않고, 회화 형식이라는 언어를 느끼는 사람이라고 했다. 그는 그림의 무엇what보다 어떻게how에 중점을 두고 감상해야 하며, 예술은 일상의 삶이나 세계로부터 독립된 세계로서 자율성과 순수성을 갖는다고 말했다.

벨과 프라이의 형식론은 당시 미술을 낯설고 서툰 것으로 여기던 사람들에게 영향력을 발휘했다. 작품을 내용보다 형식의 관점에서 보도록 설득했기 때문이다. 하지만 형식론이 미술 작품 일반에 대해 설득력을 발휘하기 위해서는 해결해야 할 문제도 있었다. 당시 미술뿐 아니라 미술사의 대부분을 차지하는 재현 미술도 설명할 수 있어야 했기 때문이다. 벨은 재현 미술도 역시 형식적 가치를 가질 때에만 진정한 예술이 될 수 있다고 주장했다. 재현 미술의 진정한 감상도 작품의 내용을 확인하는 것이 아니라, 형식을 통해서 미적 정서를 느끼는 데에 있다고 말했다. 프라이도 재현 미술의 형식적 가치를 강조했다. 그는 고전주의 화가 푸생을 예로 들면서 푸생 그림의 역사적 주제와 내용은 지루한 느낌을 주지만, 그림을 구성한 선, 색, 형태, 명암, 양감 등이 상호 작용을 이루며 긴장감 있는 한 편의 조형적 드라마를 만들어내고 미적인 감동을 준다고 평가했다.

형식론의 주장을 레오나르도 다빈치의 〈최후의 만찬〉**[5-01]**과 틴토레토의 〈최후의 만찬〉**[6-02]**에 적용해보자. 두 그림은 성경 속의 같은 내용을 주제로 다룬다. 그리스도가 십자가에 못 박혀 죽기 전날, 열 두 명의 제자들과 만찬을 하면서 그들 중 누군가가 자신을 배반할 것이라고 말하자 제자들이 당황하면서 분위기가 어수선해졌다. 그런데 같은 내용이지만, 두 그림의 형식이 달라지면서 서로 다른 느낌을 전한다. 다빈치는 그리스도를 초점으로 하여 원근법과 좌우 균형이라는 방법을 사용했고, 색채도 명암 차이 없이 은은하게 구사해서 차분하고 안정감 있는 분위기를 전달했다. 이에 비해 틴토레토의 그림은 다빈치의 그림과 상반된 분위기를 자아낸다. 화면을 가로지르는 사선 구도와 인물들의 흐트러진 형태나 불균형적인 자세를 강조하고, 명암 대비도 강렬하게 해서 극적이며 역동적인 분위기를 전달하기 때문이다. 벨과 프라이는 이처럼 두 그림의 서로 다른 형식이 서로 다른 느낌과 미적 가치를 전달한다고 주장했다. 재현 미술의 미적 가치는 형식의 차이점에 의한 것이지, 그 안에 담긴 내용에 있는 것이 아니라는 말이다. 최후의 만찬 내용을 확인하려 한다면, 굳이 이 그림들을 보지 않아도 될 것이기 때문이다.

형식론과 모더니즘 미술

20세기 현대 미술은 후기 인상주의자인 반 고흐, 고갱, 세잔을 시작으로 다양한 경향들로 전개됐다. 반 고흐나 고갱으로부터 주관적이고 표현주의적인 경향의 흐름이 이어졌고, 세잔으로부터 합리주의적이며 기하학적인 경향의 흐름이 전개됐다. 이렇듯 서로 다른 흐름으로 전개된 것은 세 사람 모두가 인상주의에 대한 문제의식에서 출발했지만, 그 대안으로 제시한 방법이 서로 달랐기 때문이다. 하지만 이들은 모방론이나 사실세계에 묶여 있던 미술을 해방시키고 선, 색, 면 등을 대상의 재현 수단이기보다 작품 형식의 구성 요소로 생각했다는 점에서 공통적이었다. 이 점에서 세잔이 주목했던 형식의 관점이 반 고흐나 고갱으로부터 이어지는 주관적 경향의 작품들에도 적용됐다. 그림의 구성 요소인 선, 색, 면 등을 서로 다른 방법으로 구성해서 서로 다른 형식세계의 미술 작품을 만들어냈다는 점에서다.

작품 자체의 형식 구성으로 향한 미술 작품은 점점 더 현실세계에서 멀어졌고, 입체파와 야수파를 거쳐 추상 미술로 이어졌다. 비재현 미술, 비구상 미술로도 불리는 추상 미술은 대상의 재현보다 선과 색과 형태들의 관계로 그림 자체를 구성하려 했고, 일상의 경험을 떠난 자율적인 예술세계를 강조했다. 현대 미술이 추상 미술에 이르면서 지금까지 영향력을 가졌던 표현론도 한계를 드러냈는데, 작품마다 예술가의 감정이나 심리 상태를 찾아서 이해한다는 것이 제한적이거나 불가능했기 때문이다. 그 자리를 형식론이 대신했고, 현대 미술을 설명하는 설득력 있는 이론으로 자리 잡았다. 예술에서 중요한 것은 작품의 형식 자체이며, 그 형식이 예술의 본질을 이룬다는 생각은 미술계 전반에 유행했다.

한편 20세기 현대 미술에서 형식이 강조되면서 현대 미술modern art을 지칭하는 다른 말로 '모더니즘 미술modernism art'이란 용어가 사용되기 시작했다. 현대 미술과 모더니즘 미술이란 말 모두 공통적으로 19세기 말 후기 인상주의부터 추상 미술을 거쳐 20세기 중반까지의 새로운 미술 양식들을 가리키지만, 그 안에 담긴 의미에는 차이가 있다. 현대 미술이란 말이 19세기 말에서 20세기 중반까지라는 시대 구분에 중점을 둔다면, 모더니즘 미술이라는 말은 새로운 미술 양식들에 담긴 미학적 사고에 근거를 둔다. 또 모더니즘은 미술뿐만 아니라 문학과 음악을 포함한 예술 전반에 걸쳐 나타난 새로운 경향에 포괄적으로 적용되는 개념이기도 하다.

모더니즘이란 말은 서로 대조되는 두 가지 측면의 의미를 갖고 있다. 하나는 사회적 측면의 의미로 도시화, 산업화, 근대화에 따른 새로운 시대 의식인 모던한 삶의 태도나 정신을 반영한 예술 사조를 뜻한다. 다른 하나는 예술적 측면의 의미인데, 실용성을 중시하는 산업화 사회에 대한 반발에서 비롯된 '예술을 위한 예술' 운동 정신에 바탕한 것이다. 예술은 그 자체로 독립된 세계라는 점에서 예술 형식의 순수성과 자율성을 추구하는 예술 사조란 뜻이다. 이렇게 모더니즘이란 말에 서로 대조되는 두 의미가 결합된 것은 근대화를 이룬 계몽주의 정신이 모더니즘의 형성 배경과 관련되었기 때문이다.

'모던modern'이란 말부터 살펴보자. 근대 또는 현대로 번역되는 '모던'이란 말은 라틴어 '모데르누스modernus'를 어원으로 한다. 5세기경 기독교가 지배했던 중세 시대 사람들이 이교도가 지배했던 고대와 다르다는 것을 의미하기 위해서 사용했다. 그렇다고 '모던'이란 말이 고대와 대비되는 시기라는 뜻은 아니다. 8세기경 고대문화 부흥운동이 일었던 카롤링거 왕조Carolingian dynasty 시기에는 중세 성직자들의 종교적으로 낡은 사고와 구분하기 위해서도 사용됐고, 17세기 후반 신·구 논쟁 시기에는 과학을 발달시킨 근대를 고대와 구분하기 위해서도 쓰였기 때문이다. 모든 경우에 공통적인 의미는 '낡은 것으로부터 새로운 것으로의 이행'이었고, 전 시대와 대비된 새로운 시대 의식으로서 특정 시대를 전제로 한 새로움을 뜻했다.

특정 시대를 전제로 사용된 '모던'이란 말이 '모든 속박이나 전통으로부터 벗어난 새로운 것의 추구'라는 일반 의미로 사용된 것은 계몽주의 진보관에 의해서였다. 계몽주의Enlightenment는 과학의 합리적 사고로 낡은 관습을 타파하고 사회 진보를 이루자는 사회적 운동이었다. 당시 가장 발달했던 과학을 통해 무한한 진보를 이룰 수 있다는 믿음이 사회의 다른 분야로 확장된다면, 인간 삶의 총체적 발전을 이룰 수 있다는 사상이었다. 계몽주의 진보관의 근거에는 자연법 사상과 이성 중심주의가 있었고, 그 배경에 데카르트부터 시작된 근대 철학이 자리했다. 자연에는 법칙성이 존재하고, 그것을 이성을 통한 수학의 원리나 개념으로 계량화할 수 있으며, 과학의 발달과 새로운 지식의 추구로 역사적 진보를 이룰 수 있다는 주장이다. 그래서 계몽주의 사상가들은 과학적·합리적 사고로 대중을 교육시키고 계몽해서 사회 속의 미신이나 비합리적인 것을 제거하고, 과학 외의 영역에도 계몽주의 사고를 적용해 사회 각 분야의 전반적인 발전과 인간 삶의 총체적 진보를 이루려는 계획을 펼쳐 나갔다.

계몽주의의 자연법 사상의 영향으로 사람들은 사회 각 분야에도 자연 법칙과 같은 내적 논리가 있다고 생각했으며, 각 분야마다 갖고 있는 전문적이고 자율적인 특성의 추구로 향했다. 예술의 모더니즘도 이런 배경에서 탄생했는데, 이는 계몽주의 정신을 바탕으로 한 예술 사조였다. 예술도 자체의 법칙성을 지닌 하나의 전문 영역으로 여겨졌고, 삶으로부터 분리된 독립적이며 자율적인 세계라는 생각이 강조됐으며, 예술 분야에서도 새로움의 추구를 통해 진보를 이룰 수 있다는 믿음이 나타났다. 모더니즘 예술가들은 예술의 전문성과 자율성이 작품의 순수한 형식을 통해서 이루어져야 한다는 점에서 형식론에 주목했으며, 순수한 형식을 통한 예술만의 독특하고 고유한 경험의 추구로 향했다. 모더니즘 미술의 아방가르드avant-garde 즉 전위前衛 개념도 탄생했다. 이 말은 본래 군사 용어로 위험을 무릅쓰고 앞장서서 부대의 앞길을 헤쳐 나가는 역할을 하는 부대를 지칭한다. 미술에서는 모더니즘 예술가들이 모험을 무릅쓰고 새롭고 실험적인 형식을 만들어내어 미술의 새로운 영역을 개척하고, 미술 양식의 진보를 이룬다는 뜻으로 사용됐다. 다시 말해, 계몽주의의 진보관을 근거로 한 모더니즘 미술 개념이었다.

모더니즘 미술은 아방가르드 정신을 바탕으로 지금까지 미술을 묶어둔 모든 속박에서 벗어난 새로움의 추구로 향했고, 예술가들의 다양한 형식 실험이 연속해서 이어졌다. 이런 시도들이 미술사에서는 예술가들의 독창성originality에 의한 새로움으로 받아들여졌으며, 미술 양식상의 진보라는 이름으로 수용되면서 모더니즘 미술의 역사가 이뤄졌다. 모더니즘 미술 안에서도 회화와 조각 등 각 예술 장르들이 구분되고 서로 다른 전문 영역을 구성했다. 모더니즘 회화는 회화만의 독특하고 고유한 경험의 추구를 통해 회화의 독립성과 자율성을 이루는 방향으로 향했다. 조각과도 공유할 수 없는 것을 이루기 위해 삼차원적 재현은 조각적인 것이라는 점에서 회피되었으며, 가장 회화적인 것으로 평면성과 색채를 강조하는 추상 미술이 이어졌다. 모더니즘 조각도 가장 조각적인 것의 추구로 향했고, 재현 조각이 아닌 형태, 질감, 양감 등을 강조하고 재료 자체의 특성을 강조하는 추상 조각으로 이어졌다. 모더니즘 조각가들은 전통의 재현 조각이 재료 자체를 넘어선 인체나 형상으로 만들어내려고 재료나 형식 자체를 수단으로 여긴 점에 대해 반발했다. 이렇듯 모더니즘 미술 전반에 걸쳐 미술 작품들은 일상의 삶이나 현실세계로부터 멀어져갔고, 점점 더 작품 자체의 순수 형식 세계로 향해 나아갔다. 그 시작은 입체파와 야수파 회화에서부터였다.

파블로 피카소Pablo Ruiz Picasso Picasso, 1881-1973의 〈기타〉**[09]**는 그림이 재현이란 목적에서 자유로워지면서 나타난 입체파 작품이다. 피카소가 기타의 모습을 전·후·좌·우의 부분적인 형태들로 분석하고 해체한 후 다시 재구성했기 때문에, 온전한 기타의 모습은 찾을 수 없고 기타 줄과 울림통만 볼 수 있을 뿐이다. 세잔이 원근법을 부정하면서 시도했던 물체 중심의 공간 구성을 좀 더 이론적으로 나타낸 작품으로 평가받기도 한다. 피카소는 하나의 시점으로는 대상의 진실한 모습을 나타낼 수 없다고 생각하면서 다시점으로 파악한 대상의 모습을 분석과 종합이라는 방법으로 나타냈다. 재현이라는 전통에서 벗어나 재료의 사용도 자유로워져 전통 매체인 크레용이나 목탄뿐만 아니라 벽지나 신문지 같은 새로운 재료도 사용했다. 제목 '기타'에 걸맞는 설득력 있는 모습보다 다양한 매체들로 이룬 선과 색과 형태 등 형식적 가치가 피카소에게는 더 중요했다.

[09] 파블로 피카소 〈기타〉 1913년, 목탄, 크레용, 잉크 및 종이 콜라주, 65×50cm, 뉴욕 현대미술관

회화의 또 다른 새로운 형식은 야수파의 앙리 마티스Henri Matisse, 1869-1954에게서 나타났다. 피카소가 그림의 선과 형태를 재현이라는 목적에서 해방시켰다면, 마티스는 색채를 해방시켜 자율성을 이뤘다는 점에서 색채의 마술사로 불린다. 〈붉은 스튜디오〉**[10]**는 재현의 목적과 전혀 상관없이 자유로운 색채들이 두드러지는 그림으로, 피카소 그림과는 다른 형식의 세계이다. 마티스는 배경을 온통 빨갛게 칠해놓고, 선과 형태는 간략하게 하고 강렬하고 화사한 부분적 색채들을 여기저기 덧붙였으며 어떤 입체 형태나 공간적인 깊이도 나타내지 않았다. 스튜디오 안에 있는 조각상, 정물들, 벽에 걸린 그림들 모두

[10] 앙리 마티스
〈붉은 스튜디오〉 1911년,
캔버스에 유채, 180×220cm,
뉴욕 현대미술관

내용을 전달하기 위한 것이기보다 그림 형식의 구성 요소일 뿐이다. 큰 색면으로 구성한 점이 고갱의 영향을 받았다고 평가되기도 한다. 무엇보다 색채 사용이 마치 야수 같다고 해서 야수파 그림이라는 명칭이 붙었다.

모더니즘 미술이 대상의 재현에서 더 멀어지고 평면성의 추구로 향하면서 추상 미술이 등장했다. 비구상 미술, 비재현 미술로도 불리는 추상 미술은 두 가지 의미로 해석된다. 하나는 추상抽象, abstract이란 말이 '생략하다' 또는 '축약하다'란 뜻인 데서 유래한 것이다. 대상에서 본질적인 것을 추출하고 축약해서 단순하고 함축적인 형태로 나타낸 미술이란 의미이다. 다른 하나는 그림이란 선, 색, 형태 등의 구성 요소로 이루어진 형식이라는 형식론에 근거한다. 일상의 삶이나 세계로부터 벗어난 자유로운 형식 구성의 미술이란 의미이다. 자유로운 형식 구성이란 점에서 추상 미술은 크게 두 방향으로 정리된다. 피에트 몬드리안Piet Mondrian, 1872-1944에서 시작된 기하학적이며 합리주의적 경향의 추상 회화와 바실리 칸딘스키Wassily Wassilyevich Kandinsky, 1866-1949에서 시작된 주관적이며 표현주의적인 경향의 추상 회화이다.

몬드리안은 직선 위주의 기하학적 선과 형태를 중심으로 한 추상 회화를 시도했다. 색의 수나 표현 방법도 제한하고, 선과 색과 형태의 단순하고 절제된 형식 위주의 추상 미술 작품을 만들었다. 그의 의도는 화면의 기하 비례나 균형과 조화 등을 통해서 자연과 세계에서 만날 수 있는 질서와 비례를 연상시키는 것이었다.[11] 이에 비해 칸딘스키는 정형화할 수 없는 마음속의 느낌이나 감정을 표현하려 했고, 구불구불하게 뒤엉킨 선과 불규칙적 형태나 자유분방한 색채 구사 등을 특징으로 한 추상 회화를 제작했다. 이런 그림으로 순간적이며 즉흥적인 감정의 흐름과 변화를 표현하려 했고, 마음속의 동요나 충동을 연상시키려 했다. 그는 이것이, 우리들이 삶에서 느낄 수 있는 활기와 역동성을 암시하는 하나의 방법이 될 수 있다고 생각했다.[12] 몬드리안의 추상은 이성적 경향의 추상 형식주의로 불리고, 칸딘스키의 추상은 감성적 경향의 추상 표현주의로 불린다.

모더니즘 조각에서도 사실적인 묘사보다 형태와 양감과 질감 등의 조형 요소가 강조됐고, 그것들만으로 작품의 형식을 구성하는 추상 조각으로 이어졌다. 조각가들은 회화의 특성이 색과 평면성에 있다는 점과 자신들의 작업을 차별화하기 위해서 조각 특유의 형태감과 양감과 질감을 강조하려 했다. 조각을 기계적 사실성으로부터 벗어나게 한 로댕에 이어 콩스탕탱 브란쿠시Costantin Brancusi, 1876-1957는 로댕 이후 새로운 조각을 시도했다. 그는 상징적이며 함축적인 형태로 고갱의 원시주의적 경향을 실천하려 했고, 형태를 점점 더 단순화시키고 본질적인 것으로 축약시켜 추상 조각의 길을 열어놓았다.

〈뮤즈〉[13]에서 브란쿠시는 고갱 그림의 큰 색면을 연상케 하는 단순하면서

11

12

[11] 피에트 몬드리안 〈컴포지션 A〉 1923년, 캔버스에 유채, 90×91cm, 로마 국립현대미술관

[12] 바실리 칸딘스키 〈즉흥〉 1914년, 캔버스에 유채, 124.2×73cm, 뮌헨 스테드티쉐갤러리

근원적인 형태를 강조했다. 얼굴 윤곽만 짐작할 수 있을 정도의 생략된 형태와 양감, 표면을 다듬어 반짝이는 질감, 반사되는 빛의 효과 등을 작품의 구성 요소로 사용했다. 또 재료 자체에 큰 비중을 두고 돌은 돌답게, 나무는 나무답게, 쇠는 쇠답게 나타내고 보이도록 해서 재료 자체의 특성과 형식을 강조하기도 했다. 전통 조각처럼 재료 그 자체 이상의 무엇으로 보이기 위해서 꾸미고 다듬어 사람들의 눈을 현혹시킬 필요가 없다고 생각했기 때문이다. 〈공간 속의 새〉**[14]**도 단순하고 생략된 형태와 재료의 특성이라는 브란쿠시의 두 가지 생각이 결합된 추상 조각 작품이다. 새가 날아가는 모양을 암시하기 위해 형태를 생략하고 축약했고, 작품 형태와 표면 질감의 형식을 강조하기 위해서 추상적 형상으로 만들었다. 사람들이 이 작품을 보면서 새가 날개를 활짝 펴고 하늘을 나는 모습을 연상할 수도 있지만, 유선형의 단일한 형태와 그 위를 덮은 황금색 표면과 반사되는 빛의 효과만을 주목할 수도 있게 했다.

13

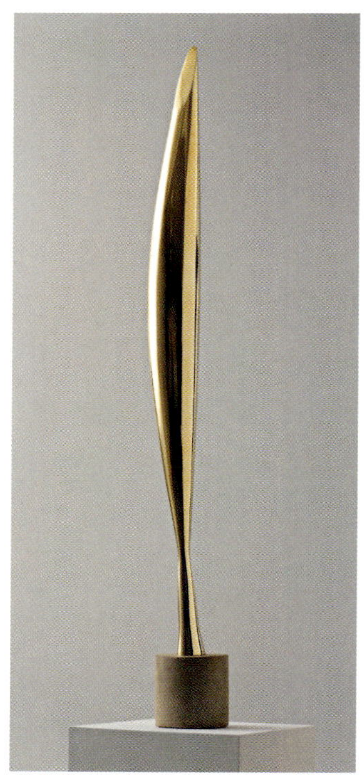

14

데이비드 스미스Roland David Smith, 1906-1965와 앤서니 카로Anthony Alfred Caro, b.1924에 의해서 조각은 사실적인 인체 조각에서 벗어나 추상 작품이 됐다. 〈큐바이 XIX〉**[15]**에서 스미스는 스테인리스 철로 만든 직육면체와 정육면체를 서로 다른 각도와 관계로 다양하게 구성했다. 그는 그 어떤 삶의 내용이나 사실적 형상도 묘사하지 않았다. 육면체의 불룩한 양의 공간과 그 사이에 형성된 음의 공간의 관계나 형태들의 각도를 조정해서 작품 안의 긴장감을 나타냈고, 스테인리스 철 표면을 갈아서 광택과 무늬라는 질감도 만들었으며, 표면에서 반사되는 빛의 효과도 덧붙였다. 스테인리스 철의 질감, 양감, 형태와 공간 관계, 빛 등이 어울려 만든 형식이 됐고, 일상적 삶의 내용이나 인체와는 전혀 관련이 없는 추상 조각 작품이 만들어졌다.

스미스와 달리 카로는 철제 빔과 철봉, 철판 등을 용접해서 〈어떤 이른 아침〉**[16]**이란 추상 조각을 선보였다. 우선 전체적으로 수직적이며 수평적인 구조를 구성하고, 재료들을 다양한 각도로 교차시켜 형식적 관계를 만들었으며, 전체적 통일성을 이루기 위해서 붉은색으로 칠해놓았다. 이 작품을 보고 이른 아침의 붉은 태양을 연상할 수도 있지만, 카로가 의도한 것은 색과 형태와 공간 관계의 형식으로 이룬 추상 조각의 독립된 세계이다. 즉 조각 작품이 인체 묘사나

[13] 콩스탕탱 브란쿠시 〈뮤즈〉 1912년, 대리석, 44.5×24.1×20.3cm, 뉴욕 솔로몬 R. 구겐하임 미술관

[14] 콩스탕탱 브란쿠시 〈공간 속의 새〉, 1932~1940년, 청동, 높이 134.6cm, 베네치아 솔로몬 R. 구겐하임 재단 페기 구겐하임 컬렉션

15

16

[15] 데이비드 스미스 〈큐바이 XIX〉 1964년, 스테인리스 철, 286.4×148×101.6cm, 런던 테이트갤러리

[16] 앤서니 카로 〈어떤 이른 아침〉 1962년, 채색된 알루미늄과 강철, 114×244×131cm, 런던 테이트갤러리

건물에 부속된 장식품에서 벗어나 그 자체의 자율적인 세계로 보이게 하는 것이었다.

공허한 형식

– 형식론의 문제점

추상 회화와 추상 조각으로 향한 모더니즘 미술은 20세기 중반을 지나면서 극단적인 추상 미술로 전개됐다. 모더니즘 회화는 사실세계 재현의 흔적뿐만 아니라 그림의 입체적인 느낌도 조각적인 것으로 보고 지워버리려 했고, 회화 고유의 것으로 색과 평면성만을 강조하는 미술 작품으로 향했다. 모더니즘 조각도 조각의 가장 근본인 요소를 형태, 양감, 질감 등으로 보고 그것들의 관계와 형식만으로 구성한 추상 조각을 시도했다. 회화만의 자율성과 순수성, 조각만의 순수성과 자율성을 이룬다는 모더니즘 미술의 목표가 지배했기 때문이다. 그 예로 회화에서는 마크 로스코Mark Rothko, 1903-1970와 바넷 뉴먼Barnett Newman, 1905-1970의 1960년대 색면 회화Colorfield painting를 들 수 있고, 조각에서는 도널드 저드Donald Judd, 1928-1994의 미니멀 아트Minimal art를 꼽을 수 있다.

색면 회화[17, 18]는 평평한 화면 위에 단일한 색을 고른 밀도로 칠해서 색채 평면의 순수성을 강조한 작품이다. 삶의 내용이나 주제에 대한 그 어떤 암시도 담지 않았고, 삼차원을 연상케 하는 흔적마저 지워버려 단순한 회화 평면 그 자체처럼 보이도록 한 것이다. 로스코와 뉴먼이 평면성과 색채의 효과를 통해서 회화만이 줄 수 있는 독특한 경험을 제공하고, 회화의 자율성을 이룬다는 목적에서 그린 그림들이다. 이들은 삼차원의 이미지를 연상시키는 재현 미술과 달리 가장 회화적인 것이며 회화의 본질적인 것은 평면성과 색이라는 점을 강조하려 했다. 회화가 예술가의 개인적인 의도에 의한 상징적이며 은유적인 내용을 갖는다는 생각도 부정하려 했다.

저드는 단순한 기하 육면체를 규칙적인 간격에 따라 반복 나열한 작품을 선보이며 스미스나 카로의 추상 조각에 있던 형식 구성의 흔적마저도 지워버렸다.[19] 작품의 내용뿐만 아니라 형식 구성까지도 최소화한 미술이란 뜻에서 미니멀 아트로 불리는 조각 작품이다. 미니멀 아트는 조각의 가장 근본은 형태라고 보고, 형태만으로 조각 작품의 의미를 제시해야 한다는 의도에서 시작됐다. 작품의 진정한 의미는 작품 자체에 있는 것이지, 작품 밖의 삶의 내용이나 예술가의 개인적 의도에 의한 것이 아니라는 것이다. 작품은 관람자가 보는 것 이상도 이하도 아닌 바로 그 자체이며, 작품의 의미는 작품 자체와 관람자 사이에 만들어진 공적 공간에서 제공되는 공적 의미여야 한다는 말이다. 그 의미가 무얼까. 단순한 육면체들이 반복해서 배열됐지만 그것이

[17] 마크 로스코, 〈No. 1〉, 1950년, 캔버스에 유채, 239.4×175.9cm, 개인 소장

[18] 바넷 뉴먼 〈영웅적 숭고를 향하여〉 1950~1951년, 캔버스에 유채, 242×543cm, 뉴욕 현대미술관

놓인 위치, 조명 조건, 관람자가 바라보는 시선의 방향이나 각도 등이 달라지면서 형태들의 다양한 변화라는 의미를 체험하게 한다는 것이다.

건축에서 모더니즘은 건축물 자체의 기능과 형식을 강조했다. 19세기 낭만주의 건축물의 장식이나 상징적 부속물을 특권 계급의 취향을 반영한 것이란 점에서 제거하려 했고, 건물의 본래적 기능만 있으면 충분하다는 생각이 중심을 이뤘으며, 건축물 그 이상의 의미나 아름다움보다 기능이 곧 미美라는 순수 기능주의를 내세웠다. 방법으로는 과거의 역사적 양식에서 벗어난 현대적 건축이어야 한다는 목표를 앞세우고, 현대의 재료와 공법인 철골 구조와 유리 등을 사용해서 수직선이 압도하는 고층 건물들을 만들었다.

미스 반 데어 로에Mies van der Rohe, 1886-1969의 〈시그램 빌딩〉**[20]**과 르 코르뷔지에Le Corbusier, 1887-1965의 〈사보이 별장〉**[21]**이 대표적인 모더니즘 건물이다. 이들은 건물 벽면의 모든 장식을 없애고 단순한 벽과 유리로 구성했으며, 질서와 비례만이 두드러지는 단순한 기능 위주의 건물로 만들었다. 단순한 구조를 강조해서 건축물 고유의 형식세계를 강조했고, 기능이 곧 건축의 미라는 생각을 실현하려 했다. 마치 색면 회화나 미니멀 조각 작품의 단순성을 입체적으로 옮겨놓은 듯한 느낌을 주는 건물들로 만들었다.

살펴보았듯이 모더니즘 미술은 회화, 조각, 건축에서 각기 다른 방식의 단순한 형식세계를 일구면서 예술의 새로운 경향을 이끌어갔다. 하지만 회화와 조각의 극단적인 추상적 경향은 사람들에게 쉽게 받아들여지지 않았고, 의문과 비판도 불러일으켰다. 단순한 색면이나 똑같은 육면체를 반복하는 것이 미술 작품이 될 수 있을까? 미술 애호 대중을 소외시키고, 지나치게 예술가들만의 전문 영역에 머무는 것은 아닐까? 이런 의문들이 제기됐다. 모더니즘 건축도 비판받았는데, 모더니즘 건물이 건축가의 작품은 될 수 있을지라도 현실적으로 그곳에 사는 사람들을

[19] 도널드 저드 〈무제〉
1968년, 스테인리스 철과 플렉시글라스, 23×102×79cm, 로스앤젤레스 카운티미술관

20

21

[20] 미스 반 데 로에 〈시그램 빌딩〉 1956~1958년, 뉴욕

[21] 르코르뷔지에 〈사보이 별장〉 1929~1931년, 파리 근교 프와시

위한 삶의 공간으로는 적합하지 않다는 지적이었다. 건물은 그 자체나 기능만으로 충분할 수는 없고, 건물과 환경과의 관계나 의미가 중요하며, 기능 이상으로 삶의 목적이나 역할과도 관련을 맺기 때문이다. 그 결과, 모더니즘 미술 전반에 걸쳐 삶의 세계와 동떨어진 공허한 형식이 되어버렸다는 비판이 제기됐다. 예술의 자율성과 형식의 순수성을 강조한 것이 모더니즘 미술을 삶을 떠난 공허한 형식으로 만들어버렸다는 지적이었다.

모더니즘 미술이 비판을 받으면서 모더니즘 미술에 근거를 제공했던 형식론에도 공허한 형식 이론이라는 비판이 제기됐다. 어디에 문제가 있었을까. 예술의 가치가 형식에 있다는 주장은 옳았지만, 순수한 형식을 위해 예술과 삶의 내용을 구분 지은 점이 문제였다. 예술이란 정도의 차이는 있지만 삶의 경험으로부터 독립적일 수 없고, 예술 작품의 형식은 내용과 구분될 수 없다는 주장이었다. 형식론이 사람들이 낯설게 여기던 20세기 모더니즘 미술의 이해에 설득력을 발휘했지만, 그렇다고 그 이론이 절대적일 수는 없었다. 그래서 예술 작품의 형식에 관한 새로운 주장도 등장했다. 미술 작품의 형식은 감각적 형식이라는 제시적 측면과 그 안의 내용인 재현적 측면으로 이루어지며, 그것들 사이의 긴장과 조화와 균형이라는 상호 작용을 통해 미적 경험이 이루어진다는 주장이었다. 내용과 형식은 모든 작품의 제작에서 동시에 포함되며 분리될 수 없다는 것이다. 작품의 내용이란 일상적 삶의 대상이나 사건일 수도 있지만,

예술가가 형식을 통해 나타내려 한 문제의식으로서 그 무엇일 수 있다는 입장도 등장했다.

그렇다면 재현 미술의 미적 경험이 형식에 의해 일어난다는 주장은 문제가 있다. 미술 작품이 형식적 가치를 갖고 형식이 미적 감동을 주는 것은 그 내용에 대한 이해가 있기 때문이라고 보아야 한다. 레오나르도 다빈치와 틴토레토의 〈최후의 만찬〉**[5-01, 6-02]**으로 돌아가보자. 두 작품은 최후의 만찬이란 똑같은 내용을 서로 다른 형식으로 제작했기에 서로 다른 종교적 의미와 감동을 준다. 다빈치의 작품이 경건하고 엄숙한 느낌을 준다면, 틴토레토의 작품은 당시의 극적이며 역동적인 분위기를 전달한다. 새로운 형식 이론에 따르면, 작품에 재현된 성경 속 최후의 만찬 내용을 통해서 종교적 의미와 그 당시 상황을 이해하게 될 때 다빈치나 틴토레토 작품의 형식으로부터 그런 미적 경험도 갖게 된다.

모더니즘 미술에서도 형식이 왜 중요하게 다루어지고, 왜 특별한 주목을 받게 되었는가를 달리 생각해야 한다. 그것은 형식을 주목하게 하는 '그 무엇'이 있기 때문이다. '그 무엇'은 예술가들이 형식을 통해서 나타내고자 했던 문제의식이고 이들이 겪은 경험에 근거한 의미나 가치 판단이며, 미술 작품 밖으로부터 영향을 받은 것이라고 할 수 있다. 예를 들어, 세잔은 하나의 시점으로 그림을 통일시키는 원근법적 방식이 인위적인 변형이며 실제로 사물을 보는 방식이 아니라는 문제의식을 갖고 있었다. 그렇게 실제 사물과 실제 공간에 충실하려 한 데서 세잔의 정물화 형식이 나타났고, 그 형식을 더 강렬하게 만들고 주목받게 했다. 마티스는 원근법이나 명암법의 묘사에서 벗어나 세계에 직접 다가간다는 문제의식을 야수적 감성의 선과 색채로 나타냈고, 이 점이 마티스 작품의 형식에 주목하게 했다.

정도 차이는 있지만, 추상 미술에서도 창작과 감상이 일상적 삶의 경험을 바탕으로 한다는 점에서 예외는 아니다. 칸딘스키는 〈즉흥〉**[12]**에서 선과 색의 자유분방함과 리듬감으로 삶의 역동성과 활기참을 나타내려 했다. 몬드리안**[11]**은 기하학적인 비례와 질서 있는 화면 구성으로 자연의 조화와 법칙성을 나타내려 했다. 만일 칸딘스키와 몬드리안이 자신들의 일상적 삶에서 역동성, 리듬감, 비례, 질서 등을 경험하지 않았다면, 자신들의 작품에서 그런 성질들을 연상시키는 형식들을 창안해낼 수는 없었을 것이다. 감상자들도 역시 일상적 삶의 경험에서 그런 성질들의 경험을 하지 못했다면, 그 그림들에서 칸딘스키나 몬드리안이

의도한 역동성, 활기참, 조화 등이 무엇인지, 그 형식이 지닌 의미가 무엇인지를 전혀 이해하지 못할 것이다.

그러면 예술의 형식은 작품 밖에 있는 삶의 경험과 관련성을 맺으며, 그것을 바탕으로 이루어진다고 할 수 있다. 모더니즘 미술에서 형식이 중요하지만, 그 형식에 주목하게 하는 것은 그 바탕이 된 삶의 경험이라는 것이다. 따라서 예술은 방식과 정도 차이는 있을지라도 삶의 경험에서 분리될 수 없으며, 삶을 떠나서는 존재할 수 없다. 이 점에서 예술과 삶을 구분 짓고 순수 형식을 강조한 형식론은 공허한 이론이라는 비판과 함께 한계를 드러냈다.

10. 예술정의 불가론과 예술제도론

Key Words

- 비트겐슈타인의 분석철학과 분석미학
- 열린 개념으로서 예술 – 웨이츠
- 예술계와 다원주의 예술 – 단토
- 예술제도론 – 디키

예술의 새로운 이해와 현대 철학

1917년 마르셀 뒤샹Marcel Duchamp, 1887-1968은 기성품 소변기를 〈샘〉**[01]**이란 제목을 붙여 뉴욕의 한 화랑의 전시회에 보냈다. 물론 전시에서 제외됐는데, 예술가의 창작 행위가 없다는 이유에서였다. 이에 대해 뒤샹은 자신이 소변기를 선택했고, 예술 작품으로 결정했으며, 전시장으로 보낸 것만으로도 창작 행위가 성립된다고 주장했다. 작품의 창작이 반드시 예술가가 무언가를 그리거나 만드는 행위여야 한다는 전통적인 생각을 부정하려는 의도에서였다. 그는 변기 가게에 가면 많이 있는 기성품 소변기를 작품으로 제시해서 작품 창작에서 가장 기본적이며 중요한 바탕이 돼온 독창성 개념을 부정하려 했다. 몇 개의 원리나 미학이 지배해온 전통 예술론에 대한 반발이라는 목적도 있었다. 다다Dada라는 반反예술 운동은 이렇게 탄생했다.

그로부터 40년 후, 로버트 라우션버그Robert Rauschenberg, 1925-2008는 길에 버려진 쓰레기나 기성품들을 모으고 그 위에 물감을 칠해서 〈모노그램〉**[02]**이라는 작품을 만들었다. 이것저것 잡다한 것들을 모아서

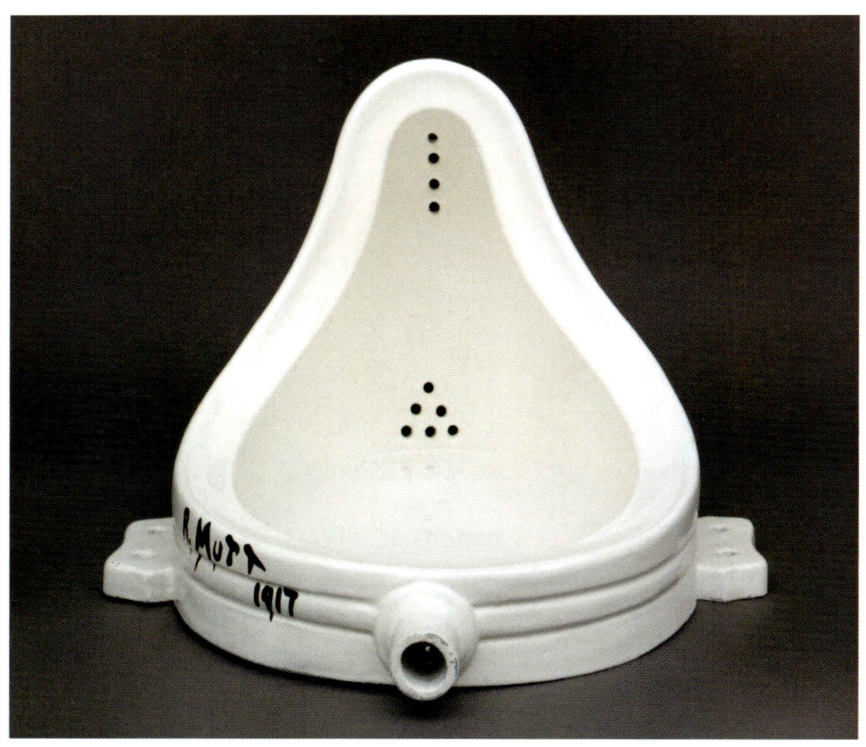

[01] 마르셀 뒤샹 〈샘〉
1917년, 기성품 변기에 서명, 높이 63cm. 밀라노 갤러리 슈바르츠

[02] 로버트 라우션버그 〈모노그램〉 1955~1959년, 혼합 매체, 160.5×163×95cm, 스톡홀름 근대미술관

결합했다는 뜻에서 아상블라주assemblage라고도 하고, 기성품과 물감자국 같은 회화적 요소를 결합했다는 점에서 콤바인 페인팅combine painting이라고도 한다. 전혀 어울리지 않을 것 같은 이질적인 것들이 모여 동등한 가치를 갖는 장소라는 뜻을 나타내는 것이다. 여러 인종들이 모여서 같이 살아가는 뉴욕 사회의 성격이 그렇고, 의식과 무의식이 서로 충돌하면서 함께 하는 인간의 내면세계도 그렇다. 서로 다른 시기와 장소에서 창작된 미술 작품들이 모여 있는 미술관이란 장소가 그런 곳이라는 의미로 해석되기도 한다.

팝 아트Pop Art 작가인 앤디 워홀Andy Wahol, 1928-1987은 슈퍼마켓에서 볼 수 있는 브릴로 세제 상자를 그대로 재현해서 작품으로 제시했다. 합판으로 상자 모형을 제작하고, 판화로 만든 포장지를 붙여서 제목도 〈브릴로 상자〉**[03]**라고 붙였다. 일상생활에서 만나는 익숙하고 평범한 사물이지만, 그것이 어떤 방식으로 제시되고 보이느냐에 따라서 미술 작품이 될 수도 있다는 것이 이 작품의 의도이다. 워홀은 미술 창작이 꼭 새롭고 난해한 것을 창안해야만 하는 것은 아니며, 일상의 사물이나 행위가 예술이 될 때 그것을 접하는 사람들의 일상적인 삶 자체의 질도 향상될 수 있다고 주장했다.

[03] 앤디 워홀, <브릴로 상자>, 1964년, 나무에 합성 수지 안료와 실크스크린 잉크, 각 43.3×43.2×36.5cm

이 작품들은 형식론의 순수 형식의 관점으로는 설명되지 않는다. 조형적인 방법보다 예술이라는 행위, 예술을 대하는 태도, 예술과 사회의 관계 등에 관심을 나타낸 작품들이기 때문이다. 이처럼 모더니즘 미술은 조형적인 문제뿐만 아니라 예술 현상 자체나 예술이 처한 상황 등의 다양한 분야에도 관심이 있었다. 따라서 형식론은 공허한 형식 이론이라는 비판을 받았을 뿐만 아니라 이런 작품들의 설명에서도 한계를 드러냈다. 문제는 역시 작품의 내용과 형식을 구분하고, 예술을 삶의 경험과 독립된 형식세계로 이해하려 한 점에 있었다. 예술이란 어떤 방식으로든 세계나 삶과의 관계를 떠나서는 이루어질 수 없는 것이기 때문이다. 그래서 예술의 이해를 위한 형식론 대신의 새로운 관점이 요구되었고, 미학자들은 인간의 삶과 세계를 전통 철학과 다르게 이해하는 현대 철학의 대표적 세 경향인 분석철학, 현상학, 실존주의 등에 바탕을 둔 예술론에 주목했다.

전통 철학은 인간과 세계의 본질을 찾고 파악해서 거대한 사상 체계를 이루려 했다. 변화무쌍한 인간의 삶과 세계의 배후에 그것들을 있게 하는 근원적인 것이 있다고 보았고, 그에 어떻게 접근할 것인가라는 방법을 찾으려 했다. 플라톤, 데카르트, 그리고 헤겔에 이르는 합리론 전통은 인간 정신과 이성에 의한 방법으로 세계의 구조에 대한 사상 체계를 구축할 수 있다고 보았다. 경험론은 감각적으로 경험할 수 있는 것만을 참되다고 했고, 현실적이며 실제적인 경험 위에서 그런 사상 체계를 이루려 했다.

분석철학, 현상학, 실존주의는 이런 전통 철학에 대한 문제의식에서 시작됐고, 서로 다른 방향으로 해결 방안을 제시하려 했다. 분석철학은 철학이 세계를 직접 대상으로 하기보다 세계의 기술에 사용된 언어의 분석으로 향해야 한다는 입장이다. 세계를 기술하는 언어의 구조나 기능을 분석하고 검토함으로써 세계의 구조와 특성에 다가갈 수 있다고 본다. 현상학과 실존주의는 헤겔에서 정점에 이른 합리론 철학이 인간 정신을 통해 세계에 대한 거대한 사상 체계를 이룰 수 있다고 생각한 점에서 잘못됐다고 비판했다. 이들은 정신의 지나친 신뢰가 인간의 구체적이며 개별적인 특성을 희생시켰으며, 인간의 본성을 잘못 이해하고 삶과 동떨어진 철학으로 향했다고 주장했다.

언어가 어떻게 의미를 갖는가

– 비트겐슈타인

분석철학Analytic philosophy은 철학적 탐구의 핵심을 언어에 두어 언어철학으로도 불리며, 주로 영국과 미국에서 유행했다. 이 입장은 전통 철학의 문제가 관념적 형이상학의 개념적 혼란에서 비롯되었다고 보고, 철학을 그로부터 구출하는 것을 목표로 삼았다. 그 개념적 혼란이 언어의 사용에 있다고 간주하고, 언어 분석과 명료화라는 철학의 과제로 향했다. 철학에서 언어가 왜 중요할까. 우리는 다른 사람과 소통할 때나 혼자 무언가를 생각할 때도 언어를 통해서 한다. 우리가 알고 있는 언어만큼 생각할 수 있고, 생각을 전달할 수 있다. 언어는 우리의 경험을 반영하며, 지각적이며 개념적인 관점을 제공하는 것이기도 하다. 따라서 우리가 어떤 언어를 알고 있고 쓰느냐, 얼마만큼 정확한 언어를 알고 있으며 사용하느냐는 일상의 의사소통뿐만 아니라 세계의 인식에 있어서도 중요하다.

언어와 인식의 관계를 보자. 어떤 대상을 인식한다는 것은 그 대상을 분류하고, 이름 짓고, 의미를 부여하는 것이다. 달리 말해, 우리가 대상을 마주하고 최초로 하는 행위가 이름 짓기이며, 다음으로 우리가 명명한 이름들을 연결시켜 세계와 관계를 맺고, 세계를 서술하며 인식을 이룬다. 이런 점에서 분석철학은 세계를 기술하는 언어의 구조와 기능을 분석하고 검토함으로써 세계의 구조와 기능에 다가갈 수 있다고 보았다.

분석철학은 새로운 철학 체계 수립을 위해 언어의 의미에 초점을 둔다. '언어가 어떻게 의미를 갖는가?', '언어가 어떻게 다른 무엇을 의미하는가?' 같은 언어의 본성 탐구에서 시작해서 언어와 세계, 언어와 사고, 언어와 사회 등의 관계를 밝히려 한다. 대표적인 분석철학자인 루트비히 비트겐슈타인Ludwig Josef Johann Wittgenstein, 1889-1951은 철학이 세계나 인간을 직접 대상으로 해서 그것의 정보나 사실을 발견할 수 있다고 생각해서는 안 된다고 보았다. 그것은 과학의 일이며, 철학의 과제는 과학과 제반 학문에서 명제나 사상을 기술하는 데 사용하는 언어와 개념을 분석하고 명료화해서 타당한 지식 체계를 이룰 수 있게 해주는 일이라고 주장했다.

'언어가 어떻게 의미를 갖는가?'에 대한 비트겐슈타인의 사상은 전기와 후기로 구분되는데, 전기와 후기의 사상은 서로 완전히 다르다. 전기 사상은 『논리철학논고*Tractatus*』(1922)에서 전개됐고, 그림이론이라고 한다. 단어로 된 이름은 대상의 그림이어야 하고, 문장은 어떤 사태나 상황에 대한 그림이어야 한다는 입장이다. 우리가 이름을 붙이고 문장을 만드는 순간 우리는 세계에 대한 그림을 그린다는 것이다. 언어가 의미를 갖는 것은 그것이 지시하는 대상에 의해서라는 일종의 지시론적 의미론이며, 언어는 지시하는 대상의 공통 성질을 반영한다는 반영론을 전제로 한 것이다. 이 점에서 비트겐슈타인은 세계를 반영하는 단어와 단어로 구성된 명제나 문장의 구조는 세계의 구조와 일치하고 지시해야 한다고 주장했다. 세계는 서로 분리된 수많은 요소인 요소사실로 이루어져 있으며, 요소사실들의 논리적 구성인 세계의 구조는 요소명제가 논리적으로 구성된 문장의 구조와 일치해야 한다고 생각했기 때문이다. 그래서 그는 명제나 문장의 참, 거짓의 검증을 통해 세계의 참된 구조도 밝힐 수 있다고 보았고, 명제의 참, 거짓을 요소명제들의 진리함수로 검증하는 논리학의 인공 언어를 강조했다. 나아가 비트겐슈타인은 말할 수 없는 것에 대해서는 침묵해야 하며, 명료하게 말해질 수 없는 것이나 참과 거짓을 판단할 수 없는 것은 의미가 없다고 주장했다. 초경험적이며 관념적인 형이상학에 비판적인 그의 관점을 나타낸 주장이다.

후기 사상에 와서 비트겐슈타인은 전기의 지시론적 의미론을 부정한다.

언어에는 '그리고', '그러나', '언제', '어떻게' 등 대상의 이름이나 그림으로 볼 수 없는 것들이 대부분이며, 언어가 대상을 지시하는 기능 외에도 여러 가지 기능을 갖고 있다는 점에 주목했기 때문이다. 그는 현실 속의 언어 사용이 여러 가지 맥락과 목적에 따라 기능을 발휘하기 때문에 단순화된 논리학의 인공 언어로 표현하기 어려울 만큼 복잡하다고 보았다. 그래서 언어 탐구가 논리적인 인공 언어보다는 일상 언어를 대상으로 해야 한다고 보고, 언어가 일상적으로 어떻게 사용되는가에 따라 의미가 정해진다는 일명 사용의미론을 주장했다. 이것이 비트겐슈타인의 후기 언어사상으로, 전기 저서로부터 30여 년이 지난 후 발표한 저서인 『철학탐구*Philosophical Investigations*』(1955)에서 펼쳐졌다.

사용의미론의 주장에 앞서, 비트겐슈타인은 지시론적 의미론이 성립할 수 없는 근거를 '게임'이란 단어를 예로 들어 설명했다. 이렇게 정리된다. 우리는 레슬링, 축구, 탁구, 카드놀이 등을 게임이라고 부르고, 그 의미를 이해한다. 그런데 이것들 모두가 게임이라고 정의되고 불리는 공통의 성질을 갖고 있을까, 있다면 무엇일까? 오락성, 투기, 경쟁 등의 성질을 떠올릴 수 있다. 하지만 우리는 어디에는 오락성, 다른 어디에는 오락성과 투기, 또 다른 어디에는 투기와 경쟁 등의 방식으로 중복되고 교차되는 유사성만이 있을 뿐이지, 이것들을 게임이라고 정의하기 위한 하나의 공통 성질은 없다는 점을 발견하게 된다. 따라서 비트겐슈타인은 게임이란 단어가 공통의 성질보다 이런 유사성에 의해서 의미를 갖게 된다고 보았고, 단어가 대상의 공통 성질을 지시하고 반영하는 그림일 수 없으며, 그림이론은 성립할 수 없다고 주장했다. 그리고 이때의 유사성이 가족에서 나타나는 닮음과 비슷하다는 점에서 '가족유사성family resemblance'이라고 불렀다. 어떤 한 가족이 있다고 할 때, 아버지와 아들은 입이 닮았고, 딸은 아버지와 입과 귀가 닮았으며, 아들과 딸이 어머니와는 코가 닮았다는 식으로 한 가족에서 나타나는 유사성처럼 교차되기도 하고 중복되기도 하면서 나타나는 닮음을 뜻한다. 비트겐슈타인은 우리가 가족유사성을 근거로 그 가족을 정의하고 가족이란 단어를 사용하면서 의사소통을 이루듯이, 모든 단어가 의미를 갖는 것도 이런 가족유사성을 근거로 한 사용에 의해서라고 보았다. 언어는 사용으로부터 분리된 추상적 기호나 명제가 아니며, 단어의 의미는 구체적으로 어떻게 사용되는가의 문제이지 어떤 대상을 지시하는가의 문제가 아니라는 주장이다

비트겐슈타인에 따르면, 언어의 사용은 다양한 맥락에서, 다양한 목적을

위해, 다양한 방법으로 이루어진다. 그는 각각에 해당하는 경우의 언어 사용을 언어 게임language game이라고 불렀다. 각 언어 사용에는 게임에서처럼 규칙이 필요하고, 우리 삶의 부분으로서 언어 행위들이 각 경우의 규칙에 의한다는 점에서였다. 미장이와 조수가 벽돌 쌓는 일을 하면서 주고받는 언어 행위를 예로 들어보자. 이 일을 하면서 미장이가 조수에게 '흙손!'이라고 말했을 때, 조수는 여러 가지 반응을 보일 수 있다. '흙손'이란 단어가 무슨 뜻인지조차 몰라 주변을 두리번거릴 수도 있고, 뜻은 알지만 그것을 달라는 건지 아니면 그 발음을 따라하라는 건지 이해하지 못하고 우두커니 서 있을 수도 있다. 그래서 미장이가 이런 오해 없이 일을 하려면, 조수에게 '흙손'이란 단어가 이 작업장에서 사용되는 규칙임을 가르쳐야 하고, 조수는 배워야 한다. 비트겐슈타인은 이렇게 미장이와 조수 사이에서 벌어지는 언어 행위를 언어 게임이라고 불렀고, '흙손'이란 단어의 의미가 이 작업장에서 어떻게 사용되는가에 의해서 정해진다고 주장했다.

그런데 어떤 예술가는 흙손을 크게 확대해서 미술 작품으로 제시하기도 한다. 그 예술가가 역시 조수와 함께 드넓은 잔디밭 위에서 작품을 설치해놓고 '흙손!'이라고 조수에게 외쳤다면, 그때는 의미가 달라질 수도 있다. 흙손이란 단어가 미술 작품이 이제 완성됐다는 의미가 될 수도 있고, 그것을 바라보면서 감상하자는 경탄의 의미가 될 수도 있기 때문이다. 이 경우는 또 다른 언어 게임이 되고, 이 언어 게임을 지배하는 또 다른 규칙에 의해서 다른 의미가 정해진다는 것이다. 한 단어의 의미는 그 단어가 사용되는 맥락에 따른 규칙에 의해서 의미가 정해진다고 할 수 있다. 이런 언어 게임은 일상생활 속에서 다양한 경우들 곧 명령할 때, 감탄할 때, 기도할 때 등과 같은 구체적인 맥락에서도 나타나고 미학, 경제학, 정치학 등의 전문적인 학문에서도 나타나며, 각 경우에 사용되는 단어들의 규칙에 의해서 서로 다른 의미를 갖게 된다고 할 수 있다. 비트겐슈타인은 이 모두가 서로 다른 맥락과 목적에 따른 언어 게임들이라고 보았고, 한 단어의 의미는 다양한 언어 게임에서 그 단어의 사용에 달려 있으며, 이런 언어 게임들을 하면서 우리가 살아간다고 주장했다. 언어나 언어의 의미는 단일한 모형으로 설명될 수 없고, 삶에서처럼 가변적일 수밖에 없다는 것이다.

한편, 언어 게임을 지배하는 규칙은 사적인 것이 아니라 공적인 것이어야 한다. 우리가 언어를 통해 의사소통을 이루기 위해서는 나 혼자만의 규칙에 머물러선 안 되며, 다른 사람들이나 사회와 공유하는 규칙에 따라야 한다는 것이다. 그래서 비트겐슈타인은 언어의 의미가 일상적인 것이든 도덕적인 것이든 아니면 단지 언어적인 것이든 간에 그 언어의 사용을 지배하는 삶의 규칙이나 관습인 삶의 양식forms of life에 영향을 받는다고 주장했다. 삶의 양식이란 무얼까. 똑같은 동물을 한국인은 '개'라고 부르고, 미국인은 'dog', 프랑스인은 'chien'이라고 부르며, 각 나라 사람들끼리는 서로 의미가 통한다. 이때 삶의 양식은 나라라는 큰 영역에 적용되는 문화 관습 같은 것이고, 각 나라마다 다른 삶의 양식에 의해서 위의 각 단어들이 의미를 갖는다고 할 수 있다. 그런데 삶의 양식은 같은 나라의 보다 좁은 영역인 서로 다른 사회, 특정한 방식으로 언어가 사용되는 집단이나 구체적 맥락 등에도 존재할 수 있다. 또 각 경우에 따른 삶의 양식의 차이에 의해 서로 다른 의미를 갖기도 한다. '개'라는 단어가 어떤 사회나 집단이나 맥락에서는 '네 발 달린 갯과 동물'이란 의미로 통하기도 하지만, 다른 어떤 사회나 집단이나 맥락에서는 '성질이 나쁜 사람'이란 의미로 통하기도 한다는 식이다.

이렇듯 모든 언어 사용은 각 경우의 삶을 지배하는 규칙이나 관습인 삶의 양식에 의해서 영향을 받는다. 따라서 비트겐슈타인은 삶의 양식의 일치가 의사소통을 이루기 위한 전제 조건이며, 언어는 우리 삶의 활동과 분리된 독립적이고 추상적인 것이 될 수 없다고 보았다. 우리가 언어를 사용하고 의미를 전달하는 것이 문자나 소리만으로 이루어진 행위가 아니라, 우리 삶 속의 행위나 활동과 얽혀 있다는 것이다. 그는 이제는 철학이 전통 철학처럼 언어의 관념적·형이상학적 사용에 매달려서는 안 되고, 언어의 일상적 사용으로 관심을 돌려야한다고 주장했다. 또 언어 분석이 단어나 명제의 논리적 분석과 참, 거짓의 판단이 아니라, 그것들이 속한 다양한 언어 게임에서 구체적으로 어떻게 사용되는가라는 다양성과 복잡성의 분석이어야 한다고 주장해서 그의 전기 언어 사상과도 차이점을 나타냈다.

사용의미론과 예술정의불가론

– 웨이츠

비트겐슈타인의 사용의미론을 바탕으로 분석미학이 등장했다. 분석미학은 미학이 예술 현상을 직접 대상으로 하기보다 그것을 기술하기 위해서 사용하는 '예술'이나 예술에 관한 단어들과 개념들을 대상으로 해야 한다는 입장이다.

그 의미를 분석하고 명료화하는 일이 미학의 과제라는 것이다. 이제 미학의 물음은 "예술의 본질이란 무엇인가?"에서 "예술이란 말이 어떻게 사용되는가?'로 바뀌어야 한다는 말이다. 지금까지 예술 현상을 직접 대상으로 해서 본질을 찾고 모방, 표현, 형식 등으로 정의 내린 예술론들이 한계를 보였다는 점에서였다. 많은 분석미학자들이 있지만, 예술의 정의와 관련해서 살펴볼 수 있는 대표적인 사람으로는 예술정의불가론을 주장한 모리스 웨이츠Morris Weitz, 1916-1989, 예술계 개념을 주장한 아서 단토Arthur Danto, 1924-2014, 예술제도론을 주장한 조지 디키George Dickie, b.1926 등을 들 수 있다.

웨이츠는 비트겐슈타인의 가족유사성 개념을 바탕으로 예술정의불가론을 주장했다. 비트겐슈타인이 예로 들은 '게임'이란 단어처럼 '예술'이라고 부르는 것들 속에서도 공통적인 성질은 없고, 서로 중복되고 교차되는 가족유사성만을 발견할 수 있을 뿐이라고 보았다. 지금까지 예술론에서 거론된 모방, 표현, 형식 등에 해당하는 성질들이 어떤 작품에서는 하나, 다른 어떤 작품에서는 둘 이상 등의 방식으로 중복되고 교차되어 나타난다는 것이며, 예술 개념의 지시론적 의미론은 성립할 수 없다는 것이다. 심지어 어떤 작품에서는 그 셋 중 어떤 성질도 발견되지 않는다는 점에서 기존 예술론을 혼란에 빠트린다는 주장이기도 하다. 예를 들어, 레오나르도 다빈치의 〈모나리자〉**[0-02]**는 모방적 성질이 두드러지고, 들라크루아의 〈민중을 이끄는 자유의 여신〉**[8-05]**은 모방적 성질과 표현적 성질을 함께 갖고 있으며, 칸딘스키의 〈즉흥〉**[9-12]**에서는 표현적 성질과 형식적 성질이 주목을 받는다. 이때 세 작품에서 발견되는 것은 하나의 공통 성질이 아니라 가족유사성이며, 그것을 근거로 하여 '예술'이란 말이 사용되고 의미가 전달된다는 것이다. 뒤샹의 〈샘〉**[01]**은 어떨까. 모방, 표현, 형식 등의 어떤 성질도 발견되지 않는다. 하지만 이 역시 '예술'로 불린다.

이렇게 '예술'이란 단어가 사용되는 점을 어떻게 설명해야 할까. 웨이츠는 '예술'은 닫힌 개념closed concept이 아니라 열린 개념open concept이라고 주장했다. 어떤 대상을 '예술'이라고 부르기 위한 조건이 몇 개의 성질로 닫힐 수는 없고, 시대나 사회가 변하고 새로운 성질을 갖는 예술 작품이 나타나면 그 조건이 수정되기도 하고, 폐기되기도 하며, 보완되기도 한다는 주장이다. 예술이란 개념은 새로운 성질들에 대해서 열려 있으며, 몇 개의 성질이나 조건으로 정의될 수 없다는 것이다. 지금까지 미술사의 흐름을 볼 때, 새로운 작품들이 계속해서 나타났고 앞으로도 계속 나타날 것이기 때문이다. 따라서 웨이츠는 열린 개념인 예술을 닫힌 개념으로 보고 정의하려 한다면, 예술가들의 자유롭고 독창적인 창조 행위에 방해가 될 것이라고 경고하기도 했다. 웨이츠의 예술론은 예술이 다양한 맥락과 목적과 방법에 의해서 의미를 갖게 된다는 일종의 다원주의 예술론으로, 예술이란 단어가 구체적으로 어떻게 다양하게 사용되는가에 관심을 가져야 한다는 주장이다.

웨이츠의 이론은 예술가들에게 새로운 독창성의 길을 열어주었고, 예술이 보다 넓은 영역에 이를 수 있게 했다. 하지만 그에 따르면 모든 시대, 모든 사회, 모든 사람에 의해서 새로운 예술 작품이 나타날 수 있고 그때마다 예술의 조건이 변할 수 있다. 어떤 시대에는 한 작품이 A라는 이유에서 예술로 여겨지고, 다른 시대에는 다른 작품이 B라는 이유로 예술로 여겨질 수도 있다. 서로 다른 사회나 서로 다른 사람에 의해서 새로운 작품들이 나타나는 경우에도 마찬가지다. 그러면 모든 것이 예술이 될 수 있고, 예술과 비예술의 경계선이 없어질 수도 있으며, 예술에 관한 논의가 극단적인 상대주의에 이를 수도 있게 된다. 웨이츠의 예술정의불가론은 이런 비판에 부딪치면서 한계를 드러냈다.

예술계와 예술제도론

– 단토, 디키

웨이츠 예술론의 문제점을 해결하기 위한 시도로 나타난 주장이 단토의 '예술계art world' 개념이고, 이 개념을 바탕으로 디키의 예술제도론이 등장했다. 단토는 워홀의 〈브릴로 상자〉**[03]**에 의해서 세제 상자 같은 일상 사물과 예술 작품의 차이가 없어졌다는 점에서 '예술의 종말the End of Art'을 말했다. 1960년대 팝 아트에 이르면서 지금까지 예술의 역사를 지탱해온 거대 내러티브의 역할이 끝났다는 의미에서였다. 이런 식이다. 지금까지 예술 작품들의 작은 이야기를 체계화하고 보편화하는 데 사용돼온 거대 내러티브로는 재현의 내러티브와 모더니즘의 내러티브가 있었다. 재현의 내러티브가 인상주의까지 이어진 예술 작품들의 설명에 적용되었고, 인상주의 이후 작품들의 이해와 설명에는 예술의 자율성과 형식의 순수성을 내세운 모더니즘의 내러티브가 적용되었다. 그런데 이제는 이런 내러티브들이 설득력을 갖던 시대가 끝났다는 점에서 단토는 '예술의 종말'을 주장했다. 워홀의 〈브릴로 상자〉 같은 팝 아트를 재현이나 형식 개념으로는 더 이상 설명할 수 없기 때문이다.

단토가 주장하는 예술의 종말은 헤겔이 주장했던 예술의 종말과는 차이점이 있다. 헤겔은 절대 이념의 추구라는 예술의 과제를 철학이 대신한다는 점에서 비관적 의미의 예술의 종말을 말했다. 하지만 단토는 예술의 거대 내러티브가 더 이상 힘을 발휘하지 못하는 예술의 종말 이후 나타난 다양한 경향의 작품들을 옹호하려 했고, 그런 작품들에 대한 전통 예술론의 한계를 지적하려 했다. 단토는 재현과 모더니즘의 내러티브가 종말을 맞이한 이후 예술은 특정한 목표나 과제에 구속받지 않는 자유로운 상태가 되었고, 예술의 다원주의 시대가 열렸으며, 미술사를 이끌어가는 특정한 방향이 없어져 모든 양식이나 작품들이 동등한 가치와 권리를 갖게 되었다고 주장했다.

단토는 비평도 이런 작품들을 이해하고 해석하기 위해서 다원주의적 관점에 의해야 한다고 주장했는데, 예술의 기능이나 역할이 다양한 목적과 방식으로 다루어져야 한다는 점에서였다. 비평이 미, 진리, 형식 등 전통의 기준이나 기존의 배타적인 거대 내러티브에서 벗어나야 하고, 구체적 작품의 개별적 내러티브의 분석이어야 하며, 작품들의 구체적 방법이나 목적에 따른 의미 분석이어야 한다고 주장했다. 예술 행위나 작품도 하나의 언어 게임이며 예술가의 삶의 양식에 의해 만들어진 하나의 의미 체계라는 주장으로, 다원주의 시대에 예술이 의미를 갖는 것은 다양한 목적이나 맥락에 의한 사용에 의해서라는 것이다.

하지만 단토는 모든 것을 예술로 받아들여야 한다고 보지는 않았고, 예술과 비예술의 기준도 제시해서 웨이츠와 차이점을 나타냈다. 워홀의 〈브릴로 상자〉와 일상 사물인 세제 상자가 겉모습은 비슷하지만, 워홀의 〈브릴로 상자〉를 예술로 받아들이는 데는 눈으로 볼 수 없는 그 무엇이 있기 때문이라고 주장했고, 이를 '예술계' 개념을 통해서 설명했다. 단토에 따르면, '예술계'는 예술사적 이론이나 지식으로 이루어진 것이며, 작품이 제작됐을 당시의 예술 상황에 대한 믿음 체계 같은 것이다. 예를 들어, 워홀의 〈브릴로 상자〉가 예술로 받아들여지는 것은 당시 예술계에 일상 사물과 비슷한 것도 예술로 받아들이는 예술사적 이론이나 믿음 체계가 있었기 때문이라는 것이다. 이렇게 단토는 다원주의적 예술 상황을 옹호해서 예술가들에게 자유로운 창조의 길을 열어주었고, '예술계' 개념으로 예술과 비예술의 경계에 대한 생각도 제시했다. 하지만 단토의 예술계 개념은 어디까지를 예술로 보아야 하는지를 보다 구체적으로 언급하지 않아 다소 모호하다는 지적을 받았고, 새로운 예술의 정의로까지 연결되지도 않았다.

이 점에서 웨이츠의 예술정의불가론의 대안으로 등장한 새로운 예술론이 디키의 예술제도론이었다. 단토와 마찬가지로, 디키도 예술의 조건으로 눈으로는 볼 수 없는 그 무엇을 찾아야 한다고 보았고, 단토의 '예술계' 개념을 재해석하고 보다 구체적인 사용에 적용해서 예술 개념을 정의했다. 그는 예술정의불가론이 모방론, 표현론, 형식론처럼 예술의 정의를 위해서 눈으로 볼 수 있는 물리적 성질을 찾으려 한다는 점에서 공통적이라고 보았다. 모방론은 모방적 성질을, 표현론은 표현적 성질을, 형식론은 형식적 성질을 주장했다면, 예술정의불가론은 그런 성질이 없다고 주장하는 차이점만이 있다고 했다. 그래서 디키는 관점을 바꾸어 작품에서 눈으로는 볼 수는 없지만 암묵적으로 인정되는 비물리적인 성질을 찾아낸다면, 공통점을 발견할 수 있고 예술에 대한 정의도 내릴 수 있다고 주장했다.

예를 들어, 뒤샹의 〈샘〉이 예술 작품으로 인정된 후, 뒤샹이 소변기를 샀던 가게 주인이 똑같은 소변기를 선택해서 〈분수〉라는 이름의 작품으로 제시했다고 하자. 사람들은 뒤샹의 〈샘〉은 예술이라고 하지만, 가게 주인이 제시한 〈분수〉는 겉모습이 똑같아도 예술이라고 하지 않는다. 한 초등학생이 워홀의 〈브릴로 상자〉와 똑같은 것을 만들어서 〈세제 상자〉라고 이름 붙여 작품으로 제시했다고 하자. 육면체를 판자로 만들고 겉에 판화를 붙이면 되니까 만드는 것이 그렇게 어렵지도 않은 탓이다. 이때도 역시 사람들은 워홀의 것은 예술이라고 하지만, 초등학생의 〈세제 상자〉는 예술이라고 하지 않는다. 겉모습은 똑같은데 하나는 예술이 되고 다른 하나는 예술이 되지 못하는 근거는 무얼까? 디키는 겉모습이 아니라, 뒤샹의 〈샘〉과 워홀의 〈브릴로 상자〉를 예술로 묶어주는 내적인 관련성이 있기 때문이라고 보았다. 눈으로 볼 수는 없지만 이 작품들을 예술로 서로 연관짓는 비물리적 성질로서 공통점이 있다는 것이다. 그래서 디키는 물리적으로 파악되지 않지만 암묵적으로 인정되는 비물리적 성질로서 예술의 조건을 찾아 예술을 정의 내리려 했다.

디키의 예술 정의는 비트겐슈타인의 사용의미론에 근거를 둔다. 우선 그는 '예술'이란 단어가 사용되는 두 가지 의미로 분류적 의미와 평가적 의미를 구분했다. "이것은 예술이다"라고 말할 때 '예술'이란 단어는 이것을 예술로 분류한다는 뜻으로 사용되기에 분류적 의미가 된다. 하지만 "이 그림은 예술이다"라고 말할 때 '예술'이란 단어는 평가적 의미가 된다. '이 그림'이라는 단어에 이미 분류적 의미의 예술이란 뜻이 담겨 있고, '예술'이란 단어는 그것의 가치를 평가하는 감탄의 의미로 사용되었기 때문이다. 이렇게 두 가지 의미를 구분한 후, 디키는 자신의 예술 정의가 분류적인 의미에만 국한된다고 말했다. 어떤 대상이 예술적 가치가 있는지 여부를 떠나 예술로 받아들일 수 있는가라는 문제에만 관심을 갖는다는 것이다.

다음으로 디키가 주목한 것은 예술이란 단어가 제도적인 맥락에서 사용되면서 의미를 갖는다는 점이다. 우리가 사용하는 단어들에는 겉모습으로는 이해되지 않고, 그 제도적 맥락의 사용을 이해해야만 의미가 통하는 것들이 있다. 예를 들어, 어떤 사람은 학생이고 어떤 사람은 선생이라고 할 때, 학생이나 선생이라는 단어는 사람들의 겉모습만으로는 이해될 수 없고, 학교나 강의실 같은 제도적 맥락에서만 의미가 통할 수 있는 단어들이다. 두 사람을 두고 기혼자와 미혼자라는 단어로 구분하는 것도 마찬가지다. 겉모습만으로는 구분할 수 없고, 그 사회에 어떤 결혼 제도가 통용되고 있느냐에 의해서 의미가 이해될 수 있다. 따라서 디키는 '예술'이란 단어도 이 단어들처럼 제도적 측면에 의해서 의미가 통하는 부분이 있다고 보았고, 제도적 측면에 주목하고 그 성질을 찾아서 예술을 정의 내리려 했다.

디키가 제도적 측면에서 분류적 의미로서 예술을 정의하는 비물리적 조건은 두 가지였다. 첫째 조건은 자연물이 아닌 인공품이어야 한다는 것이다. 어떤 대상을 예술로 분류하기 위해서는 그것이 눈에 보이지는 않지만 인공성artifactuality을 갖고 있어야 하며, 예술이란 단어나 개념은 사람이 만든 것에만 사용되어야 한다는 것이다. 둘째 조건으로 디키는 예술계라는 제도에 의해서 예술이라는 자격, 보다 정확히는 감상을 위한 후보 자격이 부여된 것이어야 한다고 말했다. 이 둘째 조건에서 예술의 제도적 성질에 대한 자신의 견해를 밝히기 위해, 그는 우선 다소 모호한 단토의 예술계 개념을 보다 구체적으로 재해석했다. 디키에 따르면, 예술계는 예술 작품이 몸담고 있는 비물리적 공간인 구조나 세계이다. 예술 작품을 중심으로 눈에 보이지 않는 관계로 맺어지는 세계로서 예술가, 평론가나 이론가, 작품을 선보이는 공연장이나 전시관 등으로 구성되고, 이 세계가 사회 속에 일종의 제도로서 존재한다는 것이다. 예를 들면 미술계, 연극계, 음악계 등이 있다.

예술계에 의해서 예술 감상 후보 자격은 어떻게 부여될까. 디키는 작품의 창작이 예술계의 구성원인 예술가가 예술계를 대신해서 자신이 창작한 대상에 예술 감상의 후보 자격을 부여하는 행위라고 보았다. 예를 들어, 초상화를 그리는 예술가의 행위를 생각해보자. 이 행위는 여러 가지 목적과 동기에 의한 것일 수 있다. 금전적인 동기에 의한 것일 수도 있고, 모델을 사랑하기 때문일 수도 있으며, 혁신적인 미술 양식을 이루려는 야심에 의한 것일 수도 있다. 하지만 가장 근본적으로는 예술가가 자신이 창작한 초상화에 예술 감상을 위한 후보 자격, 즉 예술이라는 자격을 부여하는 행위라는 것이 디키의 주장이다.

그러면 뒤샹의 〈샘〉이나 워홀의 〈브릴로 박스〉가 예술인 것은 그들이 당시 예술계를 대신해서 예술의 자격을 부여했고, 예술계에 의해서 받아들여졌기 때문이다. 뒤샹의 반예술적 시도는 제1차 세계대전 후 공적 권위나 가치에 대한 회의와 전통 미학에 대한 반발이 일어났던 예술계에 의해서 예술로 받아들여졌다는 말이다. 워홀의 〈브릴로 박스〉도 대중문화가 유행하던 1960년대에 대중에 익숙하고 평범한 것들로 작품을 창작하려 했던 예술계의 분위기와 주장에 의해 예술로 받아들여진 것이다. 다빈치의 〈모나리자〉도 마찬가지다. 다빈치의 창작은 정확한 재현이라는 생각이 지배하던 르네상스 시대의 예술계에 의해서 수용된 것이기 때문이다. 따라서 디키는 다빈치의 〈모나리자〉, 뒤샹의 〈샘〉, 워홀의 〈브릴로 상자〉 모두 이들이 당시 예술계를 대신해 예술이라는 자격을 부여한 것이라는 점에서 공통적이라고 강조했다. 그리고 사람들이 〈모나리자〉는 당연히 예술로 받아들이면서 〈샘〉이나 〈브릴로 상자〉에 대해서는 의아하게 생각하는 이유는 뒤샹과 워홀의 예술 자격 부여 행위에 아직 익숙하지 않기 때문이라고 주장했다. 그 작품들이 창작되던 당시 예술계의 분위기나 주장에 익숙하지 않기 때문이라는 것이다. 그렇다고 이 작품들이 〈모나리자〉만큼 예술적 가치를 갖느냐는 별개의 문제이다. 디키는 평가적 의미를 유보하더라도, 〈모나리자〉가 예술로 여겨지듯이 〈샘〉이나 〈브릴로 상자〉도 예술로 분류될 수 있는 근거가 충분하다고 보았다.

하지만 디키가 말한 '감상의 후보 자격 부여'에 대해서 의문이 제기됐다. 먼저, 예술가가 선거관리위원회가 국회의원 후보 자격을 부여하고, 왕이 신하에게 기사 작위를 부여하는 것처럼 법으로 정한 권위 있는 절차를 따르는가라는 점이다. 디키는 사회 제도에는 법에 의한 공식적인 것도 있고, 법보다 관습을 따르는 비공식적인 것도 있는데, 예술계는 관습에 의해서 자신의 업무를 수행하는 것이라고 답했다. 예술계도 공식화될 수는 있겠지만, 예술에 관심을 갖는 많은 사람들은 그런 것을 바람직하게 생각하지 않는다고 덧붙였다. 디키가 감상이 아니라 감상의 후보라고 말함으로써 예술에서 감상이라는 실제적 문제를 제외했다는 비판도 제기됐다. 이에 대해 디키는 감상이 예술적 가치나 평가적 의미와 관련되는 개념이기 때문에 감상의 관점에서 예술의 문제를 다루면, 나쁜 예술 작품은 논의에서 제외될 가능성이 있다고 보았다. 하지만 우리는 분류적 의미의 예술의 관점에서 나쁜 예술 작품뿐만 아니라 감상되지 않는 작품도 논의의 대상으로 삼아야 한다고 주장했다.

한편, 디키의 예술제도론은 미술계에 직접 영향을 미쳐 미술 제도 비판이라는 새로운 경향의 미술 작품들도 등장하게 했다. 이 작품들은 미술계라는 제도가 어떤 작품은 수용하고, 어떤 작품은 배제하는 것의 부당성과 문제점을 비판하는 작업을 주로 선보였다. 예를 들어, 제도로 미술관이나 미술 시장 등의 물리적인 공간을 비판하는 작품도 나타났고, 미술 작품의 수용과 배제를 결정하는 예술 이론이나 사회 문화적 배경 같은 담론적·문화적 제도를 비판하는 작품도 나타났다.

예술제도론에 대한 반론과 그 답변

예술제도론은 미학자들 사이에서 논란이 됐고, 디키가 제시한 예술의 조건에 대해 많은 반론이 제기됐다. 먼저, 예술이 인공품이어야 한다는 조건에 대해서이다. 어떤 예술가가 자연물을 발견해서 작품으로 제시하고, 미술계에서 파운드 오브제found object, 파운드 스컬프처found sculpture라는 이름으로 수용되는 경우가 있기 때문이다. 뒤샹이 소변기를 발견해서 작품으로 제시했듯이, 어떤 예술가가 태풍이 지나간 후 부러진 나무 사이로 드러난 기묘한 형태의 나무뿌리를 발견해서 미술 작품으로 제시할 수도 있다. 실제로 대지미술가 로버트 스미스슨Robert Smithson. 1938-1973은 모래 섞인 돌을 주어다 거울 앞에 놓고 〈거울에 비친 사암〉**[04]**이라는 작품으로 제시하기도 했다. 디키는 이런 작품들은 이미 인공품이라고 답했다. 예술가가 발견하고 선택해서 예술 작품으로 마음의 결정을 내려 전시장에 가져가는 행위에 의해서 나무뿌리나 사암은 더 이상 자연물이 아니라 인공적인 성질을 갖게 되었다는 것이다. 뒤샹의 변기처럼 물리적인 제작이 없었더라도 예술가에 의해 자격이 부여됐고, 인공화된 것이라는 말이다.

그러면 식당 한쪽에 쌓여 있는 플라스틱 포크나 스티로폼 그릇들, 문방구의 싸구려 편지 봉투나 압정들도 예술가가 작품으로 제시한다면 모두 다 예술이 될

[04] 로버트 스미스슨 〈거울에 비친 사암〉 1969년, 거울과 돌, 91×182×182cm, 샌프란시스코 현대미술관

수 있을까? 디키는 '그렇다'고 답했다. 이런 것들도 식당이나 문방구에 버려지고 방치된 상태가 아니라, 예술가가 관심을 기울이고 선택해서 예술 작품으로 제시한다면 예술이 될 수 있다는 것이다. 디키는 어떤 대상이든지 예술 작품으로 감상될 수 있는 성질을 조금이라도 갖고 있다고 보았고, 예술가들이 발견하고 자격을 부여하는 행위가 중요하다고 강조했다. 좀 다른 예일 수 있지만, 틈만 나면 그림을 그리는 어느 동물원의 침팬지 그림도 예술이 될 수 있을까? 디키는 그것이 동물원이나 자연사박물관에서가 아니라 미술관에서 전시된다면, 예술이 된다고 보았다. 미술관장이나 큐레이터 같은 미술계의 대리인에 의해서 자격이 부여된 것이므로 예술이 될 수 있다는 것이다. 침팬지가 그렸지만, 침팬지는 미술계의 구성원이 될 수 없으므로 미술관장이나 큐레이터 같은 미술계 사람에 의해서 자격이 부여되어야 하고, 그래야만 예술이 된다는 주장이다.

예술제도론이라는 새로운 예술론이 웨이츠의 우려처럼 예술가들의 자유롭고 독창적인 창작을 방해하는 것은 아닐까. 디키는 인공성은 창조 행위를 방해하는 조건이 아니라고 했고, 예술가의 자격 부여가 어떤 것도 예술이 될 수 있게 한다는 점에서 창조 행위를 고무하는 것이라고 했다. 그리고 지금까지 물리적 속성이란 관점에서만 예술을 이해했다면, 예술계라는 비물리적 속성을 덧붙여

보다 넓은 의미의 예술을 수용하게 되었다고 주장했다. 예술계라는 제도는 고정된 것이 아니라 시대나 사회에 따라 변하는 믿음 체계이기 때문이며, 그런 예술계에 의해서 새롭게 수용되는 독창적인 작품들이 창조될 수 있기 때문이다. 하지만 〈샘〉이 예술인 것이 예술계 구성원인 뒤샹이라는 예술가가 소변기에 예술 자격을 부여했기 때문이라는 주장은 예술과 예술계가 서로를 정당화하는 순환론이 될 수 있다. 예술계에 의해서 예술이 정당화되고, 예술계는 예술을 중심으로 한 제도라는 점에서 예술에 의해 정당화되는 식이다. 디키는 자신의 주장이 순환론적이지만, 그 순환을 통해 예술에 관한 생각이나 논의와 이해를 넓혀준다는 점에서 나쁜 순환은 아니라고 주장했다.

끝으로, 어떤 대상을 예술 감상의 후보가 되게 하는 조건이 인공성만으로는 부족하다는 비판이 제기됐다. 예술제도론은 뒤샹의 〈샘〉과 워홀의 〈브릴로 상자〉가 예술 작품으로서 갖고 있는 새롭고 흥미로운 점이 구체적으로 무엇인지에 대해서 알려주지 못한다는 것이다. 예를 들어, 뒤샹의 〈샘〉이 등장했던 때 초현실주의 작품들도 있었고, 워홀의 팝 아트가 등장했던 때 저드의 미니멀 아트나 뉴먼의 색면 회화도 있었다. 그래서 뒤샹과 워홀의 작품이 이들 작품과 어떻게 닮았고 다른지, 그중 어떤 점들이 뒤샹과 워홀의 작품을 예술로 받아들이게 하는지에 대한 조건이 인공성만으로는 부족하다는 것이다.

아쉽게도, 예술의 정의를 분류적 의미로만 제한한 디키뿐만 아니라 웨이츠나 단토 같은 분석미학자에게서는 이런 물음에 대한 답을 들을 수가 없다. 분석미학은 이런 문제는 미술 비평이 다루는 일이며, 미학은 미술 비평에서 사용된 개념들을 분석하고 명료화하는 것으로 그 몫을 제한하기 때문이다. 결국 이 물음의 답을 찾기 위해서는 다시 예술의 본질과 특성에 대한 새로운 이해로 향해야 한다. 공허한 이론으로 비판받는 형식론이 보지 못한 것으로서 예술이 인간의 삶이나 세계와 어떤 관련성이 있는지, 그로 인한 예술의 특성은 무엇인지 등을 현대 철학의 또 다른 경향인 현상학과 실존주의의 예술론에서 찾아야 한다.

11. 구체적인 삶과 실존에 의한 예술

Key Words

- 현상 자체로 – 후설
- 의식의 지향작용과 예술 작품 – 잉가르덴
- 존재자로서 예술 작품과 존재의 드러남 – 하이데거
- 신체와 세계의 공존에 의한 회화 – 메를로퐁티
- 실존을 통한 의미추구로서 미술 – 사르트르, 해리스

일반화 이전의 현상 자체로

- 후설

현상학Phenomenology과 실존주의Existentialism도 분석철학과 마찬가지로 전통 철학에 대한 반발에서 시작됐다. 분석철학이 철학의 방법 자체를 변화시키려 했다면, 현상학과 실존주의는 헤겔로 이어진 합리론 철학이 인간 정신으로 세계에 대한 거대한 사상 체계를 이루려 한 점을 겨냥했다. 정신의 지나친 신뢰가 인간의 구체적이며 개별적인 특성을 희생시켰고, 인간의 본성을 잘못 이해하고 삶과 동떨어진 철학으로 향했다고 보았다. 에드먼드 후설Edmund Gustav Albrecht Husserl, 1858-1938이 주창한 현상학은 현상들을 객관화하고 일반화하는 자연 과학주의에 반대하고, 직접 경험하는 현상 자체로 돌아가서 그 성격을 밝히는 것을 목표로 삼는다. 실존주의는 인간 본래의 모습을 그 어떤 일반화에도 앞선 한 사람 한 사람의 개별성과 구체성에서 찾았으며, 인간 존재의 성격을 현실 존재인 실존이라고 주장했다. 그러면서 이런 점들이 인간의 삶을 일반화하고 객관화했던 전통 철학에 의해서 뒷전으로 밀려났다고 보았다. 과학 등의 일반화 체계에 물들지 않은 인간 본래 모습을 찾고, 삶과 세계를 바라보려 했다는 점에서 실존주의도 후설의 현상학의 영향에 의한 사상이라고 할 수 있다.

후설은 19세기 말 20세기 초에 서구 문화가 위기에 처한 것은 자연 과학주의에 의해서라고 보았다. 과학의 발달이 문제가 아니라, 수학적 자연 과학이 성공을 거두고 과학의 방법이 정신의 영역에도 획일적으로 적용되면서 인간적인 것과 정신적인 것이 희생됐다는 점에서였다. 그래서 후설은 과학 이전의 세계를 다시 보자고 주장했으며, 자신의 사상을 전기와 후기로 구분해서 전개했다. 전기와 후기 모두 인식을 이루는 직접적이며 근원적인 현상으로 돌아가자는 점에서는 공통적이다. 하지만 전기에서는 의식의 역할이 강조되고, 후기에서는 주어진 질료인 생활세계와 그것을 체험하는 신체의 역할이 강조된다.

직접적이며 근원적인 현상으로 돌아가기 위해서는 어떻게 해야 할까. 후설은 지금까지 현상을 이해하면서 개입시켰던 모든 이론적·과학적 판단을 중지하고, 현상 그 자체만을 보아야 한다고 말했다. 판단 중지를 통한 현상학적 환원을 이루어야 한다는 것이다. 후설은 이렇게 도달한 현상이 인식 주관의 의식*과 독립적으로 존재하는 물질적인 것이 아니며, 의식과 상관관계에 있다고 보았다. 우리가 의식하는 행위만 있고 의식되는 대상이 없거나, 의식되는 대상만 있고 우리의 의식하는 행위가 없는 경우란 생각할 수 없다는 점에서다. 이것이 후설이 말하는 의식의 지향성intentionality 개념이며, 우리 의식은 항상 무언가를 향하고 있다는 것이다. 우리가 본다고 할 때는 언제나 보는 어떤 것이 있고, 사랑이나 미움의 감정은 누군가를 향한 것이며, 생각이나 사고도 어떤 개념이나 명제를 향하고 있다는 말이다. 반대 경우로 모든 대상도 그것을 향하는 의식이 있어야만 성립한다는 점에서 볼 때, 의식과 대상은 하나만으로 존재할 수는 없고 서로 상관관계를 이루고 있다. 따라서 후설의 인식론은 주관과 객관을 분리시킨 전통의 인식론이나 주관에 의해서 세계를 구성하려 한 헤겔의 절대적 관념론과 다르다. 객관적 진리의 세계가 있지만, 그 자체로가 아니라 주관과의 관계에 의해서 존재한다는 입장이다.

후설은 인식이 대상을 향한 우리 의식의 지향작용에 의해서 이루어진다고 보았다. 의식이 감각적으로 받아들인 질료에 의미 부여(노에시스noesis)를 하면, 질료가 의미형성체(노에마noema)로 되어 의미적 존재로서 대상이 형성되는 인식이 이루어진다는 것이다. 그런데 우리 의식의 지향작용은 개인마다 다른 관점에 의한 것일 수도 있고, 특정한 공간과 시간 속에서 이루어지기 때문에 제한적일 수밖에 없다. 그러면 대상의 본질이나 진리 같이 보편적이고 일반적인 것의 인식은 어떻게 이룰 수 있을까. 후설은 상상력의 역할에 주목했다. 우리가 상상력을 통해 의미형성체인 대상을 수많은 방향으로 자유로이 변경해서 이미지들을 떠올린 후, 그것들이 겹쳐지는 공통적인 것을 의식이 직관적으로 파악한다고 보았다. 이것이 후설의 본질직관인데, 감성이 아닌 이성의 작용에 의한 것이고, 추론을 통해서가 아니라 직관적으로 파악하는 것이다. 이런 일이 가능할까. 예를 들어, 우리가 종이 위에 삼각형을 그려놓고 수학 문제를 푼다고 할 때, 우리가 다루는 삼각형은 개별적 삼각형이 아니라 수많은 삼각형의 이미지들이 겹쳐진 본질로서 삼각형이라는 점과 같은 경우라고 할 수 있다. 이렇게 후설은 전기 현상학에서 의식이 지향작용을 통해서 의미형성체로서 대상의 인식뿐만 아니라 본질직관도 이룬다고 주장했고, 그 과정에서 의식이 하는 역할을 강조했다.

* '의식'은 철학보다 심리학에서 주로 사용되는 용어이며, 정신적인 생각뿐만 아니라 육체적 행위 같은 감각적인 것도 깨닫는 마음의 능력이다. 칸트의 오성과 감성이 합쳐진 마음의 능력이란 의미로 사용된다.

여기까지만 본다면, 후설의 현상학은 칸트의 구성주의 인식론과 유사하다. 칸트는 인식이 감성과 오성의 형식을 통해 구성된다고 주장했고, 후설은 의식의 의미 부여에 의해서 의미형성체가 구성된다고 주장했다. 하지만 후설은 질료의 성격과 해석을 놓고 칸트와 차이점을 나타냈다. 칸트는 질료를 단지 주어지는 것이고 아직 무엇인지 알 수 없는 것이며, 감성과 오성의 형식 앞에서 수동적이며 무기력한 것으로 보았다. 이에 비해 후설은 질료가 의식의 의미 부여 이전에 그 자체로 나름의 질서를 갖고 있고, 그 점에서 의식 앞에서 무기력하지 않으며, 의식과 대등한 관계를 유지한다고 주장했다. 질료에 대한 후설의 이런 주장은 그의 유고遺稿에서 생활세계 개념으로 제시됐고, 그의 계승자들이 새롭게 주목하고 다듬어서 그의 후기 사상의 중심으로 만들었다.

후설에 따르면, 생활세계는 자연 과학주의에 물들지 않은 원초적 세계이며, 모든 이론과 논리에 앞서 우리 감각 앞에 최초로 직접 나타나는 세계이다. 일상적인 상식의 세계이며, 전기 현상학의 판단 중지와 현상학적 환원을 통해 도달한 현상 같은 것이다. 후설은 생활세계가 논리 이전의 세계라고 해서 아무런 질서도 없는 뒤죽박죽의 것이 아니며, 수학이나 자연 과학의 논리적·명제적 질서는 아니지만 장차 그런 질서가 될 잠재적 질서를 갖고 있다고 말했다. 그리고 이 질서는 의식에 의해서 구성되는 것이 아니라 주어지는 것이며, 신체의 체험을 통해서 지각되는 것으로 보았고, 신체 즉 우리 몸이 생활세계의 체험 주체라고 주장했다. 신체가 세계 속의 사물들과 같은 사물이지만, 무언가를 향해 자발적으로 움직이는 주체이기도 하다는 점에서였다. 신체가 사물로서 다른 사물들과 관계를 맺기도 하지만, 사물들의 중심에서 다른 사물들과 세계를 밝혀내기도 한다는 것이다. 따라서 후설은 감각적 질료로서 생활세계가 우리에게 주어진다고 할 때 그 '주어짐'은 단지 주어지는 것이 아니라, 우리 신체의 자발적인 움직임이 있을 때에만 가능한 것으로 보았다. 신체에 의해서 지각된 세계가 추상화되고 이론화된 것이 자연 과학의 세계이며, 생활세계의 잠재적 질서가 장차 자연 과학에 의한 논리적이며 명제적인 질서와 된다는 점에서 이 둘은 동일한 구조로 되어 있다고 주장했다.

마르틴 하이데거Martin Hejdegger, 1889-1976, 모리스 메를로퐁티Maurice Jean Jacques Merleau-Ponty, 1908-1961, 그리고 장 폴 사르트르Jean-Paul Charles Aymard Sartre, 1905-1980는 후설의 현상학이 칸트와 헤겔 등의 전통적 관념론과 구분되기 위해서는 이 생활세계가 중심이 되어야 한다고 보았다. 특히 하이데거와 메를로퐁티는 진리의 명증성이 의식에 의해서 구성되는 것이 아니라 신체에 의한 생활세계의 체험을 통해서 밝혀지는 것이라고 보았고, 자연 과학 이전의 원초적 세계인 이 생활세계에서 진리의 근원을 찾아야 한다고 주장했다. 이에 비해, 사르트르는 신체를 통한 세계 속의 실존을 강조하면서 그 과정에서 의식의 역할도 주목했다는 점에서 이들과 차이점을 보였다.

후설의 현상학을 예술에 적용하면 형식론이나 분석철학으로 보지 못한 예술의 새로운 점들을 발견할 수 있을까. 현상학자들은 예술 일반이 아닌 구체적 현상으로서 예술 작품 자체에 주목했고, 예술 작품을 판단 중지를 통한 현상학적 환원에 이르는 현상학의 방법에 적합한 대상으로 보았다. 예술 작품의 미적 경험이 이론적·실제적 관심을 떠나 작품 자체를 무관심적으로 주목할 때 일어난다는 점에서였다. 하지만 예술 작품인 현상 자체로 돌아간다고 해서 작품의 형식만을 주목하자는 것은 아니었고, 작품에 담긴 구체적인 삶의 내용도 강조해서 형식론과는 차이점을 나타냈다. 후설의 전기 현상학에 근거를 둔 폴란드 철학자 로만 잉가르덴Roman Witold Ingarden, 1893-1970의 미학과 생활세계 개념을 근거로 둔 하이데거와 메를로퐁티의 미학이 대표적이다.

의식의 지향작용과 예술 작품

– 잉가르덴

잉가르덴은 후설의 전기 현상학을 바탕으로 자신의 예술론을 세웠다. 주로 문학 작품을 대상으로 자신의 이론을 설명했으며, 미술 작품에 대해서는 그 관점을 부분적으로 적용했다. 그의 이론은 구체적 예술 작품이 어떻게 존재하는가, 그 작품의 특성이 무엇인가라는 두 가지 측면으로 이루어진다. 잉가르덴에 따르면, 문학 작품은 그 자체로나 감상자에 대해서나 실제 현실이 아닌 허구로서 존재한다. 작품 속의 시간, 공간, 내용이 현실 속의 시간, 공간, 내용과 다르다는 점에서 그렇고, 감상자 앞에 놓인 작품이 실제 현실이 아니라 종이 위의 활자들일 뿐이라는 점에서도 그렇다. 하지만 감상자는 이런 활자들로 된 허구를 읽으면서 작품 안의 세계를 경험하고 현실세계를 연상하게 된다. 그림도 마찬가지다. 감상자들이 앞에 놓인 물감덩어리를 보면서 물감덩어리 이상의 세계와 내용을 연상하고 체험하게 된다. 이런 예술 작품의 특성을 어떻게 설명해야 할까. 잉가르덴은 예술 작품이 의식의 지향작용의 산물이기 때문이라고 보았다. 예술가의 의식의 지향작용을 통해서 작품이 창작됐고, 감상자의 의식의 지향작용에 의해서 감상이 이루어지기 때문이라고 주장했다.

예술 작품의 창작 과정을 생각해보면, 예술가는 자신의 의식 안으로 들어온 현실의 실제적 대상이라는 질료에 의미를 부여(노에시스)하고, 의미형성체(노에마)로서 작품을 만들어낸다. 이때 예술가는 실제적 대상의 무수히 많은 특징들을 모두 그대로 담아내지도 않고, 담아낼 수도 없다. 자신의 의식의 지향적 관점에 의해서 어떤 것은 선택하고 어떤 것은 생략하는 과정을 거치고, 그 대상에 의미를 부여해서 의미형성체로서 작품을 만들어낸다. 의식의 지향작용이 개인마다 다른 관점이나 시간과 공간의 제약을 받을 수밖에 없기 때문이다. 잉가르덴은 예술가에 의한 이런 창작 과정을 도식화라고 불렀고, 그 결과 모든 예술 작품에는 선택과 생략이라는 과정 때문에 생기는 '빈자리'가 남게 된다고 주장했다. 미술 작품의 경우도 예술가의 의식의 지향적 관점에 따라 선택과 생략의 과정을 거치고, 의미가 부여된 의미 형성체로서 미술 작품이 된다. 그래서 아무리 사실적인 그림일지라도 '빈자리'가 남게 되며, 추상 미술은 '빈자리'가 더욱 크다고 할 수 있지만, 그렇다고 실제적 삶에서 동떨어진 것으로 볼 수는 없다.

잉가르덴은 이렇게 창작된 예술 작품이 서로 다르면서 조화를 이루는 여러 개의 층들로 이루어져 있다고 보았다. 문학 작품은 4개의 층으로 구성돼 있고, 회화는 3개의 층으로 구성돼 있다고 구분했다. 이렇게 정리된다. 첫 번째 층은 소리 층으로 단어 혹은 소리의 구조와 성질을 말하며, 그것에 의해서 두 번째 층이 형성된다. 미술 작품에서는 그림의 물감이나 조각의 돌 같은 매체가 해당된다. 두 번째 층은 의미 층으로 작품의 의미를 담는 그릇이며, 문학 작품에서는 소리가 만든 문장이나 문체, 미술 작품에서는 매체가 만들어낸 형식을 말한다. 작품이 존재하기 위한 중심 조건이고, 여기서 세 번째 층과 네 번째 층이 만들어진다.

세 번째 층은 의미의 대상층으로 불리는데, 의미 층이 재현하는 작품의 내용이며 인물들, 장소들, 사건들로 이루어진다. 작품 안의 시간과 공간에 속하고 예술가의 지향적 관점에 의해서 도식화되기 때문에 이 세 번째 층에서 실제적 대상과 똑같지 않은 '빈자리'가 남게 된다. 네 번째 층인 도식화된 양상의 층은 작품 안의 인물이나 사건들의 관계에 의해서 생기며, 세 번째 층과 함께 작품의 내용을 이룬다. 예술가의 지향적 관점에 의한 도식화로 형성된 작품의 관점과 이념이라고 할 수 있다. 미술 작품에서는 문학 작품의 세 번째 층과 네 번째 층이 하나로 결합되고 작품의 형식에 담긴 내용을 이룬다. 문학 작품에서는 이념이 따로 기술되지만, 미술 작품에서는 재현되는 것과 표현되는 것 안에 예술가의 관점이나 이념이 담기기 때문이다.

잉가르덴은 예술 작품의 각각의 층이 자체의 미적 성질을 갖고 있으며, 그것들이 다성적인 조화를 이루면서 미적 대상이 된다고 보았다. 단어 혹은 매체, 형식, 내용 등이 각기 다른 미적 성질을 갖고 있고 그것들이 음악의 서로 다른 성부들처럼 조화를 이룰 때 미적 대상이 된다는 것이다. 여러 층의 작품의 구조가 유기적일수록 예술적 가치를 갖게 된다는 말로, 형식이나 내용 그 어느 하나만 중요하지는 않다는 주장이다.

작품의 감상은 감상자가 세 개 또는 네 개의 층으로 된 작품의 구조의 안내를 받아서 현실적인 사건이나 내용으로 전환하고, 예술가가 남긴 '빈자리'도 채워 넣는 것이다. 잉가르덴은 이 과정을 구체화라고 불렀고, 이 역시 감상자의 의식의 지향작용에 의해서 이루어진다고 보았다. 감상자가 작품 안에서 만나는 대상에 의미를 부여해서 실제적 인물이나 사건으로 구체화하고, 현실 속의 의미형성체로 만들어낸다는 것이다. 따라서 구체화도 감상자의 의식의 지향적 관점에 의해 영향을 받을 수밖에 없고, 감상자가 전에 체험했던 경험 내용에 근거를 둘 수밖에 없다. 그럴 때, 예술 감상에는 감상자들의 수많은 지향적 관점에 의한 서로 다른 구체화들이 있을 수도 있고, 시대나 사회에 따라 수많은 서로 다른 구체화들이 있을 수도 있으며, 그 결과 같은 작품에 대해서도 광범위한 의미의 차이들이 나타날 수 있다.

그러면 많은 사람들이 불후의 명작에 대해서 공통적으로 인식하고 느끼는 것, 예술 작품에서 누구나 동의할 수 있는 동일성 같은 것은 어떻게 될까. 잉가르덴은 예술가나 감상자의 의식이 최종적으로는 이념적 내용을 지향한다는 점에서 어느 정도의 동일성을 확보할 수 있다고 보았다. 그래도 여전히 서로 다른 감상의 예나 차이점들이 있을 수 있다는 점은 잉가르덴 자신도 인정했다. 작품에 대한 철저한 이해는 보증되지 않으며, 작품의 고유한 성질을 충실하게 파악하는 것은 어렵다고 보았다. 하지만 그는 다른 한편으로 예술 작품이 동일한 의미로 향하는 구체화보다 하나 이상의 구체화를 이룸으로써 우리 삶을 풍요롭게 하고 변화를 일으킬 수도 있다고 주장했다. 동일한 작품이지만, 서로 다른 사람들이 일상생활에서 주목하지 않았던 서로 다른 점들을 주목하고 그 점에 새롭게 의미를 부여하면서 잠겨 있던 각자의 삶의 존재 상태를 끌어올리고 감동과 황홀한 순간을 접할 수도 있다는 것이다. 이처럼 잉가르덴은 예술론에서 전통 예술론이 강조한 작품의 보편적 특성보다 구체적인 특성을 강조했고, 형식론의 공허한 형식을 넘어 풍요로운 삶의 내용과 관련을 갖는 형식에 주목했다.

존재의 철학

– 하이데거

하이데거는 자신의 철학을 존재의 철학이라고 말했다. 자연 과학주의나 이론적 관점에 물들지 않은 근원적인 것을 존재라고 보고, 그 존재를 밝히는 것이 철학의 목표라고 주장했다. 존재란 무엇일까. 하이데거에 따르면, 옷이나 바위처럼 '있는 것'은 존재자이고, 그런 것들이 '있음', '있다'라는 사실 자체가 존재이다. 존재란 존재자를 존재자이게 하는 것이다. 그런데 우리는 옷을 입고 있을 때나 바위를 특정한 용도에 사용할 때, 그것들이 '있다'라는 사실을 잊어버리고 주목하지 않는다. 하이데거는 이것을 존재가 존재자에 의해서 가려지기 때문이라고 보았고, 이렇게 가려진 존재를 밝히는 것이 자신의 철학의 과제라고 말했다.

하이데거에 있어 존재는 이성적 설명이나 감각적 경험 이전의 원초적 세계 같은 것이다. 우리의 구체적인 삶 속에 있고, 항상 가까이서 만나지만 잘 주목하지 않는 것이며, 존재자들을 있게 하는 근원적인 것이다. 부연 설명하면 이렇다. 대부분의 전통 철학은 물질적인 존재자를 지향하는 감각에서 출발했고, 그 존재자의 무상함이나 불완전성에 접하고 만족하지 못할 때 존재자 너머의 근원적인 것을 생각해냈으며, 이데아, 신, 물 자체, 절대자 등을 전제로 존재자를 설명하는 형이상학에 의존해왔다. 그런데 하이데거는 존재자를 존재자이게 하는 것이 전통 철학이나 형이상학이 전제하는 위의 것들이 아니라, 자신이 말하는 원초적인 존재라고 보았다. 그래서 전통의 형이상학을 해체하고 철학의 새로운 시작을 이루어야 한다고 주장했고, 존재자 지향적인 감각과 사유로부터 결별하고 존재에 머물러 자신의 철학을 펼치고자 했다.

존재가 만지거나 볼 수 있는 감각적 경험 대상도 아니고 이성적 설명이 가능한 것도 아니라면, 그 존재를 어떻게 밝힐 수 있을까. 하이데거는 존재를 밝히는 두 가지 방법을 제시했다. 하나는 인간의 존재 방식인 실존의 이해를 통해 존재에 이르는 것이다. 인간만이 존재의 의미를 묻는 유일한 존재자라는 점에서인데, 인간이 사물과 다른 점에 초점을 맞췄고 그의 책 『존재와 시간*Sein und Zeit*』에서 주장했으며, 그의 초기 사상을 이뤘다. 다른 하나는 인간을 매개로 하지 않고, 존재가 스스로 드러나도록 하는 것이다. 존재 자체로부터 들려오는 말소리에 귀를 기울인다는 것인데, 그의 후기 사상에 등장하는 예술론을 통해서 주장됐고, 「예술 작품의 근원*Der Ursprung des Kunstwerkes*」이란 논문에 실려 있다.

인간의 존재 방식부터 살펴보자. 하이데거는 인간을 거기Da와 있음Sein을 결합해서 '현존재Dasein' 라고 정의했다. 전통 철학의 주관이나 주체가 논리적이며 추상적으로 만든 개념이라면, 현실적으로 거기에 있는 구체적 인간이란 뜻이다. 인간은 항상 특정하고 구체적인 상황 속에 있고, 존재의 의미를 묻는 과정에서 자신이 속한 상황에 대한 이해가 선행한다는 뜻이기도 하다. 다음으로 하이데거가 주목한 것은 현존재인 인간이 다른 존재자인 사물과는 다르다는 점이다. 우선 옷이나 바위 같은 존재자는 그것이 무엇인가가 미리 정해져 있지만, 인간은 존재의 의미를 묻고 자신을 확인하며 어떻게 존재할 것인가라는 존재 방식을 스스로 결정해 나가는 존재자라는 점이다. 이렇게 자신의 존재를 문제 삼고, 스스로 결정해 나가는 존재 방식이 하이데거가 말하는 실존이다.

또 하이데거는 인간이 홀로 존재하는 것 아니라 주변과의 관계 속에서 존재한다는 점에서 인간은 '세계-내-존재Das in-der-welt-sein'라고 말했다. 인간은 세계 속에 있고, 세계 없이는 존재할 수 없으며, 세계와 인간이 불가분의 관계에 있다는 점에서다. 더욱이 인간은 사물과 다른데, 옷과 옷장의 관계는 옷이 없어도 옷장이 존재할 수 있고 옷장이 없어도 옷이 존재할 수 있지만, 세계와 인간의 관계는 그럴 수 없기 때문이다. 그래서 세계-내-존재로서 인간은 주변의 다른 현존재인 타인이나 사물들과 관계를 맺고, 그 속에서 스스로의 위치를 확인하면서 공동 사회를 만들어간다. 주변의 인간과 사물을 관찰하고 관심을 보이기도 하며, 우려와 근심을 나타내기도 하고, 사물들을 도구로 사용하기도 하면서 살아간다. 따라서 하이데거에 있어 세계란 현존재인 인간이 다른 현존재나 사물들과 서로 연결되는 복잡한 존재 연관들인 '있음'의 관계들의 묶음이라고 할 수 있다.

세계-내-존재로서 인간이 세계 속에서 살아간다는 것은 주변에 비추어 스스로의 존재 의미를 파악하는 것이고, 주변을 의식하고 신경 쓰면서 살아가는 것이라고 할 수 있다. 하이데거는 이런 존재 방식이 누구나 다 일반적이고 평균적으로 살아가는 것이 될 수 있다는 우려를 나타냈다. 이런 삶이 일상성 속에서 본래 자기 자신의 모습이 가려진 존재 방식일 수 있고, 특정한 이 사람이나 저 사람이 살아가는 방식인 참된 실존이라고 할 수 없다고 주장했다. 그래서 하이데거는 인간이 참된 실존을 이루기 위해서는 이런 상태로부터 벗어야 하며, 존재가 '생김'과 '흐름'이어야 하고, 존재의 의미가 시간성 속에서 이루어져야 한다고 주장했다. 내가 '있음'이 고정되고 정지된 상태가 아니라 나의 현존의 생김이며 흐름이 되어야 한다고 보았고, 매 순간의 자기 없앰인 숨김과 은폐를 통한 새로운 생김이어야 하며, 한정에의 거부이자 무한에의 욕구여야 한다고 주장했다. 하이데거의 이 주장은 니체의 초인超人 사상에서 영향을 받은 것이다. 니체가 초인이란 끊임없이 스스로를 넘어서는 인간이며, 자신을 구속해 왔던 형이상학이나 도덕을 포함한 삶의 관습을 넘어서 자신의 의지대로 삶을 이끌어가는 인간으로 규정한 점에서 영향을 받은 것이다.

하이데거가 참된 실존을 위해서 제시한 방법은 우리가 던져진 존재임을 받아들이고 앞을 향해 던지는 존재가 되어야 한다는 것이다. 그에 따르면, 우리는 누가 무엇 때문에 우리를 세계에 던졌는지 모른다. 출생 이전에 대해서나 죽음 이후에 대해서 아무것도 알지 못한다. 출생 이전이나 죽음 이후는 우리에게 무無이고, 그런 의미에서 우리 인생은 무無 위에 떠 있다고 할 수 있다. 그래서 우리는 항상 불안하고, 이런 불안에서 벗어나기 위해서 앞을 향해 던지는 존재가 되어야 한다는 것이다. 하이데거는 이때의 무無가 단순한 없음이나 끝나버림이 아니라, 이로부터 무한에로 욕구로서 있음이 생겨 나오게 하는 무無라고 보았다. 달리 말하면, 우리가 미래를 향해서 기획하고 스스로 자유롭게 결정하면서 살아가야 하며, 세계의 일상성 속에서 잊었던 자기를 되찾고 본래의 우리 자신이 되어야 한다는 것이다. 이렇게 본래의 자신을 찾고 참된 실존을 이루게 될 때, 가려졌던 우리의 '존재'가 열리게 된다는 말이다. 전통 철학이 추상화하고 보편화한 인간 개념으로 가렸던 구체적 개인으로서 현존재인 인간의 참모습이 열리게 된다는 주장이다.

하이데거는 이런 참된 실존을 인간만이 이룰 수 있다고 보았다. 사물은 그것이 무엇인가 미리 정해져 있지만, 인간은 이미 정해진 본성이나 본질이 없는 잠재적 가능성의 상태에 있으며, 스스로 그 무엇이 되어가면서 본래의 자신을 찾아가기 때문이다. 인간의 본성은 정해진 것이 아니라 찾아가는 것이고 만들어가는 것이라는 말이다. 그는 인간의 이런 삶이 자유를 발휘할 수 있는 창조 행위나 자기 주장을 할 때, 또 모든 가치가 자신에게 달려 있다고 인식할 때에 특히 잘 이루어진다고 보았다. 그리고 예술이 그런 자유로운 행위의 모범적인 경우가 될 수 있고, 예술에서 인간 실존의 본래성이 실현될 수 있다고 주장했다. 예술로는 일상생활의 평균적 방식으로는 허용될 수 없는 자유를 이룰 수 있으며, 예술 작품을 통해 일상성 속에 감춰진 존재를 드러낼 수 있기 때문이다. 이 점에서 하이데거는 예술 작품은 인간에게 근원적인 자발성과 가치 창조의 힘이 있음을 보여주는 것이며, 현존재인 인간의 근거가 무無라는 삶에 대한 허무주의를 극복하고 삶 자체를 의미 있고 참고 살아갈 만한 것으로 만들어준다고 주장했다. 여기서도 니체의 후기 예술론을 확인할 수 있다. 니체가 예술을 끊임없이 자신을 파괴하고 재창조하는 인간인 초인이 삶을 왜곡으로부터 구원하고, 새로운 삶을 창조하려는 의지에 의한 것으로 보았다는 점에서다.

존재자로서 예술 작품과 존재의 드러남

하이데거의 예술론은 그의 중기 사상 이후 존재를 밝히는 또 다른 방법으로 제시됐다. 그가 1930년대 초 존재의 다른 경험이며 특징인 존재 숨김을 접하고, 가려진 존재가 스스로 드러나도록 하는 방법을 주장하면서다. 그의 예술에 관한 주장은 구체적인 예술 작품에서 출발한다. "예술의 본질은 무엇인가?"에 답하기 위해서 "예술 작품은 어떻게 존재하는가?"라는 물음부터 시작한다. 하이데거에 따르면, 예술 작품의 존재 방식은 사물이면서 그 이상이어야 한다. 설명하면 이러하다. 예술 작품은 사물의 측면을 갖고 있다. 그림은 모자처럼 벽에 걸려 있고 화물처럼 여기저기로 운반되기도 하며, 베토벤의 현악 사중주 악보는 감자처럼 출판사 창고에 쌓여 있다. 이처럼 예술 작품은 사물처럼 다루어진다. 다른 한편으로, 예술 작품은 사물적인 것인 매체를 사용해서 만들어진다. 건축물은 돌로, 조각품은 돌이나 나무로, 그림은 물감으로, 그리고 음악은 음향으로 제작된다. 예술 작품은 이런 사물적인 것이 없이는 이루어질 수 없다. 그런데 예술 작품은 이런 사물적인 것 이상이기도 해야 하며, 사물을 넘어선 본질도 갖고 있어야 한다. 사물들과 달리 예술 작품만이 드러내는 존재들을 담고 있어야 한다는 것이다.

그래서 하이데거는 예술 작품의 본성이나 본질을 이해하기 위해서는 사물과의 유사점과 차이점을 밝혀야 한다고 보았다. 먼저 유사점을 밝히기 위해서 순수 사물로서 바위의 속성을 살펴보자. 인간은 어떻게 존재할 것인가를 스스로 결정해 나가지만, 사물로서 바위는 미리 정해진 자기 충족적 특성을 갖고 있다. 또 사물은 인간이 모든 방식으로 규정하고 이해하려 할 때, 자신을 드러내기를 완강하게 거부한다. 자신을 닫고 잘 드러내지 않는 은폐성이라는 특성도 갖고 있다. 예를 들어, 우리가 무게와 중량감을 갖고 우리 앞에 버티고 있는 바위의 존재를 알아내기 위해서 바위를 깬다고 해보자. 그때 우리가 얻는 것은 작은 돌덩어리들뿐이며, 무게나 중량감 자체는 사라져버린다. 저울 위에 올려놓는다면 어떨까? 역시 무게나 중량감 자체의 '있음' 즉 존재는 사라지고, 우리가 얻는 것은 단지 숫자들일 뿐이다. 하이데거는 이것을 사물이 인간의 계량적인 시도를 파괴하고 자신에게 다가오는 어떤 침입이나 간섭도 거부한다고 해석했다. 그리고 사물에 대한 자연 과학적·이론적 접근에 대한 문제 제기를 사물이 은폐성을 갖고 있다는 말로 나타냈다.

사물의 본질을 알아내기 위해서는 어떻게 해야 할까. 하이데거는 사물이 은폐된 채로 보존되도록 해야 한다고 보았다. 사물이 자체 안에 고요히 머물며 자기 충족적인 것이 되도록 내버려두고, 사물이 그 자체의 존재를 스스로 드러내도록 해야 한다는 것이다. 달리 말해, 사물의 존재와 원초적이며 근원적인 만남이 이루어져야 한다는 것인데, 이를 위해서는 우리가 사물을 대했던 모든 이론적·계량적 시도나 이성적 사유에 앞서 전 과학적이고 전 분석적 단계의 직접적인 경험에 의존해야 한다는 주장이다.

이제 예술 작품으로 눈을 돌려 사물의 이런 성질을 적용해보자. 예술 작품은 인간이 만든 것이지만, 특정한 용도를 갖고 있지 않기에 그 자체로 자기 충족적이고, 그 점에서 순수 사물과 유사하다. 예술 작품 자체가 특정한 용도나 목적에 따라 무언가 다른 것으로 스스로 되어가는 것이 아니라는 뜻이다. 또 예술 작품은 그 의미나 느낌이 잘 드러나지 않는다는 점에서 사물처럼 은폐성도 갖고 있다고 할 수 있다. 그래서 하이데거는 예술 작품이 무엇인지를 알기 위해서는 순수 사물처럼 자체 안에 고요히 머물도록 내버려두어야 한다고 보았다. 지금까지 작품을 감상하면서 개입시켰던 목적, 평가, 그 바탕이 되는 이론적 관점 등의 작품 외적인 것들로부터 벗어나게 해야 하며, 실제적 관심을 떠난 무관심적 관조나 주목이 필요하다는 것이다. 그럴 때, 작품이 존재한다는 사실 즉 작품의 존재 자체의 드러남이 이루어진다고 하이데거는 주장했다. 사물로서 구체적인 작품의 '있음', '있다'라는 사실이 드러난다는 것으로, 예술 작품과 관련되는 이성의 영역도 감각의 영역도 아니며 그 이전 단계인 예술 작품 자체와의 근원적이고 원초적인 만남이 시작된다는 말이다.

예술 작품의 존재의 드러남은 여기서 그치지 않는다. 하이데거는 예술 작품이 사물로서 작품의 존재뿐만 아니라 예술가가 작품 안에 설립한set up 다양한 존재들도 드러낸다고 보았다. 그리고 빈센트 반 고흐가 농촌 아낙네의 낡은 구두를 그린 〈구두 한 켤레〉**[01]**와 그리스 신전**[02]**을 예로 들어 그 존재들을 설명하면서 예술 작품에서 드러나는 그런 존재들이 곧 진리라고 주장했다. 이 점은 하이데거의 독특한 진리관으로 설명된다. 그는 존재자를 드러내주고 규정하는 존재가 곧 진리라고 주장했고, 그것을 존재진리라고 불렀다. 서구사상사에서 사용되는 진리라는 말의 근원적인 의미가 숨어 있지 않고 드러남이란 뜻의 그리스어 아레테이아a-letheia에 있다고 보았기 때문이다. 예술 작품은 존재진리가 담겨 있는 것이고, 작품을 그 자체로 머물도록 할 때 존재진리를 드러내며, 작품 속 존재자들의 갖가지 참된 모습이 드러난다고 주장했다. 그 존재란 어떤 것일까. 하이데거에 따르면, 예술 작품이 드러내는 존재진리를 알기 위해서는 작품을 존재자인 사물로 만나던 방식에서 벗어나 존재로 만나는 방식으로 향해야 한다. 그럴 때, 평소 우리가 잘 주목하지 않고 외면했거나 파악하지 못했던 존재자의 참된 모습인 존재진리가 예술 작품을 통해 드러나는 것을 보게 된다고 했다.

01

02

[01] 빈센트 반 고흐
〈구두 한 켤레〉 1886년, 캔버스에 유채, 45×37.5cm, 암스테르담 반고흐미술관

[02] 〈아파이아 신전〉
기원전 500년경, 에기나

예술 작품의 두 가지 원리로서 세계와 대지

하이데거는 예술 작품을 통해 드러나는 존재들을 예술 작품의 두 가지 원리이자 존재진리를 설명하는 개념인 '세계'와 '대지'로 밝히고 있다. 우선 예술 작품인 반 고흐의 구두 그림과 아낙네가 신고 있는 구두를 비교해보자. 아낙네가 구두를 신고 불편함 없이 농사일에 전념할 때 구두는 참다운 도구가 되고, 아낙네는 "구두가 있다"라는 사실을 까마득히 잊어버린다. 구두의 용도에 의해서 구두의 존재가 잊히기 때문이다. 하지만 우리가 두터운 물감과 울퉁불퉁한 선으로 그린 반 고흐의 구두 그림 앞에 서면, 그림이 주는 일상적이지 않은 경이로운 느낌을 갖게 되고 새삼 "구두가 있다"라는 사실을 주목하게 된다. 반 고흐의 구두 그림에 의해서 구두의 존재가 드러나기 때문이며, 구두 자체와의 근원적이고 원초적인 만남이 이루어지기 때문이다. 여기서 그치지 않고, 우리는 구두의 여러 가지 참된 존재들의 드러남도 보게 된다. 반 고흐의 구두 그림을 보면서 당시 다른 사람들은 일상적이며 습관적인 맥락에서 주목하지 않았거나 놓쳐버렸던 구두의 여러 가지 참된 존재들의 드러남도 보게 된다는 것이다. 하이데거는 이것이 구두라는 사물을 넘어선 그 이상의 무엇이며, 반 고흐가 구두 그림에 설립한 구두의 존재진리들이라고 주장했다. 구체적으로 무엇인지는 세계와 대지라는 개념으로 다음과 같이 설명했다.

"너무 오래 신어서 가죽이 늘어난 구두의 안쪽 어두운 틈새로부터 밭일을 나선 농촌 아낙네의 고단한 발걸음이 엿보인다. 구두의 실팍한 무게 가운데에는 거친 바람이 부는 넓게 펼쳐진 평탄한 밭고랑을 천천히 걸어가는 강인함이 배어 있고, 구두 가죽위에는 대지의 축축함과 풍요로움이 깃들어 있으며, 구두 창 아래에서는 해질녘 들길의 고독함이 밀려온다. 구두 가운데에서 **대지**의 소리 없는 부름이, **대지**의 조용한 선물인 다 익은 곡식의 부름이, 겨울 들판의 황량한 휴경지에서 일렁이는 해명할 수 없는 **대지**의 거절이 느껴지기도 한다. 한편, 이 구두에는 빵을 얻기 위한 불평 없는 근심, 고난을 이겨낸 후 오는 말 없는 기쁨, 임박한 아기의 출산에 대한 전전긍긍함과 죽음의 위협 앞에서의 전율 등도 스며들어 있다. 구두라는 도구는 **대지**에 속하고, 농촌 아낙네의 **세계** 가운데에 보존되어 있다. 이런 귀속과 보존으로부터 구두 자체 안에 고요히 머무름이 이루어진다." (원문의 내용을 부분적으로 생략)

여기서 세계는 물리적인 우주가 아니라, 현존재인 인간이 다른 인간이나 존재자들과 관계를 맺는 존재 연관들의 묶음을 뜻한다. 이런 세계가 그림을 보는 우리를 향해 드러나고 열린다는 점에서 세계는 개방성이라는 특성을 갖고 있다. 반 고흐의 그림에서는 현존재인 농촌 아낙네가 실존을 통해서 관계 맺은 존재 연관들이며, 농촌 아낙네가 생활 속에서 겪은 근심, 고난의 극복, 기쁨 등을 말한다. 대지에는 두 가지 뜻이 있다. 하나는 사물로서 작품의 재료가 갖는 질료적 측면으로, 반 고흐 그림에서는 두텁고 거칠게 칠한 물감과 울퉁불퉁한 선이 드러나는 것을 말한다. 다른 하나는 바람, 하늘, 들판 등의 자연이 서로 연결되어 하나의 흐름으로 펼쳐지는 것을 뜻한다. 반 고흐의 그림에서는 농촌 아낙네의 생활을 둘러싼 거친 바람과 밭고랑, 대지의 축축함과 풍요로움 그리고 그것들이 서로 연관되어 흐르는 자연 환경의 존재를 말한다. 왜 자연이란 말 대신 대지일까. 하이데거는 근대 자연 과학에 착색된 개념적 자연과 구분하기 위해서 대지란 용어를 사용했다. 원초적이며 근원적인 자연이란 뜻을 강조하기 위해서였다. 이렇게 하이데거는 세계와 대지라는 개념으로 반 고흐의 그림에서 드러나는 농촌 아낙네 구두의 참된 존재를 제시했다. 반 고흐의 구두 그림에 이런 존재진리들이 담겨 있고, 우리가 반 고흐의 구두 그림 앞에 서면 이런 존재진리들이 우리에게 드러난다는 주장이다.

반 고흐의 구두 그림에서 존재의 드러남이란 반 고흐가 낡은 구두 한 켤레를 사실적으로 재현해서 참모습을 나타냈다는 것일까. 하이데거는 존재의 드러남이 사물인 존재자와 일치하는 유사성이 아니라, 그보다 더 근원적이고 원초적인 의미라고 주장했다. 반 고흐가 구두 그림을 통해서 구두를 일상적이며 특정한 목적이나 용도로 사용할 때는 구두라는 존재자에 의해서 가려진 참된 존재들이 은폐성의 베일을 벗고 직접 드러나게 했다는 것이다. 농촌 아낙네의 세계를 드러나게 했고, 대지를 이루는 존재자들이 은폐성을 벗고 드러내는 말소리를 들을 수 있게 했다는 말이다. 이런 의미를 보다 분명하게 이해하기 위해서 하이데거가 비재현적 예술의 사례로 들은 그리스 신전의 세계와 대지 개념을 살펴보자.

> "건축, 예를 들어 그리스 신전은 아무런 대상도 모사하고 있지 않다. 그것은 갈라진 험난한 바위계곡 한가운데 우뚝 서 있을 뿐이다. 이 건물은 신의 모습을 간직하고 있으며, … 신전이 있음으로 해서 신은 신전 가운데에 현존한다. … 신전 건물이

> 자신의 주변에 인간들의 삶의 길과 관계들을 모아들여 이어주며 통일시킨다. 이 삶의 길과 관계 속에서 탄생과 죽음, 불행과 행복, 승리와 굴욕, 인내와 몰락이 인간 존재의 숙명적인 모습으로 다가온다. 이 열려진 관계들이 지배하는 영역이 바로 역사적 민족이 거주하는 **세계**이다. 이 영역으로 부터만 또 이 영역 속에서만 이 민족은 자신의 사명을 완수하기 위해 비로소 자신에게로 되돌아간다." (원문의 내용을 부분적으로 생략)

여기서 세계는 그리스 민족의 삶인 실존이 신전을 중심으로 이루어졌음을 말한다. 신전이 그들의 세계관, 종교, 문화, 사회 활동의 중심이었고, 그들의 삶을 조직하는 원리였기 때문이다. 그들이 신전을 세운 것은 빈 터에 건물 하나를 세운 것에 그치지 않는다. 신전을 세움으로써 신을 존재하게 했고, 한 민족이 거주하는 세계를 열어놓은 것이다. 신전이 있음으로 해서 그리스인들의 탄생, 죽음, 행복, 승리 등의 무수한 관계들인 존재 연관들이 이루어지게 했다는 말이다. 이것이 그들이 살아간 세계이다. 따라서 그리스 신전이라는 예술 작품에서 세계는 반 고흐 그림에서 개인의 생활세계와 달리, 시대정신을 드러내는 역사의 공간에서 이루어진 일들이라고 할 수 있다. 그리스 신전에서 대지는 무얼까.

> "신전은 바위 위에 고요히 머물러 있다. 이렇게 고요히 머물며, 바위로부터 아무런 목적 없이 그저 육중하게 떠받치고 있음이라는 신비함을 이끌어내고 있다. 건물은 자기 위로 몰아치는 세찬 바람에 저항함으로써 그 바람의 위력 자체를 보여준다. … 굳건히 우뚝 솟아 있음으로 해서 (전에는) 볼 수 없던 허공의 공간을 보이게 한다. 요지부동의 이 신전이 밀려드는 파도에 맞섬으로써 자신 안에 있는 고요함과 대비되는 파도의 광란을 드러나게 한다. (주변에 있는) 초목, 독수리와 황소, 뱀과 귀뚜라미가 비로소 그것들이 본래 있는 그대로를 나타나게 한다. 이렇게 (가려진 것으로부터) 솟아나고 드러나는 행위 전체를 그리스인들은 피시스physis라고 불렀다. 우리는 이것을 **대지**라고 부른다." (원문의 내용을 부분적으로 생략함)

피시스의 본래 의미는 '자연물 가운데 내재하는 운동 또는 정지의 원리'이다. 그리스 신전에서 피시스 즉 대지는 화강암, 대리석, 바다, 초목 등 자연물 각각을 말하는 것이 아니다. 화강암 바위 위에 대리석 신전이 서 있고, 그 위로 거친 바람이 몰아치고, 신전 너머 바다에서 파도가 넘실대고, 그 위에 하늘이 있고,

신전 주변에 뱀과 귀뚜라미와 초목이 있는 등 이 모든 것들이 서로 연관되어 흐르고 '있음'을 말한다. 대리석 신전이 우뚝 섬으로 해서 무심히 지나쳤던 하늘의 공간이 보이고, 그동안 눈에 띄지 않았던 자연물들이 솟아나고 드러나는 과정과 흐름 자체가 대지이다. 종합하면, 그리스 신전이라는 예술 작품은 그리스 민족의 삶의 세계를 조직한 원리인 종교, 문화, 역사뿐만 아니라 신전에 쓰인 대리석과 신전과 연관을 갖는 주변의 여러 가지 자연물이라는 다양한 존재의 '있음'을 세계와 대지로 그리고 그것들의 관계 속에서 드러낸다고 할 수 있다.

하이데거에 있어 세계와 대지는 예술 작품의 두 가지 원리이고, 작품 안의 존재의 두 가지 특성이며, 존재가 드러나는 두 가지 방식이다. 하이데거는 이 둘이 서로 투쟁과 긴장 관계를 이루기도 하고 상호보완 관계를 이루기도 하면서 예술 작품이 만들어진다고 보았다. 그에 따르면, 세계는 우리를 향해 개방성을 갖고 있고, 대지는 은폐성을 갖고 있기 때문에 둘 사이에는 투쟁과 긴장 관계가 일어난다. 그래서 예술 작품은 겉으로는 고요해 보이지만, 그 안에서 지각할 수 없는 격렬한 움직임이 존재한다. 세계는 열어젖히려 하고 대지는 닫고 감추려 해서 둘 사이의 끊임없는 투쟁이 일어나기 때문이며, 그 과정에서 참된 존재들이 드러나게 된다. 한편, 세계와 대지는 상호보완 관계를 이루기도 하는데, 예술 작품에서 대지는 세계를 자신 속으로 끌어들여 세계가 대지 위에 터를 잡고 존재하게 한다. 세계가 마냥 열리고 퍼져 나가서 기반을 잃지 않도록 한계 지우고 보완해준다는 것이다. 상대적으로 세계는 은폐하는 대지를 불러들이고, 대지 스스로 열어보일 기회를 만들어주며, 대지를 의미의 밝은 빛 속으로 가져간다.

세계와 대지의 상관관계를 확인하기 위해서 다시 작품으로 돌아가보자. 우리가 반 고흐의 구두 그림에서 세계인 농촌 아낙네의 삶에 몰입하면, 그림의 물감과 선으로 구성된 대지는 눈에 들어오지 않는다. 반대로 물감과 선의 구성만을 주목하면, 그 안에 담긴 세계인 농촌 아낙네의 삶의 내용은 놓쳐버린다. 그리스 신전에서도 대리석과 화강암과 주변의 자연 풍경인 대지만을 주목하면, 그 안에 담긴 그리스인들이 삶의 조직 원리나 신전의 의미 등의 세계는 뒤로 물러나게 된다. 반대의 경우도 그렇다. 따라서 예술 작품의 본질이며 존재진리인 참모습은 세계와 대지 그 어느 하나만에 의해서 드러나지 않으며, 둘 사이의 투쟁과 상호보완 관계를 지속하다가 어느 순간 스스로 그 모습을 드러내게 된다.

하이데거의 예술론은 모방론과 표현론뿐만 아니라 형식론과도 차이점이 있다. 그에 따르면, 작품의 창작은 대상의 재현도 아니고 예술가의 주관적 표현도 아니다. 대상의 존재의 참모습이 개방성을 갖는 세계와 은폐성을 갖는 대지의 관계 안에 담기도록 도와주는 행위이다. 달리 말해, 작품의 창작은 존재진리를 미술 작품의 형태 가운데 설립하는 존재진리의 형태화라고 할 수 있다. 작품의 감상도 작품 안에 재현된 내용의 확인이거나 예술가의 느낌이나 주관적인 의도를 느끼는 것이 아니다. 작품이 고요히 머물도록 내버려두는 것이고, 그때 들려오는 다양한 존재의 소리를 듣는 것이며, 무관심적 주목을 통해 작품이 드러내는 존재들과 만나는 것이다. 감상은 우리를 작품 속으로 밀어 넣는 것이고, 우리가 일상적이며 습관적으로 머물던 곳과는 전혀 다른 세계를 접하게 하는 것이며, 그동안 놓쳐버린 사물과 존재의 폭넓은 관계들을 깨닫게 하는 것이라고 할 수 있다. 그럴 때, 예술 작품은 더 이상 공허한 형식이 아니라 작품에서 드러나는 존재인 삶의 내용이나 세계와 관련성을 갖는 형식이 되고, 우리를 둘러싼 삶과 세계의 지평을 넓혀주게 된다.

지각의 현상학

– 메를로퐁티

메를로퐁티도 하이데거와 마찬가지로 후설의 생활세계에 주목했다. 개념이나 이론에 물들지 않은 원초적 세계와 그 세계를 향한 지각을 강조했고, 의식의 판단이나 의미 형성 작용에 앞서 지각이 우선권을 갖는다고 주장했다. 그는 과학적 세계가 객관적이고 참된 세계이며, 감각적 지각의 세계는 가상의 세계라고 여겨온 전통의 주장들이 잘못된 선입견이라고 비판했다. 과학의 객관적 세계의 바탕에 지각의 세계가 존재하며, 지각된 세계가 모든 사유의 근원이 된다고 보았기 때문이다. 메를로퐁티의 원초적 세계는 하이데거가 구체적 삶 속에서 늘 가까이 접하는 것으로 본 존재와 유사하지만, 후설의 생활세계 개념에 보다 더 가깝다고 할 수 있다. 그래서 메를로퐁티도 후설처럼 이 세계가 지적으로는 아닐지라도 나름대로의 원초적 질서를 갖고 있으며, 이 세계를 지각하는 체험 주체가 신체라고 보았다. 이런 주장들이 그의 주저인 『지각의 현상학*La Phénoménologie de la Perception*』에서 펼쳐졌다.

메를로퐁티와 하이데거 사이에는 공통점과 차이점이 있다. 정신이나 의식보다 구체적 생활세계를 중시하고, 세계 속의 이 사람 저 사람이라는 구체적·개별적 인간의 실존을 강조한 점은 공통적이다. 하지만 하이데거가 현존재인 인간이 던져진 세계를 향해 던지는 존재라고 보았다면, 메를로퐁티는 인간이 거기 있는 세계에 더 깊이 귀속되어 있음을 강조했다. 그래서 메를로퐁티는 하이데거의 '세계-내-존재' 개념을 받아들여 자신의 철학적 관점으로 변형했고, 인간을 거기 있는 세계로 향하는 존재라는 뜻의 '세계-에로-존재être-au(à le)-monde'로 규정했다. 이렇게 설명된다. 메를로퐁티에 있어 나름대로 질서를 갖고 있는 원초적 세계는 내가 할 수 있는 그 어떤 지각이나 분석에 앞서 이미 거기 존재하고, 이미 만들어진 질서나 통일성을 갖고 있다. 우리가 그 세계를 신체의 지각을 통해 체험하는 것은 거기 있는 세계로부터 우리 지각에 주어지는 것이다. 따라서 지각된 세계는 '세계-에로-존재'인 인간 신체의 지각에 주어진 세계라고 할 수 있다. 그렇다고 지각의 체험 주체인 신체가 전적으로 수동적이라는 것은 아니다. 메를로퐁티는 신체가 세계에로 귀속되고 세계의 지각이 신체에 주어지지만, 신체는 세계를 향해 자발적으로 움직이는 주체이기도 하다고 주장했다. 여기서도 후설의 영향이 확인된다. 신체가 세계 속의 사물들과 같은 사물이지만, 무언가를 향해 자발적으로 움직이는 주체이기도 하다는 후설의 주장과 유사하기 때문이다.

신체가 지각된 세계의 주체가 된다는 것은 무슨 뜻일까. 신체가 세계로부터 주어지는 것을 받아들이기만 하는 수동적인 육체가 아니라 신체 스스로 대상으로 향한다는 것이고, 신체가 대상으로 향하도록 하는 무언가 즉 의식과 결합되어 있다는 것이다. 예를 들어, 우리가 어떤 대상을 눈으로 보고 손으로 만지는 것은 신체인 눈과 손이 그 대상으로 향하는 것이고, 신체가 대상으로 향하도록 의식이 작용하기 때문이라는 것이다. 이 점에 주목해 메를로퐁티는 신체는 의식과 결합되어 있다고 주장했다. 신체가 지각된 세계의 체험 주체가 되기 위해서는 의식과 결합되어야 하며, 역으로 의식이 세계와 관계를 맺을 때는 반드시 신체를 매개로 한다는 점에서다. 그래서 메를로퐁티는 신체가 의식의 근원적인 존재 방식이라는 점을 강조했고, 신체를 그저 육체가 아니라 의식이 녹아 있는 신체 또는 의식이 육화된 신체라고 규정했다. 의식인 정신과 신체는 양자가 존재하기를 그만두지 않는 한 구분될 수 없다는 것이다. 이로써 메를로퐁티는 후설이 전기 현상학에서 강조한 의식과 후기 현상학에서 강조한 신체를 결합해놓았다. 정신적인 것과 신체적인 것을 구분 지은 전통 철학에서 신체적인 것이 정신적인 것에 비해 열등한 것이고 정신적인 것을 위한 수단으로 다루어진 데 반발해서였다.

신체의 체험에 의한 지각 행위는 어떻게 이루어질까. 메를로퐁티는 신체가 습관적인 신체의 층과 현실적인 신체의 층으로 이루어져 있고, 신체의 체험이나 그 지식에는 습관적인 층이 더 많이 개입한다고 보았다. 예를 들어, 우리가 수영을 배우거나 자전거 타는 것을 배우는 경우를 생각해보자. 이 일들은 우리가 현실의 신체를 움직여 새로운 운동 습관을 획득하는 것이고, 신체의 새로운 사용법을 익히는 것이다. 현실의 신체가 새로운 운동에 맞추어 신체 도식을 재편성하는 것이고, 신체가 새롭게 만나는 세계의 새로운 구조를 획득하는 것이라고 할 수 있다. 달리 말해, 신체의 체험은 세계의 구조가 내 신체 안으로 들어오는 것, 습관을 습득하는 것이며, 습관적 신체의 층을 만들어내는 것이다. 본다, 듣는다, 느낀다 등의 지각 행위도 마찬가지로 세계를 향해 신체 도식을 재편성하는 것으로, 습관적 신체의 층을 만들어내는 것이라고 할 수 있다. 그런데 우리는 자전거 타는 것이나 수영을 한번 배우면 평생 잘 잊지 않는다. 우리 몸에 만들어진 습관적인 신체의 층 때문이며, 우리 몸이 그 일을 기억하기 때문이다. 따라서 신체의 체험에 의한 지식은 습관을 바탕으로 한다는 점에서 거기에는 습관적인 신체의 층이 더 많이 관여하고 더 많이 개입하게 된다. 그래서 메를로퐁티는 수족이 절단된 환자가 건전할 때의 신체 도식에 사로잡혀 괴로워하는 환상지幻想肢, phantom limb도 습관적인 신체의 층 때문에 발생한다고 주장했다.

메를로퐁티는 인간이 신체를 통한 지각에 의해서 거기 있는 세계와 관계 맺는 일을 실존이라고 했고, 이런 실존 속에서 살아가는 인간을 '세계-에로-존재'라고 보았다. 하이데거의 '세계-내-존재' 개념의 영향을 받았지만, 인간의 던지는 행위를 강조하는 하이데거와는 달리 던지는 행위의 전제인 이미 거기 있는 세계와의 상호 얽힘의 관계인 공존이라는 성격을 더욱 강조했다. 신체가 세계에로 귀속되지만, 세계를 향해 자발적으로 움직이고 자신을 중심으로 사방의 사물들을 붙잡아두는 주체이기도 하다는 점에서 이 둘은 상호 얽힘의 관계를 맺으며, 지각의 세계란 신체와 세계가 서로 얽혀 있는 공존의 영역이라는 주장이다.

신체와 세계의 공존에 의한 회화

신체의 지각을 통해 원초적 세계로 향하려는 메를로퐁티의 철학적 시도는 그의 예술론을 통해서 구체화된다. 그는 예술이 과학이 망각한 우리 삶의 원천인 원초적인 세계와 접촉하게 해준다고 주장했다. 과학은 지수들을 조작하고 제한된 모델을 만들어 구체적인 현실세계에 적용하고, 추상적 사고로 만든 구성물로 세계를 이해하려 하면서 구체적 현실과 거리감을 갖게 하기 때문이다. 그는 이런 문제에서 벗어나기 위해서는 신체의 터전인 생활 속의 구체적이며 원초적인 지각의 세계로 돌아가야 하며, 예술이 그 세계로 접근하는 방법이 될 수 있다고 보았다. 특히 그중에서도 회화가 문학이나 음악보다 원초적 세계에 더 가깝게 접근할 수 있다고 주장했다. 그에 따르면, 문학은 세계를 있는 그대로 보여주기보다 작가의 특정한 관점이나 태도를 통해 자신의 말을 하고, 음악은 세계 속 존재들의 동요나 성장을 있는 그대로 담아내기보다 그것들의 윤곽만을 음들 간의 관계나 형식으로 변환해서 암시한다. 이에 비해, 회화는 화가 자신이 보는 것에 대한 일체의 의무를 떠나서 있는 그대로 바라볼 수 있고 또 그려낼 수 있다는 것이다. 물론 화가도 특정한 관점이나 태도를 가질 수 있지만, 세계를 향한 직접적인 지각에 보다 더 충실할 수 있다는 점에서 회화가 문학이나 음악보다 세계의 원초적인 의미에 가깝게 갈 수 있다고 메를로퐁티는 주장했다.

한 장의 그림은 어떻게 그려질까. 메를로퐁티는 마음으로 그릴 수는 없으며, "화가가 자신의 신체를 세계에 빌려줌으로써 세계를 그림으로 옮겨놓는 것"이라고 말했다. 화가의 주관을 통해 자의적으로 구성하는 것도 아니고, 그렇다고 해서 세계를 수동적으로 받아들여 재현하는 것도 아니라는 것이다. '세계-에로-존재'인 화가가 신체의 실존을 통한 지각인 신체와 세계의 공존을 그림 안에 담기게 하는 것이라는 말이다. 그는 이 과정을 화가의 신체와 세계와의 공존, 즉 화가의 지각이 어떻게 이루어지는가를 설명하면서 밝히려 했다.

메를로퐁티에 따르면, 화가가 세계를 '봄vision'은 신체의 자발적인 '움직임movement'과 융합해서 작용한다. 이런 식이다. '봄'은 눈의 '움직임'을 통해 세계를 바라보는 것인데, 눈으로 '봄'은 의식의 작용에 의해 대상으로 향하는 것과 신체로서 눈의 '움직임'의 결합으로 이루어진다. 신체로서 눈의 '움직임'은 수영이나 자전거 타는 것을 배우는 일처럼 세계를 향해 신체를 조정해 나가는 것이고, 신체 도식을 세계에 적합하게 재편성하는 것이며, 세계의 구조를 획득하는 것이다. 그래서 눈으로 '봄'은 자기 마음대로 만들어내는 것이 아니라 눈의 '움직임'을 통해서 세계에 접근하는 것이고, 세계를 향해 자신을 열어 놓는 것이며, 세계의 구조가 신체에 반영되고 신체 안으로 들어오는 것이다. '봄'은 눈의 '움직임'이 도달할 수 있는 범위 안에 있고 눈의 '움직임'에 예정되어 있다는 말이다. 따라서 '봄'과 '움직임'은 서로 융합을 이루고, 신체는 그 융합이 이루어지는 장소가 되며, 눈으로 보는 가시적 세계는 눈의 움직임의 세계와 동일한 구조를 구성하게 된다.

다음으로 메를로퐁티가 화가의 지각에서 주목한 것은 신체가 보면서 동시에 보여지기도 한다는 점이다. 화가가 사물을 바라볼 때, 그 사물도 화가를 바라본다는 말일까? 그런 뜻이 아니라, 화가가 사물을 바라보기도 하지만, 동시에 자신이 무언가를 보고 있음도 보고 있다는 의미이다. 이 말은 의식이 육화된 신체라는 점에서 이해할 수 있다. 눈으로 어떤 대상을 본다는 것은 그 대상을 의식하는 것이기도 하고, 대상을 보고 있는 자신의 신체를 의식하는 것이기도 하다. 따라서 신체는 보는 주체인 동시에 사물처럼 보여지는 대상이 된다. 신체는 스스로 움직이고 보면서 자신을 중심으로 사방의 사물을 붙잡아두는 주체가 되기도 하지만, 동시에 세계 속의 많은 사물들 중의 한 사물이기도 하다는 것이다.

메를로퐁티는 이 점에 주목하고 "신체는 세계의 직물 속에 갇혀 있다", "사물들은 신체의 부가물이거나 연장이다"라는 말로 표현했다. 그리고 세계와 신체가 동일한 재료로 이루어져 있으며, 사물들의 표피 속은 신체의 '살flesh'로 이루어져 있다고 주장했다. 여기서 '살'은 우리 육체의 살이 아니라 자연계를 이루는 기본 요소를 말하며, 정신도 육체도 아닌 존재의 요소로서 원초적 세계의 질료를 뜻한다. 나아가 메를로퐁티는 세계와 신체가 동일한 재료로 이루어져 있다는 점에서 '봄'에 의해서 지각되는 사물들의 외면적 가시성manifest visibility이 신체 속에서 내밀한 가시성secret visibility으로 반복되고, 세계의 원초적 구조나 질서가 신체 안에 새겨진다고 주장했다. 화가의 '봄'을 통해 화가 앞에 있는 사물들의 성질이나 빛, 색, 깊이 등이 화가의 신체에 반향을 일으키고, 신체가 그것을 받아들인다는 것이다.

이런 맥락에서 우리는 "세계가 신체 안으로 들어온다", "자연은 내 자신 안에 있다"는 화가의 말의 의미를 이해할 수 있고, 그림을 그리는 것이 화가가 자신의 신체를 세계에 빌려줌으로써 세계를 그림으로 옮겨놓는 것이라는 문장의 의미도 이해할 수 있다. 즉, 사물들의 구조가 '봄'을 통해 화가의 신체 안에 반영되고,

그것이 그림의 가시적인 형태로 나타난다는 뜻임을 알게 된다. 따라서 화가가 그린 그림의 윤곽선은 사물들의 윤곽선인 동시에 자신의 내부에서 발견된 것이기도 하다. 메를로퐁티는 그것이 자연을 대상으로 그림을 그리지 않는 경우라 하더라도 별 차이가 없다고 주장했다. 화가가 언젠가 한번은 본 적이 있기 때문에, 다시 말해 세계가 언젠가 한번은 그 구조나 암호 같은 것을 화가의 신체 안에 새겨놓은 적이 있기 때문에, 화가가 그림을 그릴 수 있다는 말이다. 그림을 그리는 것은 신체의 습관의 층에 의한 것이고, 비재현 미술로서 추상이나 그 밖의 모든 예술 작품도 지각의 체험 대상인 세계나 구체적인 삶과 무관할 수 없다는 주장이다.

세계가 신체 안으로 들어온다

– 세잔과 클레

메를로퐁티가 자신의 예술론의 관점에서 주목한 대표적인 화가는 세잔과 클레였다. 이들이 과학적 사고나 개념에 물들지 않은 자연과 사물들의 원초적 세계의 지각을 충실하게 옮겨놓았다는 점에서다. 세잔은 한 장의 정물화를 그리기 위해서 100번의 작업을 했고, 한 장의 초상화를 그리기 위해서 모델을 150번이나 앉혀 놓았다고 한다. 하나의 시점으로 본 원근법의 조형세계가 실제세계의 모습이 아니라고 생각했고, 실제적 공간과 사물에 다가가기 위한 방법을 찾기 위해서 그렇게 했다. 세잔은 원근법적 방식이나 고전주의가 자연의 참된 모습을 그리기보다는 인위적인 규범으로 자연을 추상화한 것이며, 그림을 인위적으로 만들어낸 것이라고 보았다.

메를로퐁티는 이것을 세잔이 "세계가 신체 안으로 들어온다", "자연은 내 자신 안에 있다"는 것을 체험하기 위해서였다고 해석했다. 자연의 충실한 재현이란 자연이 눈으로 들어오는 과정에서 지각된 것을 그리는 것이어야 한다는 점에서다. 세잔이 인상주의 운동에 참여했지만 곧 결별한 것도 인상주의가 눈으로 들어오는 지각 과정인 '봄' 보다 눈에 의한 순간적인 인상에 치중해서 대상의 구조나 양감을 상실했다는 점에 회의를 느꼈기 때문이라고 했다. 실제 세계와 사물에 충실한 그림을 이루기 위해서는 눈을 계속 움직이면서 지각한 것들을 종합해야 하고, 서로 다른 여러 시점에서 받아들인 물체의 모습들을 종합해야 하는데, 그 예가 세잔의 그림이라고 메를로퐁티는 주장했다.

메를로퐁티의 주장을 9장에서 다루었던 세잔의 〈사과가 담긴 광주리〉**[9-07]**에 적용해보자. 이 그림은 인상주의 그림과 달리 입체적인 형태감이 살아 있다. 하지만 원근법의 관점에서 볼 때 이상한 왜곡들도 많이 발견된다. 병은 비스듬히 기울어졌고, 과자가 담긴 접시는 다른 것들과의 관계에서 보면 제 위치라고 볼 수 없으며, 광주리 속 사과들은 곧 굴러 떨어질 것만 같다. 왜 이렇게 그렸을까? 세잔이 실제 사물에 충실한 정물화를 위해서는 눈을 계속 움직이면서 지각한 것들을 종합해서 그려야 한다고 생각했고, 눈이 움직이면서 서로 다른 여러 시점에서 받아들인 이미지들을 결합하려 했기 때문이다. 이것은 사진기가 원근법의 원리로 되어 있다는 점에서 두 점의 사진**[03]**을 비교해보면 보다 잘 이해된다. 한번에 찍은 위의 정물 사진은 원근법적 방식으로 되어 있고, 아래 사진은 눈의 움직임에 따른 지각의 과정을 보기 위해서 여러 번 다른 시점에서 찍은 사진들을 합쳐놓은 것이다. 세잔의 작품 〈사과가 담긴 광주리〉가 아래 사진의 방식으로 제작됐음을 확인할 수 있을 것이다. 따라서 세잔이 사물의 지각 과정을 충실하게 담아내려 했다는 말의 의미가 이해된다. 원근법적 그림이 추상화된 것이라는 말도 여러 시점으로 이루어지는 지각 과정을 하나의 시점으로 고정시켜 나타낸 것이라는 뜻으로 납득할 수 있다.

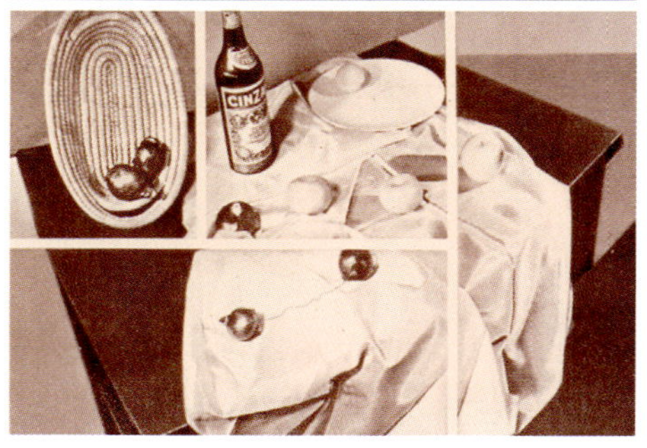

[03] 원근법적 방식의 정물 사진(위)과 서로 다른 시점에서 찍은 사진들의 합성(아래)

메를로퐁티가 세잔의 그림에서 주목한 또 다른 점은 윤곽선이 없다는 것이다. 지각 과정에 의하면, 선은 색들이 부딪치고 가로지르면서 이루어낸 결과물이며 윤곽선은 색채들의 결과로 나타나야 한다. 메를로퐁티는 과학이나 이론 이전의 원초적 세계에는 틈이 없으며, 분석하고 정돈하는 정신에 의해 세계가 구분 지어지고 틈이 생긴다고 보았다. 그래서 선으로 사물들을 미리 구획하면, 높이와 넓이뿐만 아니라 지각 과정에서 파악되는 그것들의 관계인 깊이감과 무게감도 희생된다고 주장했다. 그것은 지각 과정이 아닌 결과를 담는 것으로, 인상주의가 지각 과정을 정지된 순간으로 담아낸 것과 유사하다. 메를로퐁티가 생각한 것처럼, 실제로 세잔은 그림에서 데생과 색채의 조화를 이루려 했다. 세잔은 색을 칠함과 동시에 윤곽선과 형태들이 이루어지며, 색채들이 조화를 이루면서 윤곽선이 더 명확해지고, 색채가 풍부해질 때 형태도 완성에 도달한다는 점을 나타내려 했다.

메를로퐁티가 비재현 미술의 예로 주목한 화가는 파울 클레Paul Klee, 1879-1940였다. 클레가 그림의 창작이란 자연의 원초적 창조성을 닮아야 하고 그림 안에 자연의 생성 원리를 나타내야 한다고 주장했다는 점에서였다. 클레의 이런 주장이 아래 글에 담겨 있다.

> "숲속에서 숲을 바라보고 있는 것은 내가 아니라는 사실을 나는 여러 번 느꼈다. 나무들이 나를 바라보며, 나에게 말을 걸어오는 것을 느꼈다. 나는 거기 서 있었고, 듣고 있었다. 나는 화가란 우주에 의해서 침투되는 사람임에 틀림없으며, 우주로 침투해 들어가기를 원해서는 안 된다고 생각한다. 나는 내면적으로 잠기고 묻히기를 기대한다." (원문 내용 부분적으로 생략)

여기서 우리는 '그림이 신체의 체험에 의한 지각을 담기게 하는 것', '화가가 신체를 세계에 빌려줌으로서 세계를 그림으로 옮겨놓는 것'이라는 메를로퐁티의 예술론을 확인할 수 있다. 그런데 클레의 이 말은 과연 가능할까. 메를로퐁티는 예술가가 자연에서 영감inspiration을 얻어 창작하는 과정을 우리가 숨을 들이마시고inspire 내쉬는expire 호흡을 예로 들어 해석했다. 그에 따르면, 존재의 들이마시기로서 영감inspiration은 들이마신 존재의 내쉬기expiration인 창작과 짝을 이룬다. 이것은 신체와 세계가 '살'이라는 동일한 존재 질료로 이루어져 있기에 가능한 일이다. 화가가 본 것은 세계의 구조가 화가의 몸에 반향을 일으킨 것이란 점에서 보여진 것이고, 화가가 그린 것과 그려지는 것도 서로 짝을 이루어 구분이 불가능하다. 따라서 클레가 본 것은 세계의 구조가 '봄'을 통해 클레의 몸에 새겨진 것이고, 클레가 그린 것은 그 구조가 그려진 것이며, 이로써 그림 안에 담기게 된 셈이다.

[04] 파울 클레
〈아름다운 정원사〉 1939년,
캔버스에 유채와 템페라,
95×71cm, 베른 시립미술관

[05] 에티엔 쥘 마레
〈장대높이뛰기 연속 사진〉
1885년과 1895년, 젤라틴
실버프린트, 22.2×48.9cm,
휴스턴미술관

클레의 그림 〈아름다운 정원사〉[04]를 보자. 붉은색, 푸른색, 초록색이 번져 나간 배경이 정원 풍경으로 여겨지기도 하고, 생략된 선과 형태들이 정원사의 모습을 연상시키기도 한다. 하지만 여기서 클레는 선으로 눈에 보이는 형태들을 모방한 것이 아니라, 사물이 생성되는 청사진을 나타냈다고 한다. 눈에 보이는 사물들을 있게 하는 원리가 선의 움직임으로 만들어진다는 것을 나타내려 했다는 것이다. 선이 스스로 움직이며 공간과 부분들을 침식해 들어가고, 형태들을 자아내게 하면서 자연에서 사물들이 생성되는 과정을 그림으로 옮겨놓았다는 말이다. 그것이 가능할까? 메를로퐁티 식으로 해석하면, 외면적 가시성인 세계의 구조가 클레 안의 내밀한 가시성을 거쳐서 클레 그림의 외적 선의 움직임으로 만들어진 것이다.

다른 예들을 보자. 로댕이 서로 다른 순간에 본 팔, 다리, 몸통, 머리 등의 입체를 결합해서 정지된 조각상 안에 움직임을 함축시켜 나타낸 것, 다른 시각에서 본 분할 화면의 결합으로 구성한 입체파적 시간성, 정지된 사진들의 결합으로 움직임을 담아낸 에티엔 쥘 마레Étienne Jules Marey, 1830-1904의 활동사진[05] 등은 모두 실제 움직임이 눈에 들어오는 지각 과정을 담아내려 했다는 점에서 공통적이다. 마찬가지로, 클레도 자연 속의 실제적 움직임이나 생성의 지각 과정을 나타내려 했다는 점에서 공통적이다. 하지만 그것을 이미지가 아닌 선으로 나타냈다는 점에서 차이가 있을 뿐이다. 클레의 그림에서 색도 같은 의미를 갖는다. 클레가 색이 고정된 형태감을 갖지 않고 퍼져 나가게 함으로써, 동일성과 차이를 만들어내고 텍스추어나 물질적 속성을 연상시키면서 사물의 지각적 속성 자체를 스스로 창조하도록 시도했다는 점에서 그러하다. 이런 지각적 속성이 눈으로 들어오는 과정을 나타내어 사물의 생성 원리를 그림 안에 담기게 한 것이다.

메를로퐁티의 예술론도 모방론, 표현론, 형식론과 차이점을 보인다. 그에 의하면, 회화는 사물의 모습의 수동적 재현도 아니고 화가의 주관적 표현도 아니다. 화가가 신체의 자발적인 움직임과 체험을 통해서 작업하는 능동적인 일이며, 세계의 구조가 그림 안에 담기게 하는 것이란 점에서 화가의 주관성만으로 이루어지는 것도 아니다. 화가가 세계와 자신의 신체와의 공존을 담기게 하는 것이고, 지각을 통해 사물을 포착해서 우리에게 제시하는 것이다. 이 점에서 메를로퐁티는 현대의 표현주의적 회화가 눈으로 보는 것이 아니라 주관성으로 몰아가고 있으며, 이런 회화를 옹호하는 표현론도 회화를 세계 밖에 있는 화가의 은밀한 삶 속에 매장시키고 있다고 비판했다.

메를로퐁티의 예술론이 모방론이나 표현론과 다른 점은 그의 스타일 개념에서도 나타난다. 메를로퐁티에 있어 스타일은 미술사에 등장하는 양식과는 다른 개념이다. 그는 스타일을 화가가 세계의 '봄'을 통해서 자신 안에 구성해 놓은 신체 도식으로 보았고, 화가가 습득한 세계에 대한 내적 등가물의 체계라고 정의했다. 스타일은 화가의 주관에 의해서만 만들어지는 것도 아니고 세계의 구조를 수동적으로 반영한 것도 아니며, 화가가 오랜 시간에 지각 행위에 의해서 습득하고 만들어낸 것이라는 말이다. 메를로퐁티는 화가들이 신체 안으로 들어오는 세계의 요소들을 이 스타일을 통해서 그림의 부분들로 자리 잡게 한다고 보았다. 화가들이 지각 속에 흩어져 있는 의미들을 통합해서 뚜렷하게 만드는 지표로 스타일을 사용하고, 이렇게 해서 화가의 스타일이 그림의 형식으로 나타난다고 주장했다. 이 점에서 메를로퐁티는 형식론과 모더니즘 회화가 형식을 세계와의 모든 접촉에서 벗어난 그 자체의 목적으로 다룬 점이 문제였다고 주장했다. 형식론의 문제점이 형식을 과대평가한 점에 있는 것이 아니라 오히려 형식을 과소평가한 데 있고, 예술 작품의 형식을 삶의 내용으로부터 분리시킴으로써 그 안에 담기는 의미들을 축소했다고 비판했다. 다시 말해, 예술 작품의 형식은 예술가의 구체적 실존을 통한 세계와의 공존을 다양한 내용으로 담아내는 것이어야 한다는 것이다.

실존이 본질에 앞선다

– 사르트르

실존주의 사상은 제2차 세계대전 후에 사르트르에 의해서 유행했다. 사르트르는 인간 존재의 성격을 현실존재 즉 실존이란 말로 규정하고, 그것을 자기 철학의 중심에 놓았다. 인간 한 사람 한 사람이 누구와도 바꿀 수 없는 개별성과 주체성을 갖고 있으며, 스스로의 존재 방식을 선택해 나간다는 점을 강조했다. 사물의 경우는 이 책상이 없으면 저 책상으로 대체할 수 있지만, 인간은 이 사람을 저 사람으로 대체할 수 없다는 점에서다. 사르트르는 전통 철학이 인간의 개별성을 제거하고 본질을 앞세워 일반화시켰다고 비판하고, 본질보다는 인간의 실존이 앞선다고 주장했다. 인간의 본질이 없다는 것이 아니라, 인간이 구체적 현실 속에서 스스로 생각하고 행위하는 실존을 통해 자기 자신을 만들어가면서 본질이 정해진다는 것이다.

실존주의의 유행은 시대 상황과도 관련이 있다. 당시 지식인들 사이에서는 과학 문명의 발달로 인한 현대 산업사회가 비인간화와 인간 소외를 초래했다는 비판이 일어났다. 인간을 마치 기계의 부분품처럼 조직의 성원으로 취급하고 각자의 개성을 무시하고 평균화함으로써 인간의 개별적 실존의 가치가 억압됐다는 것이다. 두 차례 세계대전으로 인해 인간 이성에 대한 신뢰가 무너진 점도 배경이 됐다. 인간 정신으로 물질 문명의 발달을 이루기도 했지만, 그 정신으로 만든 무기에 의해 인간이 살육되는 비극적 참상을 많은 사람들이 목격했고, 전쟁 후 폐허가 된 현실 앞에서 절망감과 허무주의를 겪었기 때문이다. 이렇듯 사회 전반에 걸쳐 인간의 본질과 이성에 대한 불신과 회의가 싹텄고, 실존주의는 이런 상황을 극복하기 위한 새로운 방법의 모색을 목표로 탄생됐다.

사르트르의 철학은 하이데거의 존재의 철학, 메를로퐁티의 지각의 현상학 등과 공통점과 차이점이 있다. 우선 하이데거, 메를로퐁티, 사르트르의 철학은 모두 후설의 현상학에서 출발하고 있고, 인간의 실존을 강조한다는 점에서 공통적이다. 또 세 사람 모두 현상학이 구체적인 인간의 철학이 돼야 한다고 보았고, 인간 존재의 성격을 현실 속의 구체적인 실존에서 찾았다. 하지만 하이데거나 메를로퐁티가 후설의 후기 사상인 생활세계의 현상학에 중점을 두었다면, 사르트르는 인간의 의식을 강조하면서 세계와의 관계를 설명한다는 점에서 후설의 전기 현상학에 가까운 입장이라고 할 수 있다. 또 사르트르는 하이데거의 존재나 메를로퐁티의 원초적 세계보다 일상세계를 강조했고, 신체의 체험에 의한 지각보다 의식을 통해 세계에서 의미를 추구하는 행위를 중시했다.

이런 바탕 위에서 사르트르는 인간이 세계 속에서 이것이냐 저것이냐의 자유로운 선택을 통해 자기 실현을 이루면서 실존하며, 현재를 뛰어넘어 미래로 향하는 기획을 펼쳐 나가고 스스로를 만들어간다고 주장했다. 인간은 자유를 갖고 있지만, 자신 앞에 놓인 하나는 선택하고 하나는 거부해야 한다는 점에서 헤겔의 변증법적 종합은 없다고 보았다. 이 점에서 사르트르는 모든 가치 체계가 근거를 상실했음을 '신은 죽었다'는 말로 표현하고 삶을 자신의 의지대로 이끌어 가는 무한한 자유를 강조한 니체로부터 영향을 받았고, 자신의 무신론적 실존주의 사상으로 향했다.

사르트르의 첫 번째 문제는 존재와 인간의 의식의 관계이다. 여기서 존재는 하이데거의 존재자 즉 사물을 말한다. 사르트르는 존재란 의식의 지향적 대상이지만, 후설의 주장처럼 의식에 의해 의미가 형성되는 것은 아니라고 보았다. 존재는 의식되고 안 되고에 관계없이 본래부터 있는 것이며, 의식을 넘어 그 자체로 있는 것이란 뜻에서 즉자卽自, en soi라고 했다. 이에 비해, 의식은 그자체로 있는 것이 못되고 항상 존재와의 관계에서만 있게 되며, 어떤 것의 의식이거나 어떤 것을 향한 의식이어야 한다. 그래서 사르트르는 이런 의식을 무언가를 지향하면서 있는 것이란 뜻에서 대자對自, pour soi라고 했다.

무신론적 실존주의자인 사르트르에 따르면, 즉자로서 존재는 신에 의해 만들어진 것도 아니고, 신의 섭리에 의한 어떤 목적을 위해서 있다든가 어떤 원인의 결과로 있는 것이 아니다. 존재는 과학의 법칙으로 설명할 수 없는 우연적이며 불합리한 것이고, 존재 이유도 없이 그 자체로 있다는 점에서 무의미한 것이며, 스스로 아무런 욕구도 갖고 있지 않다는 점에서 '그저 있다'고 밖에 볼 수 없다. 존재를 향하는 의식은 어떨까. 의식은 그 자체로 있는 것이 못 된다는 점에서 존재의 결핍인 무無를 간직하고 있다. 그리고 그 무無인 근원적인 공허감을 채우기 위해서 끊임없이 욕구하고 무언가를 향해 나아간다. 사르트르는 인간이 이런 의식의 특성으로 인해 끊임없이 자기 자신을 벗어나서 자기 아닌 것을 향해 나가고 관계를 맺으려는 특성을 갖는다고 보았다. 이는 끊임없이 스스로를 넘어서는 인간이란 뜻의 니체의 초인 사상, 그리고 인간이 무엇 때문에 던져진 생인지도 알 수 없는 무無 위에 떠 있고 불안하기 때문에 던져진 세계를 향해 던지는 존재라고 본 하이데거의 영향에 의한 주장이다.

의식이 무無, 존재의 결핍이라면, 인간의 의식이 어떻게 다른 것과 관계를 맺을 수 있을까. 사르트르는 인간이 세계 속의 사물들처럼 신체라는 존재도 갖고 있기 때문이라고 보았다. 세계와의 관계를 가능하게 하는 것이 신체이고 인간이 신체의 방식으로 존재하기 때문이라는 것이다. 신체는 의식이 구체적이며 현실적으로 존재하는 방식이고, 의식이 신체를 통해서 다른 인간이나 사물과 관계를 맺는다는 말이다. 이런 인간의 모습을 사르트르는 하이데거의 개념을 빌어 '세계-내-존재'라고 했다.

세계-내-존재로서 인간은 어떻게 실존할까. 인간은 의식을 갖고 있는 존재이기에 다른 존재인 사물처럼 그 자체로 머물러 있지 않고 자기 밖을 향해 나아간다. 세계 속의 존재를 욕구하기도 하고, 그것이 무엇인가를 끊임없이 묻기도 하며, 긍정도 하고 부정도 하면서 관계를 맺는다. 이것은 대자적 존재인 인간이 갖고 있는 근원적인 공허감 때문이며, 신의 부름을 받지 않는 무한한 자유를 갖고 있기 때문이기도 하다. 인간에게는 무엇 하나 자유 아닌 것이 없고 미래도 자기 마음대로 선택할 수 있기 때문이다. 그래서 인간은 끊임없이 밖으로 자신을 내던져 현재를 뛰어넘어 미래로 향하는 기획project을 펼쳐 나가며 스스로를 만들어간다. 사르트르는 이것을 인간의 실존이라고 했다. 인간이 세계를 향해 끝없이 묻고 의미를 구하는 의미추구 행위를 통해 세계와 관계 맺고 자신의 위치를 수립하며, 미래로 향한 기획을 펼쳐 나가면서 스스로를 만들어간다는 것이다. 사르트르는 예술을 포함한 인간의 모든 행위가 이렇게 이루어진다고 보았다.

인간의 실존인 세계를 향한 의미추구 행위는 성공할 수 있을까. 인간이 세계의 인식을 이루며 자신의 위치를 확인하고, 미래를 향한 기획을 성공적으로 펼쳐 나갈 수 있을까. 사르트르는 부정적으로 보았다. 우선 우리는 세계를 향해 계속해서 묻고 의미를 구하지만, 그 대상인 존재 자체가 갖고 있는 우연성, 불합리함, 무의미에 부딪치게 된다. 사르트르는 이 상황을 구토증으로 표현했고, 우리가 일상적으로 만나는 인간들과 사물들에서 논리적 필연성을 살 만한 이유도 없다고 느끼면서 갖는 메스꺼움이나 혐오감과 같은 것이라고 말했다. 그런데 인간은 실존적 상황과 체험이 이렇게 구토증과 같다고 해서 자기 밖을 향해서 묻고 의미를 구하는 행위를 멈출 수는 없다. 자기 안의 무無인 근원적 공허감을 메우려는 욕구가 끊임없이 자기 밖으로 향해 나가도록 만들기 때문이다. 그래서 인간이 갖고 있는 자유는 축복받은 자유이기보다 인간을 놓아주지 않는 형틀 같은 것이며, 저주받은 자유라고 할 수 있다.

한편, 사르트르는 인간이 무한히 자유롭다고 해서 인간의 행동이 맹목적이거나 자포자기적이라는 것을 뜻하지는 않는다고 강조했다. 실존적 자유에는 책임이 따르고, 자기의 존재 방식을 결정하고 기획해서 만들어가는 것이기에 스스로 선택한 것에 대해 책임질 수 있어야 한다고 주장했다. 내가 선택한 것에 대한 가치 평가가 있어야 하고, 그 가치 평가는 나에게만 타당한 주관적인 것이어서는 안 되며, 인류에 타당한 상호주관성을 갖고 있어야 한다는 것이다. 인간은 개인적 주체이지만 세계 속의 다른 사람이나 사물들과의 관계에 의해서 존재하는 '세계-내-존재'이기도 하기 때문이다. 나의 선택과 행위가 나 자신 안에 머무는 것이 아니라, 다른 사람에게 영향을 미치고 사회 속의 참여라는 형태로 나타나기 때문이다. 그래서 사르트르는 나의 평가와 선택이 개인의 선택인 동시에 인류의 선택이어야 하며, 나의 기획이 목표로 하는 이상적 인간상이 내가 속한 시대의 이상적인 인간상을 근거로 해야 한다고 주장했다. 이상적인 인간상이란 주장이 인간을 보편성이나 본질에 구속시키는 종전 입장으로 다시 돌아가자는 것일까? 그런 의미는 아니다. 사르트르에게 있어 이상적 인간상이나 보편성은 미리 정해지고 주어지는 것이 아니라, 주체성을 가진 인간이 스스로 실존하면서 찾고 만들어가고 획득하는 과제이다. 개별적 인간의 실존을 강조했다고 해서 사르트르가 보편성이나 본질을 부정한 것은 아니고, 인간의 실존이 초역사적인 본질이 아닌 그가 속한 시대의 이상적 인간상을 근거로 한 선택에 의해야 한다고 보았다. 따라서 사르트르의 '인간의 실존이 본질에 앞선다'는 말은 인간이 보다 이상적인 자아로 향해야 하고, 그 일을 위해서는 자유롭지만 책임질 수 있는 사람이 되어야 하며, 이 목표에 이르기 위한 상승된 의식과 실존이 필요하다는 뜻으로 이해할 수 있다.

실존을 통한 의미추구 기획으로서 미술

사르트르의 무신론적 실존주의 관점에서 서양 미술의 역사를 설명한 사람으로 카르스텐 해리스Karsten Harries, b.1937가 있다. 그는 『현대 미술, 그 철학적 의미*The Meaning of Modern Art*』에서 예술은 세계를 향해 의미를 추구하는 기획이라고 주장했다. 미술 작품의 창조는 예술가의 선택에 의한 기획이고, 오랜 생각 끝에 나오는 의도적인 활동이라는 것이다. 미술 작품 중에 의도되지 않은 효과와 우연성을 추구하는 것이나 어린이의 순수한 표현을 나타내려는 것들은 어떻게 설명해야 할까. 그는 그 작품들도 우연성이나 어린이의 표현 자체라기보다는 그렇게 되고자 하는 기획이며 선택의 결과라고 주장했다. 해리스는 특히 모더니즘 미술의 다양한 양식이 전통 미술과 다르다는 점에 초점을 두었다. 모더니즘 미술이 전통 미술과 달리 예술의 의미가 불확실해지고 열려진 시대의 미술이며, '예술이란 무엇인가?'라는 물음에 대한 다양한 답들을 제시하는 미술이라고 보았다. 예술가들의 자유로운 선택을 통한 기획에 의해서 모더니즘 미술의 흐름이 이어졌고, 거기에는 이상적인 인간상이라는 기준이 근거가 됐다고 주장했다.

해리스에 따르면, 19세기 말 이후 전개된 모더니즘 미술은 플라톤적 인간관과 기독교적 인간관이 무너진 후에 인간을 세계의 중심으로 자각한 근대적 사고까지 벽에 부딪친 상황에서 나타난 현상이다. 신이나 이성에 대한 신뢰로부터 떨어져 나온 인간이 자유로운 실존을 통해서 세계의 의미를 구하고자 하는 시도들이자 기획이라는 말이다. 이렇게 설명된다. 고대 미술은 플라톤적 인간상을 근거로 이데아나 이상적인 미의 이념의 추구로 향했고, 중세 미술은 신에의 헌신을 통해서 구제받을 수 있다는 기독교적 인간관에 따랐다. 르네상스 이후 인간을 세계의 중심으로 자각한 근대에는 인간 이성의 합리주의적 사고를 바탕으로 한 고전주의가 등장했고, 인간을 세계의 척도로 본 관념론적 사고에 의해서 낭만주의가 이어졌다. 하지만 이 모든 예술적 시도에 의해서 세계의 의미는 드러나지 않았고, 세계를 향한 인간의 의미추구 기획은 성공하지 못했다. 모더니즘 미술은 이렇듯 무의미하고 불합리한 세계를 향해 끊임없이 명료함과 의미를 추구했던 예술가들의 시도와 기획이 벽에 부딪친 상황에서 나타난 결과라고 할 수 있다.

이제 예술가들은 세계를 향한 의미추구 작업에서 권태를 느끼고 구토증을 갖게 됐지만, 그렇다고 세계를 향한 의미추구 작업을 멈출 수도 없다. 예술가들이 이 상황에서 벗어나기 위해서는 어떻게 해야 할까. 해리스는 자유로운 실존을 향한 두 가지 방향으로 정리했다. 세계-내-존재로서 인간이 세계와 대립하고 거부감을 보일 수도 있고, 친숙함을 보일 수도 있다는 점에서다. 예술가들이 세계를 향한 의미추구 작업에서 실패한 후, 의미를 드러내지 않고 침묵하는 세계와 인간의 관계에서 취할 수 있는 두 가지 방법이기도 하다. 하나는 세계를 부정하고 인간을 긍정하는 것이다. 예술가들이 침묵하는 세계로부터 이탈해

06

07

08

무한한 자유로, 정신의 자유와 자율성을 강조하는 미술로 향하는 것이다. 그 결과가 몬드리안식의 추상 형식주의이다. 다른 하나는 세계를 긍정하고 인간을 부정하는 것, 즉 인간이 세계를 향한 정신적 존재임을 부정하는 것이다. 이 방향에서 예술가들은 인간 정신을 통한 세계의 정돈이나 구성 대신 세계의 근원으로 직접 향하며, 세계를 가만히 내버려두면서 세계 내면의 소리에 귀 기울이려고 한다. 그것은 정신을 통해 이해되고 설명될 수 있는 것이 아니라, 자연의 일부인 인간이 자연과의 공감에 의해야 가능해진다. 그래서 예술가들은 인간의 또 다른 모습인 본능이나 감정의 흐름을 따르는 미술로 향하게 된다. 그 결과, 칸딘스키식의 추상 표현주의로 이르게 된다. 이처럼 해리스는 인간의 두 가지 실존 방식에 의해서 모더니즘 미술의 두 방향이 이루어진다고 주장했다.

세계를 부정하고 인간을 긍정하는 모더니즘 미술을 보자. 세계는 엄연히 존재하고 그 속에 우리가 참여하고 있는데, 어떻게 세계를 부정해야 할까. 우선, 자신을 구속하는 종교나 도덕 같은 일련의 가치 체계들을 부정하는 것이다. 미술 작품에서 음란한 것과 악마적인 것을 드러낸 펠리시앙 롭스Félicien Rops, 1833-1898, 오브리 비어즐리Aubrey Vincent Beardsley, 1872-1898, 에드바르 뭉크Edvard Munch, 1863-1944 등의 작품**[06, 07, 08]**을 만나는 것은 그런 맥락에서다. 롭스는 에로틱하고 악마적인 불길한 이미지로, 비어즐리는 음탕하면서 폭력적인 쾌락의 세계로 나타냈고, 뭉크는 주변 사람들의 죽음으로 겪은 내면의 고독과 불안과 공포를 표현해서 기존의 가치 체계를 부정하려 했다.

[06] 펠리시앙 롭스 〈성 안토니우스의 유혹〉 1878년, 종이에 구아슈와 색연필, 73.8×54.3cm, 브뤼셀 벨기에왕립도서관 판화 전시실

[07] 오브리 비어즐리, 오스카 와일드의 〈살로메〉를 위한 삽화, 1894년

[08] 에드바르 뭉크 〈뱀파이어(흡혈귀, 요부)〉 1898년, 캔버스에 유채, 85×67cm, 오슬로 뭉크미술관

09

10

하지만 가치 체계의 부정은 시대나 사회가 변하면 힘을 발휘할 수가 없다. 그래서 이번에는 세계 자체를 부정하는 방법의 미술이 나타났다. 형태들을 해체하고 변형하고 왜곡하는 입체파[09]가 있고, 일반적 상황이나 일상 사물의 위치를 전도시키는 초현실주의[10]가 있다. 위와 아래라는 기본 방향성마저 무너뜨려 어디가 위이고 어디가 아래인지를 구분할 수 없는 추상화도 여기에 해당된다. 나아가 세계를 향한 부정은 예술가의 자유를 위해서 예술 자체까지 부정하는 것도 서슴지 않는 길로 향했다. 그 어떤 이론도 미학도 가치도 없는 무無의 상태에서 새롭게 출발하자는 다다[10-01]는 그런 관점으로 이해될 수 있다. 다다 예술가들은 어떤 프로그램에도 의하지 않고, 절대적 자유에 의한 실존을 실현하기 위해서는 지금까지 예술을 의미 있게 했던 모든 것을 부정해야 한다고 주장했다. 급기야 이 방향의 모더니즘 미술은 세계로부터 예술가의 절대적 자유를 실현하기 위해서 세계의 모든 흔적을 지워버리고 정신을 통한 자유로운 화면 구성으로 향했다. 몬드리안의 그림[9-11]처럼 기하학적으로 화면을 구성한 추상 형식주의나 세계를 향한 침묵과 세계의 무의미 자체를 보여주려 한 말레비치Kazimir Severinovich Malevich, 1878-1935의 추상[11]을 그 예로 들 수 있다.

[09] 후안 그리 〈피카소의 초상〉 1911~1912년, 캔버스에 유채, 93.3×74.4cm, 시카고 아트 인스티튜트

[10] 막스 에른스트 〈밤꾀꼬리에 놀란 두 어린이들〉 1924년, 목판에 유채, 나무 구조물, 69×6×57cm, 뉴욕 현대미술관

모더니즘 미술의 또 다른 방향은 세계의 근원으로 직접 향하는 것이다. 인간은 결코 정신적인 삶을 살 수 없으며, 인간의 본질이 이성에 있지 않다는 다윈주의나 지그문드 프로이트Sigmund Freud, 1856-1939의 관점을 이상적인 인간상으로 삼고 있다. 이 방향의 미술은 인간이 세계를 향한 정신적 주체임을 부정하기 위해 정신이 입혀놓은 자연과 세계의 겉치레를 벗기고 존재의 근원으로 직접 향하려 했다. 그 방법으로 정형화된 형태나 구조를 철저하게 피하고, 규칙적인 모든 것들로부터 벗어나려 했다. 이 예술가들은 세계의 근원이며 원초적인 것이 개념화될 수 없고 느껴야만 하는 것으로 생각하고, 감정의 본능적 움직임에 충실히 따르는 또 다른 자유를 실현하면서 실존하려 했다. 칸딘스키의 표현주의적 추상**[9-12]**, 볼스Wols, 1913-1951의 유기적 추상**[12]**, 잭슨 폴록의 추상 표현주의Abstract Expressionism**[13]** 등이 이런 맥락의 미술 작품에 해당한다.

그런데 두 방향의 모더니즘 미술에 의해서 세계의 의미가 드러났는지는 여전히 의문이다. 그래서 해리스는 이번에는 두 가지 방법을 결합하는 기획이 나타났다고 보았다. 세계를 부정하기 위해서 세계와 거리를 두고, 세계나 세계 속의 사물 자체의 드러남을 기대해보는 방법이다. 익숙한 일상 사물을 예술 작품으로 제시해서 세계와 거리를 두고, 일상 세계에서 통용되는 생각, 관습, 맥락 등을 부정하며, 그것들이 사물 자체로 남고 스스로 의미를 드러내게 하는 것이다. 대중이 익숙하게 접하는 대중문화에서 소재를 차용하는 미술인 팝 아트가 여기에 해당된다. 우리에게 익숙한 사물일수록 거리 두기나 의외의 효과가 더욱 커지고 일상적인 문맥 파괴도 더 잘 일어나며, 사물 자체의 드러남에 더 가깝게 갈 수 있지 않을까 기대해보는 것이다. 워홀의 세제 상자**[10-3]**나 스프 깡통이나 콜라병을 이용한 작품들이 그러하다.

하지만 처음에는 사람들에게 흥미로움을 갖게 하고 일상 맥락의 파괴 효과를 잘 나타내도, 시간이 지나 흥미로움이 사라지면 다시 일상적으로 익숙한 사물로 되돌아올 수 있다. 그러면 사물 자체의 드러남이라는 기대 효과도 같이 사라지게 된다. 그래서 이번에는 세계와 거리 두기라는 상황을 좀 더 오래 지속하기 위한 교묘한 방법이 시도됐는데, 라우션버그의 콤바인 페인팅**[10-02]**이 이런 맥락의 작품이다. 일상 사물들을 배열하고, 그 위에 색칠과 구성을 통한 예술의 흔적을 덧붙여 작품 안에 일상 사물로서의 의미와 미술 작품으로서의 의미 두 가지를 병치시키는 방법이다. 하나의 관점에서 보면 미술 작품의 의미를 갖고, 다른 관점에서 보면 사물로서 의미를 갖게 하는 것이다. 그러면 두 의미 사이에서

11

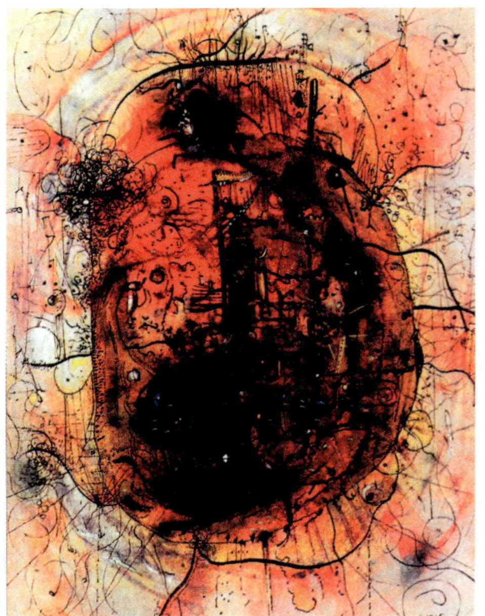

12

13

[11] 카지미르 말레비치 〈흰 배경 위의 흰 사각형〉 1918년, 캔버스에 유채, 80×80cm, 뉴욕 현대미술관

[12] 볼스 〈구성 V〉 1946년, 캔버스에 유채, 15.9×12.3cm, 파리 국립근대미술관

[13] 잭슨 폴록 〈가을 리듬〉 1950년, 캔버스에 유채, 266.7×525.8cm, 뉴욕 메트로폴리탄미술관

동요와 충돌이 일어나고, 서로의 의미를 상쇄하고 어떤 하나로도 되지 못하는 교착 상태에 빠지게 되며, 의미의 두 차원이 무효화되면서 제3의 차원의 의미가 드러나지 않을까 기대하는 것이다. 즉 일상의 맥락에서 놓쳐버린 사물 자체의 의미나 지금까지 미술 작품에 의해서 드러나지 않았던 의미가 도출되기를 바라는 것이다. 이는 더 이상 일상 사물의 목소리도, 작품 속에 동화된 구성 요소의 목소리도 아니라 우리의 익숙함으로부터 벗어난 대상 그 자체의 드러남이라는 제 3 차원의 의미라고 해리스는 해석했다. 그러나 이 시도도 그리 만족스럽지는 않다. 팝 아트보다 거리 두기 효과가 좀 더 오래 지속될 수는 있겠지만, 시간이 지나면 미술 작품으로서 흥미로움은 또 다시 사라지고, 박제 염소나 폐타이어나 쓰레기 판자로 보이면서 일상의 맥락으로 되돌아올 것이기 때문이다. 결국 '예술이란 무엇인가?'라는 물음으로 다시 빠져들게 되며, 세계를 향한 끝없는 의미추구 작업으로서 예술의 기획은 성공을 거둘 수 없게 된다.

이제 예술이란 행위를 그만두어야 할까? 해리스는 그렇지는 않다고 단언한다. 세계를 향한 의미추구가 성공하지 못할지라도, 세계는 여전히 우리를 향해 말을 걸어오고 있기 때문이다. 그는 예술가들이 세계를 향한 의미추구를 가치 있는 것으로 생각하고 진정한 자기 자신을 실현하는 일이라고 생각하는 한, 계속해서 세계를 향해 나아가고 새로운 기획을 만들어낼 것이라고 주장했다. 사르트르의 말처럼, 인간은 저주받은 자유를 간직하고 끊임없이 자기 밖을 향한 기획을 통해 실존하려는 존재이기 때문이다. 예술이 우리들의 세계와 삶을 향해 해답을 줄 수 있을까라는 물음에는 여전히 의문이 남겠지만, 세계를 향한 의미추구 행위로서 예술가들의 실존적 삶과 그 의미가 담긴 작품들은 계속될 것이라는 말이다. 예술이 형식론의 공허한 형식을 넘어 삶과 세계를 향해 끊임없이 접근하면서 지속될 것이라는 주장이다.

책을 마치며 – 새로운 예술 논의의 시작

다원주의 시대의 미술

끝날 것 같던 미술 작품의 창작은 계속됐고, 지금도 이어지고 있다. 1960년대 후반 이후 개념 미술Conceptual art, 대지 미술Land art, 비디오 아트Video art, 프로세스 아트Process art 등의 이름으로 다양한 미술 양식들이 펼쳐졌다. 이런 시도들은 1960년대 미술을 대표했던 미니멀 아트와 색면 회화의 무미건조하고 공허한 형식에 대한 비판에서 비롯했다. 개념 미술은 미니멀 아트에서 강조된 물질성에 반발해서 비물질적 경향의 미술 작품을 선보였다. 조셉 코수스Joseph Kosuth, b.1945는 〈하나 그리고 세 의자〉**[01]**에서 바닥에 실제 의자를 놓고 벽 한쪽에 의자 이미지를, 벽 다른 쪽에는 의자의 언어적 설명문을 붙여놓았다. 의자라는 실체가 실제 사물에 의한 것인지, 이미지에 의한 것인지, 언어적 설명에 의한 것인지를 생각해보자는 의도를 나타낸 작품이다. 미술 작품의 이미지나 형태 구성보다 작품에 대한 예술가의 아이디어나 개념이 더 중요하다는 생각에서다. 코수스를 비롯한 개념 미술가들은 작품의 창작에서 중요한 것은 어떤 대상을 어떻게 나타내느냐보다 예술가가 창작하면서 가졌던 아이디어나 생각이라고 보았다. 작품의 감상도 외적 형태를 보는 것이 아니라 예술가의 생각이나 개념을 읽어내는 것이라고 주장했다.

로버트 스미스슨Robert Smithson, 1938-1973은 네덜란드의 한 지방에 지름 42 미터가 넘는 반원과 호의 형태로 〈부서진 원〉**[02]**이란 대지 미술 작품을 만들었다. 동양의 태극무늬 모양을 본떠 반은 땅이 물을 감싸고, 반은 물이 땅을 감싸는 형태로 제작해 땅과 물의 상호 관계라는 자연의 섭리를 나타냈다. 미니멀 아트의 과잉 단순화와 공허한 형식을 비판하고, 미술 작품과 주변 환경과의 관계를 강조하려는 의도에서였다. 이 작품은 종전의 작품과 달리 감상자가 현장에서 직접 경험해야 하고, 거대한 크기로 자연 속에 있기 때문에 소유할 수 없다는 점에서 예술의 상업화에 대한 저항이라는 사회적 의미도 담고 있다. 전위적인 모더니즘 미술이 화랑이나 미술관에서 구입되기 시작하면서 점차 예술적 가치보다 금전적인 가치로 평가되었기 때문이다.

대중문화 시대인 1960년대에 대중 매체로서 TV의 영향력이 확대되면서

01

02

[01] 조셉 코수스 〈하나 그리고 세 의자〉 1965년, 나무의자, 사진, 사전 문구, 가변 크기, 뉴욕 현대미술관

[02] 로버트 스미스슨 〈부서진 원〉 1971년, 지름 42.67m, 네덜란드 엠멘 지방

사람들의 일상생활이 변했다. 미술 감상자들의 감성도 변했고, 움직이는 영상에 익숙한 대중을 향해서 미술도 변해야 한다는 생각이 비디오 아트를 탄생시켰다. 1963년 백남준Nam June Paik, 1932-2006이 독일 부퍼탈Wuppertal의 파르나스 갤러리에서 선보인 TV 설치 작품이 최초였다. 물감, 돌, 나무 같은 전통 매체 외에 전자 이미지로서 TV 영상이 새로운 매체로서 예술가들의 손에 쥐어졌고, TV 수상기 자체도 하나의 조형 요소로 사용되기 시작했다. 지금은 비디오 아트의 고전이 된 백남준의 〈TV 부처〉**[03]**에서는 부처가 카메라를 통해 전해진 TV 수상기 속의 자신의 모습을 바라보고 있다. 부처로는 정신적인 것과 동양적인 것을 나타내고, TV로는 물질적이며 서양적인 것을 나타내어 동양과 서양, 정신과 물질의 대비와 조화라는 의미를 제시했다. 그 후 비디오 아트는 영상 설치를 통해 환상적인 이미지를 만들어내고 관람자를 압도하는 숭고의 체험을 제공하는 작품으로 이어졌다. 비디오 모니터의 제한된 스케일을 넘어 프로젝션을 이용한 작품들이 전개되면서 대형 회화적인 특성과 서사적 영화의 시간성을 결합한 형태로 더욱 다양해졌다.

리처드 세라Richard Serra, b.1939는 프로세스 아트로 불리는 〈9개의 고무벨트와 네온〉**[04]**에서 아홉 개의 고무벨트 뭉치를 아무렇게나 감아올려 벽에 걸고, 그중 하나에서는 네온 불빛이 새어나게 했다. 시간이 지나면서 고무벨트들이 흘러내리며 나타나는 자연스런 움직임과 형태를 연출하기 위해서였다. 프로세스 아트 예술가들은 미니멀 아트의 계산되고 논리적인 형식에 반발해서 작품이 형성되는 과정과 우연성을 강조했다. 미니멀 아트를 대표하는 저드의 작품에서

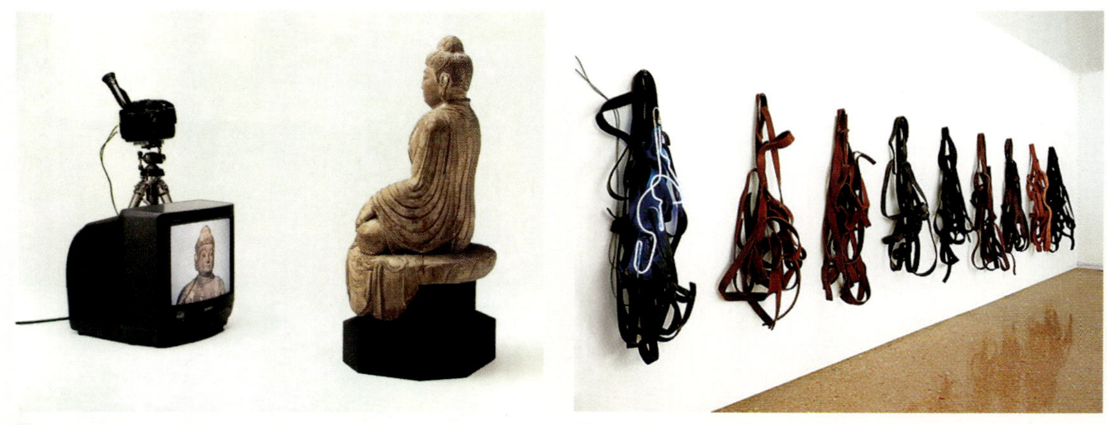

03

04

[03] 백남준 〈TV부처〉 1974년, 비디오, 카메라, 모니터 설치, 암스테르담 스테데릭미술관

[04] 리처드 세라 〈9개의 고무벨트와 네온〉 1966~1967년, 혼합 매체, 182.9×762× 50.8cm, 뉴욕 구겐하임미술관 쥐세페 판자 컬렉션

육면체가 규칙적으로 배열된 것이 지나치게 인위적이라고 하면서, 유연하고 부드러운 재료들이 흘러내리면서 연출되는 자연스럽고 융통성 있는 형태를 선보이려 했다. 예술가의 제작 행위나 과정을 드러내는 작품도 있었는데, 결과물이 아닌 과정에 중점을 두어 미술 작품의 본성이 완성될 수도 없고, 완성되지도 않는 것이라는 점을 암시하기 위해서였다.

이처럼 1960년대 후반 이후 미술계에는 미술사를 이끌어가는 특정 방향이나 선도적인 양식 없이 다양한 미술 양식들이 동등한 가치를 갖고 공존하고 수용되는 흐름이 형성됐다. 모더니즘 미술을 이끌어온 아방가르드 정신은 더 이상 효력을 발휘할 수 없게 됐고, 실험적 형식에 의해 미술 양식의 진보를 이룬다는 형식론의 진보관도 시들어갔다. 마치 웨이츠, 단토, 디키 등의 예술론에 담긴 다원주의적 관점이 입증되는 듯한 시대가 전개됐다. 미술사를 이끌어가는 특정한 방향이 없어졌다는 점에서 아방가르드 개념의 상실이란 말이 공공연히 유행했고, 예술가들도 특정한 목표나 과제에 구속되지 않는 자유로운 상태가 됐다. 예술은 새로운 양식과 작품들의 새로운 속성을 향해 열려진 것이어야 하며, 각 시대나 사회를 지배하는 예술계라는 제도의 산물이어야 한다는 점에서였다.

다원주의를 넘어 해체주의 미술로

1980년대를 지나면서 미술은 또 한차례 변화를 보였고, 다원주의를 넘어

해체주의Deconstruction로 향했다. 아방가르드 정신이 효력을 상실하는 선을 넘어 20세기 모더니즘 미술 자체를 비판하는 포스트모더니즘 미술이 등장했다. 예술가들은 미니멀 아트나 개념 미술의 극단화된 추상에 반발했다. 모더니즘 미술이 예술가만의 형식 유희와 쾌락 추구로 그쳐버려 대중에 공허함만을 안겨주었으며 예술이 대중으로부터 멀어지는 결과를 초래했다는 문제의식에서 새로운 미술을 모색했다. 그중 하나는 다시 예술을 삶과 결합하는 것으로, 그림에 구체적 이미지들을 다시 등장시키려는 시도였다. 하지만 이전의 재현 미술처럼 보편적 의미를 갖는 이미지이기보다는 지역적·문화적 맥락의 의미를 갖는 상대주의적 경향의 이미지였고, 거대 담론이 아닌 작은 이야기의 전달을 목표로 한 작품들이었다. 작품의 통일된 형식을 해체하고, 이미지가 고정된 의미나 보편적 형식에서 벗어나게 해서 일관성 있는 해독을 방해하기도 했다.

[05] 게오르그 바젤리츠 〈무제〉 1982년, 캔버스에 유채, 250×200cm, 함부르크 노에엔도르프 갤러리

1970년대 말과 1980년대 초 독일에서 시작된 신표현주의Neo-Expressionism에서 이미지 중심의 새로운 미술이 펼쳐졌고, 전 세계의 재현 미술 운동으로 퍼져 나갔다. 제2차 세계대전의 전범국이었던 독일은 전쟁 후 겪은 정신적 후유증을 극복하기 위해 독일 문화의 정체성을 확립하려 했고, 20세기 초 현대 미술의 흐름에서 앞장섰던 표현주의 전통에 다시 주목했다. 대표 작가인 게오르그 바젤리츠Georg Baselitz, b.1938는 〈무제〉**[05]**에서 붉은색과 검정색 물감을 거침없이 사용해 거친 인상의 거꾸로 선 인물을 표현했고, 색채의 강렬함에 격렬한 필치를 덧붙여 미니멀 아트의 계산된 형식성에 대한 반발을 나타냈다. 바젤리츠는 이 그림처럼 인간 형상을 주로 거꾸로 된 형태로 나타냈는데, 사회의 조직적 사고나 정형화된 규범으로부터 벗어나고 싶다는 마음을 표현하기 위해서였다. 합리성 위주의 사회가 강조하는 획일화나 형식에 얽매이는 것을 피하고, 자유분방한 감정의 표현으로 향하려 했기 때문이다. 그래서 바젤리츠 그림의 재현적 이미지는 보여지는 것이기보다 사회 문화적 맥락과의 관계에서 읽혀지는 것이라고 할 수 있다.

신표현주의의 영향으로 미국에서도 새로운 재현 미술을 시도하는 예술가들이 등장했다. 이들은 공통적으로 미니멀 아트와 개념 미술의 추상적

형식과 관념적 성향에 대해 반발했고, 거칠고 표현적인 이미지를 구사했다. 그 이미지가 하나로 고정된 보편적인 의미를 갖기보다 다양한 맥락에 따라 여러 가지 의미들을 갖는다는 점을 보여주어 상대주의적 경향과도 관련성을 나타냈다. 그중 한 사람인 데이비드 살르David Salle, b.1952는 〈한낮〉**[06]**에서 바닥에 등을 대고 누운 여인이 있는 실내 풍경을 그리고, 그 위에 윤곽선으로만 나타낸 남자와 기차 이미지를 그려 넣었다. 여인과 남자와 기차의 이미지가 겹쳐 있지만, 그것들 사이의 상관관계를 찾기가 쉽지 않고 무슨 의미를 전달하려는지도 분명치 않다. 살르가 이미지들의 상관관계를 해체시켜 그것들이 하나의 고정된 의미로 읽히지 않고 보는 사람에 따라 다양하게 읽히는 그림으로 만들려 했기 때문이다. 또한 살르는 화면의 3분의 1을 추상 화면으로 만들어 추상 미술과 재현 미술의 구분도 넘어서려 했다. 자기 그림이 하나의 형식으로만 보여지는 것을 거부하기 위해서였다. 이처럼 살르의 작품은 이미지와 형식이라는 두 가지 측면에서 하나 이상의 텍스트가 됐고, 하나의 의미로 고정되지 않고 맥락에 따른 다양한 의미들을 갖게 됐다.

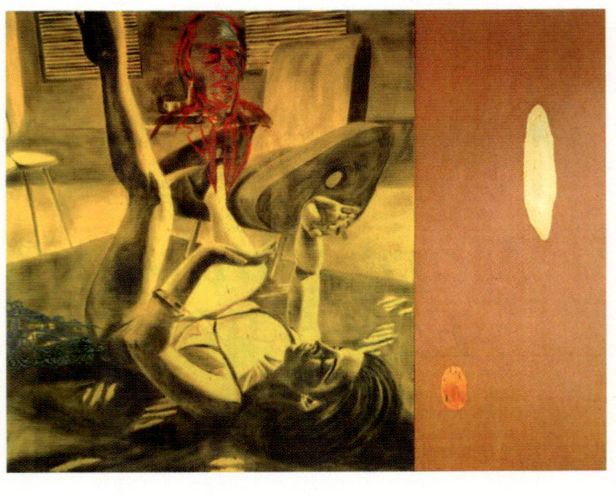

[06] 데이비드 살르 〈한낮〉 1984년, 캔버스에 유채와 아크릴, 289×127cm, 뉴욕 페이스 빌덴슈타인 갤러리

1980년대 새로운 미술의 또 다른 방향은 모더니즘 미술의 순수성과 자율성의 부정으로 향했다. 알레고리allegory 방식의 사용이 특징을 이뤘고, 여기서도 상대주의적 경향을 보였다. 알레고리는 표현된 것 이상의 의미나 내용을 연상케 하는 비유법을 뜻하며, 작품 이면에 담긴 의미나 내용을 전달하는 목적으로 주로 사용돼왔다. 중세 시대 종교 미술에서 하나의 이미지로 이중적 의미를 전달하기 위해 쓰였지만, 작품 자체의 순수성과 자율성을 강조하는 모더니즘 미술에서는 비난의 대상이 됐다. 하지만 모더니즘 미술에 반발했던 1980년대 이후 포스트모더니즘 미술에서 작품에 둘 이상의 텍스트나 맥락을 중첩시켜 새로운 의미를 발생시키는 방법으로 다시 주목을 받았다. 그중 한 예가 차용借用, appropriation인데, 차용해온 이미지나 형식의 본래 의미와 새로 덧붙인 의미를 충돌시켜 덧붙인 의미가 본래 의미를 대체하기도 하고 새로운 의미를 발생시키기도 하는 방법이다. 다른 곳에서 이미지나 형식을 가져다가 작품을 창작한다는 점에서 모더니즘 미술이 강조한 독창성과 순수성을 부정하려는

의도에 따른다. 더 이상의 새로운 창조는 없으며, 독창성은 신화이고 허구일 뿐이라는 주장을 담은 시도이다.

차용의 사례로 신디 셔먼Cindy Sherman, b.1954의 작품**[07]**을 들 수 있다. 셔먼은 영화나 잡지 등의 대중 매체에 등장하는 여성의 이미지를 차용해서 자신의 자화상처럼 제시했는데, 인용한 대중 매체가 강조했던 분위기와 개성을 흉내 내어 본래의 의미나 분위기도 살리려 했다. 하지만 그녀의 자화상이라는 의미도 같이 부각시켜서 두 가지 의미들 사이에 충돌이 일어나도록 했다. 그래서 이 그림은 대중 매체 속의 여성의 이미지가 되기도 하고, 셔먼의 자화상이 되기도 한다. 대중 매체에 등장하는 여성 이미지가 여성의 실제 모습이 아니라, 대중 매체가 만들고 강요하는 여성의 이미지일 뿐이라는 생각을 암시해서 대중 매체의 허구성과 흉내 내기의 병폐를 고발하려는 의도도 나타냈다.

알레고리 방식의 또 다른 예로는 장소성을 강조한 작품을 들 수 있다. 작품 자체의 의미나 느낌을 강조했던 모더니즘 미술과 달리 작품과 작품이 놓인 장소나 상황과의 관계에 의해서 의미를 도출하는 방법이다. 장소 특정적site-specific 미술로 불리는데, 작품의 의미가 작품의 장場, field이라는 맥락과의 관계를 통해 정해지는 작품이다. 때로는 이것도 일시적인 고정일 뿐이고, 장 자체가 지속적으로 변하면서 작품의 의미도 변한다는 것을 보여주기도 한다. 다니엘 뷔랑Daniel Buren, b.1938의 〈두 개의 고원〉**[08]**이 그런 작품이다. 뷔랑은 주차장으로 쓰이던 공간에

[07] 신디 셔먼
〈무제(마릴린)〉 1982년,
컬러 커플러 프린트,
39.4×23.5cm

[08] 다니엘 뷔랑
〈두 개의 고원〉 1986년,
파리 팔레 루아얄 안뜰

07

08

09

10

[09] 장미셸 바스키아 〈호른 연주자〉 1983년, 캔버스에 아크릴과 오일페인트 스틱, 243.8×190.5cm, 로스앤젤레스 브로드미술관

[10] 프랭크 게리 〈빌바오 구겐하임 미술관〉 1997년, 스페인 빌바오

줄무늬 기둥들을 설치해서 예술 공간으로 탈바꿈시켰다. 미술 작품이 미술관 안에서만 전시되고 감상되는 기존의 방식에 문제를 제기했다. 특정한 장소에 설치해서 작품의 의미가 그 자체에 의해서가 아니라, 장소성에 따라 달라진다는 것을 보여주려 한 것이다. 사람들이 작품 안으로 들어가서 걷기도 하고 앉거나 올라설 수도 있게 해서 관객까지 작품의 구성 요소로 끌어들였다.

알레고리의 세 번째 예는 누적과 병렬 또는 혼성적 방법인데, 서로 상관이 없는 것들이나 상반되는 것들을 쌓고 나열해서 그것들 사이의 새로운 관계나 의미를 도출하는 방법이다. 시각적인 이미지와 개념적인 언어를 혼합하기도 하고, 자연적인 것과 문화적인 것의 맥락을 뒤섞기도 하며, 미술 양식에서 대조적인 것으로 여겨지는 사실주의와 초현실주의, 구상과 추상 등을 혼합한 경우도 있다. 작품의 구성 요소들이 일관성 있는 관계로 읽히고 이해되는 것을 해체시키려 하고, 하나의 고정된 의미나 느낌으로 읽히는 것을 방해하려는 의도를 나타낸다. 이런 작품들은 혼성모방Pastisch, 잡종교배적, 혼성성hybridity, 해체적 등의 용어로 평가된다. 장미셸 바스키아Jean-Michel Basquiat, 1960-1988의 〈호른 연주자〉**[09]**에서 그 예를 볼 수 있다. 낙서화로 불리는 이 그림에서 바스키아는 아무런 의미도 없어 보이는 얼굴이나 붓 자국 같은 시각적 이미지와 문자와 도형 등을 뒤죽박죽으로 혼합해놓았다. 근거도 다르고 서로 다른 맥락에서 사용되는 여러 가지 기호와 이미지들을 뒤섞었고, 그 어떤 상관관계나 일관성을 짐작케 하는 형식도 파괴시켰다. 오히려 바스키아가 구성 요소들의 일관성 있는 관계를 부정하고,

시각적 충격 효과만을 나타내려 했다는 점에서 이 작품은 '해체적' 작품으로 평가된다.

건축에서도 20세기 모더니즘 건축에 대한 반발로 포스트모더니즘 건축이 등장했다. 포스트모더니즘 건축가들은 모더니즘 건축의 획일화된 양식이 전 세계로 퍼져 나가 국제적인 양식이 된 것에 반발했고, 문화적·지역적 차이에 따라 서로 다른 특성을 갖는 건물을 세우려 했다. 직선적 구조와 건축물 자체의 형식을 강조하는 모더니즘 건축에 반대해서 곡선이나 변형된 형태들을 사용하기도 하고, 건물은 그 자체 이상의 것이라는 점을 강조해서 건물 외의 장소나 환경과 어울리는 건축을 이루려 했다. 한 예가 건축가 프랭크 게리Frank Owen Gehry, b.1929가 독특한 모습으로 설계한 빌바오 구겐하임 미술관**[10]**이다. 철강 산업이 쇠퇴하면서 몰락해가던 스페인의 빌바오에 건축했는데, 기둥을 쓰지 않고 변형된 곡선 형태의 티타늄판들을 사용해서 50미터 높이의 기괴한 미술관 건물을 만들었다. 그 후 미술관의 독특한 모습 때문에 관광객들이 몰려들면서 예술을 통해서 도시 경제를 살려낸 대표 사례로 여겨진다. 모더니즘 건축의 직선적인 구조나 정형화된 형식은 보이지 않는다. 내부는 중앙에 나선형 형태로 올라가는 아트리움이 있고, 아트리움을 따라 배치된 작은 전시 공간들이 서로 연결되는 개방형 구조로 돼 있으며, 전시장의 모양과 용도도 일부를 제외하고는 서로 달라서 기능 중심의 공간 형식을 파괴하고 있다. 기능이 곧 아름다움이라는 모더니즘 건축의 획일화된 방식에 대한 반발이자 해체주의 건축의 대표작으로 손꼽힌다.

포스트모더니즘과 예술의 이해

이런 작품들은 어떻게 이해해야 할까. 모더니즘을 이끌었던 아방가르드 개념의 상실이란 의미를 넘어, 모더니즘 자체의 비판과 부정이라고 할 수 있다. 도전적 에너지를 보였던 모더니즘이 관습적이며 제도적인 형식으로 되어버리면서 죽음을 맞이했다는 것이다. 그래서 모더니즘의 형식 위주에서 벗어나야 한다는 '탈脫'이란 뜻과 모더니즘의 도전적 에너지를 되살린다는 '이후'라는 뜻이 담긴 '포스트post'모더니즘 미술로 불린다. 여기에는 근대로부터 지속된 보수적 질서나 제도 비판을 넘어서 근대 자체를 비판한다는 생각도 바탕에 깔려 있다. 우선

모더니즘을 뒷받침한 계몽주의의 근거인 이성 중심의 합리론 철학에 대한 반발을 들 수 있다. 합리성 위주의 사회가 초래한 획일화와 다양성의 상실을 비판하고, 그동안 이성에 의해 억눌려왔던 감성 능력에 새로이 주목한다는 점에서다. 또 자연 과학중심주의에 대한 반발도 있는데, 과학 문명 발달에 따른 편안함 이면의 문제점과 폐해가 드러나고 있다는 점에서다. 이런 점들이 포스트모더니즘이란 이름으로 사회적 측면과 철학적 측면에서 나타났다.

사회적으로는 20세기 후반 자본주의 방식의 변화와 후기 산업사회의 소비 중심적 특징이 가져온 변화와 관련된다. 대량 생산을 위한 중앙 집중적 생산 시스템이 더 이상 힘을 발휘할 수 없게 됐고, 생산이 소비자들의 쾌락에 초점을 두는 사회로 변했으며, 획일화 원리보다 다양한 취향의 소비자들로 향하는 소비자 자본주의가 됐기 때문이다. 이런 현상을 포스트모더니즘 사회의 특징으로 보는 사람이 장 보드리야르Jean Baudliard, 1929-2007이다.

보드리야르는 소비자 중심 자본주의에서 이미지나 문화 산물이 상품이 되는 현실을 주목했고, 이것들의 창조와 감상이 경제 영역의 일부분이 되면서 경제 영역과 문화 영역의 구분이 불가능해졌다고 주장했다. 그리고 그 원인으로 상품 생산에 기반을 둔 사회에서 기호와 정보 생산에 기반을 둔 사회로 변화한 점을 들었다. 생산자는 소비자에게 필요한 상품보다 소비 욕망을 자극하는 상품을 생산하고, 그 욕망을 자극하기 위해 광고의 기호를 끊임없이 만들어내며, 소비자들은 상품 자체보다 그 기호를 욕망하고 소비하는 사회가 됐다는 것이다. 이에 더해 그는 기호의 가치를 더 중요하게 여기는 현상이 사회 전반의 특징이 됐으며, 그 기호도 종전의 기호 개념과 다른 시뮬라크럼simulacrum이라고 구분했다. 일반적으로 기호는 지시대상을 재현하는 물리적 기표와 그것에 의해서 전달되는 정신적 의미인 기의로 나뉘고, 기표에 의해서 기의가 전달되는 것으로 정의된다. 보드리야르는 이런 기호의 시대가 지나갔고, 지금은 지시대상이 없는 기표이자 원본 없는 복제물이란 뜻의 시뮬라크럼의 시대가 됐다고 했다. 상품이라는 실제 대상에 의존하기보다 만들어진 기호를 소비하는 사회의 특징이 그렇고, 이런 시뮬라크럼이 지배하는 현실이 포스트모더니즘 사회의 특징이라는 주장이다.

시뮬라크럼이 원본 없는 복제물이란 말은 무슨 뜻일까. 기계 복제 시대에 예술 작품의 복제물이 원본을 대신한다는 발터 베냐민Walter Benjamin, 1892-1940의 주장을 넘어 예술 작품의 원본과 복제물의 구분 자체가 소멸했다는 것이다. 영화, 음악, 소설 등을 예로 들어 설명하면 이렇다. 우리가 주말을 이용해서 전 세계에서 흥행하는 제2차 세계대전을 다룬 영화 한 편을 본다고 하자. 그 영화가 서울에서도 상영되고, 뉴욕에서도 상영되며, 파리에서도 상영된다고 할 때 어느 영화가 원본이고 어느 영화가 복제물일까? 모두 다 원본이 없는 복제물이고, 수많은 복제물들 중 하나를 우리는 보고 있다. 또 그 영화는 제2차 세계대전이라는 실제 현실의 재현이 아니라 제2차 세계대전을 소재로 다른 시간과 다른 순서로 촬영한 영상들을 편집하고 해석해서 만들어낸 구성물이다. 지시대상이 없는 일종의 기표이며, 시뮬라크럼이라고 할 수 있다. 베토벤의 교향곡 음반이나 최인호의 소설을 여기저기서 듣고 읽는 경우도 마찬가지다. 어느 것이 원본이고 어느 것이 복제물이라고 구분할 수 없으며, 베토벤이 작곡했을 당시 연주의 재현이거나 최인호가 다룬 현실의 있는 그대로의 재현이라고 할 수도 없다. 좋은 음반을 만들기 위해서 좋은 음들을 선택하고 편집해서 만들어낸 구성물이고, 현실에 대한 작가의 해석을 바탕으로 한 구성물이며, 모두 시뮬라크럼이라고 할 수 있다.

그런데 시뮬라크럼은 단지 만들어진 구성물로만 그치지 않고, 그 이상의 기능을 하게 된다. 우리가 만들어진 기호인 시뮬라크럼을 보고 들으면서 현실을 이해하고 판단하는 기준으로 삼는다는 점에서다. 제2차 세계대전을 소재로 만든 영화가 오히려 제2차 세계대전이라는 현실을 이해하고 판단하는 기준이 되기도 하고, 음반과 소설로 접한 내용들이 베토벤의 실제 음악세계나 소설이 다룬 현실을 이해하고 판단하는 기준이 되기도 한다. 이런 현상은 우리 삶에 깊숙이 들어와 있는 TV의 영향이나 일상생활에서도 유사하게 일어난다. TV 연속극에서 악역을 맡은 사람이 길거리에서 사람들에게 봉변을 당하는 경우나 운전자들의 속도 위반을 줄이기 위해서 가짜 경찰차를 길가에 세워두는 경우를 들 수 있다. TV 연속극에서 만들어진 어떤 배우의 이미지가 그 배우에 대한 현실의 판단 기준이 되고, 가짜 경찰차가 현실의 경찰차를 대신하는 사회 속에 우리는 살고 있다. 보드리야르는 이렇게 시뮬라크럼이 현실을 대신하고 현실을 판단하는 기준이 되고 있는 우리 사회를 하이퍼 리얼리티hyper-reality의 사회라고 말했다. 시뮬라크럼을 현실보다 더 현실적인 것으로 여기는 사회라는 뜻이고, 현실을 재현한다는 것이 의미를 잃어가는 시대, 현실적인 것의 재현이 더 이상 가능하지 않은 시대에 우리가 살고 있다는 주장이다.

철학에서 포스트모더니즘 논의가 시작된 것은 장 프랑수아 리오타르Jean-François Lyotard, 1924-1998가 『포스트모던의 조건*La Condition Postmoderne: rapport sur le* *savoir*』이란 책을 출간한 1970년대 말 이후부터이다. 리오타르는 데카르트로부터 시작된 이성 중심의 전통 철학이 목표로 한 보편성의 해체를 주장하고, 보편성보다 차이와 이질성을 강조했다는 점에서 '차이의 챔피언'으로 불렸다. 그는 인간 본성을 정신이 아닌 의지로 본 니체가 의지들이 충돌하는 세계에는 아무런 목적이나 질서도 없고, 서로 다른 방식으로 작용하는 천차만별의 것들만이 존재한다고 주장한 점에서 영향을 받았다. 또 실존주의와 하이데거의 실존적 현상학의 영향도 받았는데, 개인의 구체적이며 개별적인 실존을 강조하고, 철학이 구체적 현실을 떠나 관념적이며 사변적인 세계에 머물러서는 안 된다는 점을 강조한다는 점에서다. 하지만 실존주의나 실존적 현상학이 여전히 보편성이나 본질이란 목표를 버리지 않는 데 반해, 리오타르는 이성적 주체로서 인간의 모습뿐만 아니라 보편성, 본질, 절대적 진리 개념 등을 부정하려 한다는 점에서 니체의 관점에 보다 더 가깝다고 할 수 있다.

리오타르는 20세기 후반 우리 시대의 지식이 보편성의 파산으로 인한 위기에 처해 있다고 주장했다. 무수한 서로 다른 이야기들을 조직하고 보편화해온 큰 이야기인 거대 내러티브 혹은 거대 담론의 역할이 끝났다는 것이다. 이질성을 질서의 영역으로 끌어들이고, 보편적 원리나 일반적 목표를 내세워 다른 이야기들이나 목소리들을 억압하고 배제해온 거대 내러티브의 시대가 막을 내렸다는 뜻이다. 전통 철학을 비롯한 서구 중심 사상의 모든 거대 내러티브 대신 문화적 차별성에 근거하고 차이가 존중되는 다양한 목소리의 시대가 됐고, 보편성이나 동질성보다 차이나 이질성이 강조되는 시대가 됐다는 주장이다.

리오타르가 보편성의 파산을 주장하는 근거는 무엇일까. 리오타르는 계몽주의 이래로 과학이 지식의 선도적인 위치를 차지해왔고, 모든 학문의 방법에서 보편성의 근거를 제공해왔던 것이 무너졌다는 데서 그 근거를 찾았다. 지금까지 과학의 그런 지위가 인간 해방과 자유 실현이라는 계몽주의 이상에 의해서 뒷받침돼왔다면, 이제는 그런 지위의 정당성이 상실됐다는 것이다. 계몽주의 시대 이후 과학은 사람들 누구나 이용할 수 있는 지식의 진보를 이루고, 무지와 비합리적인 것으로부터 해방과 자유를 가져다준다는 점에서 다른 분야의 내러티브들에 방법적 근거를 제공했고, 지식의 선도적인 위치를 차지해왔다. 하지만 사람들은 과학기술로 만든 무기로 인간이 살해되는 두 차례 세계대전의 비극적 상황을 겪으면서 과학적 사고의 명분에 회의를 갖게 됐고, 인간 정신의 합리적 사고나 이성 자체에 대한 불신도 품게 됐다. 그리고 과학을 정당화해준

인간 해방과 자유 실현의 이데올로기라는 거대 내러티브의 설득력에도 의문을 갖게 됐다는 것이다.

그로 인해 과학은 인간 해방의 왕도에서 길을 잃었다. 다른 분야의 내러티브들이 보편성과 정당화의 근거로 삼았던 과학의 역할과 지위에 의문이 일어났고, 지식의 선도적 위치를 차지했던 과학의 지배력은 상실됐으며, 서로 다른 전문 분야의 내러티브들 중의 하나로 여겨지게 됐다. 이제 거대 내러티브에 의해 희생됐던 작은 이야기인 미세micro 내러티브들이 서로 다른 정당화 원리에 의해 유지되고, 미세 내러티브들의 이질성과 창의성이 선호되는 시대가 됐다. 전통 철학을 포함한 그 어떤 체계화나 일반화를 목표로 한 일체의 거대 내러티브의 역할은 막을 내렸으며, 구체적인 현실의 내용을 담은 미세 내러티브들의 시대가 도래했고, 사회 모든 분야에서의 분화 현상들만이 나타나게 됐다.

그 결과 과학의 목표는 보편적 진리가 아니라, 어떤 용도로 구체적으로 사용되는가라는 실행성이 됐다. 학문도 그 자체로 목표이기보다 목표를 위한 수단으로 여겨지고, 진리나 사실보다 그것이 어떤 용도로 사용되는가를 가치 있게 여기는 시대가 됐다. 교육도 이상의 실현보다 숙련된 기술자를 만들어내는 데 봉사하고, 그 실행성에 초점을 맞추어 변화하고 있으며, "그것이 진실인가?"보다 "그것은 쓸모가 있는가?", "그것을 팔 수 있는가?" 등의 질문과 관련을 갖는다. 일상생활에서도 마찬가지 현상이 발견된다. 개인들이 보편적이며 획일화된 원리보다 무제한적 자아실현과 자기표현 욕구에 집착하면서 감성의 극단화가 나타나고 있으며, 사회 전반에 걸쳐 보편성의 파산이라는 현상이 지배하게 됐다. 이런 우리 시대의 특성을 리오타르는 '보편성의 파산으로 인한 위기'라고 진단했다.

리오타르의 보편성의 파산에 대한 주장은 기호의 의미에 대한 생각도 변화시켰다. 해체주의라는 말을 유행시킨 자크 데리다Jacques Derrida, 1930-2004의 후기 구조주의 기호론이 대표적이다. 데리다의 기호론은 페르디낭 드 소쉬르Ferdinand de Saussure, 1857-1913의 구조주의Structuralism 기호론의 계승과 비판이라는 성격을 갖고 있다는 점에서 후기 구조주의Post-structuralism로 불린다. 먼저, 소쉬르의 주장을 살펴보자. 소쉬르는 기호가 지시대상을 근거로 의미를 갖는다는 전통의 주장을 부정했다. 그는 기호를 기표인 시니피앙signifiant과 기의인 시니피에signifié로 나누고, 지시대상과 기표간의 관계나 기표와 기의 간의 관계가 관례적이며 자의적이라고 주장했다. 예를 들어, 똑같은 동물을 두고 우리는 '개'라고 부르고, 미국인은 'dog', 프랑스인은 'chien'이라고 부르며, 각 나라 사람들끼리 의미가 통하고 의사소통을 이룬다. 좀 더 극단적으로 우리가 그 동물을 '개'가 아니라 '고양이'라고 부르면서 서로 의사소통을 할 수도 있다. 이 말은 기표와 지시대상과의 관계는 상응이나 일치 관계가 아니라 사회적인 약속이나 관습에 의한 것이며, 심지어 자의적일 수도 있다는 주장이다. 기표와 그것이 담고 있는 의미인 기의의 관계도 관습적이며 자의적이라는 주장이기도 하다. 이렇게 소쉬르는 전통 기호론의 바탕이 되는 지시론적 의미론과 기호의 재현 개념을 부정하고, 모든 기호가 의미를 갖는 것은 사회적인 약속이나 관습에 의해서라고 주장했다.

또 소쉬르는 언어 활동에는 파롤parole과 랑그langue가 있다고 구분했다. 그에 따르면, 파롤은 언어의 개별적인 발화이다. 예를 들어, 여러 사람이 "나는 어제 개를 보았다"라는 문장을 말한다고 할 때, 사람들마다 서로 다른 음색이나 음높이에 따라 말하고, 지역에 따른 사투리를 쓰면서 서로 달라지는 개별 언어의 사용을 뜻한다. 이에 비해 랑그는 위 문장이 누구의 목소리가 됐든 어떤 지역의 사투리가 됐든 동일한 규칙과 순서에 따라 말해지는 것을 뜻한다. 개별 발화인 파롤들이 의미를 갖고 의사소통을 이루기 위해 필요한 문장의 규칙이자 구조가 랑그인 셈이다. 이 점에서, 소쉬르는 언어학의 연구 대상은 랑그이어야 한다고 보았다. 모든 언어에는 랑그에 해당하는 언어 내적 규칙으로서 체계 혹은 구조가 있고, 그 구조에 의해서 문장이 의미를 갖는다고 주장했다. 그리고 그 구조를 이루는 규칙으로 좌우로horizontal 결합되는 신태그마syntagma와 상하로vertical 선택 혹은 대체되는 파라디그마pardigma를 들었다. 예를 들어, 좌우 결합 규칙은 "나는 어제 개를 보았다"처럼 단어가 좌우로 결합될 때는 의미를 갖지만, "보았다 나는 개를 어제"라든지 "나는 보았다 어제 개를" 등의 결합은 의미를 갖지 못한다는 것을 가리킨다. 또 상하 선택 규칙은 "나는 어제 개를 보았다" 대신 주어, 부사, 동사 등에 해당하는 각 단어들을 차이를 근거로 하여 다른 단어로 선택해 대체하면 다른 의미의 문장이 된다는 것이다. "나는 어제 개를 보았다"에서 다른 단어들을 선택해 대체하면 "나는 오늘 개를 만졌다"라든지 "그는 어제 고양이를 보았다" 등 서로 다른 의미를 갖는 문장을 이룰 수 있다는 주장이다. 이처럼 소쉬르는 기호의 관례적 사용을 지배하는 언어 내적인 규칙으로서 구조나 체계가 있다고 보고, 그 구조인 랑그에 의해서 기호가 의미를 갖게 된다고 주장했다.

데리다로 대표되는 후기 구조주의는 기호가 지시대상에 의해서 의미를 갖는다는 지시론적 의미론이나 재현 개념을 부정한다는 점에서 소쉬르의 구조주의를 계승했다. 데리다 역시 지시대상과 기표의 관계나 기표와 기의의 관계가 관습적이며 자의적이라는 점을 인정했다. 하지만 데리다는 구조주의가 신뢰한 구조를 비판하면서 구조주의와 차이점을 보였다. 소쉬르가 파롤들의 의미를 보장하는 랑그를 우선시했다면, 데리다는 파롤이 먼저고 랑그가 나중이라고 보았다. 맥락에 따른 개별 기호의 사용에 의해서 의미가 정해지는 것이지, 기호의 의미를 보장하는 언어 내적인 규칙이나 구조는 없다고 주장했다. 예를 들어, '개'라는 기호가 '다리 넷인 갯과 동물'이란 뜻도 있지만, 경우에 따라서는 '성질이 나쁜 사람'이란 뜻으로 사용되기도 한다는 점을 들 수 있다. 기호의 의미는 맥락에 따른 사용에 의해서 정해지는 것이지 문장의 결합 관계나 선택과 대체 관계라는 고정된 구조만으로 정해지는 것은 아니라는 주장이다.

따라서 데리다는 기호가 지시대상을 근거로 보편적이며 고정된 하나의 의미를 갖는다는 전통적인 주장을 부정했을 뿐만 아니라, 기호의 의미가 기호 체계 내의 구조에 의해서 정해진다는 구조주의 관점도 비판했다. 그는 기호의 의미는 항상 변화하며, 기호가 사용되는 맥락에 따른 해석의 해석이라는 끊임없는 흐름의 순간적인 정지일 뿐이라고 보았다. 대화할 때나 작품을 읽을 때와 같은 특정한 맥락에서는 의미가 고정되지만, 그것도 일시적일 뿐 사용되는 맥락이 달라짐에 따라 의미는 또 다시 변하게 된다는 것이다. 기호의 의미를 보장하는 고정된 규칙이나 구조는 없으며, 기호의 의미가 사용되는 맥락에 대해 열려 있다는 주장이다. 데리다의 이 주장은 기호의 의미가 사용되는 맥락에 의해서 결정되고, 그 맥락도 기호의 의미를 완전히 통제하지는 못한다는 극단적인 상대주의라고 할 수 있다. 기표와 기의의 관계로 말하면, 기표가 지시대상에 의해서 보편적이며 고정된 기의를 갖는다는 주장은 해체되어야 한다는 것이다. 기표들의 구성이나 그것이 사용되는 맥락에 따라 서로 다른 기의를 가질 수 있다는 것이고, 때로는 지시대상이라는 실체나 고정된 기의와 관련 없는 기표들만의 유희도 있을 수 있다는 것이다.

현실적인 것과 보편성의 부정 이후의 미술 작품

이상의 관점들을 미술 작품에 적용해보자. 보드리야르는 특정한 미술 양식이나 작가에 대해 언급하지는 않았다. 하지만 그가 지적한 현실적인 것과 시뮬라크럼의 거리감이 없어진 하이퍼 리얼한 사회의 특징이 미술 작품들에 반영되고 있다. 두 가지 측면으로 살펴볼 수 있다. 하나는 재현이 현실적인 것의 모방이 아니라 구성되는 것이라는 관점에서 제작된 작품을 들 수 있다. 그 예로 대중 매체 속에 등장하는 여성의 이미지를 차용하는 신디 셔먼의 작품[07]을 들 수 있다. 셔먼은 자신의 현실 모습을 재현하지 않고, 대중 매체가 만들고 꾸며낸 여성의 이미지를 끌어와 자신의 자화상처럼 구성해서 제시했다. 그리고 대중 매체에 등장하는 여성의 이미지가 여성이라는 현실의 실체를
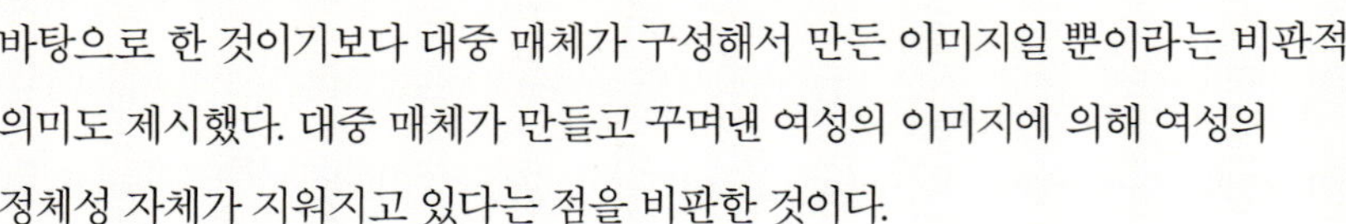
바탕으로 한 것이기보다 대중 매체가 구성해서 만든 이미지일 뿐이라는 비판적 의미도 제시했다. 대중 매체가 만들고 꾸며낸 여성의 이미지에 의해 여성의 정체성 자체가 지워지고 있다는 점을 비판한 것이다.

[11] 듀안 핸슨, 〈쇼핑 카트를 갖고 있는 여인〉, 1969년, 폴리에스테르 레진, 파이버글래스 외 혼합 매체, 실물 크기

하이퍼리얼리즘 작가인 듀안 핸슨Duane Hanson, 1925-1996의 〈쇼핑 카트를 갖고 있는 여인〉[11]도 이런 맥락으로 이해할 수 있다. 핸슨이 쇼핑 카트 가득히 물건을 싣고 가는 중년 여인의 모습을 실제 인물 크기로 만들고, 피부도 현실감 있게 모사했으며, 실제 옷까지 입히는 극사실적인 작품을 제시했다. 만든 조각 작품이지만, 실제 여인이 옆에 서 있을 때 어느 것이 진짜고 어느 것이 복제품인지를 분간할 수 없을 정도다. 핸슨의 관점에서 과장하고 해석해서 만든 구성물이지만 현실의 실제 여인과 구분할 수 없는 일종의 시뮬라크럼으로 볼 수 있다. 또 이 작품이 현실 사회를 판단하는 기준으로 사람들 앞에 제시됐다면, 하이퍼 리얼한 포스트모던 사회의 특성을 반영한 것으로 볼 수도 있다. 실제로 핸슨은 이 작품으로 1960년대 미국의 물질적 풍요로 인한 대량 소비와 쇼핑 중독에 걸린 중년 여성의 모습이라는 현실 비판의 의미를 나타내려 했다.

보드리야르의 이론이 미술에 미친 영향의 두 번째 측면은 현실적인 것의 재현이 더 이상 가능하지 않다는 점이다. 그 예로, 현실의 재현이라는 구속을 넘어 현실의 재현 자체의 부정으로 향하는 미술 작품들을 들 수 있다. 예술가들은 지금까지 미술 작품이 추구해온 현실적인 것의 의미가 믿을 수 없게 됐고, 그와 관계를 맺는 것 자체도 불가능해졌다고 생각했다. 그래서 이들은 더 이상 미술 작품 속에 현실적인 것을 담아내려 하지 않고, 현실을 이루는 파편들로 해체하고

재구성하는 해체주의 방식을 시도했다. 여기에는 자신의 작품이 고정된 의미로 읽히거나 고정된 형식으로 묶이는 것에 저항한다는 의도도 담겨 있었다. 이렇게 등장한 작품들은 현실적인 것의 재현이나 연상을 위한 것이 아니며, 고정된 의미나 보편적 형식으로부터 해방된 순수 시각적인 기표들이라고 볼 수 있고, 특정한 의미를 향하고 있지 않은 떠도는 기표와 이미지의 유희를 목표로 한다고 할 수 있다.

이런 경향의 미술 작품에 데리다의 기호론을 적용해보면 보다 더 설득력 있는 설명이 된다. 미술 작품이라는 기호의 의미가 불안정하고 믿을 수 없는 것이 됐다는 점에서다. 미술 작품이 대상뿐만 아니라 의미로부터도 해방된 순수 시각적 기표들의 유희가 됐고, 모더니즘의 형식 자체를 파괴하는 해체주의적 시도를 목표로 한 것이 됐기 때문이다. 그 예로 바스키아의 〈호른 연주자〉**[09]**의 해체적인 특성을 생각해볼 수 있다. 바스키아가 문자와 이미지와 도형 등의 파편적 기표들을 서로 아무런 상관관계를 갖지 않고 떠돌면서 유희하게 하고, 그 어떤 형식으로부터도 해방된 조형 공간을 만들어내고 있다는 점에서다. 그 기표들은 현실적인 것의 재현이나 연상을 위한 것도 아니고, 특정한 의미로 향하고 있지도 않다. 언어적 기호와 도형과 이미지들의 유희이며, 고정된 의미나 형식 자체를 해체하고 부정하려는 시도이다. 살르의 〈한낮〉**[06]**에서도 이런 의도를 읽어낼 수 있다. 살르가 바닥에 등을 대고 누운 여인 위에 남자와 기차의 윤곽선 이미지를 그려 넣었지만, 그것들이 하나의 의미로 읽히지 않고 보는 사람에 따라 다양하게 읽히는 그림으로 만들었기 때문이다.

데리다의 해체주의적 관점은 포스트모더니즘 미술의 또 다른 특징에도 적용된다. 작품의 의미가 작품의 장場이라는 맥락에 의해서 일시적으로 고정되지만, 장 자체도 지속적으로 변하면서 그 의미가 끊임없이 변하는 가변성을 갖게 된다는 점에서다. 미술 작품의 의미는 불안정한 것이 됐고, 미술 작품 자체는 고정된 중심이 없는 탈중심적인 것이 됐다는 것이다. 주차장 공간을 예술 공간으로 탈바꿈시킨 뷔랭의 〈두 개의 고원〉**[08]**이 그런 맥락으로 이해될 수 있다. 우선 미술 제도적 공간이 아니라 주차장 즉 야외 공간이라는 장의 특성에 따른 의미들이 있고, 작품의 구성 요소로 끌어들인 관객에 의해서 그 장에 변화가 이루어지면서 다른 맥락의 새로운 의미들이 생기기 때문이다. 많은 관객들이 지나치기도 하고, 앉아서 머물기도 하며, 올라서기도 하는 등의 여러 가지 참여가 작품의 장에 변화를 주고, 그로 인해 새로운 의미들이 나타날 수도 있다. 모더니즘 건축에 대한 반발로 등장한 빌바오 구겐하임 미술관[10]의 해체주의 건축도 같은 맥락으로 이해된다. 불규칙하고 변형된 곡선 형태로 제작해서 직선 위주의 정형화된 구조를 해체하고, 전시장의 모양도 일부를 제외하고 서로 다른 가변적 공간으로 돼 있다는 점에서다. 제도화된 미술관 공간의 고정되고 획일화된 의미나 기능 중심의 공간 형식을 파괴하고 있기 때문이다.

리오타르는 포스트모더니즘 미술의 이런 해체적 특성을 숭고의 미학을 통해서 설명했다. 모더니즘 미술에서 시작된 숭고의 미학이 진정한 숭고를 이루지 못했고, 포스트모더니즘 미술이 진정한 숭고를 향한 다양한 시도들로 펼쳐지고 있다고 주장했다. 이런 주장을 위해 리오타르는 숭고에 대한 칸트의 설명을 재해석했다. 칸트는 망망대해나 험준한 산 앞에서 처음엔 공포를 느끼지만, 우리 마음의 능력이 그것보다 우위에 있다는 것을 알게 될 때, 감각의 영역을 넘어 보다 고차적인 것으로 향하려 하면서 느끼게 되는 것을 숭고라고 보았다. 그에 따르면, 숭고는 상상력의 이미지로 나타낼 수 없다는 점에서 상상력의 표상 능력을 압도하는 것이며, 무한성이라는 이념과 관련을 맺는 것이라는 점에서 오성의 형식도 넘어선다. 그래서 이런 숭고의 감정을 이루는 마음의 능력은 미의 감정을 느낄 때와 구분된다. 아름다움이란 상상력과 오성이 조화를 이룰 때 나타나는 것으로, 상상력을 통해 떠올린 이미지가 오성의 형식과 일치를 이룰 때 일어나는 쾌의 감정이 뒤따른다. 이와 달리, 숭고는 상상력과 오성의 부조화인 고통에서 비롯되며, 그 고통으로 인한 순간적인 억압감과 그 뒤에 나타나는 강한 생명력의 표출과 같은 것이라고 할 수 있다.

리오타르는 숭고가 상상력과 오성의 부조화에서 비롯된다는 칸트의 관점을 바탕으로 모더니즘 미술을 설명했다. 현실적인 것의 재현에서 멀어져간 모더니즘 미술이란 오성을 통해서 인식할 수는 있지만 상상력을 통해서 이미지로 표상할 수 없는 것들을 나타내려는 시도였다고 주장했다. 예를 들어, 우리는 세계의 총체성이나 단순성을 인식하고 그에 대한 관념을 가질 수 있지만, 그것을 구체적인 이미지로 나타내려고 한다면 쉽지 않다는 것을 알게 된다. 무한한 것, 엄청나게 큰 것이나 강한 것, 새롭다는 것 등도 마찬가지다. 리오타르는 이렇게 이미지로 표상 불가능한 것들을 암시하고 나타내려는 시도가 모더니즘의 아방가르드 역사였다고 보았다. 말레비치의 흰 사각형 그림을 표상할 수 없는 무한한 것을 암시하려는 시도로 볼 수 있고, 피카소나 조르주 브라크Georges Braque, 1882-1963의 작품을 통해서 새롭다는 관념을 암시받을 수 있다는 것이다. 삶에서 느끼는 우울함이나 역동성은 어떨까? 우리는 그것들이 무엇인지에 대해서는 알고 있지만, 그것을 어떤 이미지로 표상할 것인가에 대해서는 명확하게 말하지 못한다. 다만 표현주의 화가인 뭉크의 그림이나 칸딘스키의 추상화를 통해서 그런 관념들에 관한 암시를 받을 수 있을 뿐이다. 이렇게 모더니즘 미술은 이미지로 표상 불가능한 것을 암시하기 위해서 선, 색, 형태 등의 형식으로 나타낸 숭고의 미학으로 이루어졌다는 것이 리오타르의 주장이다.

하지만 리오타르는 이런 모더니즘 미술이 진정한 숭고의 감정을 이루지는 못했다고 보았다. 칸트가 말했듯이, 진정한 숭고란 감각의 영역을 넘어서는 것이고, 무한성과 무형식에 해당하며, 쾌와 고통의 결합 속에 존재하기 때문이다. 그런데 모더니즘 미술은 표상될 수 없는 것들을 눈에 보이는 일관성 있는 형식으로 나타내서 감상자들의 취미의 합의와 즐거움을 제공하려 했다. 우울한 것, 역동적인 것, 무한한 것 등은 규칙화된 작품의 형식으로 닫힐 수 있는 것이 아니라 그런 형식을 넘어서 수많은 서로 다른 이미지들로 나타내야만 하는 것인데, 모더니즘 미술은 그렇게 하지 못했다는 주장이다. 따라서 진정한 숭고를 이루기 위해서는 예술가들이 그 어떤 보편적 규칙이나 형식에 속박되지 않고 작업해야 하고, 자신들의 작품이 새로운 규칙을 만들어내게 해야 하며, 형식이나 일관성 있는 의미가 해체된 개별적인 사건들이 되도록 해야만 한다.

이 점에서 리오타르는 이제 미술 작품은 전체성과 보편성에 대한 동경이나 관념적인 것과 감각적인 것의 조화 같은 환상에서 벗어나야 한다고 말했다. 오히려 전체성과 보편성에 대해 투쟁하고, 그것을 극복하기 위해서 차별성을 활성화해야 하며, 다원주의를 넘어 해체주의로 향해야 한다고 주장했다. 그리고 지금까지 미술 작품들이 전체성과 보편성에 사로잡혀 개별 작품들의 차별성과 이질성에 근거한 예술적 가치들을 말살해왔다면, 포스트모더니즘 미술 작품들은 그 가치들을 강조하기 위해서 해체적 특성을 보이고 있다고 보았다. 이것이 리오타르가 본 포스트모더니즘 미술의 특성이고, 우리 시대의 지식이 위기에 처했으며 보편성의 파산을 겪고 있다는 자신의 생각을 미술 작품들에도 적용한 결과이다.

리오타르의 숭고의 미학을 바스키아나 뷔랑의 작품에 적용해보자. 이 작품들을 보면서 우리가 상상력을 통한 특정의 이미지를 떠올리기는 쉽지 않다. 그렇다고 오성의 형식으로 묶어둘 수 있는 작품들은 더더욱 아니다. 바스키아의 작품은 형식이나 일관성 있는 해석을 해체하려 하고, 뷔랑의 작품은 장소 맥락의 변화에 따른 가변적인 이미지와 의미를 강조하기 때문이다. 이런 작품들을 보면서 전통 예술의 가치인 아름다움을 찾기란 어렵다. 상상력과 오성의 부조화에 의한 고통에서 비롯된 숭고와 관련되기 때문이다. 또 모더니즘의 형식을 통한 취미의 보편적인 합의를 넘어서려는 시도이기도 하다. 작품의 새로운 규칙을 위해서 규칙 없이 작업한 것이기에 이 작품들은 모두 개별적인 하나의 사건이 되었고, 그런 것으로 받아들여져야만 한다.

앞으로의 미술은 어떻게 가야 할까? 포스트모더니즘 미술이 해답일까? 나는 리오타르가 제시한 길이 미술의 하나의 방법일 뿐이지 해답이라고 생각하지는 않는다. 포스트모더니즘 미술에서 차별성과 이질성이 강조된다고 해서 그것만이 미술 작품의 전부가 될 수는 없기 때문이다. 리오타르의 주장처럼 보편성을 거부하고 차이성과 이질성의 가치를 강조하는 예술가들의 시도가 있을 수 있으며, 그것이 미술 작품의 특성들 중 하나가 될 수는 있다. 하지만 재현 미술이나 모더니즘 미술도 여전히 미술로서 기능과 역할을 하고 있다. 그리고 재현 미술이든 모더니즘 미술이든 포스트모더니즘 미술이든 모두 '우리'를 대상으로 하여 우리 앞에 의문을 제기하기도 하고 공감을 구하려 한다는 점에서는 공통적이다. 그래서 포스트모더니즘 미술도 지금까지 미술 작품이 추구해온 보편성은 아닐지라도, '우리'의 생각이나 느낌에 호소하는 최소한의 보편성을 위해서 존재한다고 보아야 한다. 언제나 그랬듯이 미술 작품들에서 합의의 내용이나 형식이 무엇인지를 특정할 수는 없고, 각각의 작품에서 나타나는 것들을 각자가 찾아야만 한다는 점은 분명하다. 그렇더라도, 일종의 보편성을 향한 '우리'를 전제하지 않는 예술이란 존재할 수 없을 것이다. 그러나 리오타르의 주장에서는 그 어떤 최소한의 보편성을 향한 '우리'의 개념도 찾아볼 수 없다는 점이 아쉬움으로 남는다.

참고문헌

Arnheim, Rudolf, *Art and Visual Perception*, 『미술과 시지각』, 김춘일 역, 홍성사, 1986.

Basin, Yevgeny, *Semantic Philosophy of Art*, C. English tr. Progress Publishers, 1979.

Barrett Terry, *Criticizing Art*, Mayfield Publishing Company, 2000.

Battin Margaret P. 외, *Puzzles about Art*, 『예술이 궁금하다』, 윤자정 역, 현실문화연구, 2004.

Baudrillard, J. *Selected Writings*, Mark Poster ed., Stanford University Press, 1988.

Beardsley, Monroe C., "On Art and the Definition of Arts," *The Journal of Aestheticsand Art Criticism*, 1961.

________, *Aesthetics from Classical Greece to the Present*, Univ. of Alabama Press, 1966.

________, *Aesthetics: Problems in the Philosophy of Criticism*, New York: Harcourt Brace, 1958; 2nd ed., Indianapolis, 1980.

Bell, Clve, *Art*, New York: Capricon Books, 1958.

Bell, Julian, *What is Painting? Representation and Modern Art*, Thames and Hudson, 1999.

Benedikt, Michael, *Cyberspace: the First Step*, the MIT Press, 1994.

Benjamin, Walter, "The Work of Art in the Age of Mechanical Reproduction," *Media and Cultural Studies*, M, Durham & D. Kellner, ed, Blackwell, 2001.

Benthall Jonathan, *Science and Technology* in Art Today, Praeger Publishers, 1972

Berger, John, *Ways of Seeing*, Penguin Books, 1972.

Bertram, Anthony Comp. *The History of Western Art (Slide Book)*, VP International Ltd, 1987.

Best, Stephen, & Kellner, Douglas, *The Postmodern Theory*, The Guiford Press, 1991.

____, *The Postmodern Turn*, The Guiford Press, 1997.

Brettell, R., *Modern Art 1851-1929*, Oxford Univ. Press, 1999.

Borchert Donald M. ed. *Encyclopedia of Philosophy*, Vol. 1 - Vol. 10, Thomson Gale, 2006.

Burbidge, J.W., "Peirce on Historical Explanation", *Pragmatism and Purpose*, Toronto: Univ. of Toronto Press, 1981.

Calinescu, M., *Five Faces of Modernity*, Durham: Duke Univ. Press, 1987.

Carroll, Noël, *A Philosophy of Mass Art*. Oxford: Clarendon Press, 1998.

Cassirer, E., *An Essay on Man*, New Haven, Yale Univ. Press, 1944.

_______, *The Philosophy of Enlightenment*, F.C.A. Koelln & J.P. Pettegrove tr., Princeton Univ. Press, 1951.

_______, *The Philosophy of Symbolic Forms* I, II, III, R. Manheim, tr., New Haven: Yale Univ. Press, 1953-57.

_______, *The Logic of the Humanities*, Clarence Howe tr., New Haven: Yale Univ. Press, 1961.

_______, *Philosophie der Symbolische Formen* I, II, III (1923-29), Darmstadt: Wissenschaftliche Buchgesellschaft, 1964(Reprint).

Cavallaro D., *Art for Beginners*, New York: Writers and Readers Publishing Inc., 2000.

Chandler, Daniel, *Semiotics: The Basics*, Routledge, 2002.

Chilvers Ian ed. *The Concise Oxford Dictionary of Art and Artists*, Oxford University Press, 2003.

Collingwood, R.G., *The Principles of Art*, London: Oxford Univesity Press, 1938.

Connor, Steven, *Postmodernist Culture: An Introduction to Theories of the Contemporary*, 『포스트모던 문화』, 김성곤 · 정정호 역, 한신문화사, 1993.

Copleston, Frederic, *A History of Philosophy*, New York: Image Books, 1994.

Croce, Benedetto, *Aesthetics: As science of expression and general linguistic*, D. Ainslie tr., London: Macmillan. 1972.

Crowther Paul, *The Language of Twentieth-Century: Art A Conceptual History*, Yale University Press, 1997.

Danto, Arthur, *Transfiguration of Commonplace*, Cambridge, Mass: Harvard University Press, 1981.

______, *The Philosophical Disenfranchisement of Art*, New York: Columbia Univ. Press, 1986.

Daval, Jean-Luc, *Histoire de La Peinture Abstraite*, 『추상미술의 역사』, 홍승혜 역, 미진사, 1990.

Debord, Guy, *Society of the Spectacle*, Detrodit: Black and Red, 1983.

Dewey, John, *Reconstruction in Philosophy*, Boston: Beacon Press, 1948.

Dickie, George, *Aesthetics an Introduction*, 『미학입문』, 오병남 · 황유경 역, 서광사, 1985.

Eaton, M.M., *Basic Issues in Aesthetics*, Belmont California: Wadsworth Publishing Company, 1988.

Edwards, P. ed., *The Encyclopedia of Philosophy*, New York: The Macmillan Company & The Free Press, 1978.

Eitner, L., *Neoclassicism and Romanticism 1750-1850*, Prentice Hall, Inc., 1970.

Ferry Luc, *Homo Aestheticus*, 『미학적 인간』, 방미경 역, 고려원, 1994.

Finn, David, *How to Look at Sculpture*, 『조각 감상의 길잡이』, 김숙 · 이지현 역, 시공사, 1995.

Foster, H. ed., *The Anti-Aesthetics: Essays*

on Postmodern Culture, Washington: Bay Press, 1983.

______, Recordings, Bay Press, 1985.

Frascina, F. ed., *Pollock and After*, New York: Harper & Row Publishers, 1985.

Friedlander, W., *David to Delacroix*, R. Goldwater, tr., Havard Univ. Press, 1975.

Fry, Roger, *Vision and Design*, London: Chatto and Windus, 1920.

___, "The Artist and Psychoanalysis", *The Hogarth Essays*, Leonard S. Woolf ed., (1924), Freeport, New York: Books for Libraries Reprint Series, 1970(reprinted).

Gablik, S. Progress, in *Art*, New York: Rizzoli International Publications, 1979.

______, *The Reenchantment of art*, Thames and Hudson, 1998.

Genesco, Gary, *Mcluhan and Baudrillard*, Routledge, 1999.

Gibson, J.J., *The Perception of The Visual World*, Cambridge: Riverside Press, 1950.

Giles, S. ed., *Theorizing Modernism: Essays in Critical Theory*, London & New York: Routledge, 1993.

Gombrich, E.H., *Art and Illusion*, New York: Pantheon Books, 1960.

_________, *The Story of Art*, 10th ed., London: Phaidon Press, 1960.

_________, *Ideals and Idols*, Oxford: Phaidon Press, 1960.

_________, *Meditation on a Hobby Horse*, 3rd ed., New York: Phaidon Press, 1978.

_________, *The Image and The Eye*, Oxford: Phaidon Press, 1982.

Goodman, Nelson, *Languages of Art*, Oxford Univ. Press, 1969.

_________, *Ways of the Worldmaking*, Indianapolis: Hackett Publishing Company, 1978.

Gottlieb, C., *Beyond Modern Art*, New York: E.P. Dutton Co., 1976.

Gross, B.R., *Analytic Philosophy*, New York: Pegasus, 1970.

Grosser, M. *The Painter's Eye*, 『화가의 눈』, 오병남 · 신선주 역, 서광사, 1983.

Hacking Ian, *Why does Language Matter to Phiolsophy?* 『왜 언어가 철학에서 중요한가?』, 선혜영 · 황경식 역, 서광사, 1989.

Hamburg, Carl H., *Symbol and Reality; Studies in the Philosophy of E. Cassirer*, The Hague: Martinus Nijhoff, 1970.

Hanslick, Eduard, *The Beautiful in Music*, Indianapolis: Liberal Arts, 1957.

Harries, K., *The Meaning of Modern Art: A Philosophical Interpretation*, 『현대미술 - 그 철학적 의미』, 오병남 · 최연희 역, 서광사, 1991.

Hauser, Arnold, *Sozialgeschichte der Kunst und Literatur*, 『문학과 예술의 사회사』 전 4권, 백낙청 역, 창작과 비평사, 2008.

Heidegger Martin, *Das Wort, Die Sprache im Gedicht, Der Ursprung des Kunstwerkes*, 『예술작품의 근원』, 오병남 · 민형원 역, 경문사, 1882.

Heim, Michael, *The Metaphysics of Virtual Reality*, Oxford University Press, 1993.

Henger S. ed., *Objectives: The New Sculpture*, Rizzoli Int'l Publishers Inc., 1990.

Herbert, R.L., *Modern Artists on Art*, Englewood Cliffs, N.J.: Prentice Hall, 1961.

Hirschberger, Johannes, *Geschichte der Philosophie* , 『서양철학사』 상 · 하, 강성위 역, 이문출판사, 1992.

Hofstadter, A., *Truth and Art*, New York: Columbia Univ. Press, 1965.

Hoggart, Richard, *The Uses of Literacy*, Harmondsworth: penguin, 1990.

Holly, M.A., *Panofsky and the Foundations of Art History*, Cornell Univ. Press, 1984.

Hook, Sidney ed., *Art and Philosophy*, New York Univ. Press, 1986.

Hopkins David, *After Modern Art 1945-2000*, Oxford University Press, 2000

Hospers, John, *Meaning and Truth in the Arts*, Univ. of North Carolina Press, 1946.

_______, *Understanding the Arts*, Englewood Cliffs, N.J.: Prentice-Hall, 1982.

Hoving Thomas, *Art for Dummies*, IDG Books, 1999

Hughes, R., *The Shock of The New*, 『새로움의 충격』, 최기득 역, 미진사, 1995.

Janson, H.W., *History of Art*, 2nd ed., 『미술의 역사』, 김윤수 외 역, 삼성출판사, 1987.

Kaulbach, Friedrich, *Immanuel Kant*, 『칸트 - 비판철학의 형성과 체제』, 백종현 역, 서광사, 1992.

Katharine Everett Gilbert & Helmut Kuhn, *A History of Esthetics*, Thames & Hudson, London, 1956.

Kellner, Douglas, *Jean Baudrillard*, Stanford University Press, 1989.

Kelly, Michael ed., *Encyclopedia of Aesthetics*, Vol. 1, 2, 3, 4 Oxford Univ. Press, 1998.

Kemal, S. & Gaskell, I. eds., *The Language of Art History*, Cambridge Univ. Press, 1991.

Kennick, W.E., *Art and Philosophy*, New York: St. Martin's Press, 1974.

Krauss, Michael ed., *Critical Essays on the Philosophy of R.G. Collingwood*, Oxford: Clarendon Press, 1972.

Krauss, Rosalind E., *Passages in Modern Sculpture*, 『현대조각의 흐름』, 윤난지 역, 예경, 1997.

Lamprecht Sterling P., *Our Philosophical Traditions: A Brief History of Philosophy in Western Civilization*, 『서양철학사』, 김태길 외 역, 을유문화사, 1963.

Langer, S. K., *An Introduction to Symbolic Logic*, New York: Dover Publication Inc., 1937.

______, Philosophy in *a New Key*, New York: New American Library, 1951.

______, *Feeling and Form; A Theory of Art developed from Philosophy in a New Key*, Charles Scribner's Sons, New York, 1953.

______, *Problems of Art*, Charles Scribner's Sons, New York, 1957.

Leavis, F. R., *Mass Civilisation and Minority Culture*, Cambridge Minority Press, 1930.

Levin, Charles, *Jean Baudrillard*, Prentice Hall, 1996.

Lovejoy, Arthur, *The Great Chain of Being*, Cambridge: Harvard University Press, 1961.
Lucie-Smith, E., *Movements in Art since 1945*, 『현대미술의 흐름(1945년 이후)』, 김춘일 역, 미진사, 1985.
__________, *Art Today*, Phaidon Press, 1995.
Margolis, Joseph, *Art and Philosophy*, N.J.: Humanities Press, 1980.
________, "Works of Art are Physically Embodied and Culturally Emergent Entities", *Culture and Art*, Lars Asgaard-Mogensen, ed., Humanities Press, 1976.
Merleau-Ponty Maurice, 『현상학과 예술』, 오병남 편역, 서광사, 1983.
McLuhan, Marshall, *The Gutenberg Galaxy*, University of Toronto Press, 1962.
_________, *Understanding Media: The Extension of Man*, The MIT Press, 1999.
_________, *The Global Village* (1998), 『지구촌』, 박기순 역, 커뮤니케이션북스, 2005.
Morris, Charles, *Sign, Language, and Behavior*, New York: Prentice Hall Inc., 1946.
______, *Foundations of Theory of Signs*, Univ. of Chicago Press, 1938.
Neil Alex & Ridley Aaron, *Arguing About Art*, McGraw- Hill Inc. 1995.
Osborne, Harold, *Aesthetics and Art Theory: An Historical Introduction*, E.P. Dutton & Co., 1970.
Panofsky, E., *Idea: A Concept in art Theory*, New York: Harper & Row Publishers, 1960.
________, *Meaning in The Visual Arts*, New York: Penguin Books, 1983.
________, *Perspective as Symbolic Form*, C.S. Wood, tr., New York: Zone Books, 1997.
Papadakis, A., Farrow, C. & Hodges, N. eds., *New Art- An International Survey*, New York: Rizzoli, 1991.
Payne, M. ed., *A Dictionary of Cultural and Critical Theory*, Blackwell Publishers Ltd., 2001.
Peirce, Charles Sanders, *Collected Papers of C.S. Peirce*, Havard Univ. Press, 1932-5.
Pochat, Götz, *Der Symbolbegriff in der Ästhetik und Kunstwissenschaft*, Köln: DuMont Buchverlag, 1983.
Podro, M., *The Critical Historians of Art*, New Haven : Yale Univ. Press, 1982.
Poggioli, R., *The Theory of The Avant Garde*, G. Fitzgerald, tr., The Bellcamp Press of Havard Univ. Press, 1968.
Preziosi, D. ed., *The Art of Art History: A Critical Anthology*, New York: Oxford Univ. Press, 1998.
Read, Herbert, *The Meaning of Art*, Penguin Books Ltd., 1949.
Richard Andre, *History of Art Criticism*, 『미술비평사』, 백기수 · 최민 역, 열화당, 1981.
Richardson, J.A., Art: *The Way It Is*, 3rd ed. Englewood Cliffs: Prentice-Hall, Inc., 1986.
Robinson, W., *Instant Art History*, New York: byron Preiss Visual Publications inc., 1995.
Roskill, M., *What is Art History?*, 2nd ed. Amherst: Univ. of Massachusetts Press, 1989.
Santayana, George, *The Sense of Beauty*, New York: Dover, 1896.
Saussure, Ferdinand de, *Course in General Linguistics*, London: Duckworth, 1983.
Schilpp, Paul Arthur ed., *The Philosophy of E. Cassirer* (Library of Living Philosophers no. 6.), New York: Tudor Publishing, 1958(Reprint).
Scruton, Roger, *Art and Imagination*, London: Methuen & Co., 1974.
Shusterman, Richard. ed., *Analytic Aesthetics*, Oxford: Basil Blackwell, 1989.
Simmel, Georg, *Philosophische Kultur*, Leibzig, A. Körner, 1911.
Stangos, N. ed., *Concepts of Modern Art*, 2nd ed., London: Thames and Hudson, 1983.
_______, *Art and Artists*, Thames and Hudson Inc. 1994
Stolnitz, Jerome, *Aesthetics and Philosophy of Art Criticism*, 『미학과 비평철학』, 오병남 역, 이론과 실천, 1991.
Storey, J., *An Introdution Guide to Cultural Theory and Popular Culture*, 『문화연구와 문화이론』, 박모 역, 현실문화연구, 1999.
Stumpf Samuel Enoch, *A History of Philosophy*, 『서양철학사』, 이광래 역, 종로서적, 1991.
Tatarkiewitz Wladyslaw, *History of Aesthetics Vol.I Ancient Aesthetics*(ed. by J. Harrell) Vol.II *Medieval Aesthetics*(ed. by C. Barrett), Vol.III *Modern Aesthetics*(ed. by D. Petsch, Mouton & PWN, 1970-4.
________, *A History of Six Ideas: An Essay in Aesthetics*, 『미학의 기본개념사』, 손효주 역, 미술문화, 2006.
Taylor, B., *Modernism, Postmodernism, Realism*, 『모더니즘, 포스트모더니즘, 리얼리즘』, 김수기 · 김진송 역, 시각과 언어, 1993.
Titus, Harold H., *Living Issues in Philosophy*, New York: American Books Company, 1964.
Venturi, L., *History of Art Criticism*, C. Marriott, tr., New York: E.P. Dutton& Co. 1964.
Walker, John A., *Art in The Age of Mass Media*, 『매스미디어와 예술』, 정선영 역, 시각과 언어, 1998.
Weitz, Morris, *Philosophy of the Arts*, Cambridge, Mass.: Harvard Univ. Press, 1950.
Whittick, Arnold, *Symbols: Signs and Their Meaning*, Massachusetts: Charles T. Branford Co., 1961.
Wiener Philip P. ed, *Dictionary of The History of Ideas*, Vol. I, II, III, IV, Charles Scribner's Sons, 1978.
Wollheim, Richard, *Art and Its Objects*, New York: Harper & Row, 1968.
_________, *Painting as an Art*, Thames and Hudson, 1987.
_________, "Nelson Goodman's Languages of Art", *Journal of Philosopy* 67, 1970.
Woodfield, R., *Reflections on the History of Art*, Oxford; Phaidon Press, 1987.
Worringer, W., *Abstraction and*

Empathy, M. Bullock tr., New York: Internationnal Universities Press, 1967.
Ziff, Paul, "On What a Painting Represents", *Philosophic Turning*, Ithaca, N.Y., 1966.
________, "Goodman's Languages of Art", *Philosophical Review* 80, 1971.

강미정, 『퍼스의 기호학과 미술사』, 이학사, 2011.
______, 「습관과 의미: C. S. 퍼스의 해석체 이론 연구」, 『기호학연구』 제25집, 한국기호학회, 2009.
강태희, 『현대미술의 문맥읽기』, 미진사, 1995.
권택영 편, 『포스트모더니즘과 문화』, 문예출판사, 1993.
김경용, 『기호학이란 무엇인가』, 민음사, 1994.
김문환, 『근대미학연구 I』, 서울대출판부, 1985.
김상환, 『해체론 시대의 철학』, 문학과 지성사, 1996.
김용운, 『공간의 역사 (현대과학신서 28)』, 전파과학사, 1992.
김욱동 편, 『포스트모더니즘의 이해』, 문학과 지성사, 1996.
미학대계간행회, 『미학대계』, 1권 미학의 역사, 2권 미학의 문제와 방법, 3권 현대의 예술과 미학, 서울대학교출판부, 2007.
박성수 · 신채식, 『문화사개론』, 법문사, 1996.
박이문, 『예술철학』, 문학과 지성사, 1983.
박일호, 『감성으로 보고 이성으로 읽는다』, 삶과 꿈, 2004.
______, 『예술과 상징 상징형식』, 예전사, 2006.
______, 『문화와 미술』, 미진사, 2012.
박정호 외, 『현대철학의 흐름』, 동녘, 1996.
소두영, 『기호학』, 인간사랑, 1992.
오병남, 『미학강의』, 서울대학교출판부, 2003.
윤평중, 『포스트모더니즘의 철학과 포스트마르크스주의』, 서광사, 1992.
염재철, 『존재와 예술-하이데거 예술사상』, 서울대학교출판문화원, 2014.
이진우 편, 『포스트모더니즘의 철학적 이해』, 서광사, 1993.
임영방, 『미술이 걸어온 길』, 학고재, 2003.
중앙일보 계간미술편, 『현대미술비평 30선』, 중앙일보사, 1987
한전숙 · 차인석 공저, 『현대의 철학 I』, 서울대출판부, 1993.
황유경, 『넬슨 굿맨의 예술기호론』, 서울대 박사학위논문, 1993.

도판목록

시에나 팔라로 푸블리코
10. 비야르 드 온느쿠르의 스케치북, 1230년경, 파리 프랑스국립도서관
11. 지오토, 〈이집트로의 피신〉 1304~1306년, 프레스코, 200×185cm, 파두아 스크로베니(아레나) 예배당

5. 휴머니즘의 시대 르네상스

01. 레오나르도 다빈치, 〈최후의 만찬〉, 1495~1498년경, 프레스코, 460×880cm, 밀라노 산타마리아 델 그라치에 수도원 성당
02. 필리포 브루넬레스키, 〈파치 예배당〉, 1442~1465년경, 피렌체 산타크로체 성당 부속
03. 미켈란젤로, 〈다비드〉, 1501~1504년경, 대리석, 높이 408.9cm, 피렌체 아카데미아
04. 미켈란젤로, 〈피에타〉, 1499년경, 대리석, 높이 174cm, 바티칸 베드로대성당
05. 라파엘로, 〈아테네학당〉, 1509~1511년경, 프레스코, 폭 770cm, 바티칸 사도궁
06. 〈아테네학당〉의 플라톤과 아리스토텔레스
07. 메디치가의 코레지 저택 전경
08. 도메니코 기를란다요, 〈자카리아에 나타난 천사〉 부분, 1449년, 프레스코, 폭 450cm, 피렌체 산타 마리아 노벨라 성당 토르나부오니 예배당
09. 레오나르도 다빈치의 나뭇가지 도식
10. 알브레히트 뒤러, 〈인체 비례 연구〉, 1523년경
11. 알브레히트 뒤러, 〈아담과 이브〉 1504년, 동판화, 25.2×19.4cm, 보스턴미술관

6. 이성과 감성이 공존한 시대

01. 미켈란젤로, 〈피에타〉, 1546~1555년경, 대리석, 높이 233cm, 피렌체 두오모박물관
02. 틴토레토, 〈최후의 만찬〉, 1592~1594년, 캔버스에 유채, 365.8×569cm, 베네치아 조르조 마지오레 성당
03. 피터 파울 루벤스, 〈레우키포스 딸들의 약탈〉, 1618년경, 캔버스에 유채, 224×211cm, 뮌헨 알테 피나코테크
04. 잔 로렌초 베르니니, 〈성 테레사의 희열〉, 1644~1647년경, 대리석, 실물 크기, 로마 산타 마리아 델라 비토리아 성당
05. 프란체스코 보로미니, 〈산타 아그네스 성당〉, 1653년경, 로마
06. 〈산타 아그네스 성당〉 내부
07. 니콜라 푸생, 〈사비니 여인들의 약탈〉 1636~1637년경, 캔버스에 유채, 154.9×209.6cm, 뉴욕 메트로폴리탄미술관
08. 루이 르 보 & 망사르, 〈베르사유 궁전〉, 1655~1682년
09. 〈전쟁의 방〉 1678년, 베르사유 궁전
10. 장 앙투안 바토, 〈키테라섬 여행〉, 1717년, 캔버스에 유채, 129.5×193.7cm, 파리 루브르박물관
11. 조반니 비티스타 티에폴로, 〈다프네를 쫓는 아폴론〉, 1755~1760년, 캔버스에 유채, 68.5×87cm, 워싱턴DC 내셔널갤러리
12. 자크 루이 다비드, 〈호라티우스의 서약〉, 1784년, 캔버스에 유채, 330×425cm, 파리 루브르박물관
13. 벌링턴경(리처드 보일), 〈치즈윅 하우스〉, 1725년, 런던 근교
14. 윌리엄 켄트, 〈영국식 풍경 정원〉, 치즈윅 하우스

8. 표현으로서 미술

01. 카스파르 다비드 프리드리히, 〈바닷가의 카푸친 수도사〉, 1809~1810년, 캔버스에 유채, 110×171cm, 베를린 국립미술관
02. 테오도르 제리코, 〈메두사호의 뗏목〉, 1819년, 캔버스에 유채, 491×716cm, 파리 루브르박물관
03. 폴 고갱, 〈거대한 나무〉 1892년, 캔버스에 유채, 91×67cm, 상트페테르부르크 예르미타시박물관
04. 존 컨스터블, 〈데드햄의 수문과 풍차〉, 1820년, 캔버스에 유채, 53.7×76.2cm, 런던 빅토리아& 앨버트박물관
05. 외젠 들라크루아, 〈민중을 이끄는 자유의 여신〉, 1830년, 캔버스에 유채, 260×325cm, 파리 루브르박물관
06. J.M.W. 터너, 〈좌초된 배로 향하는 구명정〉, 1831년, 91.4×122cm, 런던 빅토리아& 앨버트박물관
07. 샤를 가르니에, 〈오페라 극장〉, 1861~1874년, 파리
08. 프랑수아 뤼드, 〈라 마르세예즈〉, 파리 개선문의 조각, 1833~1836년, 1280×793cm, 대리석, 파리
09. 빈센트 반 고흐, 〈옥수수밭과 삼나무〉, 1889년, 캔버스에 유채, 72.1×90.9cm, 런던 내셔널갤러리
10. 빈센트 반 고흐, 〈오베르의 교회〉, 1890년, 캔버스에 유채, 74.5×94cm, 파리 오르세미술관
11. 폴 고갱, 〈황색의 그리스도〉, 1889년, 캔버스에 유채, 92.1×73.4cm, 버팔로 올브라이트 녹스 아트 갤러리
12. 에드바르 뭉크, 〈절규〉, 나무판에 템페라, 83.5×66cm, 오슬로 국립미술관
13. 모리스 드니, 〈녹색 나무가 있는 풍경〉, 1893년, 캔버스에 유채, 45×41cm, 파리 오르세미술관

9. 형식으로서 예술

01. 귀스타브 쿠르베, 〈화가의 아틀리에〉, 1849~1850년, 캔버스에 유채, 315×663cm, 파리 오르세미술관
02. 카미유 피사로, 〈해질 무렵의 몽마르트 거리〉, 1897년, 캔버스에 유채, 54×65cm, 취리히 나단컬렉션
03. 오귀스트 로댕, 〈코가 부러진 남자〉, 1864년, 청동, 높이 24.1cm, 필라델피아미술관 로댕관
04. 오노레 도미에, 〈삼등 열차〉, 1863~1865년, 캔버스에 유채, 65.4×90.2cm, 뉴욕 메트로폴리탄미술관
05. 클로드 모네, 〈건초더미, 늦여름 아침〉, 1890~1891년, 캔버스에 유채, 60×100cm, 파리 오르세미술관
06. 클로드 모네, 〈건초더미, 해질 무렵〉, 1888년, 캔버스에 유채, 65×92cm, 일본 사이타마 근대미술관
07. 폴 세잔, 〈사과가 담긴 광주리〉, 1890~1894년, 캔버스에 유채, 60×80cm, 시카고 아트 인스티튜트
08. 서로 다른 시점에서 찍은 사진들의 합성
09. 파블로 피카소, 〈기타〉, 1913년, 목탄, 크레용, 잉크 및 종이 콜라주, 65×50cm, 뉴욕 현대미술관
10. 앙리 마티스, 〈붉은 스튜디오〉, 1911년, 캔버스에 유채, 180×220cm, 뉴욕 현대미술관
11. 피에트 몬드리안, 〈컴포지션 A〉, 1923년, 캔버스에 유채, 90×91cm, 로마 국립현대미술관
12. 바실리 칸딘스키, 〈즉흥〉, 1914년, 캔버스에 유채, 124.2×73cm, 뮌헨 스테드티쉐 갤러리

13. 콩스탕탱 브란쿠시, 〈뮤즈〉, 1912년, 대리석, 44.5×24.1×20.3cm, 뉴욕 솔로몬 R. 구겐하임 미술관
14. 콩스탕탱 브란쿠시, 〈공간 속의 새〉, 1932~1940년, 청동, 높이 134.6cm, 베네치아 솔로몬 R. 구겐하임 재단 페기 구겐하임 컬렉션
15. 데이비드 스미스, 〈큐바이 XIX〉, 1964년, 스테인리스 철, 286.4×148×101.6cm, 런던 테이트갤러리
16. 앤서니 카로, 〈어떤 이른 아침〉, 1962년, 채색된 알루미늄과 강철, 114×244×131cm, 런던 테이트갤러리
17. 마크 로스코, 〈No. 10〉, 1958년, 캔버스에 유채, 239.4×175.9cm, 개인 소장
18. 바넷 뉴먼, 〈영웅적 숭고를 향하여〉, 1950~1951년, 캔버스에 유채, 242×543cm, 뉴욕 현대미술관
19. 도널드 저드, 〈무제〉, 1968년, 스테인리스 철과 플렉시글라스, 23×102×79cm, 로스앤젤레스 카운티미술관
20. 미스 반 데 로에, 〈시그램 빌딩〉, 1956~1958년, 뉴욕
21. 르코르뷔지에, 〈사보이 별장〉, 1929~1931년, 파리 근교 프와시

10. 예술정의불가론과 예술제도론

01. 마르셀 뒤샹, 〈샘〉 1917년, 기성품 변기에 서명, 높이 63cm, 밀라노 갤러리 슈바르츠
02. 로버트 라우션버그, 〈모노그램〉, 1955~1959년, 혼합 매체, 160.5×163×95cm, 스톡홀름 근대미술관
03. 앤디 워홀, 〈브릴로 상자〉, 1964년, 나무에 합성 수지 안료와 실크스크린 잉크, 각 43.3×43.2×36.5cm
04. 로버트 스미스슨, 〈거울에 비친 사암〉, 1969년, 91×182×182cm, 샌프란시스코 현대미술관

11. 구체적인 삶과 실존에 의한 예술

01. 빈센트 반 고흐, 〈구두 한 켤레〉, 1886년, 캔버스에 유채, 45×37.5cm, 암스테르담 반고흐미술관
02. 〈아파이아 신전〉, 기원전 500년경, 그리스 에기나
03. 원근법적 방식의 정물 사진(위)과 서로 다른 시점에서 찍은 사진들의 합성(아래)
04. 파울 클레, 〈아름다운 정원사〉 1939년, 캔버스에 유채와 템페라, 95×71cm, 베른 시립미술관
05. 에티엔 쥘 마레, 〈장대높이뛰기 연속사진〉, 1885년과 1895년, 젤라틴 실버프린트, 22.2×48.9cm, 휴스턴미술관
06. 펠리시앙 롭스, 〈성 안토니우스의 유혹〉, 1878년, 종이에 구아슈와 색연필, 73.8×54.3cm, 브뤼셀 벨기에왕립도서관 판화 전시실
07. 오브리 비어즐리, 오스카 와일드의 〈살로메〉를 위한 삽화, 1894년
08. 에드바르 뭉크, 〈뱀파이어(흡혈귀, 요부)〉 1898년, 캔버스에 유채, 85×67cm, 오슬로 뭉크미술관
09. 후안 그리, 〈피카소의 초상〉 1911~1912년, 캔버스에 유채, 93.3×74.4cm, 시카고 아트 인스티튜트
10. 막스 에른스트, 〈밤꾀꼬리에 놀란 두 어린이들〉, 1924년, 목판에 유채, 나무 구조물, 69×6×57cm, 뉴욕 현대미술관
11. 카지미르 말레비치, 〈흰 배경 위의 흰 사각형〉 1918년, 캔버스에 유채, 80×80cm, 뉴욕 현대미술관
12. 볼스, 〈구성 V〉, 1946년, 캔버스에 유채, 15.9×12.3cm, 파리 국립근대미술관
13. 잭슨 폴록, 〈가을 리듬〉, 1950년, 캔버스에 유채, 266.7×525.8cm, 뉴욕 메트로폴리탄미술관

책을 마치며 - 새로운 예술 논의의 시작

01. 조셉 코수스, 〈하나 그리고 세 의자〉, 1965년, 나무의자, 사진, 사전 문구, 뉴욕 현대미술관
02. 로버트 스미스슨, 〈부서진 원〉, 1971년, 지름 42.67m, 네덜란드 엠멘 지방
03. 백남준, 〈TV 부처〉, 1974년, 비디오 설치, 카메라, 모니터, 가변 크기, 암스테르담 스테데릭미술관
04. 리처드 세라, 〈9개의 고무벨트와 네온〉, 1966~67년, 182.9×762× 50.8cm, 뉴욕 구겐하임미술관 쥐세페 판자 컬렉션
05. 게오르그 바젤리츠, 〈무제〉, 1982년, 캔버스에 유채, 250×200cm, 함부르크 노에엔도르프 갤러리
06. 데이비드 살르, 〈한낮〉, 1984년, 캔버스에 유채 및 아크릴, 289×127cm, 뉴욕 페이스 빌덴슈타인 갤러리
07. 신디 셔먼, 〈무제(마릴린)〉, 1982년, 컬러 커플러프린트, 39.4×23.5cm
08. 다니엘 뷔랑, 〈두 개의 고원〉, 1986년, 파리 팔레 루아얄 안뜰
09. 장미셸 바스키아, 〈호른 연주자〉, 1983년, 캔버스에 아크릴, 오일페인트 스틱, 243.8×190.5cm, 로스앤젤레스 브로드미술관
10. 프랭크 게리, 〈빌바오 구겐하임 미술관〉, 1997년, 스페인 빌바오
11. 듀안 핸슨, 〈쇼핑카트를 갖고 있는 여인〉, 1969년, 폴리에스테르 레진, 파이버글래스 외 혼합 매체, 실물 크기

찾아보기